눈먼 사랑과 뇌

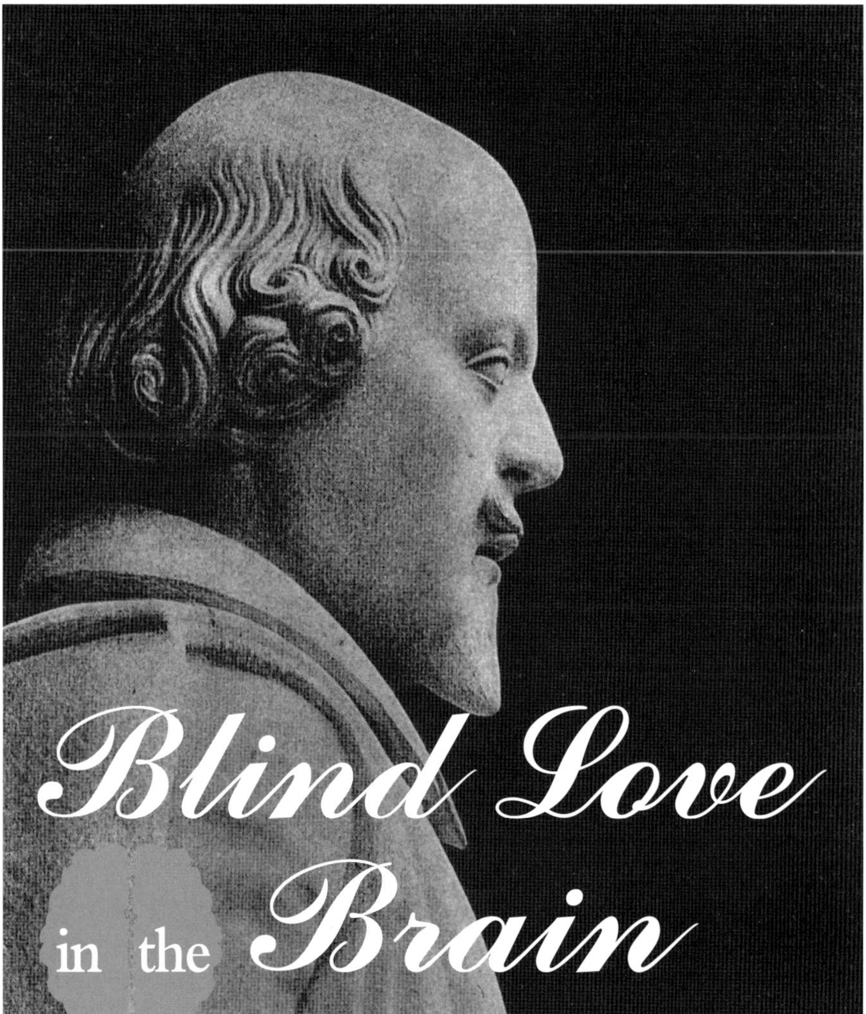

Blind Love in the Brain

눈먼 사랑과 뇌

셰익스피어와 함께하는 뇌 과학 이야기

동우東禹 김기호

KOREA UNIVERSITY PRESS
고려대학교 출판문화원

이 저서는 2014학년도 고려대학교 문과대학 박준구 기금의
인문교양총서 지원을 받아 저술됨

책 머리에

어린 시절 중국 무협소설을 접해 보았다면 누구나 한 번쯤 '손바닥으로 장풍을' 날리고 손가락 하나 까닥 않고 '염력으로 상대를 제압하는' 상상을 해 보았으리라! 그리고 무협소설의 마지막 책장을 넘기며 다음 편에는 어떤 묘기들이 나올 것인지 마음 졸여 기대하면서도, 한편으로는 소설 속의 이야기들을 황당무계하게 여기며 '상상 속의 이야기'로만 치부하지 않았던가? 저자 또한 이런 생각을 가진 사람 중 하나였다. 그런데 이런 생각에 변화를 가져오게 한 사건이 있었다. 10여 년 전 허리 디스크로 고생을 하던 차에 동료 교수의 추천으로 우연히 '기(氣)의 세계'를 접하게 된 것이다.

처음에는 기의 세계를 배우고자 함이 아니라, 단지 허리 디스크를 치료하고 건강을 회복하자는 차원에서 '백일 축기반'에 등록하였다. 기 운동과 함께 몸의 기운을 돌리는 '소주천 운기법' 훈련을 받았다. 기 수련이 끝나면 기 선생님과 선배 고수들과 함께 중국 보이차를 마시며 기에 대해 환담을 나누었다. 하지만 처음 몇 주간 담화 속의 내용들을 믿을 수 없었다. 마치 어릴 적 무협소설 속의 내용처럼 나에겐 도무지 믿기 어려운 황당무계한 내용들이었기 때문이다. 산을 오를 때면 "백호가 나타나 호위한다"라거나 "용을 부려 비구름도 마음대로 조종한다"와 같은 것들이었다.

백일 축기 3주 차에 기 훈련의 일환으로 난생 처음 1박 2일, 36km 지리산 종주(노고단에서 천왕봉까지 종주하는 코스)에 도전하였다. 가까운 북한산이나 관악산, 아니 청계산과 아차산도 잘 오르지 않았던, 그것도 허리 디스크 진단을 받은 나로서는 감히 생각조차 어려운 불가능한 도전이었다. 하지만 기 선생님의 격려에 과감히 도전하였다. 아니나 다를까 나는 첫날 대피소 산장까지의 하루 코스 16km를 동료들보다 몇 시간이나 뒤늦게 도착할 수밖에 없었다. 초반 6km는 무리 없이 그런대로 잘 따라갔다. 하지만 중간중간에 계단이 어찌 그리도 많은지… 처음 왼쪽 종아리에서부터 오른쪽 종아리까지 쥐가 나기 시작하더니 나중에는 허벅지까지 저려 오기 시작하였다. 결국 나는 동료들보다 한참 뒤처져 늦은 시간 가까스로 대피소 산장에 도착하였다. 다음 날 모든 일행들이 지리산 완주를 향해 떠났지만, 나는 천왕봉 등정을 포기할 수밖에 없었다. 아쉬운 마음으로 일행 중 지도자 한 분과 함께 지리산을 하산하였다. 뜻밖에도 동행자가 학교 후배였기에 그동안 궁금하였던 담화 속의 '황당한' 이야기들이 정말 진실인지 물어보았다. 후배가 대답하길 손바닥 노궁에서 기가 나오는데, 그 크기가 동전만 하다고 하였다. 지리산을 내려오는 어느 순간 찌릿찌릿 전기가 나의 손바닥에 감지되었다. 깜짝 놀라 오던 길을 10여 미터 정도 왔다 갔다 하며 위치를 점검해 보았다. 어느 지점에만 이르면 손바닥 노궁에서 동전 크기만 하게 믿을 수 없을 정도의 강력한 전기가 느껴졌다. 아! 내가 미처 몰랐던, 아니 내가 의심하였던 '기의 세계'를 몸으로 직접 체험하게 된 것이다.

'기'의 세계를 접하고 나서, 우리말의 '기가 차다', '기막히다', '기가 빠지다', '기절하다', '기를 펴다' 등등, 기와 관련된 말의 의미가 새삼 마음속에 와닿기 시작하였다. '기'가 우리 마음속 염원과 밀접한 관계가 있음을 깨닫게 된 것이다. '말에 씨가 있다'는 우리말의 의미가 새롭게 다가왔으며, 고운 말과 긍정적인 말의 중요성도 깨닫게 되었다. 이때부터 필자는 언어학자로서 '말 속에 숨겨진 비밀'에 관심을 두기 시작하였다. "웃음이 만병통치약", "잠이 보약" 등과 같이 건강과 관련된 표현들, "눈에 콩깍지가 씌다", "눈먼 사랑(blind love)", "첫눈에 반한 사랑(love at first sight)", "남자는 눈으로 사랑하고 여자는 귀로 사랑한다(A man falls in love through his eyes, a woman through her ears)"와 같이 사랑과 관련된 표현들, 더 나아가 "사촌이 땅을 사면 배 아프다", "못 먹는 감 찔러나 본다", "배고픈 것은 참지만 배 아픈 것은 못 참는다"라는 말이 우리나라에만 있는 표현인지에도 관심이 끌렸다. 우리가 무심코 지나친 말과 표현 속에 선조들의 슬기로운 삶의 지혜가 비밀처럼 숨겨져 있는 것이 아닌지 궁금하였다. '말 속에 숨겨진 비밀'을 찾는 과정 중에 《뇌를 훔친 소설가》의 저자 석영중 교수와 뇌 이야기를 나눌 기회가 있었다. 석 교수는 나에게 *The Bard on the Brain*(《셰익스피어와 뇌》)과 *Literature and the Brain*(《문학과 뇌》)라는 두 권의 영문 책을 소개해 주었다. 이 중 옥스퍼드대학교 뇌 과학 분야의 폴 매슈스 교수와 셰익스피어 전공자인 제프리 매케인 교수가 공저한 *The Bard on the Brain*은 문학과 뇌 과학을 두루 어우르는 책으로 나의 호기심을 충분히 자극하고 충족시켜 주었다.

2013년 여름, 가을 학기 대학원 수업 내용을 고민하던 중, 조교에게 *The Bard on the Brain*을 보여 주며, 가을 학기 대학원 수업으로 이 책을 주 교재로 하면 어떨까 하고 넌지시 물어보았다. 책을 검토해 본 조교로부터 "대학원 학생들도 새로운 내용이라 관심 있고 재미있어할 것 같아요"라는 예상 밖의 대답을 듣게 되었다. 웬 횡재인가! 책을 너무나도 흥미롭게 읽었던 차에, 교재 문제로 고민하던 중 일거양득의 효과, 즉 교재 문제를 해결할 뿐 아니라 나의 관심 주제로 수업을 진행할 수 있도록 만들어 준 너무나 반가운 대답이었다. 이렇게 시작된 2013년 가을 학기 대학원 수업은 30여 년 교수 생활 동안 대학원생들과 저자가 가장 즐기면서 공부한 수업이 아닌가 싶다. 영어학을 전공하는 대학원생 수업이었지만, 모두가 셰익스피어 작품을 영어 원어로 직접 읽어 보았다는 성취감과 함께 작품 속에 숨겨진 뇌의 비밀들을 접해 보고 뇌 과학에 관심을 갖게 되었다는 사실에 커다란 만족감을 표현하였다.

《눈먼 사랑과 뇌—셰익스피어와 함께하는 뇌 과학 이야기》는 이처럼 '말 속에 숨겨진 비밀'을 찾는 과정에서 탄생하게 된 것이다. 햄릿의 "죽느냐 사느냐 그것이 문제로다(To be or not to be, that is the question)"나 "약한 자여, 그대 이름은 여자니라!(Frailty, thy name is a woman!)"와 같은 표현들은 누구나 외우고 있는 셰익스피어의 명구들이다. 이 책은 셰익스피어 작품 속 명구는 물론 셰익스피어 작품 속 언어 안에 감추어진 뇌의 비밀들을 작품 해설과 함께 풀어 나가는 책이다. 셰익스피어 작품을 한 번도 접해 보지 못한 독자들도 셰익스피어 작품을 흥미진진하게 읽도록 책의 내용을 쉽게 구성하였다. 셰익스피어 번역본을 한두 권쯤 읽어 본 독자라면 전혀 새로운 관점에서 즐거운 마음으로 작품을 감상하도록 하였다. 저자는 셰익스피어 전공자도 아니며 뇌 과학자도 아니다. 단지 '말 속에 숨겨진 비밀'에 관심 많은 언어학자일 뿐이다. 따라서 이 책이 깊이 있는 셰익스피어 전공 서적이거나 심도 깊은 뇌 과학 전문 서적일 것으로 기대하지 않기를 바란다. 단지 책을 읽으면서 셰익스피어 작품과 뇌 과학, 주역의 동양 사상 등이 어떻게 융복합적으로 어우러질 수 있는지를 가벼운 마음으로 즐겁게 읽어 주기 바랄 뿐이다. 저자는 작품 해설 도중 이따금씩 독자 스스로 작품 속 주인공이 되어 볼 것을 격려하였다. 독자들이 자신을 객관적으로 바라보아 자기 본연의 참모습을 찾아보도록 하기 위함이다. '진아(眞我)', 즉 '참나' 찾기 과정을 통해 독자들이 삶의 진정한 의미와 가치를 깨닫고 '열정적으로' '목적 있는 삶'을 사는 계기가 될 수 있기를 은근히 기대해 본다.

이 책의 처음 원고는 셰익스피어의 작품 20여 편을 다루는 것이었다. 하지만 예상과 달리 첫 원고의 분량이 너무 방대하여 한 권의 책으로는 도저히 감당할 수 없는 분량이 되고 말았다. 〈오셀로〉, 〈리어왕〉, 〈말괄량이 길들이기〉, 〈사랑의 헛수고〉, 〈당신 좋으실 대로〉, 〈십이야〉, 〈겨울 이야기〉, 〈리처드 2세〉, 〈리처드 3세〉, 〈헨리 4세〉 1, 2부, 〈헨리 8세〉 등은 과감하게 다음으로 미루었다. 이 책에서는 셰익스피어의 대표 작품 7편만을 다루었다. 비극 작품으로는 많은 이의 사랑을 받고 있는 〈로미오와 줄리엣〉, 〈햄릿〉, 〈맥베스〉와 로마의 역사를 다룬 〈줄리어스 시저〉, 희극 작품으로는 〈베니스의 상인〉과 셰익스피어의 마지막 작품인 〈템페스트〉, 사극 작품으로는 영국의 성군 헨리 5세를 다룬 〈헨리 5세〉를 다루었다. 매 작품마다 작품의 배경과 줄거리를 간략하게 소개한 후, 작품의 주요 장면들을 소개해 나가는 것으로 내용을 구성하였다. 셰익스피어 작품의 묘미가 우리말이 아닌 영어 표현 속에 들어 있다고 판단하여, 작품 속의 주요 대사는 우리말 해석 뒤에 영어 원문을 덧붙였다. 작품 속의 주요 내용과 함께 '셰익스피어와 함께 풀어 보는 뇌 과학 이야기'로 언어 속에 감추어진 흥미로운 뇌 이야기를 가급적 쉽고 재미있게 풀어 나가도록 하였다. 셰익스피어 작품의 본격적 소개에 앞서, 먼저 셰익스피어가 누구이며 왜 셰익스피어 작품을 읽어야 하는지, 그리고 왜 영어로 읽어야 하는지를 서두에 밝혔다. 뇌의 기본 구조와 기능을 포함하여 최근 관심을 끌고 있는 뇌 신경망 지도(connectome)에 이르기까지 뇌에 대한 기본 지식은 책 뒤에 부록으로 간략히 소개하였다. 스티브 잡스의 스마트폰으로 대표되는 21세기는 '지식과 정보의 독점'이 더 이상 용납되지 않는 '지식과 정보의 공유 시대'이다. 넘쳐 나는 정보 속에서 주옥 같은 알짜 정보들을 융복합적으로 활용할 수 있는 지혜(wisdom)가 절실히 필요한 시대이다. 따라서 저자는 셰익스피어의 문헌을 인터넷상에서 누구나 쉽게 접할 수 있도록 구글(Google)의 'OpenSourceShakespeare'에서 인용하였다. 책의 내용들도 새로운 내용이라기보다는 책과 논문 등에 이미 발표된 것으로 인터넷상으로도 손쉽게 검색 가능한 내용들이 어떻게 융복합적으로 서로 어울려 새로운 해석이 가능한지를 보여 주고자 하였다.

이 책이 나오기까지 함께 공부하고 여러모로 많은 도움을 준 대학원생 김경회, 김정현, 김현, 김케이트, 변정원, 유정화, 윤혜준, 윤혜지, 이진형, 장민환, 정은주, 허정윤 양과 조교 이미미 양에게 큰 감사를 표한다. 특히 초고가 나올 때마다 제일 먼저 족집게 같은 조언과 감미로운 비평을 아끼지 않은 안귀원, 한교은, 황성하, 고재필 군에게 특별한 감사를 표하며, 마지막 탈고 전 누구보다 열정적으로 애정을 갖고 철저한 검토와 검증을 해준 자랑스러운 고려대학교 음성 · 음운 연구팀 EMCS(English, Mathmatics, Computer, Science)의 강재구, 김서현, 양형원, 조영선, 조예진, 홍연정 양과 함께 중앙대학교 박사과정의 이정화 선생에게도 감사를 표하며, 삽화 그림과 함께 좋은 제언을 아끼지 않은 한림대학교 고도홍 교수와 한국외국어대학교 권오숙 초빙교수에게도 진심으로 감사를 표한다. 아울러 신임 교원으로 누구보다 바쁜 첫해임에도 불구하고 객관적 관점에서 책의 구성과 문제점을 지적해 준 고려대학교 영어영문학과 남호성 교수와 꼼꼼하게 문제점을 지적해 주고 많은 조언을 아끼지 않은 국제어학원 윤희기 선생에게도 진심 어린 감사를 표한다. 물론 누구보다도 *The Bard on the Brain*의 저자인 옥스퍼드대학교의 매슈스 교수와 매케인 교수에게 진심 어린 감사의 마음을 전하고 싶다. 책의 기본적인 아이디어들과 주요 내용들이 이 책에 기인한 것이기 때문이다. 아울러 이 책을 소개한 고려대학교 노어노문학과 석영중 교수에게도 감사를 표하며, 저자의 초고를 읽고 훌륭한 제언과 함께 글의 방향을 제시해 주고 격려를 아끼지 않은 한국셰익스피어학회 회장 동덕여자대학교 김미예 교수와 한국외국어대학교 박우수 교수에게도 심심한 감사를 표한다. 그리고 한 학기 동안 셰익스피어의 작품을 마음껏 읽을 수 있도록 안식 학기를 허락해 준 고려대학교와 이 책의 출판을 지원해 준 박준구 회장님, 그리고 고려대학교 윤인진 출판문화원장께도 진심으로 감사를 표한다. 마지막으로 이 책이 나오도록 격려를 아끼지 않은 사랑하는 '소중한 딸' 유경과 '나의 꿈 내 사랑' 아내에게 나의 소중한 사랑과 감사를 표한다.

이 책을 읽는 모든 이에게 맑고 밝은 긍정의 기 에너지가 힘차게 솟구쳐 나오길 기대해 본다.

2020년 1월

안암동에서

동우東禹 김기호

차례

영국의 대문호, 윌리엄 셰익스피어[1]

영국이 낳은 세계적 문호,
윌리엄 셰익스피어는 누구인가?

영국 최고의 시인이자 인류 역사상 최고의 극작가인 윌리엄 셰익스피어(William Shakespeare, 1564-1616)는 영국 여왕 엘리자베스 1세의 통치 시대인 1564년, 영국 중부의 스트랫퍼드 어폰 에이번(Stratford-upon-Avon)에서 아버지 존(John) 셰익스피어와 어머니 메리 아든(Mary Arden)의 셋째이자 장남으로 태어났다.

셰익스피어의 집안은 원래 전형적인 소작농 집안이었다. 중세에서 근대로 향하는 당시의 사회적 변화를 정확히 파악한 셰익스피어의 아버지는 소작농 생활을 그만두고 도제의 길을 걸어 상인으로서 성공을 거둔다. 그 후 정치에도 참여해 지방의회 의원, 재정 수입 담당관, 참사회원을 거쳐, 셰익스피어가 4살 되던 무렵에는 지방의 최고 지위까지 오른다. 셰익스피어는 어린 시절 이처럼 비교적 부유한 환경에서 자라 문법학교에서 라틴어를 중심으로 한 기본 고전교육을 받는다. 하지만 1577년경부터 가세가 기울어 학업을 중단하고 만다.

1582년, 18세의 나이로 8살 연상인 앤 해서웨이(Anne Hathaway)와 결혼하여 이듬해 1583년 딸 수재나(Susanna)를 낳고, 1585년 햄닛(Hamnet)과 주디스(Judith) 남녀 쌍둥이를 낳는다. 세 자녀의 아버지가 된 청년 아빠 셰익

스피어는 1585년 집안을 돕기 위해 런던으로 상경한다. 처음 극장 입구의 마구간에서 일을 얻게 되지만, 셰익스피어의 재능을 알아본 극단 배우들에게 발탁되어 배우의 길을 걷기 시작한다. 낮에는 배우로 무대에 서고 여가를 이용하여 틈틈이 작품을 쓰기 시작한 셰익스피어는 1592년부터 극작가로 빛을 발하기 시작한다.

극단을 운영하고 왕궁 전속 극작가로도 활동한 바 있는 셰익스피어는 26세에 극작가로서 활동을 시작하여 47세경 고향으로 돌아가 은퇴 생활을 시작할 때까지 22년간 작품을 발표한다. 그는 〈한여름 밤의 꿈〉, 〈십이야〉 등의 희극, 〈햄릿〉, 〈오셀로〉, 〈리어왕〉, 〈맥베스〉와 같은 비극, 〈헨리 4세〉, 〈헨리 5세〉, 〈리처드 3세〉와 같이 영국을 주제로 한 역사극, 〈줄리어스 시저〉 〈안토니와 클레오파트라〉와 같이 그리스와 로마를 주제로 한 역사극 등 총 36편의 희곡 작품을 발표하였다.

1616년 잉글랜드의 수호성자 성 조지(Saint George)의 날이자 자신의 생일인 4월 23일, 셰익스피어는 52세의 나이로 사망하여 스트랫퍼드 트리니티 성당(Stratford Trinity Church)에 안장된다.

19세기 영국의 비평가 토머스 칼라일은 "셰익스피어를 인도와 바꾸지 않겠다"라고 말하였다. 셰익스피어와 관련된 도서가 전 세계적으로 하루 한 권 이상 출간되며, 1999년 영국 BBC 방송에서 조사한 '지난 천 년간 최고의 작가 1위'가 바로 윌리엄 셰익스피어이다.

셰익스피어의 희곡 작품은 어떻게 나누나?

셰익스피어는 초기에 역사극과 낭만 희극을 주로 발표하였다. 중기에는 비극을 주로 썼고, 후기에는 전기극과 역사극을 주로 발표하였다. 셰익스피어의 희곡 작품은 그의 사후 출간된 《퍼스트 폴리오(First Folio)》에 기초하여 크게 비극, 희극, 역사극 세 종류로 구분한다. 주인공의 행복으로 이야기가 끝나면 희극, 주인공의 죽음으로 끝나면 비극, 영국 왕에 관한 희곡이면 역사극으로 분류한다.

희극으로는 〈한여름 밤의 꿈〉(1592), 〈말괄량이 길들이기〉(1593), 〈사랑의 헛수고〉(1594), 〈베니스의 상인〉(1596), 〈당신 좋으실 대로〉(1599), 〈십이야〉(1599) 등이 있다. 〈겨울 이야기〉(1610)와 〈템페스트〉(1611)는 비극으로 시작하지만 행복으로 끝난다.

비극으로는 〈로미오와 줄리엣〉(1595), 〈줄리어스 시저〉(1599), 〈햄릿〉(1601), 〈오셀로〉(1605), 〈리어왕〉(1606), 〈맥베스〉(1606) 등이 있다. 이 중 〈햄릿〉 〈오셀로〉 〈리어왕〉 〈맥베스〉를 '셰익스피어의 4대 비극'이라 부른다. 비극 작품에서는 주인공들이 모두 자신의 개인적 성격 결함과 그에 따른 잘못된 선택으로 비극적 결말을 맞는다. 작품 〈햄릿〉에서 주인공 햄릿은 죽은 아버지 선왕을 위해 복수를 이루지만, 자신의 우유부단한 성격으로 결국 죽음을 피하지 못한다. 작품 〈오셀로〉에서 주인공 오셀로는 능력 있고 강인한 장군이지만, 이아고의 속임수에 넘어가 오해와 질투심으로 아내를 목 졸라 죽인 후 자신도 자살한다. 작품 〈리어왕〉에서 주인공 리어

왕은 유능한 군주이지만, 귀가 얇고 아부에 약한 탓에 두 딸로부터 배반당하여 결국 미쳐 죽고 만다. 작품 〈맥베스〉에서 주인공 맥베스는 권력욕에 눈이 멀어 점점 파멸의 길로 치달아 비극적 결말을 맞이한다.

세익스피어의 영국 사극은 〈헨리 4세〉 1부(1598), 〈헨리 4세〉 2부(1600), 〈헨리 5세〉(1600), 〈헨리 6세〉 1, 2, 3부, 〈헨리 8세〉(1612~13), 〈존 왕〉, 〈리처드 2세〉(1597), 〈리처드 3세〉(1597) 등 총 10편이다. 이 중에서도 서로 스토리가 이어지는 제1 사부작(The First Tetralogy)은 〈헨리 6세〉 1부, 〈헨리 6세〉 2부, 〈헨리 6세〉 3부, 〈리처드 3세〉 네 편을 뜻하고, 제2 사부작(The Second Tetralogy)은 〈리처드 2세〉, 〈헨리 4세 1부〉, 〈헨리 4세 2부〉, 〈헨리 5세〉 네 편을 뜻한다.

왜 셰익스피어를 읽어야 하나?

영국 심리치료사 폴 쿰(Paul Coombe)은 2014년 4월 〈심리치료사로서의 셰익스피어〉[2]에서 역병과 전쟁, 투옥과 공개 처형이 횡행하던 시기에 셰익스피어의 연극이 당대의 고통과 상실의 세계로부터 기분 전환 이상의 '정신적 치유'를 가져왔다고 발표하였다. 비록 결점이 있지만 열정에 사로잡힌 다양한 극중 인물들을 통해 관객들이 자기 자신을 보다 잘 이해할 수 있게 되어 정신적 치유가 가능해졌다는 것이다. 셰익스피어 작품 속에는 극중 인물들의 행동과 동기뿐만 아니라 사랑과 증오, 슬픔과 절망, 야망과 자존심 등 인간 희로애락의 모든 감정들이 적나라하게, 때로는 관대하면서도 잔혹하게, 때로는 어리석은 듯하면서도 현명하게 그려지고 있기 때문이다.

새뮤얼 콜리지(Samuel Coleridge)는 세익스피어를 "무수한 마음을 가진 셰익스피어(Our myriad-minded Shakespeare)"라고 불렀다. 세익스피어의 작품 속에는 참으로 다양한 인물들이, 아니 인간의 탈을 쓴 모든 유형의 사람들이 등장한다. 하지만 셰익스피어가 창조한 인물들은 오래전에 살았다 사라지고 만 과거의 인물들이 아니다. 바로 현재 우리와 함께 숨 쉬고 우리와 함께 희로애락을 느끼는 실존 인물들로서 여전히 우리 곁에 살아 숨 쉬고 있는 것이다. 로미오와 줄리엣, 햄릿과 오필리아, 리어왕과 코델리아, 오셀로와 데스데모나, 샤일록과 포샤, 올리비아와 비올라, 맥베스, 프로스페로, 시저와 브루투스, 헨리 5세, 리처드 3세, 폴스타프 등등, 다양한 인물 모두가 각각 전형적 유형의 인물로 우리 주위에서 흔히 보고 만날 수 있는 유형의 존재들이다. 셰익스피어는 인간에 대한 깊은 통찰력으로 다양한 인물들의 깊은 내면을 아름다운 시적 언어로 절묘하게 잘 그려 내고 있다. 영국 시인이자 극작가인 존 드라이든(John Dryden)의 말처럼 셰익스피어는 "현대와 고대의 모든 시인 가운데 최대 그리고 최고의 포괄적 정신을 소유"한 시인이다.

셰익스피어 작품 속의 언어는 우리의 심장을 뛰게 하는 힘이 있다. 바로 아름다우면서도 생동감 있는 리듬 때문이다. 하지만 셰익스피어를 불멸의 작가로 만들어 주고 있는 또 다른 요인은 바로 등장인물들을 통해 표출되는 셰익스피어의 명대사들이다. 인간적 고뇌에 빠져 "죽느냐 사느냐, 그것이 문제로다"라고 번민하는 햄릿(Hamlet), 줄리엣(Juliet)을 보고 "줄리엣은 태양"이라고 말하는 로미오(Romeo), 사랑하는 연인이 원수의 집안인 것을 알고 난 후, "오, 로미오, 로미오 님, 왜 당신의 이름이 로미오인가요?"라고 외치는 줄리엣, 칼에 찔려 쓰러지면서 믿었던 브루투스(Brutus)마저 역모에 가담한 사실을 알고, "브루투스, 너마저!"라고 일갈하는 줄리어스 시저(Julius Caesar), 유대인이라는 종교적 · 인종적 차별에 "유대인은 눈이 없소?"라고 항변하는 샤일록(Shylock), 인간들을 보고 아름다움에 감탄하여, "오, 아름다운 신세계!"라고 외치는 미란다(Miranda), "간결함이 지혜의 본질"이라고 말하는 폴로니우스(Polonius), "남성들이 구애할 때에는 춘사월이지만, 결혼하면 십이월"이라고 말하는 로절린드(Rosalind). 셰익스피어가 자크(Jaques)의 입을 빌려 말한 대로, "이 세상 모두가 하나의 무대요, 모든 남녀가 단지 배우에 불과할 뿐"이다. 우리는 셰익스피어의 명대사들을 통해 인간 본성에 관한 통찰은 물론 사랑과 용기, 청춘과 아름다움, 정의와 자비, 세상 이치에 대한 슬기로운 지혜와 실용적 교훈을 얻을 수 있다. 셰익스피어의 작품 속 다양한 인물들을 통해 우리 자신을 객관적 시각에서 바라봄으로써 진아(眞我)인 '참나'를 찾고, 여유롭고 풍요롭게 살아가는 삶의 지혜를 얻을 수 있다.

셰익스피어의 희극에서는 왜 여주인공들이 극을 이끌어 갈까?

셰익스피어의 희극은 언제나 우리에게 꿈과 희망을 가져다준다. 남녀 간의 사랑을 기반으로 남녀의 무지, 허풍, 자만심 등 인간의 어리석음을 냉철히 비판하면서도 마지막에는 결혼으로 즐거운 유종의 미를 거둔다. 흥미로운 점은 셰익스피어 희극의 경우 여자 주인공들이 극을 주도해 나간다는 사실이다. 사랑에 대한 남자들의 잘못된 환상을 바로잡아 주는 것도 여자 주인공들이며, 기지와 유머로 남자 주인공을 곤경에서 구해 주는 것도 여자 주인공들이다. 〈베니스의 상인〉의 포샤(Portia), 〈당신 좋으실 대로〉의 로절린드, 〈십이야〉의 비올라(Viola), 〈겨울 이야기〉의 페르디타(Perdita) 등 여주인공들은 겉으로는 연애를 조소하는 듯 보이나 속으로는 사랑의 불꽃을 정열적으로 불태우는 여인들이다. 각자 자신들만의 독특한 성격으로 우리 가슴에 지울 수 없는 매혹적인 여인상의 이미지를 각인시켜 주고 있다. 왜 그러할까? 셰익스피어가 스페인의 무적함대를 무찔러 영국을 '해가 지지 않는 나라'로 만들고, '지난 천 년 동안 세계 최고의 정치가'로 선정된 '엘리자베스 1세(Elizabeth I)' 여왕(재위 1558-1603)이 통치한 시기에 살았기 때문이다.

셰익스피어 작품을 영어 원어로 읽을 필요가 있나?

셰익스피어의 우리말 번역은 쉬운 일이 아니다. 우선 셰익스피어의 극 중 대사는 몇몇 특수한 경우를 제외하고 모두 '약강(弱强)' 음절이 다섯 번 반복되는 소위 '약강 5보격(iambic pentameter)'을 표준으로 하고 있다. 따라서 셰익스피어의 시행 대사를 우리말로 적절히, 아니 완벽하게 옮기는 일은 거의 불가능하다. 더욱이 셰익스피어 작품 속에는 은유와 같은 비유적 언어유희가 풍부하며, 동음이의어(同音異議語)와 같은 말장난(pun)이 유난히 많다. 따라서 필자는 가급적 쉬운 우리말로, 그것도 연극 대사에 어울리는 말로 번역하도록 노력하였다. 보다 자세한 해설은 추후 독자가 전문 번역본을 읽을 때 자세히 알아보도록 양보하고자 한다. 필자는 단지 이 글을 통해 셰익스피어 작품들을 원어 또는 번역본으로라도 읽어 보고 싶은 동기를 부여하는 것에 만족하고자 한다.

2010년 국제학술지 《신경학》에 발표된 캐나다 요크 대학교의 엘렌 비알리스톡(Ellen Bialystok) 교수 팀[3]의 연구에 의하면 외국어를 구사하는 노인들이 모국어 하나만을 사용하는 노인들보다 치매 증상이 훨씬 덜한 것으로 나타났다. 이들 연구팀은 알츠하이머 판정을 받은 평균 연령 65세의 치매 노인 211명을 대상으로 조사하였다. 그 결과 2개 이상의 언어를 사용하는 노인들이 영어 하나만 구사하는 노인들보다 치매 발병 시기가 5.1년 늦었으며, 기억력과 문제 풀이 능력 등에서도 감퇴 정도가 훨씬 덜하였다는 사실이 밝혀졌다. 2013년 국제학술지 《신경학》에 발표된 인도 니잠 의학연구소의 수바르나 알라디(Suvarna Alladi) 연구진[4]도 두 언어를 구사하는 노인들이 모국어만 하는 노인들보다 치매 발병 시기가 더 늦다는 사실을 밝혀냈다. 연구진은 평균 연령 66세의 인도 노인 648명을 대상으로 연구한 결과, 두 언어를 구사하는 노인들이 한 언어만을 구사하는 노인들보다 치매 발병 시기가 4년 반이나 늦다고 보고하였다.

영국 리버풀 대학교의 필립 데이비스(Philip Davis) 교수 팀도 2006년 어린아이들을 대상으로 '셰익스피어 작품과 뇌'에 대해 실험하였다.[5] 연구진은 어린아이들에게 셰익스피어 작품을 읽게 하면서 아이들의 뇌를 촬영하였다. 검사 결과 셰익스피어의 난해한 문장을 처음 접해 본 아이들의 뇌가 극적일 정도로 활발한 반응을 보였다. 이는 셰익스피어의 작품이 현대 문법과는 달리 어순이 뒤죽박죽된 경우가 종종 있기 때문이다. 셰익스피어의 작품 속에는 이중 부정이나 이중 비교급은 물론, 명사나 고유명사가 동사로 사용되는 등 품사가 바뀌어 사용되는 경우도 종종 있다.

데이비스 교수 팀은 2013년에는 성인들을 대상으로 '셰익스피어 작품과 뇌'에 대해 실험하였다.[6] 성인 30명을 대상으로 셰익스피어의 작품을 원본과 현대판본을 대조하여 읽게 하였다. 실험 결과 현대판을 읽을 때보다 원본을 읽을 때 실험 참여자들의 우뇌에서 훨씬 더 활발한 움직임을 보였다. 셰익스피어 원본의 복잡한 문법 구조와 단어의 뜻을 파악하기 위해 좀 더 많은 집중력이 필요하였기 때문이다. 우뇌의 활발한 움직임은 창의력과 기억력 향상에 도움이 되는 긍정적 효과가 있다. 따라서 이 책에서는 우리말 해석 뒤에 셰익스피어 원본을 제시하였다. 셰익스피어 탄생 450주년을 맞이하여, 비록 어려운 일이겠지만 우리말 해석이 있으니 약강 5보격의 리듬을 생각하면서 셰익스피어 원본 읽기에 과감히 도전해 보기 바란다. 여러분의 뇌가 좀 더 활성화되어 치매 예방뿐 아니라 창의력 향상에 도움이 될 것이다.

셰익스피어의 작품 〈로미오와 줄리엣〉을 읽을 때에는 줄리엣과 사랑에 빠져 눈이 먼 로미오가 되어, 감미로운 목소리로 "Juliet is the sun!(줄리엣은 태양!)"이라고 말해 보자. 작품 〈햄릿〉을 읽을 때에는 고뇌에 빠져 우울증 증세를 보이는 햄릿이 되어, 괴로움과 번뇌하는 마음으로 "To be or not to be, that is the question(죽느냐, 사느냐, 그것이 문제로다)"이라고 말해 보자. 작품 〈줄리어스 시저〉를 읽을 때에는 믿었던 친구 브루투스의 배신 속에 숨을 거두는 시저가 되어, 친구의 배신에 몸을 떠는 목소리로 "Et tu, Brute?(브루투스, 너마저!)"라고 외쳐 보자. 작품 〈맥베스〉를 읽을 때에는 죄책감으로 몽유 상태에서 혼잣말로 중얼거리는 맥베스 부인이 되어, 자포자기한 목소리로 "What's done cannot be undone(엎질러진 물, 다시 담을 수는 없지요)"이라고 중얼거려 보자. 작품 〈베니스의 상인〉을 읽을 때에는 종교적 인종적 차별로 오랫동안 멸시를 받아 온 유대인 샤일록이 되어, 분노로 몸을 떨며 "Has not a Jew eyes?(유대인은 눈이 없소?)"라고 외쳐 보자. 작품 〈템페스트〉를 읽을 때에는 세 살 적부터 아버지와 단둘이 무인도에 살다 15세 처녀가 되어서야 비로소 사람들을 만나게 된 미란다가 되어, 인간의 아름다운 모습에 감탄하는 목소리로 "O, brave new world!(오, 아름다운 신세계!)"라고 소리쳐 보자. 작품 〈헨리 5세〉를 읽을 때에는 두려움에 떠는 부하들을 격려하는 위대한 왕 헨리 5세가 되어, 우렁찬 목소리로 "Once more unto the breach, dear friends, once more!(다시 한 번 성벽의 돌파구를 향해 돌진하라! 친애하는 동지들이여, 다시 한 번 돌진하라!)"라고 외쳐 보자. 마치 영화 〈명량〉에서 두려움에 떠는 부하들을 향해 "살고자 하면 죽을 것이요, 죽고자 하면 살 것이다"라고 격려하여 12척의 배로 130척의 왜선을 무찌르는 이순신 장군처럼 혼신의 힘으로 외쳐 보자. 우리 자신이 연극 무대 속 배우가 되어 연극에 몰입할 때, 우리는 문득 자신을 객관적으로 바라보는 눈을 갖게 되어, 자신을 이해하고 위로하며 용서할 수 있는 안목을 갖게 될 것이다. 어쩌면 이것이 진정 자아를 찾아 가는 '참나' 찾기의 또 다른 과정이 아닐까 기대해 본다.

로미오와 줄리엣

Romeo and Juliet **5일간의 사랑 이야기**

간략한 배경과 줄거리

죽음도 불사할 정도로 서로 사랑하는 연인 사이를 '로미오와 줄리엣' 같다고 한다. 함께할 수 있는 유일한 방법이 죽음밖에 없다는 생각에 로미오는 조금의 망설임도 없이 독약을 마시고, 줄리엣은 스스로 단검으로 자신의 가슴을 찌른다. 연인 간의 열렬한 사랑을 이보다 더 절절히 보여 주는 예가 이 세상 어디에 더 있을 수 있을까? 부모의 반대에 맞서 서로의 사랑이 오히려 더 깊어지는 현상을 심리학적으로 '로미오와 줄리엣 효과(Romeo & Juliet effect)'라고 부르며, '로미오'란 이름은 오늘날 '낭만적 남자'를 가리키는 대명사가 되었다.

세익스피어의 유일한 낭만 비극 〈로미오와 줄리엣〉은 '5일간의 사랑 이야기'이다. 이 작품은 16세기 이탈리아 작가 마테오 반델로의 산문이야기(1554)

이탈리아 베로나 전경

에서 프랑스어 번역(1559)을 거쳐 영어로 번역된 아서 브룩(Arthur Brooke)의 서사시 〈로메우스와 줄리엣의 비극적 이야기〉(1562)와 영국 윌리엄 페인터(William Painter)의 번역 소설집 〈쾌락의 궁전〉에서 줄거리를 가져와 극화한 것이다.[1] 하지만 패리스, 머큐시오와 같은 여러 인물들과 그 밖의 세부 이야기들은 셰익스피어가 독창적으로 창작한 것이다. 로미오와 줄리엣의 나이는 원전 보다 어린 16살과 13살이다. 9개월에 걸쳐 일어난 원작의 사랑 이야기를 셰익스피어는 무더운 7월 중순, 일요일부터 목요일까지, 단 5일간의 운명적 사랑 이야기로 바꾸어놓았다.

줄리엣의 캐풀렛(Capulet) 집안과 로미오의 몬터규(Montague) 집안은 이탈리아의 아름다운 도시 베로나(Verona)의 두 명문 가문이지만 하인들마저 마주치기만 하면 다투는 견원지간이었다. 이에 베로나 영주는 두 집안 간에 싸움이 다시 일어나면 싸움의 장본인을 도시에서 추방하겠노라고 선언한다. 이런 와중에 캐풀렛 부부는 줄리엣을 청년 귀족 패리스(Paris) 백작과 결혼시키려는 생각으로 무도회를 개최한다. 캐풀렛 집안과 몬터규 집안을 자유롭게 드나들던 로미오의 친구 머큐시오(Mercutio)가 로절린에 대한 짝사랑으로 상심에 빠진 로미오를 설득하여 무도회에 참석한다. 무도회장에 도착한 로미오는 뜻밖에 줄리엣을 만나 서로 앙숙 집안인 사실을 모른 채 첫눈에 사랑에 빠지고 만다. 무도회가 끝난 뒤 로미오는 줄리엣을 보기 위해 혼자 캐풀렛 집안의 담을 넘는다. 그는 발코니에서 자신을 그리워하는 줄리엣을 발견하고 서로의 사랑을 확인한다.

로미오와 줄리엣은 로런스(Laurence) 신부의 도움으로 둘만의 비밀 결혼식을 올린다. 결혼식을 막 마치고 나오던 로미오는 줄리엣의 사촌 오빠 티볼트(Tybalt)가 친구 머큐시오(Mercutio)를 협박하는 것을 목격하고 싸움을 말리려

애쓰지만 머큐시오는 티볼트에 의해 목숨을 잃고, 이에 격분한 로미오가 티볼트를 죽이고 만다. 영주의 선언에 의해 로미오는 베로나에서 추방 명령을 받는다. 캐풀렛 집안은 티볼트의 죽음을 애도하는 동시에 줄리엣과 패리스의 결혼을 서두른다. 한편 만토바(Mantova)로 추방당하게 된 로미오는 줄리엣의 방에 몰래 숨어 들어가 처음이자 마지막이 된 하룻밤을 줄리엣과 함께 보낸 후 만토바로 가게 된다.

아버지에 의해 패리스와의 결혼을 앞두게 된 줄리엣이 비밀 결혼식을 올려준 로런스 신부를 찾아가 도움을 요청하자, 로런스 신부가 기발한 묘안을 떠올린다. 줄리엣에게 잠시 죽은 것처럼 잠드는 묘약을 마시게 한 후, 로미오가 돌아와 줄리엣과 함께 도망가도록 추진하는 것이다. 신부의 기획대로 줄리엣은 신부가 건네준 비약을 마시고 가사 상태로 가족 묘지에 안치된다. 로런스 신부는 존(John) 신부를 만토바로 보내 로미오에게 자신의 비밀 계획을 알리려 하지만 불행히도 존 신부는 로미오를 만나지 못한다. 이러한 상황도 모른 채 줄리엣의 사망 소식을 접한 로미오는 줄리엣이 죽은 줄 착각하여 묘지를 찾아가 가져온 독약을 마시고 죽는다. 가사 상태에서 깨어나 곁에 죽어 있는 로미오를 발견한 줄리엣은 진상을 알고 절망하여 로미오의 단검으로 자신의 가슴을 찌른다. 로미오와 줄리엣의 비극적 죽음으로 몬터규 집안과 캐풀렛 집안은 긴 세월의 원수 관계를 끝내고 평화를 지킬 것을 다짐한다.

1 첫눈에 반한 사랑과 뇌

줄리엣을 보자마자 첫눈에 반하다!

〈로미오와 줄리엣〉은 두 연인 간의 달콤한 5일간의 사랑 이야기를 다루고 있다. 하지만 로미오와 줄리엣의 아름다운 사랑이 비극적 결말로 끝날 것임을 관객들은 프롤로그에서 이미 감지할 수 있다.

[프롤로그]

두 원수 집안의 숙명적인 몸에서 태어난

한 쌍의 엇갈린 운명의 연인들이 스스로 목숨을 끊는다.
가엾고도 불운한 사랑의 종말이
이들의 죽음으로 부모들의 갈등을 묻어 버린다.
[*Prologue*]
From forth the fatal loins* of these two foes**,
A pair of star-crossed*** lovers take their life,
Whose misadventured piteous overthrows
Do with their death bury their parents' strife.
(loins*: 허리, foe**: 적, star-crossed***: 불운한)

로미오와 줄리엣은 '엇갈린 운명의 연인', 즉 십이궁(zodiac)의 별자리가 엇갈려(star-crossed) 이루어질 수 없는 연인이다.[2] 1막 1장은 캐풀렛 집안과 몬터규 집안의 시종들 간의 싸움으로 시작된다. 평화주의자인 로미오의 사촌 벤볼리오(Benvolio)는 이들의 싸움을 말리려다가 줄리엣의 사촌 티볼트와 싸움에 휘말리고 만다. 시도 때도 없이 다투는 두 집안의 싸움에 화가 난 시민들이 싸움을 중단시킨다. 베로나의 통치자 에스칼루스(Escalus) 왕자가 두 집안 간의 싸움을 막아 보려고 명을 내린다. "앞으로 평화를 깨트리는 자는 그 누구라도 사형에 처할 것이다."

한편, 로미오의 표정이 밝지 않음을 알아차린 벤볼리오가 로미오를 추궁하자, 로미오는 로절린을 짝사랑한다고 고백한다. 벤볼리오가 로미오에게 더 아름다운 여인을 찾아 보라고 조언하지만, 로미오는 여전히 실의에 빠져 있다. 로절린에 대한 짝사랑으로 상심하던 로미오가 벤볼리오의 설득과 친구 머큐시오의 권유에 못 이기는 척 캐풀렛 집안의 무도회에 참석한다. 하지만 실은 무도회 참석자 명단에 사랑하는 로절린의 이름이 들어 있기 때문이었다. 드디어 파티가 시작되고, 짝사랑에 상심한 로미오가 캐풀렛의 집에 도착한다. 무도회장으로 들어간 로미오는 먼발치에서 춤추는 줄리엣을 보고 그 아름다움에 그만 넋을 잃고 만다. 로미오는 로절린을 향한 자신의 마음이 아무것도 아님을 깨달으며, 줄리엣을 향해 다음과 같이 독백한다.

로미오

아, 저 아름다운 여자, 횃불에게 환히 불타오르는 법을 가르치고 있구나.
저 여인은 밤의 볼에 매달려 반짝이는 보석 같구나.
마치 에티오피아 여인의 귀에 매달린 값비싼 보석처럼.
(…)
내 마음이 여태껏 사랑을 해 왔다고? 내 눈아, 아니라고 부인하여라!
오늘 밤에서야 비로소 진정한 아름다움을 보았노라.

Romeo

O, she doth teach the torches to burn bright.
It seems she hangs upon the cheek of night.
Like a rich jewel in an Ethiop's ear
(…)
Did my heart love till now? Forswear* it, sight!
For I ne'er** saw true beauty till this night. (1막 5장)
(forswear*: 강하게 부정하다, ne'er**: never)

무도회장에서 춤추는 줄리엣을 본 로미오는 보자마자 첫눈에 사랑에 빠져 "오늘 밤에서야 비로소 진정한 아름다움을 보았노라"라며 자신의 속마음을 토로한다. 줄리엣의 사촌 티볼트가 줄리엣에 반해 아름다움을 찬미하는 로미오의 목소리를 듣고는, 원수 가문이 파티를 망치려 한다며 로미오를 쫓아내려고 한다. 캐풀렛 경이 이를 제지하자, 한 발짝 물러난 티볼트가 다음과 같이 의미심장한 말을 내뱉는다. 앞으로 전개될 일에 대한 복선이 깔려 있는 말이다.

티볼트

화를 억지로 참자니 부아가 나서,

사지가 부들부들 떨리는구나.

일단 물러선다마는, 이번 침입이 당장은 달콤해 보여도,

머잖아 쓰디쓴 맛을 보게 될 것이다.

Tybalt

Patience perforce* with willful choler** meeting

Makes my flesh tremble in their difference greeting.

I will withdraw, but this intrusion shall

Now seeming sweet, covert to bitterest gall***. (1막 5장)

(perforce*: 부득이, choler**: 화, 짜증, gall***: 고통, 담즙)

결국 로미오가 줄리엣에게 다가가 두 사람의 첫 만남이 이루어지고, 둘은 서로에 대해 호감을 표시한다.

로미오

천한 내 손이 이 거룩한 성전을 더럽히고 있는 것이라면,

점잖은 죄의 보상은 이것이라오:

얼굴 붉힌 두 명의 순례자처럼, 내 입술이 대기하여 있다가

부드러운 입맞춤으로 이 더러운 손자국을 씻고자 하오.

Romeo

If I profane* with my unworthiest hand

This holy shrine, the gentle fine is this:

My lips, two blushing pilgrims, ready stand

To smooth that rough touch with a tender kiss.

(profane*: 신성을 더럽히다, 모독하다)

줄리엣

착한 순례자님, 그대의 손을 너무 나무라시는군요.

그대의 손이 이처럼 예의 바르게 헌신의 정을 보여 주고 있잖아요;

성자들도 순례자들의 손과 맞닿은 손이 있으니,

손바닥을 서로 맞대는 것이 성스러운 순례자들의 입맞춤이지요.

Juliet

Good pilgrim, you do wrong your hand too much,

Which mannerly devotion shows in this;

For saints have hands that pilgrims' hands do touch,

And palm to palm is holy palmers' kiss. (1막 5장)

로미오에 반한 줄리엣이 유모에게 로미오를 가리키며 이름을 알아보라고 한다. 유모가 "그분 이름은 로미오, 몬터규 집안의, 저 원수 집안의 외아들이에요"라고 답하자, 줄리엣이 되뇌인다. "단 하나뿐인 나의 사랑이 유일한 내 증오심에서 싹트다니!(My only love sprung from my only hate!)" "앞날이 염려되는 사랑의 탄생이구나, 증오의 대상인 원수 집안사람을 사랑해야 되다니."(1막 5장) 작품의 슬픈 결말을 예상하는 말이다. 엇갈린 운명의 연인 로미오와 줄리엣은 이렇게 첫눈에 서로 사랑에 빠지고 만다.

2막 2장, 사랑에 빠진 줄리엣은 사랑이란 마치 전기에 감전되듯 순간적으로 짜릿하게 찾아오는 것임을 다음과 같이 묘사한다.[3]

줄리엣

[사랑은] 너무도 성급하고, 너무도 경솔하고, 너무도 순간적이죠;

"번개가 번쩍이네"라는 말을 채 마치기도 전에 사라지는 번개처럼 말이죠.

내 사랑, 안녕히 계세요!

Juliet

It is too rash*, too unadvised, too sudden;

Too like the lightning, which doth cease to be
Ere** one can say 'It lightens,' Sweet, good night! (2막 2장)
(rash*: 성급한, 경솔한, ere**: (시어) before)

로미오는 춤추는 줄리엣을 보자마자 첫눈에 반하고 만다. 줄리엣의 말처럼, 번개와 같이, 아니 "번개가 번쩍이네"라는 말이 채 끝나기도 전에, 마치 전기에 감전되듯 순식간에 사랑이 찾아온 것이다.

☜ **여기서 잠깐!**

풋풋한 첫사랑의 향수를 불러일으킨 이용주 감독의 2012년 개봉작 〈건축학개론〉에 20살의 '승민'(이제훈)이 수업에서 처음 만난 음대생 '서연'(배수지)을 보고 첫눈에 반하는 장면이 나온다. 우연히 만난 여자 주인공에게 첫눈에 반하고 사랑의 감정에 빠지는 장면이 바로 로미오가 무도회장에서 춤추는 줄리엣의 모습을 보고 첫눈에 반하는 장면과 겹쳐진다. 짝사랑한 로절린으로부터 관심과 사랑을 받지 못해 상심에 빠져 있던 로미오는 로절린이 참석한다는 소식에 무도회장을 찾는다. 하지만 먼발치에서 줄리엣을 보자마자, 로미오는 첫눈에 사랑에 빠지고 만다. 첫눈에 서로 사랑에 빠지는 로미오와 줄리엣처럼, 그리고 'love at first sight'의 영어 표현처럼 '첫눈에 빠지는 사랑'이 실제로 가능한 일인가? 사랑이란 정말 '번개와 같이' 순간적으로 찾아오는 것일까? 사랑에 빠질 때, 우리 뇌에서는 어떤 일들이 일어나고 있는 것일까?

셰익스피어와 함께 풀어 보는 뇌 과학 이야기

동화 〈신데렐라〉에서 왕자는 무도회장에서 춤추는 신데렐라에게 첫눈에 반하고, 〈춘향전〉에서 이몽룡은 단옷날 그네 타는 성춘향을 보고 첫눈에 마음을 빼앗기고 만다. 〈로미오와 줄리엣〉에서 로미오는 춤추는 줄리엣을 보자마자 첫눈에 반한다. 마이크 니컬스(Mike Nichols) 감독의 2004년 작 〈클로저(Closer)〉의 명장면 중 하나는 사진작가 '애나(줄리아 로버츠)'가 작가 지망생 '댄(주드 로)'과 황홀한 눈빛을 주고받으며 첫눈에 반하는 장면이다. 가장 로맨틱한 사랑이란 첫눈에 반한 사랑, 만나자마자 찌릿하여 거부할 수 없는 사랑이라고 한다.[4] 우리는 '잃어버린 반쪽'을 첫눈에 알아볼 수 있을까?[5]

미국 얼 나우만(Earl Naumann) 박사의 2002년 저서 《첫눈에 반한 사랑》[6]에 미국인 남녀를 대상으로 한 '첫눈에 반한 사랑'의 조사 결과가 나온다. 많은 미국인들을 대상으로 조사한 결과, 다섯 명 중 세 명(남성 62.3%, 여성 55.7%)가량이 첫눈에 반한 사랑을 경험한 바 있다고 답하였다. 미국인 1,495명을 대상으로 조사한 1970년대의 설문 조사에서도 다섯 명 중 세 명(남자 65.2%, 여자 63.6%)가량이 첫눈에 반한 사랑이 존재한다고 답한 바 있었다. 첫눈에 반할 수 있다고 답한 사람들 중 실제로 사랑에 빠져 본 사람이 있을까? 첫눈에 사랑에 빠질 수 있다고 답한 사람들 중 약 60%가 실제로 사랑에 빠진 적이 있다고 응답하였다. 첫눈에 반한 커플 중 결혼에 성공한 비율이 반이 넘는다는 통계도 있다. 2013년 한국의 모 결혼정보회사가 20~30대 한국인 미혼남녀 520명을 대상으로 조사한 설문 조사에서 설문에 답한 세 명 중 두 명(76.9%)가량이 첫눈에 반한 사랑을 믿는다고 답하였다.[7]

1987년 영화 〈더티 댄싱〉의 개봉 전 시사회에서 당시 무명가수였던 리처드 막스(Richard Marx)는 남자 주인공 패트릭 스웨이즈의 첫 파트너로 멋진 춤 솜씨를 보여 준 여배우 신시아 로즈(Cynthia Rhodes)를 보고 첫눈에 반해 버린다.[8] 막스가 로즈에게 프로포즈를 하지만, 세 살 연상이자 이미 명배우 반열에 오른 로즈는 꿈쩍도 하지 않는다. 1987년 발표된 1집 음반이 대성공을 거두며 막스가 1987년 최고의 가수로 등극한다. 첫눈에 로즈에게 마음을 빼앗긴 막스는 대성공 후에도 그녀를 잊지 못하여 끊임없는 구애를 보낸다. 결국 로즈는 막스의 구애를 받아들이고, 두 사람은 세상에 부러울 것 없는 할리우드 듀엣 잉꼬부부가 된다. 1996년 노벨문학상을 수상한 폴란드 여류 시인 비스와바 심보르스카(Wislawa Szymborska)의 시 〈첫눈에 반한 사랑〉은 이렇게 시작한다. "이들은 둘 다 믿고 있지요./갑작스런 열정이 자신들을 하나로 묶어 주었다고./이런 확신은 아름다운 것이지요./하지만 약간의 의심은 더 아름다운 것이지요." 배우 로즈에게 첫눈에 반해 마음을 빼앗겼다고 확신한 가수 막스의 사랑은 이미 결정된 '운명적' 관계인지도 모른다.

더블린 트리니티 대학의 제프리 쿠퍼(Jeffrey Cooper) 교수 팀[9]은 2012년 독신 남녀들을 대상으로 '첫눈에 반한 시간'에 대한 흥미로운 연구 결과를 발표하였다. 연구진은 독신 남자 73명과 여자 78명을 대상으로 '속성 만남'을 주선하였다. 만남에 앞서 상대 이성들의 사진들을 각각 몇 초간 보여 주며 피험자들의 뇌 반응을 fMRI(기능성 자기공명영상)로 영상 촬영하였다. 며칠 후 속성 만남이 이루어지고, 남녀는 상대방을 바꿔 가며 약 5분씩 대화를 나누었다. 그 후 가장 기억이 남고 다시 만나고 싶은 상대가 누구인지를 물어보았다. 실험 결과 처음 사진을 보고 호감을 느낀 상대에게 호감을 느낀 경우가 무려 63%에 달하였다. 단지 몇 초간의 아주 짧은 순간에도 상대에 대한 호감을 파악할 수 있음을 여실히 보여 준 실험 결과이다. 사진을 보고 상대에 호감을 가질 때에 뇌의 배내측(dorsomedial) 전전두피질(prefrontal cortex) 부위가 크게 활성화되었다. 신체적 외모에 끌릴 때 순간적으로 배내측 전전두피질 부위가 활성화된 것이다. 이보다 약간 아래에 위치한 부리내측(rostromedial) 전전두피질 부위는 '상대방이 나와 잘 어울릴까'를 판단하는 부위이다. 우리가 첫눈에 반할 때, 순간적으로 외모적 매력에 반응하는 배내측 전전두피질 부위가 먼저 작동을 하고, 잠시 뒤 자신과 어울리는지를 판단하는 부리내측 전전두피질 부위가 작동하는 것이다.

로미오가 줄리엣을 향한 사랑을 고백하고 사랑의 맹세를 하려고 하자,

줄리엣은 사랑이란 "'번개를 봐'라는 말이 채 끝나기도 전에 사라져 버리는 번개와 같다"라고 묘사한다. 사랑이 마치 전기에 감전되듯 순간적으로 찾아왔다는 것이다. 사랑과 끌림이라는 주제를 연구해 온 생물학의 대가 헬렌 피셔(Helen Fisher) 박사는 2004년 저서 《왜 우리는 사랑에 빠지는가(Why We Love: The Nature and Chemistry of Romantic Love)》[10]에서 '사랑과 도파민의 관계'에 대하여 다음과 같이 설명하였다. 사랑의 열정이란 수백만 년 동안 진행되어 온 진화의 산물로 우리 뇌에 내장되어 있으며 굶주림과 같은 강력한 추진력이 있다. 남녀 간의 열정적 사랑이란 도파민의 분비와 연관된 편도체(limbic system)의 활성화에 기인된 것이다. 모기 겐이치로(茂木健一郎)는 2010년 저서 《뇌는 0.1초 만에 사랑에 빠진다》[11]에서 '사랑에 빠지는 순간'에 대하여 기술하였다. 첫눈에 사랑에 빠지는 과정은 감정을 담당하는 뇌의 편도체 부위에서 이루어진다. 우리가 사랑에 빠지는 순간, 대뇌에서 언어화가 이루어지기도 전에, 편도체 부위에서 번개와 같이 '번쩍!' 판단을 내리는 것이다. 이와 동시에 도파민과 옥시토신 등 희열감을 자아내는 화학물질들이 분비된다. 이때 화학물질의 분비에 걸리는 시간은 얼마나 될까? 놀랍게도 단지 0.1초이다. 편도체에서 분비된 사랑의 물질로 인해 번개와 같이 순간적으로 첫눈에 반하고 마는 것이다. 하지만 대뇌 신피질은 다르다. "왜 사랑하는가?"를 되물으며 냉정하게 판단하기 시작한다. 겐이치로는 "직감으로 사랑하고, 분석으로 깊어진다"라고 말한다. 로미오는 먼발치에서 춤을 추고 있는 줄리엣을 보자마자 첫눈에 사랑에 빠진다. 로미오에게 사랑은 '단 0.1초 만에' 마치 전기에 감전되듯 순식간에 찾아온 것이다.

첫눈에 반한 사랑! 남녀 간에 차이가 있는 것일까? 첫눈에 반한 사랑은 남녀 간에 다소 차이가 있어 보인다. 미국의 카랭 페리유(Carin Perilloux) 교수 팀[12]은 2012년 '남녀 간 사랑 차이'에 대한 연구를 국제학술지 《심리과학》에 발표하였다. 연구진은 텍사스 대학교의 18~24세의 남녀 대학생(남자 96명, 여자 103명)을 대상으로 '즉석 미팅' 실험을 실시하였다. 실험에 앞서 참가 대학생들에게 스스로 얼마나 매력적인지 점수를 매기도록 하였다. 본 실험에서는 5명의 다른 이성을 상대로 3분간 일대일로 대화를 나누게 하였다. 미팅 후 상대 이성이 얼마나 매력적인지, 그리고 상대방이 자신에게 얼마나 이성적 관심을 보이는지 각각 점수를 매기도록 하였다. 결과가 어떻게 나왔을까? 즉석 미팅 실험 결과, 상대 여학생을 매력적인 여성으로 높게 평가한 남자일수록 상대 여성도 자신에게 성적으로 끌린다고 착각하였다. 하지만 여자들은 자신에 대한 상대방의 성적 관심을 실제보다 낮게 평가하였다. 남자가 여자보다 첫눈에 더 잘 반할 뿐 아니라 더 선불리 사랑받고 있다고 착각하는 것이다.

2011년 8월 17일자 영국 일간지 《데일리 메일》(인터넷판)은 18~86세의 영국 성인 남녀 각각 1,500명을 대상으로 조사한 결과 남녀 간 사랑에 차이가 있음을 보도하였다.[13] 남자의 50% 이상이 첫눈에 반한 적이 있으며, 이들 중 75%가량은 세 번 만나기도 전에 상대 여성에게 마음을 빼앗긴 적이 있었다고 응답하였다. 하지만 여자들은 10%만이 첫눈에 반한 사랑을 경험하였으며, 대부분의 여성들이 적어도 상대를 6번 이상 만나 보아야 사랑을 확신할 수 있었다고 응답하였다. 영국 심리학회의 창립회원이자 심리학자인 알렉산더 고든(Alexander Gordon) 박사는 남자들이 시각적 외모에 더 잘 반응하는 반면, 여자들은 다소 복잡하고 선택에 앞서 이해득실을 따지는 경향이 있다고 설명하였다. 짝사랑하던 로절린을 만나기 위해 무도회장을 찾은 로미오가 줄리엣을 보자마자 첫눈에 먼저 반하고, 이몽룡이 그네 타는 성춘향을 보고 첫눈에 먼저 반하는 등, 남자가 먼저 첫눈에 반하는 데에는 다 까닭이 있는 것이다.

사람은 누구나 기본적으로 자기애(自己愛)가 있다고 한다. 제시된 사진 속 인물 중에서 가장 호감 가는 인물을 고르라는 실험을 하자, 참가자들은 모두 컴퓨터로 합성한 사진을 가장 유심히 바라보았다.[14] 그 이유가 무엇이었을까? 이들의 대답은 한결같았다. "처음 보자마자 마음에 끌렸어요." 하지만 합성 사진은 실제 인물이 아닌 컴퓨터로 성별 · 외모만 바꾼 본인 자신의 사진이었다. 매일 거울 앞에서 머리를 빗고 화장하면서 바라본 자신과 비슷하게 닮은 사람을 고른 것이다. 우리는 이처럼 자기중심적이며 자기 자신을 사랑한다. 미팅의 성공적 대화 방법 중 하나가 바로 '맞장구치기'인 까닭이다. 상대방에게 좋아하는 가수와 노래, 취미와 성격, 습관과 혈액형 따위가 같거나 비슷하다고 맞장구쳐 보라. 상대방은 분명 당신에게 더 큰 호감을 갖게 될 것이다.

하지만 조심할 필요도 있다. 첫눈에 반한 사랑을 믿는 할리우드의 매력남, 영화 〈시리아나〉로 2005년 아카데미 남우조연상을 수상하고 모두 다섯 번의 골든 글로브 상을 수상한 바 있는 조지 클루니(George Clooney)의 이야기이다. 그는 러네이 젤위거, 킴벌리 러셀, 리사 스노든, 그리스타 앨런, 엘리자베타 커널리스, 스테이시 키블러 등 숱한 모델 여배우들과 염문을 뿌린 바람둥이이다. 2014년 2월 연예란 뉴스에 〈월드스타 조지 클루니, 13번째 연인과 열애에 빠지다〉라는 제목의 기사가 나온 적이 있었다. 오바마 대통령과 함께한 〈모뉴먼츠 맨: 세기의 작전(The Monument Men)〉 영화 시사회에서, 아말 알라무딘이라는 레바논 출신 영국 인권변호사와 함께 있는 다정한 모습의 사진이 공개되었다. 기자가 클루니에게 옛 연인과 '헤어진 이유'를 묻자, 매번 동일한 답을 들려주었다. "운명적 사랑이 아닌 것 같소." 첫눈에 이끌린 운명적 사랑이 클루니와 같은 바람둥이에겐 '작업의 수단'일 뿐만 아니라 '헤어짐의 핑계'가 될 수 있음을 잊지 말자.

2 시각과 뇌

달빛 아래, 사랑의 밀어를 속삭이다

로미오와 줄리엣은 첫눈에 서로 반하고 만다. 하지만 두 연인은 곧 서로가 원수 집안의 자녀라는 사실을 알게 된다. 친구들과 무도회장을 떠났지만, 로미오는 줄리엣을 혹시 더 볼 수 있을까 하는 간절한 마음에 목숨을 걸고 담을 넘는다. 줄리엣의 침실 창문 아래로 몰래 로미오가 숨어 들어간다. 줄리엣이 창가에 아름다운 모습으로 나타나자, 로미오는 즉시 첫눈에 반한 연인임을 알아차린다. 이때 로미오의 시선은 줄리엣의 얼굴에 고정된다. 사람의 감정이 바로 눈과 얼굴 표정을 통해 교류되고 인지되기 때문이다.[15]

〈로미오와 줄리엣〉에서 가장 유명한 대사는 로미오와 줄리엣의 발코니에서의 독백 장면이다. 다음은 로미오가 발코니 아래에서 혼자 독백하는 장면이다.[16]

로미오

상처의 아픔을 한 번도 경험치 못한 자가 남의 상처를 놀려 대는 법.

Romeo

He jests* at scars that never felt a wound.　(2막 2장)

(jest* at ～: ～을 비웃다, 조롱하다)

이때 줄리엣이 발코니 창문에 나타난다. 줄리엣을 향한 로미오의 감미로운 찬사가 끝없이 펼쳐진다.

로미오

하지만 쉿! 저기 창문에서 새어 나오는 빛은 무엇이란 말인가?
저기가 동쪽이라면 줄리엣은 태양이다!
아름다운 태양이여, 솟아올라 시샘하는 달님을 없애어 다오.

Romeo

But soft, what light through yonder window breaks?
It is the east and Juliet is the sun!
Arise fair sun and kill the envious moon

로미오

나의 연인, 오 내 사랑! 아, 그대가 내 사랑임을 알아주었으면!
입을 여는구나, 그래도 아무런 말이 없네. 그러면 어떠한가?
저 눈이 말을 하고 있지 않는가. 그럼 내가 대답해 볼까?
그건 너무 뻔뻔스럽지. 나한테 말하는 것도 아닌데,
온 밤하늘에 가장 빛나는 두 개의 별이, 볼일이 있어,
그녀의 두 눈동자에 간청하여 자신들이 돌아올 때까지
대신 반짝거려 달라고 부탁한 거야.
만약 그녀의 두 눈동자와 두 별이 자리를 바꾼다면 어떻게 될까?
밝게 빛나는 그녀의 뺨이 저 별들을 무색하게 만들 테지,
마치 햇빛 아래 등불처럼 말이야.
하늘에 박힌 그녀의 눈동자가 온 창공에 한껏 빛날 테니
새들도 밤이 아닌 줄 착각하여 노래할 거야.
저것 보아. 뺨을 손 위에다 갖다 대는군.
오, 내가 저 손에 끼어진 장갑이라면, 저 뺨에 닿을 수 있을 텐데.

Romeo

It is my lady, O it is my love!
O that she knew she were!
She speaks, yet she says nothing. What of that?
Her eye discourses, I will answer it.
I am too bold. 'Tis not to me she speaks.
Two of the fairest stars in all the heaven,
Having some business, do entreat her eyes
To twinkle in their spheres till they return.
What if her eyes were there, they in her head?
The brightness of her cheek would shame those stars
As daylight doth a lamp. Her eyes in heaven
Would through the airy region stream so bright

줄리엣 집의 발코니(이탈리아 베로나)

That birds would sing and think it were not night.
See how she lean her cheek upon on her hand.
O that I were a glove upon that hand,
That I might touch that cheek.　(2막 2장)

줄리엣을 잊지 못하는 로미오가 정원에 몰래 잠입하여 발코니 아래에서 줄리엣을 바라보며 독백한다. 달빛 아래 드러난 두 연인의 모습이 감미로운 시처럼 얼마나 아름답게 기술되고 있는가! 로미오는 줄리엣을 '태양'으로 생각하여 "태양이여, 솟아올라 달빛을 무색하게 만들라"라고 독백한다. 발코니 위로 모습을 드러낸 줄리엣의 모습이 로미오의 눈에는 아름답게 떠오르는 태양처럼 환히 빛나고 있는 것이다. 달밤에 환하게 빛나는 그녀의 얼굴을 보며, 로미오가 그녀의 모습을 아름다운 시로 묘사한다. "줄리엣의 두 눈동자는 하늘에 반짝이는 가장 밝은 두 별과 같도다." 줄리엣은 '눈으로 대화'하고, 로미오가 이에 화답한다. "줄리엣의 뺨은 너무 밝아 밤하늘의 별빛이 무색하며", "천국 같은 그녀의 눈은 너무 밝아, 새들이 밤인 줄도 모르고 낮인 양 착각하며 노래 부른다." 로런스 신부가 사랑에 빠진 로미오를 보고 "젊은이들의 사랑이란 진정 이들의 마음속에 있는 것이 아니라, 이들의 눈 속에 있구나(Young men's love lies not truly in their hearts, but in their eyes)"(2막 3장)라고 말하는 이유이다. 로미오와 줄리엣은 '큐피드 사랑의 화살'을 맞고 시각적으로 서로의 외모에 완전히 폭 빠지고 만다.

☜ 여기서 잠깐!

줄리엣의 외모에 로미오가 완전히 넋이 나가고 만다. 셰익스피어는 시각적 묘사를 통해 마치 영화 속 장면을 보듯 로미오와 줄리엣의 사랑을 아름답게 시적으로 그려 내고 있다. 로미오의 사랑은 먼저 줄리엣의 신체적인 매력에 시각적으로 반해 시작된다. 발코니 위의 줄리엣의 모습이 태양처럼 빛을 발하며, 환하게 빛나는 줄리엣의 얼굴을 보면서 로미오의 가슴속 사랑의 농도가 점점 진해져 가는 것이다. 사랑은 마음이 아니라 눈 속에 있다는 로런스 신부의 말처럼 우리의 오감 중에서 시각이 사랑에 가장 영향을 미치는 요소일까? 눈으로 들어온 시각적 정보는 우리 뇌에서 어떻게 처리되는 것일까?

셰익스피어와 함께 풀어 보는 뇌 과학 이야기

우리의 오감 중 가장 많은 정보를 제공하는 것은 무엇일까? 바로 시각이다. 사실 우리가 처리하는 감각 정보의 약 70~80%를 시각이 차지한다고 한다. "보는 것이 믿는 것(Seeing is believing)"이라는 말이나 "백문이 불여일견(百聞不如一見)"이라는 말은 시각적 정보의 우수성을 잘 암시하는 표현들이다.

줄리엣 집의 줄리엣 동상(이탈리아 베로나)

시각 정보는 우리 뇌의 뒤쪽 아래에 위치한 후두엽(occipital lobe) 부위에서 주로 이루어진다. 시각을 담당하는 후두엽 부위가 손상되면 어떻게 될까? 색스(Sacks) 박사[17]의 연구 보고처럼, 후두엽에 문제가 생기면 자신의 아내를 모자로 착각하는 등 인지에 문제가 생기게 된다.

우리가 눈을 움직일 때마다 엄청나게 많은 정보들이 눈을 통해 들어온다. 이렇게 들어온 정보들은 망막의 신경절을 통해 색 · 음영 · 명암 · 윤곽 · 위치 · 동작의 감지 등, 각각의 요소들로 정리되어 처리된다. 시각적 정보는 일차적으로 시각 부위인 후두엽으로 보내진다. 사물이 무엇인지를 파악하는 것은 측두엽 방향으로 향하는 복측(ventral) 시각경로로 보내져 처리되며, 사물의 위치를 파악하는 것은 오른 쪽 머리 위에 위치한 두정엽(parietal lobe)으로 향하는 배측(dorsal) 시각경로로 보내진다.[18] 복측 경로 부위에 뇌 손상을 입게 되면 물건을 잡고 움직일 수는 있지만 자신이 잡고 있는 물건이 무엇인지 모르는 이상한 현상이 일어난다. 시각 정보를 처리하는 후두부에서도 V4 영역이나 V5 영역과 같은 특정 부위가 손상되면 사물이 온통 흑백으로 보이거나 정지 화면으로 보이는 등 맡은 역할에 따라 이상 증세를 보인다.

우리의 뇌는 좌우 대칭으로 나뉘어 있다. 좌뇌는 오른쪽 신체 부위를 담당하고, 우뇌는 왼쪽 신체 부위를 담당한다. 오른쪽 눈으로 들어오는 정보는 좌뇌 후두부의 시각 부위에서 처리되며, 왼쪽 눈으로 들어오는 정보는 우뇌 후두부의 시각 부위에서 처리된다. 따라서 왼쪽 뇌에 이상이 있는 경우 오른쪽 눈으로 들어오는 정보가 처리되지 못하여 마치 오른쪽에는 아무것도 없는 것처럼 기이하게 행동하게 된다.

우리가 물체를 눈으로 볼 때, 뇌의 후두엽 부위가 활성화된다. 하지만 일반적인 물체와 달리 사람의 얼굴을 인지할 때에는 후두엽 부위 중 방추상회(fusiform gyrus) 부위가 활성화된다.[19] 사람의 얼굴을 인식할 때에는 좌뇌의 배위 측두엽 부위가 좀 더 활성화되지만, 집과 같은 건물을 인식할 때에는 우뇌 부위가 좀 더 활성화된다. 미국 다트머스 대학교의 멩(Meng) 교수와 MIT 대학교의 신하(Sinha) 교수 팀[20]은 2012년 '얼굴 인식'에 대한 흥미로운 실험 결과를 발표하였다. 연구진은 피험자들에게 총 300장의 사진(사람 얼굴 사진 60장, 사람 얼굴과 무관한 사진 60장, 사람 얼굴과 유사한 사물 사진 180장)을 보여 주며, 사람과 얼마나 닮았는지 점수를 매기게 하였다. 실험 참가자들의 뇌를 fMRI로 촬영한 결과 얼굴 인식에 있어서 뇌의 좌우 부위가 차이를 보이는 것으로 나타났다. 대상이 사람의 얼굴인지 아닌지를 구별하는 것은 우측 방추상회에서 일어났다. 이에 반해 대상이 사람과 얼마나 닮았는지를 판단하는 것은 좌측 방추상회 부위에서 일어났다. 방추상회 부위에 손상을 입게 되면 지능이나 주의력에는 아무 이상이 없지만 주위의 친숙한 사람의 얼굴을 인식하지 못하는 '안면 실인증'이 생길 수 있으며 심하면 거울 속에 비친 자신의 얼굴마저 알아보지 못한다. 얼굴 인식은 상대가 우리의 적인지 친구인지를 구분하는 데 매우 중요할 뿐 아니라 의사소통에 있어서도 매우 중요하다.

1973년 노벨의학생리학상을 수상한 오스트리아의 동물학자 콘라트 로렌츠(Konrad Lorenz) 박사가 '회색기러기 새끼들의 각인효과' 실험 결과를 발표한 바 있다.[21] 로렌츠 박사는 한 부류의 알은 어미와 함께 부화하게 하였고, 다른 부류의 알은 어미 없이 자신 곁에서 부화하게 하였다. 놀랍게도 어미 없이 부화한 새끼 기러기들은 박사를 어미처럼 따라다녔다. 새끼 기러기가 로렌츠 박사를 어미로 착각한 이유가 무엇일까? 회색기러기나 오리들은 알에서 부화된 순간부터 처음 8~12시간 함께한 사람이나 사물을 어미로 착각하고 따라다닌다. 관계 형성에 있어서 첫인상이 얼마나 중요한지를 여실히 보여 주는 동물의 사례이다.

동물뿐 아니라 사람에게도 첫인상은 매우 중요하다. 우리가 상대방의 첫인상을 결정하는 데에는 약 6초가 소요된다고 한다. 캘리포니아 대학교의 앨버트 머레이비언(Albert Mehrabian) 교수는 1972년 저서 《침묵의 메시지(Silent Message)》[22]에서 '머레이비언의 법칙(the law of Mehrabian)'을 발표하였다. 사람의 첫인상을 형성하는 요소로 (복장과 외모 등) 시각 정보가 55%, (목소리, 어조 등) 청각 정보가 38%, (말의 내용 등) 언어 정보가 7%라고 하였다. 외모와 표정, 몸짓까지 포함하면 첫인상의 대부분이 시각에 의해 결정된다는 것이다. 이 중에서도 가장 중요한 것이 얼굴 인상이다. 사람의 얼굴에는 약 80여 개의 근육이 있으며, 무려 7,000여 가지의 다양한 표정을 지을 수 있다고 한다. '얼'이 통하는 통로, 또는 '얼의 거울'이 바로 우리의 얼굴이다. 우리의 마음 상태에 따라 얼굴은 수시로 변한다. 좋은 인상을 위해서라도 기쁨과 감사, 희망과 사랑이 가득한 얼굴을 지어 보도록 하자. '얼빠진' 얼굴이 아닌 '얼이 살아 있는' 미소 가득한 행복의 얼굴을 지어 보도록 하자.

베트남 출신의 승려로 세계 4대 생불 중 한 분으로 추앙받는 틱낫한(Thích Nhất Hạnh) 스님의 마음 수행 방법 중 하나를 소개한다. 먼저 몸과 마음을 조용히 가라앉힌 후, 얼굴은 편안하게 하고, 천천히 코로 숨을 들이마신다. 숨을 내쉴 때에는 얼굴을 최대한 바보스럽게 우스꽝스러운 표정으로 웃는다. 이러한 동작을 몇 차례 반복하다 보면, 놀랍게도 마음이 편안해지고 행복감을 느끼게 될 것이다. 태양처럼 빛나는 줄리엣의 얼굴도 스님의 이런 훈련을 통해 환하게 빛나게 된 것은 아니었을까? 눈을 통해 줄리엣처럼 밝은 얼굴을 마주한다면 누구나 사랑의 감정을 느끼며 입가엔 행복의 미소를 띠게 될 것이다.

3 이름과 뇌

오, 로미오, 로미오, 왜 이름이 로미오인가요?

발코니 위의 줄리엣은 로미오가 자신을 지켜보고 있음을 알지 못한다. 원수 집안의 로미오와 사랑에 빠지게 된 것을 슬퍼한 줄리엣이 독백을 통해 자신의 속마음을 다음과 같이 고백한다.

줄리엣
오, 로미오, 로미오님! 왜 그대는 로미오인가요?
아버지와 관계없다고 부인하세요. 그 이름을 아니라고 부인하세요.
아니 부인을 못하신다면, 사랑한다는 맹세만이라도 해 주세요.
그러면 저도 캐풀렛이라는 성을 버리겠어요.

Juliet
O Romeo, Romeo,
wherefore art thou Romeo?
Deny thy father and refuse thy name,
Or if thou wilt not, be but sworn my love,
And I'll no longer be a Capulet. (2막 2장)

로미오와 사랑에 빠진 줄리엣이 가슴 아파하며, 연인 로미오의 이름이 "왜 로미오여야만 하나요?" "성이나 이름이 도대체 왜 중요하지요?"라고 반문한다. 줄리엣은 사랑을 위해서라면 캐풀렛 가문의 성마저 버릴 수 있다고 말한다. 후에 줄리엣이 사랑을 위해 담대한 결정도 내릴 수 있음을 예상하게 해 주는 독백이다.

로미오

좀 더 듣고 있을까, 아니 말을 걸어 볼까?

Romeo

Shall I hear more, or shall I speak at this?

줄리엣

단지 그대의 이름만이 내 원수예요:
몬터규 가문이 아니라도 당신은 당신 자신일 뿐.
도대체 몬터규 성이 무엇인가요?
손도 아니고, 발도 아니며, 팔도 아니고, 얼굴도 아닌,
신체의 어떤 부분도 아니잖아요?
아, 다른 이름으로 바꿔 주세요. 도대체 이름에 뭐가 있단 말인가요?
우리가 장미라고 부르는 꽃은 다른 이름으로 불린다 하더라도
아름다운 향기엔 변함이 없지요;
그러니, 로미오, 로미오라는 이름이 아니더라도
당신의 그 완벽한 모습은 그대로 남아 있을 게 아닌가요?
로미오님, 그대 이름을 버리시고,
그대의 어느 부분과도 상관없는 그 이름 대신,
내 이 몸, 모든 것을 고스란히 가져가세요.

Juliet

'Tis but thy name that is my enemy:
Thou art thyself, though not a Montague.

What's Montague? It is nor hand nor foot
Nor arm nor face nor any other part
Belonging to a man. O be some other name.
What's in a name? That which we call a rose
By any other word would smell as sweet;
So Romeo would, were he not Romeo call'd,
Retain that dear perfection which he owes
Without that title. Romeo, doff* thy name,
And for thy name, which is no part of thee,
Take all myself. (2막 2장)
(doff*: (모자를) 벗다)

프랭크 딕시 경, 〈로미오와 줄리엣〉, 1884년(햄프셔, 사우샘프턴 시립미술관)

줄리엣은 로미오에게 '이름'이란 인위적이며 아무 의미 없는 관습일 뿐이라고 말한다. 자신은 몬터규라는 이름이나 몬터규 가문이 아니라 '몬터규라고 불리는 사람'을 사랑한다고 말한다. 줄리엣과 사랑에 빠진 로미오 역시 그녀의 요청대로 가문의 이름을 버리고 줄리엣의 연인으로 새로운 세례명을 받을 것을 맹세한다. 셰익스피어가 줄리엣의 입을 빌려 이름의 무의미함을 이야기하고 있는 것이다.[23] 장미꽃을 '장미'가 아닌 다른 어떤 이름으로 부르더라도 장미꽃의 달콤한 향은 변하지 않는다. 마찬가지로 로미오가 '로미오'란 이름을 버려도, 그의 육체와 영혼은 줄리엣이 사랑하는 모습 그대로이다. 로미오의 외모와 목소리, 그리고 말투 등이 로미오라는 사람에 대해 정의를 내리는 것이다. 사람이나 사물에 의미를 부여하는 것은 이름 그 자체가 아니다. 이름이란 '빈껍데기'일 뿐 아무 의미 없는 것이다. 셰익스피어는 여기서 인물이나 사물이 지니는 자질들이 서로 연결되어 인물 또는 사물에 대한 정의를 내리고 의미를 부여한다고 말한다. 언어의 마술사 셰익스피어가 이름과 의미와의 관계를 정의한 구절은 현재까지도 자주 회자되는 명구이다. "What's in a name? That which we call a rose/By any other word would smell as sweet."

☞ **여기서 잠깐!**

줄리엣이 말한 바와 같이 이름이란 빈껍데기일 뿐 아무런 의미가 없는 것일까? 우리 뇌에서는 단어, 즉 사물의 이름을 어떻게 인식하는 것일까?

셰익스피어와 함께 풀어 보는 뇌 과학 이야기

미국 남가주대학교의 안토니오 다마시오(Antonio Damasio) 교수 팀[24]은 1996년 '언어와 뇌'에 관한 흥미로운 연구 결과를 발표하였다. 연구진은 피험자들에게 동물, 도구 그리고 특정 사람의 이름을 읽도록 하면서, 피험자의 뇌가 활성화되는 모양을 관찰하였다. 실험 결과 단어를 읽을 때에는 공통적으로 언어 발화에 관여하는 좌뇌 전두엽 하단 부위인 브로카(Broca) 영역이 활성화되었다. 사람을 이야기할 때에는 브로드만(Brodmann) 46 부위에 해당하는 중전두회(middle frontal gyrus) 부위가 활성화되었다. 하지만 도구와 관련된 단어를 발화할 때에는 도구를 사용할 때의 동작 부위인 하전두회, 중전두회, 중심전회(precentral gyrus) 부위가 활성화되었다. 우리가 단어를 말할 때 발화와 관련된 뇌의 영역뿐 아니라 단어와 관련된 또는 연상되는 행위를 실제로 관장하는 뇌 부위 역시 활성화되는 것이다. 마치 단어와 관련된 행위를 정신적으로 미리 리허설 해보는 것과 같이 뇌가 활성화되는 것이다.

캐나다 몬트리올 신경연구소의 조르제비치(Djordjevic) 박사 팀[25]도 2008년 '이름과 의미와의 관계'에 대한 흥미로운 실험 결과를 발표하였다. 장미는 다른 이름으로 불리어도 여전히 향기로운 꽃으로 인식될 수 있는 것일까? 이름이 빈껍데기일 뿐 아무런 의미도 없는 것인지 궁금해한 연구진들은 40명의 실험 참가자 대학생들을 대상으로 15가지의 향을 맡게 하였다. 6개는 불쾌한 향, 4개는 기분 좋은 향, 나머지 5개는 아무 향이 없었다. 각각의 향이 나는 액체를 담은 병에 긍정적 이름(예: 그린 망고), 중립적 이름(예: 21), 부정적 이름(예: 곰팡이 핀 채소)을 붙여 진행하였다. 참가자들이 각각의 향을 맡는 동안 피부의 전류 흐름을 측정하는 전도도(傳導度) 측정과 함께 무의식적으로 냄새를 맡는 빈도수를 측정하였다. 이와 더불어 참가자들에게 각각의 향에 대해 좋다고 느끼는 정도를 표기하도록 하였다. 실험 결과, 각 액체의 실제 향과는 무관하게 긍정적 이름으로 명시된 액체의 향이 더 좋은 평가를 받았다. 이에 반해 부정적 이름으로 명시된 액체의 향들은 더 나쁜 평가를 받았다. 신기하게도 이는 피부의 전도도와 함께 무의식적으로 냄새를 맡는 빈도수에도 동일하게 반영되었다. 부정적 이름의 향을 맡는 경우, 피부의 전도도가 높아졌을 뿐 아니라 냄새를 맡는 빈도수가 현저히 낮은 것으로 나타났다. 그 이유가 무엇일까? 부정적 이름이 향에 대한 뇌의 반응을 변화시켰기 때문이다. 그렇다. 장미는 '장미'라는 이름이 주는 긍정적 요소로 인해 그 향이 더 향기롭게 느껴지는 것이다. 만약 장미가 실험에서와 같이 '곰팡이 핀 채소'처럼 부정적인 이름이었다면 그 향 역시 덜 달콤하게 느껴졌을지도 모른다. 이름이 의미가 없다는 셰익스피어의 주장과는 다소 상반된 실험 결과이다.

하지만 의미가 해당 인물이나 사물의 자질들이 서로 연관되어 만들어지는 것이라는 셰익스피어의 주장은 많은 연구들에 의해 사실임이 뒷받침되고 있다. 미국 카네기멜론 대학교의 미첼(Mitchell) 박사 팀[26]은 2008년 '이름과 뇌'에 대한 흥미로운 실험 결과들을 발표하였다. 연구진은 특정 사물의 이름을 떠올릴 때 뇌에서 그 사물의 자질들과 연관된 오감을 담당하는 뇌 부위가 함께 활성화될 것이라는 가설을 세웠다. 12명의 오른손잡이(남자 4명, 여자 8명) 대학생들을 대상으로 fMRI 영상을 촬영한 결과, '먹다'라는 단어를 연상할 때에는 미각피질(gustatory cortex) 부위가 활성화되고, '달리다'라는 단어를 연상할 때에는 운동 인식과 관련된 측두엽 부위가 활성화된다는 사실이 밝혀졌다. '망치'나 '톱' 등의 도구와 '성'이나 '오두막'과 같은 집의 이름을 들을 때에는 도구와 집과 관련된 정보가 함께 회상된다는 예측이 사실로 밝혀졌다.

줄리엣의 말처럼 '로미오'란 이름은 아무 의미 없는 것이 아니다. 로미오가 가진 모든 자질들이 서로 연결되어 '로미오'라는 사람을 형성하고 있는 것이다. 로미오와 줄리엣은 그 이름만으로도 많은 사람들의 감성을 자극한다. 이들의 이름이 불러일으키는 수많은 이야기들과 감정 때문이다.

4 임사체험과 뇌

로미오, '발다로 연인'의 도시, 만토바로 추방당하다

발코니에서 서로의 사랑을 확인한 로미오와 줄리엣은 자신들의 편이 되어주는 로런스 신부의 도움으로 둘만의 비밀 결혼식을 올린다. 하지만 앙숙 집안의 친족들 간의 싸움에 로미오가 개입하면서 비극이 시작된다. 비밀 결혼식 직후, 베로나의 거리에 줄리엣의 사촌 티볼트와 그의 무리들이 나타난다. 몬터규 집안에 강한 적개심을 지닌 티볼트가 벤볼리오와 머큐시오를 보자마자 시비를 건다. 벤볼리오가 이를 말려 보지만, 로미오의 절친한 친구 머큐시오는 이를 참지 못하고 그와 결투를 벌인다. 바로 이때 줄리엣과 결혼식을 막 마치고 나온 로미오가 등장하여 말한다. "오, 사랑하는 줄리엣. 그대의 아름다움에 내가 나약해지고 강철 같은 내 용맹이 녹아버리는군요."(3막 1장) 줄리엣과 결혼한 로미오는 당연히 결투를 말리려고 애써 보지만 불행히도 머큐시오는 티볼트의 검에 찔려 심한 부상을 입고 목숨을 잃고 만다. 친구의 죽음에 분노한 로미오가 칼을 뽑아 들고 티볼트를 죽인다. 티볼트를 살해하게 된 로미오는 영주의 선언에 따라 사형에 처해질 수 있었지만, 싸움의 발단이 티볼트의 시비와 살인에 기인된 것이라는 정황이 참작되어 만토바로 추방당하는 명령을 받는다.

로미오와 티볼트와의 사건을 까맣게 모르는 줄리엣은 로미오가 어서 나타나 패리스 백작과의 정략결혼에서 자신을 구해 주기를 간절히 바란다. 줄리엣이 달에게 자신의 속마음을 다음과 같이 털어놓는다.

줄리엣

(…) 만약 사랑이 눈이 멀었다면,
깜깜한 밤이 어울리는 법. 오라, 엄숙한 밤이여.
(…)
오라, 다정한 밤이여. 오라, 사랑스러운 검은 얼굴을 한 밤이여.
우리 로미오님을 내게로 데려다주오.
그이가 죽으면 내 님을 모셔다 조각내서 조그만 별들로 만들어 다오.
그러면 내 님은 밤하늘을 참으로 아름답게 수놓아,
온 세계가 밤과 사랑에 빠져
저 찬란한 태양을 더 이상 숭배하지 않게 되겠지.

Juliet

(…) if love be blind,
It best agrees with night. Come, civil night,

이탈리아 베로나 시가지의 모습

(…)

Come, gentle night, come, loving, black-brow'd night,
Give me my Romeo, and, when he shall die,
Take him and cut him out in little stars,
And he will make the face of heaven so fine
That all the world will be in love with night,
And pay no worship to the garish sun. (3막 2장)

줄리엣이 유모로부터 사촌 오빠가 로미오에 의해 죽임을 당하였다는 비보를 전해 듣는다. 뒤이어 로미오가 만토바로 추방당하게 되었다는 소식을 전해 듣자 줄리엣은 절망 속 슬픔에 빠지고 만다. 로미오와 줄리엣의 비밀 결혼을 전혀 눈치채지 못한 줄리엣의 부모는 패리스 백작과 결혼하라고 줄리엣을 압박한다. 줄리엣이 슬퍼하는 이유가 로미오가 추방당한 것임을 알지 못한 줄리엣의 부모는 줄리엣이 슬퍼하는 이유가 죽은 사촌 티볼트 때문인 것으로 오인하여 백작과의 결혼을 서두르며 오히려 딸을 달랜다. “다가오는 목요일, 패리스 백작과 결혼식을 추진할 것이니”, “슬퍼하지 말거라.”

로미오는 만토바로 떠나기 전, 야밤에 줄리엣의 방을 찾아가 처음으로 줄리엣과 달콤한 하룻밤을 보낸다. 로미오가 말한다. “천국이 바로 이곳. 줄리엣이 있는 곳.”(3막 3장) 하지만 비극적이게도 이는 두 연인이 함께 보낸 마지막 밤이 되고 만다. 이별을 앞두고 마지막 밤을 보낸 두 연인은 아침이 오는 것을 거부하지만, 캐풀렛 부인이 들어오자 로미오는 어쩔 수 없이 사랑하는 줄리엣을 베로나에 남겨 두고 만토바로 향한다.

여기서 잠깐!

로미오의 추방 소식에 망연자실한 줄리엣은 달에게 로미오가 죽으면 그이를 가져다가 조그만 별로 만들어 밤하늘을 아름답게 빛내 줄 것을 부탁한다. 죽음이 임박하면 우리 뇌에서는 어떤 일들이 일어나는 것일까? 소위 ‘임사체험(near-death experiences)’이 실제 존재하는 것일까? 문화권마다 매장문화가 다른 이유는 무엇일까?

셰익스피어와 함께 풀어 보는 뇌 과학 이야기

죽음이 임박하면 심장이 멈추고 뇌로 전달되는 산소의 양이 고갈되기 시작한다. 이처럼 죽음의 그림자가 드리울 때, 우리는 어떤 경험을 하게 되는 것일까? 십여 년 전 딸로부터 간의 일부를 이식받은 동료 교수의 이야기가 생각난다. 수술에 들어가기 전 “깨어나지 못할 수 있음을 인지하고, 설사 깨어나지 못한다 하더라도 의료진에 책임을 묻지 않겠습니다”라는 각서에 서

명한다. 담담하게 수술에 임하겠노라고 굳게 다짐하고 또 다짐해 본다. 하지만 막상 수술대 위에 오르자, 죽음의 공포가 밀려온다. '아하, 이대로 여기서 죽을 수도 있겠구나.' 곧 이은 전신 마취로 수술 기간 동안 아무런 의식도 기억도 없다. 장시간의 수술이 끝나고 무균실로 옮겨진다. 마취가 서서히 풀릴 무렵 두 명의 건장한 남자가 옆에 서 있는 것을 느낀다. '누구일까?' 궁금해하며 눈을 떠 본다. 눈을 뜨는 순간 즉시 이들이 '저승사자'임을 알아차린다. 하지만 너무도 행복하다. '난 살았구나! 난 살았어!' 살았다는 안도감에 기쁨의 환희가 솟구친다. 저승사자들이 '죽음'을 뜻하는 '검은 도포'를 입지 않고, '삶'을 뜻하는 '흰 도포'를 입고 찾아왔기 때문이다(검은 옷을 입은 저승사자는 죽은 자를 데려가는 염라대왕의 심부름꾼인 반면 흰 도포를 입은 사람은 죽은 자를 데려가는 저승사자가 아니라는 설이 있다. 고대 이집트에서 흰색은 생명과 부활을 뜻하는 반면 검은색은 죽음을 뜻하였다).

'임사체험'이란 죽음이 임박한 어느 순간 자신의 몸을 빠져나와 시공을 초월하여 미지의 차원을 경험하는 것을 말한다. 현실적 시공간의 경계를 넘나들다 자신의 육체로 돌아와 깨어나는 경험이다. 몸에서 빠져나오면서 공중으로 붕 떠오르는 느낌을 받거나, 어두운 터널을 통과한 후 강렬하지만 눈부시지 않은 밝은 빛을 체험한다고 한다. 미국 정신과 의사인 레이먼드 무디(Raymond Moody) 박사가 임사체험자 50여 명의 체험을 모은《삶 이후의 삶(Life after Life)》이란 책이 1975년에 발간된 이후 '임사체험'이라는 용어가 보편화되었다.[27] 임사체험은 문화권마다 다소 차이를 보인다. 기독교 문화권에서는 구름 속에서 천사와 신을 만나는 경험을 하는 경우가 많은 반면, 우리나라에서는 검은 도포를 입은 저승사자나 돌아가신 조상님들을 많이 뵈며, 종종 "너는 아직 여기 올 때가 아니니 다시 돌아가거라"라는 말을 듣는다고 한다. 몇몇 조사에 의하면 심장이 멎은 상태에서 기적적으로 살아난 환자의 약 20%가 이와 유사한 임사체험을 경험하였다고 한다.[28]

2008년 11월 10일 하버드 대학교의 뇌신경외과 의사인 이븐 알렉산더

(Even Alexander) 박사가 끔찍한 세균성 수막염 증세로 뇌의 기능이 멈추고 일주일 동안 혼수상태에 빠진 적이 있었다. 의사들은 뇌 영상 사진을 통해 기억력과 의식을 관리하는 뇌의 모든 기능이 완전히 멈추었음을 확인하고, 알렉산더 박사의 상태를 '뇌사 상태'라고 판정하였다. 하지만 놀랍게도 알렉산더 박사는 일주일 후 기적처럼 깨어났다. 알렉산더 박사는 평소 임사체험이란 뇌가 만들어 내는 환상에 불과하다고 굳게 믿어 온 신경외과 전문의였다. 하지만 박사는 자신의 뇌가 완전히 멈춘 순간 '인생에서 가장 심오한 경험'을 체험하였다. 알렉산더 박사는 2013년 저서 《나는 천국을 보았다》[29]에서 뇌사 상태였던 7일간 자신이 경험하였던 놀라운 천국 방문 경험을 기술하였다. 일주일간 천국을 방문한 알렉산더 박사의 경험은 '현실보다 더 생생한' 고해상도의 잊지 못할 경험이었다.

영국 뉴햄프턴 대학의 샘 파니아(Sam Parnia) 교수 팀[30]은 2014년 영국, 미국, 호주의 대형병원과 4년간 공동으로 진행한 대규모 실험 결과를 발표하였다. 연구진은 응급실로 실려 온 심장마비 환자 총 2,060명을 추적 · 조사하였다. 연구진은 심장마비를 겪은 후 살아난 140명의 생존자와 먼저 1단계 인터뷰를 하였으며, 이 중 100명 정도와는 2단계 인터뷰까지 마쳤다. 인터뷰 결과, 46%가 두려움 · 동식물 · 밝은 빛 · 폭력 · 가족과 심장마비 후 회상 등을 기억한다고 대답하였다. 이 중 9%는 빛의 존재와 온기의 느낌 등 임사체험을 경험하였고, 2%는 유체이탈과 유사한 경험을 한 것으로 응답하였다. 이 중 57세의 남성 유체이탈 경험자가 증언한 내용이 매우 흥미로웠다. 심장마비 기간 동안 유체이탈로 허공에 떠 있어야만 볼 수 있는 수술실의 상황을 정확히 설명한 것이다. 의식이 육체를 떠나 존재할 수 있음을 실제로 암시한 사례였다.

미국 미시간 대학교의 지모 보르지긴(Jimo Borjigin) 박사는 뇌졸중이 발생한 쥐의 뇌 속 호르몬 농도를 측정하는 실험을 해 왔다. 어느 날 뜻하지 않게 죽은 쥐의 뇌를 해부하다 특정 신경전달물질들의 농도가 죽음의 순간 급격히 상승한다는 사실을 발견하였다. 이를 근거로 보르지긴 박사 팀[31]은 2013년 '임사체험과 유사한 쥐 실험' 결과를 발표하였다. 연구진은 죽음이 다가올 때 순간적으로 뇌 활동이 급증하는 것이 임사체험의 실체라는 가설을 세웠다. 쥐를 약 한 시간 정도 마취시킨 후 쥐의 심장에 염화칼슘 용액을 주입하여 심장이 멎도록 유도하였다. 심장이 멎은 순간부터 뇌파가 완전히 멈추기까지 약 30초가량이 소요되었다. 심장이 멎은 직후 몇 초 동안 뇌의 전반적인 활동은 급격히 감소하였다. 하지만 저주파 감마영역(25~55 Hz)의 진동 강도는 오히려 증가하였다. 감마파는 일반적으로 명상 · 의식 각성 · 램(REM) 수면과 관련이 있는 것으로 알려진 파동이다. 더욱이 흥미로운 것은 쥐의 전두엽과 측두엽 부위의 신경 발화 패턴이 평소의 각성 상태보다 죽음 직전 약 8배나 갑자기 증가하였다는 사실이다. 연구진들은 이러한 과잉활성이 임사체험과 같은 의미 있는 의식 활동을 초래하는 원인이 될 수 있다고 보고하였다. 하지만 인간의 의식은 설치류와 다르기 때문에 이러한 쥐 실험 결과를 인간에 그대로 적용할 수 없다는 주장도 있다.

미국 애리조나 대학교 심리학과 명예교수인 스튜어트 하메로프(Stuart Hameroff) 박사는 영국 캠브리지 대학교 물리학자인 로저 펜로즈(Roger Penrose) 박사와 함께 양자 물리학에 기반하여 임사체험을 설명하였다. 하메로프 교수와 펜로즈 교수의 '의식의 양자 이론(quantum theory)'[32]에 따르면 인간 영혼(soul)의 정수 또는 본질은 뇌 신경세포 속 '미세소관(microtubules)'이라 불리는 구조 속에 들어 있다. 이들 미세소관 내에서 작용하는 양자중력효과(quantum gravity effects)의 결과가 바로 '뇌의 의식' 경험이다. 이들의 이론은 인간의 의식을 우주의 한 구성요소로 생각하는 불교와 힌두교의 믿음과 유사하다. 심장이 정지되어 피가 멈추면, 뇌 신경세포 속 미세소관의 양자 상태(quantum state)가 망가진다. 하지만 '뇌의 의식'인 미세소관 속의 양자 정보는 파괴되지 않는다. 아니 파괴될 수가 없으며, 우주로 자유로이 퍼져 나간다는 것이다. 만약 환자가 다시 소생하면, 우주 속으로 확산된 양

만토바의 '발다로의 연인(the lovers of Valdaro)' 이야기

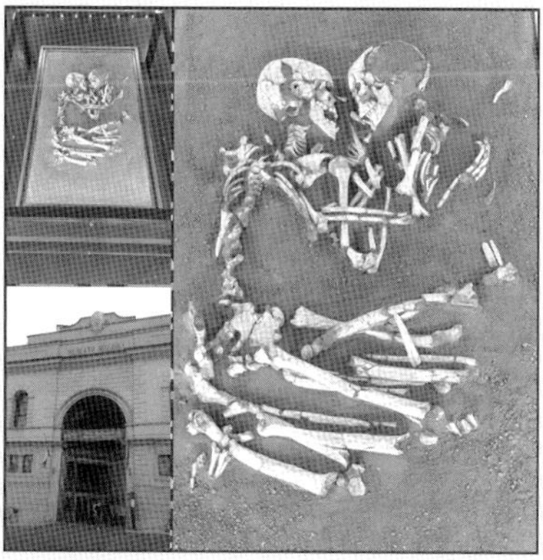

발다로의 연인 유골사진(이탈리아 만토바 국립고고학 박물관)

로미오가 줄리엣의 사촌오빠 티볼트를 결투 끝에 죽인 뒤 추방당한 곳은 이탈리아 북부에 위치한 만토바(Mantova)이다. 19세기에 사랑과 죽음을 주제로 오페라의 거장 주세페 베르디(Giuseppe Verdi)가 작곡한 명작 〈리골레토(Rigoletto)〉의 배경 역시 만토바이다. 티볼트를 살해한 죄로 로미오가 추방당한 이탈리아 만토바에서 2007년 2월 포옹한 채로 죽음을 맞이한 두 남녀의 유골이 발굴되었다.[33] 만토바 인근 발다로(Valdaro) 지역에서 약 6,000여 년 전 신석기 시대의 유적지가 발굴된 것이다. 고고학자 엘레나 멘오티에 의해 발굴된 연인의 유골은 놀랍게도 서로 얼굴을 마주 보고 포옹한 자세로 팔과 다리가 뒤엉켜 있었다. 왼쪽의 여자는 신장이 149센티미터로, 나이는 16-20세로 추정되며, 오른쪽 남자는 신장이 146센티미터로, 나이는 18-20세로 추정된다. 현재 이탈리아 만토바의 국립고고학박물관(Museo Archeologico Nazionale di Mantova)에 전시되어 있다. 로미오가 줄리엣의 사촌 티볼트를 죽이고 추방당한 곳, 로미오가 줄리엣이 죽었다는 소식을 전해 듣는 곳, 줄리엣을 그리던 로미오가 죽은 줄리엣의 입맞춤으로 되살아나는 꿈을 꾼 곳, 바로 만토바에서 포옹한 채로 죽음을 맞이한 두 연인의 유골이 발견된 것이다. 비극적 사랑의 도시 만토바에서 발굴된 유골은 '발다로의 연인(the lovers of Valdaro)'이라 불린다. '발다로의 연인'은 죽음도 불사하는, 아니 죽음도 갈라놓지 못한 '로미오와 줄리엣'의 전신이 아니었을까?

자 정보가 다시 환자의 뇌 속 미세소관으로 들어와 "임사 체험을 경험하였다"라고 말하는 것이다. 환자가 소생하지 못하고 죽으면, '뇌의 의식'인 미세소관 속 양자 정보는 인간의 몸 밖에서, 아마도 영원히 한 '영혼'으로 존재할 수 있다는 것이다.

일반적으로 전신 마취를 요구하는 뇌수술의 경우, 환자의 뇌를 냉각시켜 혈류 공급을 감소시키는 전처치 과정을 거친다. 바로 이러한 과정에서 임사체험 현상이 일어난다고 주장하는 학자도 있다. 하지만 주목할 점은 임사체험에서의 경험이란 앞뒤가 안 맞고 혼란스러우며 기억도 희미한 '단순 환각 현상'과는 완전히 다른 체험이라는 사실이다. 임사체험자들이 겪는 경험은 뇌사 판정을 받은 알렉산더 교수의 경험처럼 수십 년이 지난 후에도 일관되게 그것도 아주 생생하게 또렷이 기억된다. 임사체험이 사후세계의 간접 체험인지 아니면 아직 밝혀지지 않은 뇌 기능의 일부인지에 대해서는 아직도 학자들 간에 의견이 팽팽히 맞서고 있다.

임사체험 외에 장례문화는 어떠한가? 6천 년 전 신석기 시대 '발다로의 두 연인'처럼 매장문화는 전 세계 공통의 장례 관습인가?

【잠깐 쉬어 가기】

성산 카일라스(수미산) 순례길에 겪은 문화 충격 이야기

사람이 죽은 후 치르는 장례문화 역시 문화권에 따라, 특히 종교의 사후 세계관에 따라 크게 다른 것 같다. 영국을 위시한 대부분의 유럽 국가들은 기독교권 문화로 주로 매장을 선호한다. 마지막 날 부활하여 살아난다는 믿음 때문이다. 유대교 역시 부활 신앙을 토대로 시신을 동굴에 모시며, 시체가 썩으면 유골을 관에 담는다. 아리마대 사람인 부자 요셉이 십자가에 매달려 돌아가신 예수의 시신을 자신의 동굴에 모신 이유이다(마태복음 27:57-61). 이슬람교 역시 부활 신앙으로 시신을 땅에 매장하여 모신다. 힌두교는 윤회 사상을 믿는다. 시신을 남자는 흰 천, 여자는 붉은 천에 싸 관대에 싣고 노천 화장장으로 운구한다. 성수를 뿌리고 장작 위에 안치한 후, 화장하여 유해는 강물에 흘려 보낸다. 불교의 전통 장례는 '다비' 의식이다. 장작 위에 시신을 안치하고 종이 연꽃 등으로 가린 후 화장한다. 더러운 것을 소멸하는 존재로 불을 숭배하는 배화교, 조로아스터교에서는 풍장 의식이 있다. 시신을 특별한 대에 안치하여 짐승들이 와서 먹거나 썩어 없어지게 한다. 우리나라는 조선시대에 정착된 유교 문화의 영향으로 매장문화가 대표적 장례 관습이다. '사랑 이야기'인 〈로미오와 줄리엣〉에 굳이 장례문화를 넣고자 한 이유는 필자가 2013년 겪은 문화 충격 때문이다.

2012년 여름, 계획하였던 수미산 순례여행이 중국 정부의 한국인 티베트 비자 전면 발급 거부로 아쉽게 무산되고 말았다. 하지만 이듬해 티베트 여행 금지가 풀려 2013년 여름, 고대하던 '우주의 중심'이자 '티베트 성산'으로 여겨지는 수미산 카일라스(Kailash) 순례길을 떠났다. 해발 6,714m의 카일라스 산은 티베트어로 '눈의 보배', 산스크리트어로 '신의 천당'이라는 의미를 가진 산이다. '우주의 중심' 또는 '우주의 연꽃'이라 불리는 불경 속의 수미산(須彌山)을 가리킨다. 제일 먼저 중국 시안에 들렀다. 다음 포탈라궁이 있는 평균 고도 3,650m인 라싸를 시작으로 고산증에 서서히 적응하기 시작하였다. 세계에서 가장 높은 곳에 위치한 호수이자 인도 인더스 강의 발원지인 마나사로와

카일라스 산

르(Manasarovar) 호수, 그리고 '푸른 보석'이란 애칭을 가진 얌드록초(Yamdroktso) 호수를 지나 4,600m 고도의 다르첸(Darchen)에 도착하였다. 다르첸에서 여행의 하이라이트인 '카일라스 코라' 54km를 2박 3일간 걸어서 돌았다. 네팔에 잠깐 들른 후, 중국을 거쳐 귀국하는 장장 15일간의 순례여행길이다.

포탈라궁(티베트 라사)

평균 고도 4,500m의 열악한 다르첸 숙소에서 수미산 코라 순례 첫날 밤을 보냈다. 별이 빛나는 한여름 밤, 내복과 겨울 등산바지를 입은 채로 침낭 속으로 들어갔다. 하지만 높은 고산지대라 추위가 매섭게 살을 파고들었다. 너무 추워 잠도 제대로 오지 않았다. 갈증이 나 물을 좀 마시고 싶다는 생각에 몸을 일으키자, 갑자기 숨 쉬는 일조차 힘에 버거웠다. 가이드의 말이 번뜩 떠올랐다. "몸을 절대로 빨리 움직이지 마세요." 단지 몸을 급히 일으키기만 하였는데도, '헉, 헉, 헉' 숨을 가쁘게 몰아쉬어야만 했다. 산소가 절대 부족한 4,500m의 높은 고지대에 와 있었던 것이다.

아침 일찍 일어나 출발을 서둘렀다. 몇 시간인가를 계속 걸었다. 시계를 보니 오전 11시경, 해발 5,470m 돌마(Drolma) 고개가 멀리 눈앞에 보이기 시작한다. 가슴이 떨린다. 정오 12시경, 이제 가파른 마지막 깔딱 고개 하나만 넘으면 성공이다. 마지막 고개까지 남은 거리는 대략 150m 정도였다. 하지만 한국의 저명한 고승도 고산증세로 이곳을 넘지 못하고 돌아갔었다는 '마의 고개'이다. 여행 첫날부터 "왜 비싼 돈 들이고 생고생을 하느냐?"라며 구시렁대던 아내가 마침내 머리가 부서질 것 같다며, 더 이상 올라가지 못하겠노라 털썩 주저앉는다.

한번 호흡에 두 발을 옮기기는커녕 한 발도 겨우 옮겨 놓는다. 되돌아가고 싶지만 선택의 여지도 없는 상황이다. 어떻게든 '업장 소멸의 고개'라 불리는 돌마 고개를 넘어가야만 한다. 아내의 머리를 마사지해 주니 통증이 조금 가라앉는 것 같다고 한다. 천만 다행이다. 힘든 기색을 감추며 아내의 손을 맞잡고 때로는 뒤에서 때로는 앞에서 밀고 당기며 한 발씩 앞으로 나아갔다. 드디어 고승도 넘지 못한 돌마 고개 정상에 올랐다. 먼저 도착한 도반의 도움으로 정상에서 약식으로 향을 피운 후, 잠시 감사의 기도와 함께 명상에 빠졌다. '나는 왜 이곳에 와 있는 것일까?' '무엇이 순례자들로 하여금 이 힘든 고개를 넘게 만드는 것인가?' '진정 여기서 내가 얻고자 하는 것은 무엇인가? 진리인가? 도인가? 아니면 진아(眞我)인 '참나'를 깨닫는 것일까?' 해발 5,470m 고개 정상이라 그런지 가끔씩 휘몰아치는 바람이 예사롭지 않았다. 오래 머물러 있다가는 병이 날 것만 같았다. "언제 다시 이곳에 올 수 있을까?" 어쩌면 다시 오지 못할 이곳에서 좀 더 오랜 시간 깊은 명상에 빠지고 싶었지만, 아쉬운 마음 속에 서둘러 내려와야 하였다. 가파른 산길을 내려와 앞으로 10여 km 평지 길을 더 걸어가야만 숙소가 나온다.

돌마 고개 정상

나의 문화적 충격은 여기서 시작되었다. 하산 후 숙소로 가는 도중 갑자기 소나기가 한줄기 비를 뿌렸다. 나무도 집도 없어 소나기를 피할 방법이 없었다. 짐 무게를 줄여야 하였기에 가지고 온 비옷은 하나 뿐이었다. 비를 맞으면 고산증이 더 심해지기에 힘들어하는 아내에게 우비를 챙겨 주었다. 다행히 나는 모자 달린 두툼한 겨울 파카를 입고 있어서 어느 정도 견딜 수 있었다. 잠시 지나가는 가벼운 소나기였지만 비를 피할 도리가 없어 파카에 비가 조금씩 스며들고 흘러내리는 비에 바지가 그대로 젖고 말았다. 그런데 저 앞, 빗속에 누군가가 엎드려 있는 것 같았다. 가까이 가 보니 다름 아닌 오체투지를 하는 티베트 순례자였다. 이런 빗속에서도 아무 거리낌 없이 오체투지를 하다니! 문화적 충격이었다! '종교란 무엇이며 신앙이란 무엇인가?' '무엇이 이들로 하여금 걸어서도 돌기 어려운 카일라스 코라를 삼보일배 오체투지하며, 그것도 빗속에서 순례를 하게 만드는 것일까?'

그날 저녁 일찍 잠자리에 들었다. 반짝이는 별들을 보고자 이른 새벽 밖으로 나왔다. 동이 트기 훨씬 전인데도 불구하고 저 멀리 사람들이 걸어가는 모습이 보였다. 누구일까 궁금했다. 한두 사람이 아니었다. 한 무리의 가족도 보였다. '세 살, 다섯 살 남짓 어린아이들의 손을 잡고 어두컴컴한 새벽길을 나서는 가족들은 도대체 무슨 일 때문인가?' 아, 그렇다! 우리가 2박 3일 걸리는 순례길을 티베트인들은 단 하루 만에 돌기 위해 이른 새벽부터 출발한 것이다. 아니 그 뒤에는 심지어 돌도 지나지 않은 갓난아이를 업고 가는 티베트인 가족도 보였다. 종교란 무엇인가? 신앙이란 무엇인가? 내 믿음의 얄팍함을 일깨워 준 문화적 충격이었다.

코라 순례를 마치고 네팔에 잠깐 들렀다. 하얀 눈빛의 8,000m의 히말라야 산맥이 너무도 찬란히 아름다운 빛을 내뿜었다. 중국으로 돌아와 귀국하는 길, 끝없이 펼쳐진 도로 위를 여러 시간 버스로 달렸다. 저 멀리 눈 덮인 히말라야 산맥이 평행선을 그리며 끝도 없이 펼쳐진다. 멋진 장관, 너무나도 아름다운 절경이 눈앞에 펼쳐진다! 눈으로 보기에는 바로 10

멀리 보이는 히말라야 산맥

여 km 남짓 거리 같아 보인다. 하지만 맑은 날씨에 고산지대라 족히 50여 km는 떨어져 있다고 한다. 중국의 넓디넓은 땅덩이가 너무나도 부러운 순간이었다. 드넓던 우리 고구려의 옛 만주 땅이 새삼 그리워졌다. 이때 가이드가 티베트의 장례문화를 설명해 주었다.

티베트의 장례는 불교 의식을 거친 후 시신을 독수리에게 던져 주는 조장(鳥葬)을 한다고 한다. 죽은 영혼이 독수리에 의해 하늘로 올라간다고 하여 천장(天葬)이라고도 불린다.[34] 티베트의 독특한 장례문화는 건조한 땅에서 시신이 쉽게 썩지 않고 나무를 구하기가 쉽지 않아 화장하기 어렵기 때문에 생긴 듯하다. 하지만 배고픈 중생들을 위하여 세상을 떠나는 마지막 순간까지 자신의 몸을 보시하고자 하는 '자비의 정신'이 밑바탕에 깔려 있다고 한다. 시신은 고인의 가족과 친지들이 보는 앞에서 육체와 뼈가 잘게 부수어진다. 보릿가루 '짬바'와 함께 버무려진 후 '하늘의 장의사' 독수리에게 먹이로 내어 준다. 시신의 흔적이 지상에 남아 있지 않을수록 더 행복한 내세를 맞이한다는 믿음 때문에 독수리가 먹다 남은 부위를 다시 잘게 부수어 또다시 독수리에게 내어 주는 행위를 몇 차례 반복하기도 한다. 독수리에게 시신이 뜯기고 해체되는 과정을 여과 없이 그대로 친지, 가족, 친구 등 사람들에게 보여 주는 이유는 무엇일까? 영혼이 떠나간 육체란 자연의 일부일 뿐, 육신이란 덧없는 것임을 깨달아 육신에 대한 집착을 버리게 하기 위함이라고 한다. 처음에는 도저히 이해할 수가 없었다. 눈 뜨고 볼 수 없는 잔혹한 행위로만 보이기에 천장 관습을 비난하기도 하였다. 하지만 가이드의 말을 듣고 보니 일말 수긍이 가기도 한다. 중앙아시아의 조로아스터교로부터 유래한 조장 관습은 인도 뭄바이 지역에 아직도 일부 남아 있다고 한다. 고아나 과부, 거지와 같이 신분이 낮은 사람의 시신은 불교 의식을 거친 후 수장(水葬)되거나 호수나 강물에 버려져 물고기의 밥이 되게 한다. 생전에 보시를 못하였기에 죽은 후라도 물고기 밥으로 보시하기 위함이란다. 물론 소수의 부귀한 집안이나 고승의 장례는 비용이 많이 드는 화장을 하기도 한다. 달라이 라마와 판첸 라마와 같은 성현은 탑장(塔葬)을 하기도 한다. 하지만 나에게 또 하나의 충격을 안겨준 것은 티베트의 토장(土葬)문화였다.

티베트 법에 천연두, 임질, 전염병 등으로 죽은 불결한 시신과 함께 살인범, 살인 미수범은 다시 태어나지 못하게 땅에 묻도록 정해져 있다. 장례절차도 없이 외진 산속에 구덩이를 파서 시신을 매장하는 가장 불명예스러운 장례 관습인 것이다. 우리나라에서는 후손의 발복을 위해 조상을 좋은 명당 혈 자리에 모시고자 일부 사람들의 경우 유명 풍수가까지 동원하여 매장하지 않는가? 뭇자리 시신이 놓인 자리에 수맥이 지나가면 후손들 중 누군가가 해당하는 신체 부위에 이상이 생긴다고 믿는 사람도 있지 않은가? 혼은 하늘로 올라가지만 백은 땅에 남아 길게는 120년간 후손들에게 동기감응(同氣感應)을 줄 수 있다는 믿음으로 제사도 4대 선조까지 지내고 있지 않는가? 시신을 땅에 매장하는 장례문화가 우리나라에서는 너무도 소중한 '효(孝)'의 관습이다. 하지만 정반대로 다른 나라에서는 가장 불명예스러운 장례 관습이다. '종교란 무엇인가?' '관습이란 무엇인가?' 종교와 신앙에 대한 나의 이해와 믿음을 송두리째 흔들어 놓은 문화적 충격이었다. 곰곰이 생각하다 매장에 대한 티베트와 우리나라의 문화적 차이를 내 나름대로 해석해 보았다.

혼(魂)과 백(魄). 2,500년 전에 기록된 중국 고대 유교의 경전《예기(禮記)》를 위시하여, 송나라의 성리학설을 집대성한《성리대전(性理大全)》에 의하면 "혼은 양(陽)의 성질을 가져 하늘로 올라가고, 백은 음(陰)의 성질을 가져 땅으로 돌아간다"고 한다. '혼'과 '백'이 합쳐져 사람이 되며, 죽음이란 혼백이 나뉘어 육체를 빠져나가는 것을 말한다. 혼과 백은 분명 다른 것이다. 멍하니 정신 나간 사람을 두고 '얼빠진', '넋 나간' 사람이라고 하며, '혼 나간' 놈은 있어도 '백 나간' 놈은 없다. 갑자기 너무 놀라 아무 정신없는 상태를 '혼비백산(魂飛魄散)'이라고 한다. 그 모습이 마치 '혼이 날아가고 백이 흩어져' 죽은 사람의 모습과 같기 때문이다. 죽어서 혼은 하늘로 올라가고 백이 땅에 남는다면, 그리고 시신의 백이 땅의 지기(地氣)와 어우러져 동일 유전자를 물려받은 후손들에게 동기감응을 일으킬 수 있다면, 분명 우리의 매장 풍습은 선조들의 오랜 지혜가 담긴 아름다운 풍습임에 틀림없다. 한가위와 같은 주요 명절에 조상의 묘를 찾아가 성묘하는 데에는 다 나름 이유가 있는 것이다.

하지만 티베트는 우리나라와 사정이 완전히 다르다. 지대가 높아 건조할 뿐 아니라 나무를 거의 찾아 볼 수 없다. 겨울이 너무 추워 한곳에 정착하여 농사를 지을 수도 없다. 인구는 적고 땅은 광활하다. 유목이 주업인지라, 초목이 자라는 곳을 찾아 이곳저곳 옮겨 다녀야만 한다. 설사 좋은 땅에 조상을 모신다 하더라도 후손들이 광활한 대지에서 백을 모신 묘지를 찾을 수가 없다면 어떻게 동기감응을 일으킬 수 있단 말인가? 오히려 '하늘의 새' 독수리에게 백이 머문 자신의 육체를 내어 주는 것이 더 낫지 않을까? 독수리 몸의 일부가 된 백으로 하여금 필요할 때 언제 어느 곳이든지 날아가 동기감응을 줄 수 있는 것은 아닐까? 만일 그러하다면, 조장이 매장보다 훨씬 나은 것임을 티베트의 선조들이 오래전부터 간파해 온 것은 아니었을까?

로미오가 추방당한 도시, 줄리엣을 그리던 로미오가 죽은 줄리엣의 입맞춤으로 되살아나는 꿈까지 꾼 곳, 만토바에서 '발다로의 두 연인'이 포옹한 채로 발굴되었다. 기독교가 들어오기 훨씬 오래전부터 매장

문화가 이미 영국에 존재해 있었던 것이다. 죽음도 갈라놓지 못한 '로미오와 줄리엣'의 전신처럼 서로 포옹한 자세로 말이다. 줄리엣이 달님에게 부탁한다. "로미오가 죽으면 그이를 가져다 조그만 별들로 만들어 밤하늘을 아름답게 수놓는 반짝이는 별이 되게 해 주세요." 혼이 하늘로 올라간다면 누군가는 반짝이는 별처럼 하늘에서 환하게 빛나고 있는 것은 아닐까? 선행으로 살아생전 공덕을 많이 쌓으면 쌓을수록 더욱더 반짝이는 큰 별이 되는 것은 아닐까?

5 수면약물과 뇌

줄리엣, 신부의 묘약을 마시다

패리스 백작이 줄리엣과의 결혼 준비를 위해 로런스 신부를 찾고, 줄리엣이 이 장면을 목격하게 된다. 궁지에 몰린 줄리엣은 신부에게 백작과의 결혼을 막아 주지 못한다면 자살할 것이라고 말한다. 로미오와 줄리엣의 비밀 결혼을 주례한 로런스 신부가 한 가지 묘략을 제안한다. 정혼하기 전날 밤 48시간 동안 마치 죽은 것처럼 잠들게 할 수 있는 묘약을 줄리엣이 마시고 죽은 체하는 것이다. 신부가 사람을 시켜 줄리엣이 깨어나기 전에 로미오에게 돌아오라는 편지를 전한다. 줄리엣이 죽은 줄로 오인되어 도시 성벽 밖 가족 묘지에서 자고 있을 때, 신부가 로미오와 함께 줄리엣을 깨워 만토바로 도망가도록 하는 계획이다. 위험천만하지만 얼마나 흥미진진한 계획인가! 줄리엣이 신부의 제안에 찬성하고 아버지에게 순종할 뜻을 내비치자, 캐풀렛 경은 기뻐하여 패리스 백작과의 결혼을 수요일로 하루 앞당겨 추진하기로 한다.

셰익스피어의 희곡에 종종 등장하는 요소 중 하나는 잠을 유도하는 마약이나 독약과 같은 약물의 사용이다.[35] 이제 아침이 되면 줄리엣은 선택의 여지 없이 백작과 결혼해야만 한다. 로미오는 추방당하여 만토바에 가 있다. 로런스 신부가 두 사람이 다시 만나 만토바로 도망칠 수 있도록 줄리엣에게 묘약을 건네준다. 신부가 건네준 묘약의 양이 정확히 죽지 않을 정도의 양인지 아닌지를 확신할 수 없는 줄리엣은 이제 로런스 신부만을 믿고 약을 마시는 수밖에 없다. 어머니와 유모가 방을 나서자 줄리엣이 약을 마시기 전 다음과 같이 독백한다.

줄리엣

안녕히 계셔요! 우리가 언제 다시 만나게 될는지 하느님은 아시겠지요.
현기증 나는 싸늘한 공포의 전율이 내 피 속을 돌고,
마치 생명의 열기마저 꽁꽁 얼어붙게 하는 것 같구나.

Juliet

Farewell! God knows when we shall meet again.
I have a faint cold fear thrills through my veins,
That almost freezes up the heat of life: (4막 3장)

신부가 건네준 약은 48시간 동안 죽은 듯 잠을 자게 만드는 묘약이다. 하지만 양이 조금만 지나쳐도 깨어나지 못할 수가 있기에 묘약을 마시기 전 줄리엣이 두려워하는 것은 너무 당연한 일이다. 자신의 몸에 대한 의식을 잃어버린다는 것은 사실 무서운 일이다. 수술에 앞서 전신 마취를 경험해 본 사람이라면 누구나 생명의 열기를 거의 얼어붙게 만드는 차가운 미세한 공포의 전율이 피 속을 도는 느낌을 감지한 적이 있을 것이다. 우리가 의식을 잃어버리면 몸을 보호하기 위해 본능적으로 취하는 행동들, 예를 들어 숨을 쉰다거나 삼킨 침이 허파에 들어가지 못하도록 하는 것과 같은 단순 행동조차 할 수가 없다.

줄리엣

이게 독약이면 어떻게 하지?

신부님이 날 죽일 셈으로 은밀히 조제해 주신 것은 아닐까?

이번 혼사로 명예를 손상당하지 않으시려고.

신부님이 먼저 나와 로미오를 결혼시킨 바 있으니까.

정말 그럴까, 겁이 나는구나: 하지만 그럴 리야 없겠지,

지금까지 성자로 이름나신 신부님이신데.

하지만 내가 무덤 속에 누워 있을 때,

내가 눈을 뜨게 되면 어떻게 하지?

로미오가 날 구하러 오기도 전에 말이야. 정말 끔찍한 일이구나!

무덤 속에서 숨이 막히지는 않을까?

부정한 무덤 입구에는 맑은 공기가 잘 통하지도 않을 텐데.

로미오가 오기도 전에 숨 막혀 죽는 것은 아닐까?

(…)

오, 저기 좀 봐! 내 사촌 오빠의 유령이 로미오를 찾고 있는 것 같아.

로미오의 칼끝에 찔린 유령이. 기다려요, 티볼트, 기다리라니까!

로미오, 여기 약이 있어요! 당신을 위해 이 약을 마실 거예요.

Juliet

What if it be a poison, which the friar

Subtly hath minister'd to have me dead,

Lest in this marriage he should be dishonour'd,

Because he married me before to Romeo?

I fear it is: and yet, methinks, it should not,

For he hath still been tried a holy man.

How if, when I am laid into the tomb,

I wake before the time that Romeo

Come to redeem me? there's a fearful point!

Shall I not, then, be stifled* in the vault**,

To whose foul mouth no healthsome air breathes in,
And there die strangled ere my Romeo comes?
(…)
O, look! methinks I see my cousin's ghost
Seeking out Romeo, that did spit his body
Upon a rapier's*** point: stay, Tybalt, stay!
Romeo, I come! this do I drink to thee. (4막 3장)
(stifle*: 질식시키다, vault**: 아치 천장, rapier***: 가늘고 긴 양날 칼)

죽은 채, 가사 상태를 유지하기 위해 줄리엣은 이제 의식은 물론 소리나 촉각과 같은 외부 자극에도 일체 반응해서는 안 된다. 그리고 어쩌면 누군가 숨을 쉬는지 확인하기 위해 거울을 코에 갖다 댄다고 하더라도 김이 서리지 않도록 숨을 거의 쉬지 않아야만 한다.

☜ 여기서 잠깐!

로런스 신부는 어떤 약물을 줄리엣에게 조제해 준 것일까? 수면제와 마약과 같은 수면약물은 우리 뇌에서 어떤 반응을 보이는 것일까?

셰익스피어와 함께 풀어 보는 뇌 과학 이야기

많은 양을 복용할 때 마치 죽은 것처럼 보이게 하는 약물은 깊은 잠에 빠지게 하는 수면제이다. 수면제는 일종의 진정제로 뇌의 활동을 직접적으로 억제시키는 약물이다. 뇌를 심하게 다친 환자의 경우 많은 양의 수면제를 투약하여 일종의 혼수상태로 유지하는 혼수 요법(coma therapy) 치료를 할 때가 있다. 이렇게 위험한 요법을 취하는 이유가 무엇일까? 혼수 상태여야만 부상당한 뇌의 신진대사를 줄일 수 있기 때문이다. 줄리엣은 본능적으로 혼수상태에서는 산소가 덜 필요하다는 사실을 알고 있는 것처럼 보인다. 왜냐하면 줄리엣이 혼수상태에서는 산소 걱정을 하지 않지만, 마취에서 일찍 깨어나면 납골 묘소에서 '산소 부족으로 질식될 것'을 걱정하고 있기 때문이다.

하지만 혼수 요법은 셰익스피어 시대에는 없었던 요법이다. 따라서 로런스 신부가 줄리엣에게 조제해 준 약물은 아편과 같은 마약이 든 약물로 추정된다.[36] 양귀비와 같은 아편류에서 추출된 약물로는 코데인(codeine), 모르핀(morphine), 헤로인(heroin) 등이 있다. 이들 약물들은 의학적으로 매우 긴요한 진통제이지만 우리 뇌에도 영향을 미친다. 이들 약물은 처음 투여 시 행복감을 느끼게 해 준다. 스트레스에 시달리고 수면이 부족한 사람들이 복용할 때 쉽게 중독에 빠지는 이유이다. 하지만 많은 양을 투여하면 호흡과 의식을 떨어트릴 수 있기에 적정량의 약물 투여가 매우 중요하다. 적절한 양의 투여가 통증 완화를 위해 필수적이지만, 조금만 과다해도 호흡 곤란이나 심장 박동에 무리가 올 수 있다. 이러한 위험성 때문에 마취 의사들은 수술실에서 매분 단위로 환자의 상태를 주의 깊게 관찰한다. 따라서 줄리엣이 묘약을 마시기 전 작은 유리병 속에 들어 있는 묘약의 복용량에 대해 걱정하는 것은 어쩌면 너무도 당연한 일이다. 양을 잘못 복용하면, 아니 적정량을 복용하였다 하더라도, "만약 이 묘약이 효력이 없다면?", "이 묘약이 독약이라면?"이라고 줄리엣이 염려하는 것도 놀랄 일이 아니다.

크리스토퍼 놀런(Christopher Nolan) 감독의 영화 〈다크 나이트(Dark Knight)〉에서 배트맨의 숙적 '조커' 역의 연기로 아카데미상 남우조연상을 수상한 할리우드 배우 히스 레저(Heath Ledger)가 촬영 종료 후 갑작스레 사망하였다. 영화 개봉 전 28세의 나이로 2008년 사망한 히스 레저의 사망 원인이 수면제와 진통제의 과다 약물 복용인 것으로 밝혀졌다. 런던 라이브 공연을 앞두고 불면증에 시달리던 팝의 황제 마이클 잭슨(Michael Jackson)이 2009년 급사하였다. 마이클 잭슨의 사망 원인 역시 주치의의 과다 수면제

처방에 의한 심장마비인 것으로 밝혀졌다.

그렇다면 어떻게 이들 약물의 적정량을 객관적으로 증명할 수 있을까? 영국 옥스퍼드 대학교의 아이린 트레이시(Irene Tracey) 교수는 통증 연구의 대가이다. 트레이시 교수[37]는 2007년 고통을 통증으로 인식하는 데에는 몇 가지 기제가 작용한다고 발표하였다. 트레이시 교수의 모델에 의하면 고통을 느끼는 것은 매우 주관적이다. 우리가 상처나 부상을 입게 되면 신경 기관을 통해 감각이 뇌로 전달되고, 뇌는 통증을 인지하여 명령을 내린다. 이때 뇌에서 통증을 인지하는 데 네 가지 요소가 관여한다고 한다. 첫째, 통증에 대한 믿음, 기대 또는 위약(placebo)과 같은 상황적 요소, 둘째, 지나친 각성, 주목과 산만의 정도, 또는 최악의 상황 기대와 같은 인지의 요소, 셋째, 우울과 최악의 상황 기대에 의한 불안감과 같은 감정적 기분, 그리고 마지막으로 신경퇴화와 같은 뇌의 구조적 문제와 멜라토닌(melatonin)과 같은 화학물질의 작용이다. 신부가 줄리엣에게 만들어 주려고 한 강력 수면제는 통증 완화와 같은 역할을 하는 화학물질임에 틀림없다.

트레이시 교수 팀[38]은 2000년 통증이나 의식을 변하게 만드는 이들 약물의 적정량을 객관적 반응 수치로 측정하는 방안을 고안하였다. 손에 고통스러울 정도로 뜨거운 자극을 가할 때 단순 자극 부위에 해당하는 뇌 부위만 활성화되는 것이 아니다. 자극의 불쾌함을 인지하는 뇌의 변연계(limbic system)에서도 반응이 일어난다. 하지만 매우 짧게 반응하는 레미펜타닐(remifentanil) 아편이 든 약물을 복용하면 고통에 반응하는 정도가 복용량에 따라 감소하는 것이 밝혀졌다. 더욱이 많은 양을 투여하자, fMRI 영상에서 고통에 반응하는 뇌 부위의 활동이 거의 사라졌다. 즉, 환자가 더 이상 통증을 느끼지 못하는 것이었다. 이러한 실험 결과는 아편류의 진통제가, 로런스 신부가 줄리엣에게 기대한 바와 같이, 고통이나 기타 외부 자극에 대한 반응을 제한할 수 있음을 여실히 보여 주는 것이다.

6 실연의 고통과 뇌

엇갈린 운명의 연인, 비극적 결말을 맞이하다

이제 아침이 되면 줄리엣은 패리스 백작과 결혼해야만 한다. 전날 밤, 줄리엣은 침대에 누워 로런스 신부로부터 건네받은 약을 마시고 가사 상태에 빠진다. 로런스 신부를 제외한 모든 사람들은 줄리엣이 죽었다고 생각한다. 결혼식을 준비하던 패리스 백작과 캐풀렛 집안의 사람들은 결혼식 대신 슬픔 속에 장례를 치른다. 로런스 신부가 존 신부를 만토바로 보내 이 모든 것이 연출된 연기임을 알리는 편지를 로미오에게 전해 주려 하지만 운명의 장난으로 로미오는 편지를 전달받지 못한다. 연출된 가짜 죽음임을 까맣게 모르는 로미오는 줄리엣의 사망 소식을 전해 듣고 독약을 사서 고향으로 돌아와 죽은 듯 누워 있는 줄리엣 옆에서 자살을 준비한다. 한편 묘지에 있던 패리스 백작은 로미오가 줄리엣의 시체를 훼손하러 온 것으로 착각하여 칼을 뽑아 든다. 하지만 로미오의 칼에 백작이 쓰러져 죽는다. 죽어 누워 있는 줄리엣의 모습에 슬퍼하며 로미오가 독약을 마시고 그녀 곁에서 죽음을 맞이한다.

로미오

아, 나의 사랑, 나의 아내여!
꿀같이 달콤한 그대의 숨결을 다 빨아 마신 죽음의 신도,
그대의 아름다움 앞에서는 아무런 힘도 쓰지 못하는 것만 같구려.
그대는 죽음에 정복당하지 않았다오. 아름다움의 깃발이 여전히
그대의 입술과 볼에 아직 빨갛게 나부끼고 있으니 말이오,
죽음의 창백한 깃발이 거기까진 진격하지 못하였구나.
(…)
눈이여, 그대의 마지막 눈길을 보아라!
팔이여, 마지막 포옹을 안아라!

그리고 입술이여, 오, 생명의 문, 정당한 입맞춤으로 도장을 찍어
만물을 독차지하는 죽음의 신과 영원한 계약을 맺어라!

***Romeo*:**
O my love, my wife!
Death, that hath sucked the honey of thy breath,
Hath had no power yet upon thy beauty.
Thou art not conquered. Beauty's ensign yet
Is crimson in thy lips and in thy cheeks,
And death's pale flag is not advancèd there.
(…)
Eyes, look your last.
Arms, take your last embrace. And, lips, O you
The doors of breath, seal with a righteous kiss
A dateless bargain to engrossing death. (5막 3장)

로미오가 줄리엣에게 마지막 고별의 입맞춤을 나누며 말한다. "이건 애인을 위한 건배!(Here's to my love!)" 로미오가 독약을 마시고 죽는다. 시간이 지나 잠에서 깨어난 줄리엣은 옆에 죽어 있는 로미오를 발견하고, 로런스 신부의 설명으로 상황을 파악하게 된다.

줄리엣
어머, 이게 뭐지? 잔이로구나,
내 사랑 로미오님의 손에 꼭 쥐어져 있네? 독약이구나,
독약을 마시고 때 아닌 죽음을 맞이하신 거로구나. 무정도 하시지!
모조리 다 마시고,
뒤따라가지 못하도록 한 방울도 남겨 두질 않았나?
당신 입술에 입 맞추겠어요.
혹시나 입술에 독약이 묻어 있다면, 나도 임 따라 죽을 수 있겠지요.

Juliet

What's here?

A cup, closed in my true love's hand?

Poison, I see, hath been his timeless end.—

O churl, drunk all, and left no friendly drop

To help me after? I will kiss thy lips.

Haply some poison yet doth hang on them,

To make me die with a restorative.

줄리엣

아, 다행히 단도가 있네,

이 가슴이 네 칼집이로다. 칼집에 꽂혀 날 죽게 해 다오.

Juliet

O happy dagger,

This is thy sheath*.

There rust and let me die. (5막 3장)

(sheath*: 칼집)

가사 상태에서 깨어난 줄리엣이 로미오가 독약을 마시고 자살했다는 소식을 접하고는 실망하여 유리병 속 독약을 마시고 죽으려 한다. 하지만 병 속엔 이미 한 모금도 남아 있지 않다. "혹시나 독약이 입술에 묻어 있다면 나도 임 따라 천당에 갈 수 있겠지." 줄리엣이 로미오의 입술에 입 맞춘다. 하지만 죽지 않는다. "다행히 단도가 있네." 줄리엣이 로미오의 단검으로 자신의 가슴을 찔러 짧은 생을 마감한다.

사랑하는 연인이 죽은 것으로 착각하여 로미오가 독약을 마시고 죽고, 쓰러진 로미오 곁에서 줄리엣이 단도로 자신의 가슴을 찌른다. 줄리엣이 로미오 위로 쓰러지며, 두 연인의 아름답고도 슬픈 사랑 이야기가 비극적

프레더릭 레이턴 경, 〈몬터규 가와 캐풀렛 가의 화해〉, 1855년(미국 조지아 주, 애그니스 스콧 칼리지)

결말을 맺는다. '죽어야만 될 운명'의 로미오와 줄리엣, 젊고 순수한 두 젊은 연인의 사랑이 죽음으로 그 종말을 맞이하는 것이다. 로런스 신부로부터 모든 사실들을 전해 들은 양가 사람들은 자신들의 이기심으로 꽃다운 나이의 두 젊은이들이 죽음에 이르게 된 것이라며 때늦은 후회를 한다. 털을 세우며 다투는 고양이와 개처럼 영원히 원수일 것만 같았던 두 집안의 사람들이 로미오와 줄리엣의 죽음 앞에서 극적인 화해를 하며 극이 마무리된다.

☜ 여기서 잠깐!

사람들이 그토록 사랑에 집착하는 이유는 무엇일까? 실연하거나 혹은 사랑하는 연인이 죽을 때, 상대방에 대한 집착을 버리지 못하고 때로는 분노하거나 우울해하며 잠을 이루지 못하는 이유는 무엇일까? 실연이나 연인의 사망으로 인한 상실감의 고통을 이기지 못하여 죽음까지 선택하게 되는 이유는 무엇일까? 우리가 실연할 때 혹은 사랑하는 사람이 죽을 때, 도대체 우리 뇌에서는 어떤 일들이 일어나고 있는 것일까?

1970년대 초 전 세계 젊은이의 가슴을 울린 스키터 데이비스(Skeeter Davis)의 팝송 〈세상 끝(The End of the World)〉의 가사에서는 사랑의 좌절로 인한 실연의 감정을 이렇게 표현하였다. "세상 끝이라네, 그대가 더 이상 날 사랑하지 않으니.(It's the end of the world 'cause you don't love me anymore.)" 소설가 김영숙은 2004년 그녀의 단편 〈갈색 눈물방울〉에서 실연의 고통을 "치통보다 더한 고통"이라고 표현하였다.[39] 미국 여류 시인 에밀리 디킨슨(Emily Dickinson)은 "실연이란 지옥에서 겪을 모든 고통과도 같다"라고 노래하였다. 소설가 백영옥은 2012년 자신의 장편 소설 〈실연당한 사람들을 위한 일곱 시 조찬 모임〉[40]에서 "누군가 하루를 시작하는 오전 7시가 실연당한 사람들에게는 실연의 고통으로 밤새 뜬눈으로 괴로워하다 충혈된 눈을 애써 감으며 잠을 청하는 시간이다"라고 말하였다. 사랑의 열정과 그리움, 질투와 상실감의 감정을 노래한 기원전 7세기 그리스 최초의 여류 서정시인 사포(Sappho)가 레우카디아의 절벽에 몸을 던져 자살하였다. 실연의 아픔에 대해 사포는 이렇게 노래하였다. "제 운명의 수레바퀴를 전 도저히 감당할 수가 없답니다. 손가락 마디마디가 아프고 입술은 바짝 타고 있지요. 오, 나의 아픔을 그대가 느낄 수만 있다면! 오, 나의 고통을 누군가가 이해할 수만 있다면!" 줄리엣이 죽었다고 생각하여 독약을 들이켜는 로미오와 연인이 독약을 마시고 자살한 것을 알게 된 줄리엣, 이들에게 사랑하는 이의 상실은 '치통 보다 더한' 것이 아니었을까? 아니 어쩌면 심장이 끊어지는 죽음의 고통보다 더한, 그리고 '지옥의 모든 경험'과 같이 견디기 어려운 고통이었는지 모른다.

가슴이 찢어지고 심장이 끊어질 것 같은 실연의 고통이 단순한 심리적 고통만이 아니라 몸이 실제로 아플 때 체감하는 육체적 통증과 동일한 아픔이라는 연구 결과가 나왔다. 미국 컬럼비아 대학교의 에드워드 스미스(Edward Smith) 박사 팀[41]은 2011년 흥미로운 실험을 실시하였다. 연구진은 피험자 40여 명에게 친구의 사진을 보여 주며 즐거운 생각을 하게 하고, 헤어진 연인의 사진을 보여 주며 이별의 생각을 하게 하면서 뇌가 활성화되는 부위를 fMRI로 촬영하였다. 연구진은 실험 결과를 뜨거운 커피를 왼쪽 팔뚝에 흘렸을 때 느끼는 통증의 뇌 반응과 비교 분석하였다. 어떤 결과가 나왔을까? 이별을 생각할 때 활성화되는 뇌 부위와 팔뚝에 뜨거운 커피가 닿을 때 육체적으로 느끼는 통증 인식 부위가 동일하다는 사실이 밝혀졌다. 스미스 박사는 말한다. "사람과의 관계에서 거절당하는 것은 고통스러운 일이다." "이때의 감정은 분노보다 오래 지속되며, 육신의 고통과 다름없다."

미국 럿거스(Rutgers) 대학교의 헬렌 피셔 박사는 2004년 저서 《왜 우리는 사랑에 빠지는가?》[42]에서 '사랑의 호르몬과 애착'에 대해 흥미로운 이야기를 하고 있다. 사랑에 빠진 뇌에서는 흥분제인 도파민과 노르에피네프린(norepinephrine)이 분비되어 낭만적 사랑에 심취하게 만들며, 옥시토신(oxytocin)과 바소프레신(vasopressin)이 분비되어 상대 이성에 애착하게 된다는 것이다. 헬렌 피셔 박사는 미국 예시바(Yeshiva) 대학교의 루시 브라운(Lucy Brown) 박사[43]와 함께 2010년 사랑에 빠진 후 최근 실연당한 사람들을 대상으로 '실연과 집착'에 대한 실험을 실시하였다. 연구진은 실연 경험이 있는 남녀 15명(여자 10명, 남자 5명)을 대상으로 실연시킨 옛 애인의 사진과 낯선 사람의 사진을 번갈아 보여 주면서 뇌의 활성화 부위를 fMRI로 촬영하였다. 참가자들은 자신을 차 버린 옛 애인의 사진을 보면서 좋고 나쁜 기억과 함께 헤어지게 된 까닭을 궁금해하였다. 뇌 촬영 결과, 도파민 보상 체계와 관련된 좌우 복측 피개 부위(ventral tegmental area, VTA)와 복부 선조(ventral striatum) 부위, 손익과 관련된 내측 안와 전두 부위(medial orbitofrontal) 및 전전두 부위(prefrontal cortex), 띠이랑(cingulate gyrus) 부위가 활성화되었다. 손익과 관련된 부위와 함께 갈망하고 감정을 절제하는 뇌 부위가 모두 활성화된 것이다. 흥미로운 것은 사랑에 빠져 있는 사람들의 뇌 실험에서도 동일한 복측 피개 부위가 활성화되었다는 사실이다. 다시 말해 사랑할 때나 실연 상태일 때나 모두 중간변연(mesolimbic) 부위의 보상·생존 시스템이 활성화된 것이다. 실험자들이 자신을 차 버린 옛 애인의 사진을 보면서 코카인을 갈구하는 뇌 부위인 측좌핵(nucleus accumbens) 부위 역시 활성화된다는 사실이 관찰되었다. 브라운 박사는 "사랑이 마약과 같이 행복감과 고통을 함께 주는 중독 증상의 하나"일 수 있다고 설명하였다. 사랑을 잃은 허전함을 채우기 위해 실연당한 사람은 와인이나 초콜릿을 찾는 경향이 있다고 한다. 피셔 박사 팀의 일련의 연구를 종합하면 사랑에 빠진 뇌는 마치 코카인 마약 중독과 같이 일종의 중독 상태에 빠진 것이다. 실연당한 사람의 뇌에서 사랑에 빠질 때와 동일한 신경물질이 활성화되어 집착을 보이는 것이다. 따라서 실연하거나 사랑하는 사람을 잃게 되면 마약을 끊을 때 느끼는 금단 증세나 뜨거운 커피에 살이 데이는 듯한, 아니 심장이 터지는 듯한 육체적 고통과 맞먹는 마음의 고통을 느끼는 것이다.

실연당한 사람들이 종종 입맛을 잃고 몸살을 앓는 경우를 주위에서 본 적이 있는가? 그 이유가 무엇일까? 실연 뒤 스트레스 호르몬인 코르티솔(cortisol)이 과다 분비되어 면역 기능이 떨어졌기 때문이다. 네덜란드 암스테르담(Amsterdam) 대학교의 무어(Moor) 박사 연구팀[44]은 2010년 '사랑의 감정과 심장 박동'에 관한 흥미로운 실험을 하였다. 연구진은 피험자들에게 낯선 사람들의 사진을 보여 주며 사진의 사람으로부터 사랑을 받게 될 것인지 여부를 물어보았다. 실험자들이 판단을 내리면, 사진 속의 사람이 실험자를 좋아하는지 싫어하는지에 대한 피드백을 주었다. 상대방의 답을 기다리는 동안 실험자들의 심장 박동률이 저하되는 것이 관측되었다. 상대방으로부터 거절의 답을 받을 때에는 박동이 더 낮아졌다. 사랑에 빠질 때에는 보기만 해도, 아니 생각만 해도 가슴이 뛰고 심장 박동이 늘어난다. 하지만 실연의 아픔을 겪으면 심장 박동이 떨어지고 회복하는 데도 시간이 걸린다. 우리의 심장은 사랑할 때에는 가슴을 두근거리게 하는 '하트' 모양의 사랑의 장기이지만, 실연할 때에는 찢어지는 듯한 고통도 함께 느끼는 사랑의 장기인 것이다.

스위스의 정신과 의사인 엘리자베스 퀴블러-로스(Elisabeth Kübler-Ross) 교수는 1997년 저서《죽음의 이해(On Death & Dying)》[45]에서 실연이나 죽음 또는 배신과 같은 상실의 순간에 처할 때 일반적으로 다섯 단계를 거치며 극복해 나간다고 밝혔다. 처음 단계는 실연의 상황을 받아들이지 못하고 여전히 미련을 버리지 못하는 '부정'의 단계이다. 그 후 미움과 원망이 복받치는 '분노'의 단계를 거친 후, 현실을 받아들이고 자포자기에 빠지는 '타협'의 단계에 이른다. 그런 다음 연인을 잃은 상실감에 우울해하고 대인 관계를 기피하는 '우울'의 단계를 거친 후, 마지막은 실연 상황을 완전히 인정하고 받아들이므로 시련의 고통이 완화되는 '수용'의 단계에 이른다. 이러한 다섯 단계의 과정을 거쳐야만 실연의 아픔이 치유된다. 실연의 고통을 이겨 내는 데 '시간이 약'인 까닭이다.

독일의 문호 볼프강 폰 괴테(Wolfgang von Goethe)의 서간체 소설인 〈젊은 베르테르의 슬픔(Die Leiden des jungen Werthers)〉(1774)에서 주인공 베르테르는 무도회에서 처음 마주친 로테를 보자마자 첫눈에 반하고 만다. 하지만 로테의 약혼자 알베르트가 돌아오자 이룰 수 없는 사랑에 심히 괴로워한다. 베르테르는 그녀를 잊고자 스스로 발하임을 떠난다. 하지만 베르테르는 좌절하여 돌아와 유부녀가 된 로테의 주위를 맴돌다, 어느 날 그녀에게 사랑을 속삭이고, 한순간 기습적으로 키스한다. 당황한 로테가 절교를 선언하자 베르테르는 절망에 빠지고 만다. '시간이 약'임을 알지 못한 베르테르는 '부정'과 '분노'와 '우울'의 단계에서 가슴이 찢어지는 실연의 고통을 참지 못하고, 알베르트에게 빌린 권총으로 스스로 생을 마감한다. 당시 유럽의 많은 젊은이들이 괴테의 소설을 읽고 권총으로 자살하는 모방 자살이 유행처럼 번지기 시작하였다. 미국의 사회학자 데이비드 필립스 박사가 1974년 명명한 '베르테르 효과(Werther effect)' 때문이었다. 1962년 명배우

메릴린 먼로(Marilyn Monroe)가 자살하자, 같은 달 303건의 자살 사건이 연이어 발생하였다. 평소보다 12%나 더 증가한 수치였다. 뉴욕 스토니 브룩(Stony Brook) 대학교의 필립스(Phillips) 박사[46]가 1947년부터 1968년 사이 발생한 미국 유명인의 자살 사건 35건을 조사한 결과, 자살이 언론에 의해 대대적으로 보도된 직후 약 2개월 동안 자살률이 급증한 사실이 밝혀졌다. 유명 연예인이나 사회 저명인사와 같이 롤 모델로 삼고 있는 사람들이 자살할 경우 덩달아 자살을 시도하는 '베르테르 효과'가 확인된 것이다. 자살이란 이처럼 전염성이 있다.

'베르테르 효과'와 정반대인 '파파게노 효과(Papageno effect)'도 있다. 자살에 대한 언론 보도를 중단하면 오히려 자살률이 줄어든다. 모차르트(Mozart)의 오페라 〈마술 피리(Die Zauberflöte)〉에서 새잡이꾼 파파게노(Papageno)는 사랑하는 연인이 사라지자 괴로움에 목매어 자살하고자 한다. 이때 세 명의 요정들이 나타나 노래를 부른다. "목을 매는 대신 종을 울려보세요." 새잡이꾼이 종을 울리자, 기적처럼 사랑하는 여인이 파파게노 앞에 나타나 파파게노는 새로운 삶을 다시 시작한다. 죽음에 굴복한 베르테르와는 달리 파파게노는 슬픔을 딛고 일어나 새로운 삶을 선택한 것이다. 실제로 자살률이 높았던 오스트리아에서 언론의 자살 보도를 자제하는 '자살 보도 권고안'을 따르자, 기적처럼 자살하는 사람의 수가 평소에 비해 절반으로 급격히 줄어들었다고 한다. 우리나라는 경제협력기구(OECD) 국가 중 거의 10여 년간 자살률 1위의 오명을 안고 있다. 오스트리아에서와 같이 언론에서 자살에 대한 보도를 최소화하고 유명인의 자살을 미화하는 일이 없도록 해야 할 것이다.

자살의 약 80%는 우울증에 기인한 것이라고 한다. 우울증에 걸리면 감정 표현과 밀접한 세로토닌(serotonin)의 분비가 떨어져 감정이 불안정해진다. 도파민의 분비가 떨어져 행복감이 사라지고 멜라토닌의 수치가 내려가 불면증에 시달린다. 충동을 조절하는 전두엽의 기능도 저하되어 쉽게 격한 감정에 휩싸이고, 충동적으로 자살할 위험성이 커지게 된다. "우울해서 술 한잔하였는데, 술 마시고 나니 더 우울해졌다"라는 말이 있다. 뉴질랜드 오타고 대학교의 데이비드 퍼거슨(David Fergusson) 교수 팀[47]은 우울증 환자 1,055명을 대상으로 25년간 추적 조사한 결과, 우울증으로 인해 알코올 중독에 빠진다기보다는 술로 인해 우울증에 빠진 경우가 더 많았다고 보고하였다. 퍼거슨 박사는 "술이 우울증을 일으키는 유전자의 방아쇠를 당기는 것 같다"라고 말하였다. 물론 적당량의 음주가 뇌 속의 도파민 수치를 높여 상승된 엔돌핀으로 우리의 기분이 좋아질 수가 있다. 하지만 과음에 장기간 노출되면 오히려 술에 대한 자극에 더 둔감해질 뿐 아니라 행복 호르몬 도파민과 세로토닌의 분비가 감소되어 행복감 대신 우울한 감정에 빠지게 된다. 더욱이 우울감이 지속되면 점차 무력감을 느끼고 자살까지 생각하게 된다.

영남대학교 심리학과 연구팀이 국립과학수사연구원 법의학부와 공동으로 진행한 2013년 연구[48]에서 음주가 자살과 밀접한 관계가 있음이 밝혀졌다. 연구진은 2007년부터 2009년까지 국립과학수사연구원에 부검 의뢰된 자살자 426명을 조사하였다. 자살자의 48.4%가 혈중 알코올 농도 0.05% 이상, 즉 음주상태에서 자살한 것임이 밝혀졌다. 주변에 혹시 실연이나 사랑하는 사람을 잃어 슬픔에 자살을 생각하는 지인이 있는가? 술을 권하는 것보다 슬픔과 고통을 함께 나누며, 코미디나 즐거운 영화를 함께 보는 것은 어떠할까? 야외 운동으로 햇볕을 많이 쪼여, 파파게노처럼 종을 울려 슬픔을 딛고 예전보다 더 아름다운 삶을 살도록 기원해 보자. 7일간 천국을 방문한 바 있는 《나는 천국을 보았다》의 저자 알렉산더(Alexander) 박사는 단호히 말한다.[49] "진실로 꿈같이 아름다운 미래가 분명 있습니다." 행복한 미래를 위해 비록 현재의 삶이 힘들다 할지라도 "100%의 열정과 목표를 갖고, 매일 매일을 힘차게 살아가도록 하자." "목매는 대신 종을 울려 보세요." '엇갈린 운명의 연인' 로미오와 줄리엣에게 꼭 들려주고 싶은 요정의 노랫말이다.

외워 두면 유용한 〈로미오와 줄리엣〉 명구들

A pair of star-crossed lovers.
불운한 비련의 연인들. (프롤로그)

Juliet is the sun.
줄리엣은 태양이다. (2막 2장, 로미오)

O Romeo, Romeo! wherefore art thou Romeo?
아, 로미오, 로미오님! 왜 그대의 이름이 로미오인가요?
(2막 2장, 줄리엣)

What's in a name? That which we call a rose by any other name would smell as sweet.
도대체 이름이 뭐란 말인가요? 우리가 장미라고 부르는 꽃은 다른 이름으로 불리어도 아름다운 향기엔 변함이 없지요. (2막 2장, 줄리엣)

Young men's love then lies not truly in their heart, but in their eyes.
젊은이들의 사랑은 진정 가슴속에 있는 것이 아니라 눈 속에 있다.
(2막 2장, 로런스 신부)

My bounty is as boundless as the sea,
My love as deep; the more I give to thee,
The more I have, for both are infinite.
나의 풍부함은 바다처럼 끝이 없고 내 사랑은 한없이 깊어:

내가 그대에게 많이 주면 줄수록, 나는 더 많이 갖게 되나니,
이는 내 사랑과 바다가 무한하기 때문이라오.
(2막 2장, 로미오)

줄리어스 시저

Julius Caesar

브루투스, 너마저도

간략한 배경과 줄거리

〈줄리어스 시저〉는 기원전 44년 3월 15일, 시저(Caesar)가 암살당한 로마 역사의 사건을 배경으로 한다. "왔노라, 보았노라, 이겼노라(Veni, vidi, vici)"로 유명한 줄리어스 시저의 이름을 딴 희곡이다. 하지만 작품 〈줄리어스 시저〉의 주인공은 시저라기보다는 오히려 브루투스(Brutus)라고 할 수 있다.[1] 시저는 3막 2장에서 시해당하며 극에서 퇴장한다. 그럼에도 제목이 〈줄리어스 시저〉인 것은 시저의 망령이 나타나는 극의 마지막 장면을 통해 시저로 대변되는 절대 왕권이 무너지지 않았음을 상징적으로 보여 주고 있기 때문이다.

로마 시대 지도자의 필수 자질 중 하나는 멋진 연설로 대중의 마음을 사로잡는 웅변술이다. 작품 〈줄리어스 시저〉의 백미는 시저 암살 직후 군중을 향한 브루투스와 안토니우스(Antony)의 명연설 대결 장면이다. "내가 시저를 덜 사랑한 것이 아니라 내가 로마를 더 사랑했기 때문(Not that I loved Caesar less, but that I loved Rome more)"이라는 말로 브루투스는 군중을 매료시킨다. 안토니우스는 "로마 시민 여러분, 나는 시저를 장사 지내러 온 것이지, 칭찬하러 온 것이 아닙니다"로 연설을 시작한다. 말의 연금술사 셰익스피어가 작가적 상상력을 발휘하여 세기 최고의 명연설을 만들어 낸 것이다. 〈줄리어스 시저〉는 다양한 인간성과 권력, 현실과 이상에 대한 셰익스피어의 성찰이 돋보이는 작품으로 〈플루타크 영웅전〉에 기초한 것이다. 1607년에 출판 등록되었지만,

시저 동상(프랑스 파리 루브르 박물관)

집필 연도는 1599년으로 추정된다. 공화제 붕괴의 3년 기간(기원전 44-42)의 사건이 단 5일로 압축하여 전개된다.

폼페이와의 내전에서 승리를 거둔 줄리어스 시저가 군중들의 열화 같은 환호 속에 로마로 돌아온다. 루페르쿠스(Lupercus) 축제 때 로마인들이 시저를 종신 독재관으로 추대하여 열렬히 환영한다. 이때 한 예언가가 시저에게 말을 남긴다. "3월 15일을 조심하시오(Beware the ides of March)." 하지만 시저는 귀담아 듣지 않는다. 시저가 누리게 된 권력과 특권을 시기한 카시우스(Cassius)가 공화정파를 규합하여 시저 암살 계획을 세운다. 카시우스가 암살의 정당성을 부여하고자 로마인들의 신망을 한 몸에 받고 있는 브루투스를 끌어들인다. 시저가 왕이 될 경우 로마인들이 독재정치로 힘들어할 것이라는 카시우스의 설득에 브루투스가 로마의 정의를 위해 동참하기로 결심한다. 부인 포샤(Portia)가 시저 시해 동참을 만류하자, 브루투스가 자신의 결정에 대한 정당성을 강조한다. "개인적 원한은 하나도 없지, 다만 로마를 위해서이다."

점쟁이가 예언한 3월 15일, 불길한 꿈을 꾼 칼푸르니아(Calpurnia)가 남편 시저에게 "오늘만은 집 밖으로 나가지 말 것"을 권유하지만 시저가 대답한다. "비겁한 자들은 죽을 때 숱하게 되풀이하여 죽지만, 용감한 자들은 단 한 번 죽음을 맞이하는 법.(Cowards die many times before their deaths; The valiant never taste of death but once.)" 부인의 만류와 신관의 경고에도 불구하고 시저는 원로원으로 향한다. 시저가 원로원에 들어서자, 음모자들이 시저를 둘러싸고 퍼빌리어 심버의 추방을 사면시켜 줄 것을 요구한다. 하지만 시저는 "나는 북극성처럼 확고부동하오"라고 말하며 단호히 거절한다. 음모자들이 카스카(Casca)의 구호에 따라 시저를 뒤에서 찌르고, 폼페이상으로 몰고 가 난도질한다. 마침내 브루투스마저 습격해 오는 것을 본 시저가 "브루투스, 너마저도(Et tu, Brute?)"라는 말을 남기고 최후를 맞는다.

시저의 장례식에서 브루투스가 "시저를 죽인 것은 시저를 덜 사랑해서가 아니라, 내가 로마를 더 사랑했기 때문"이며, 시저의 죽음이 그의 야심에서 비롯되었음을 역설하자 군중들이 브루투스의 연설에 열렬히 환호한다. 뒤이어 등장한 안토니우스가 연설을 시작한다. 브루투스의 말과는 달리 왕관을 쓰라고 요청하였을 때 시저가 세 번이나 거절하였으며, 자신의 재산을 로마 시민들에게 나누어 주도록 유언을 남겼다고 말한다. 안토니우스가 브루투스의 이중성을 역설하자, 군중들의 마음이 180도 바뀌어 브루투스와 시저 암살자들을 로마에서 축출시킨다.

브루투스와 카시우스 일당이 로마에서 도망친다. 안토니우스가 1차 삼두정치의 주인공이 될 옥타비우스(Octavius), 레피두스(Lepidus)와 함께 암살 가담자들 중 처형자 명단을 작성한다. 시저 암살의 주역이었던 브루투스와 카시우스는 안토니우스와 옥타비우스 연합군과의 전투를 준비한다. 브루투스가 늦은 밤 진영에서 촛불을 켜 책을 읽을 때, 시저의 망령이 허깨비의 모습으로 나타나 "필리피(Philippi)에서 만나리"라며 죽음을 암시하는 말을 남긴다. 브루투스와 카시우스가 필리피에서 안토니우스와 옥타비우스 연합군과 필사의 전투를 벌인다. 브루투스는 옥타비우스와의 전투에서 승리를 거두나, 카시우스는 안토니우스의 군대에 패배한다. 카시우스가 절망한 나머지 노예에게 자신을 죽여 줄 것을 부탁하고, 브루투스마저 친구에게 시저를 찔렀던 칼로 자신을 찌르게 한다. 브루투스가 마지막으로 "시저여 편히 쉬라"라는 명대사를 남기고 죽는다. 안토니우스는 브루투스가 로마를 진정으로 사랑한 사람이었음을 칭송하고, 옥타비우스는 시저 암살 이후 지속된 로마의 내전이 끝났음을 선포한다.

1 간질과 뇌

위대한 인물, 시저도 피하지 못한 간질

루페르쿠스 축제일, 로마 시민들이 거리에서 폼페이와의 내전에서 승리하고 돌아오는 시저를 열렬히 환영하며 환호한다. 침상 가마 위에 시저가 올라타 앉아 있다. 경주 차림을 한 안토니우스, 시저의 부인 칼푸르니아, 브루투스의 부인 포샤, 원로원의 키케로(Cicero)를 위시하여 카시우스, 카스카 등이 엄숙한 행렬로 로마 거리에 등장하며 군중들이 뒤따른다. 이때 시저가 군중 속에서 자신을 부르는 소리를 듣는다.

시저

군중 속에서 날 부르는 자, 누구냐?
어떤 악기 소리보다도 날카로운 목소리로
"시저"라고 부르던데. 말하라. 시저가 듣고 있노라.

Caesar

Who is it in the press that calls on me?
I hear a tongue shriller than all the music
Cry "Caesar!" Speak, Caesar is turn'd to hear.

점쟁이

3월 15일을 조심하십시오.

Soothsayer

Beware the ides* of March.
(ides*: 15일)

시저

저 사람이 누구냐?

Caesar
What man is that?

브루투스
한 점쟁이가 전하에게 3월 15일을 조심하라고 합니다.
Brutus
A soothsayer bids you beware the ides of March. (1막 2장)

2월 15일은 로마의 다산(多産)과 풍요(豊饒)의 신 루페르쿠스를 위한 축제가 열리는 날이다. 로마의 지배자 시저가 축제 날 거리의 군중 앞에 모습을 드러내자, 환호하는 군중 속에서 한 점쟁이가 경고한다. "3월 15일을 조심하십시오!" 사실 시저는 미신을 가볍게 여기는 사람이 아니다. 시저에게 3월 15일이 중요한 이유는 브루투스와 카시우스를 포함한 일단의 음모자들이 그를 암살하고자 한 날이기 때문이다.

화려한 나팔 소리와 함께 시저 일행과 군중들이 모두 퇴장하고 브루투스와 카시우스만 남게 되자, 카시우스가 점점 커져 가는 시저의 권력을 경계하는 말을 토로한다. "큰불을 일으키려는 사람도 그 시작은 지푸라기 모닥불로 시작하는 법.(Those that with haste will make a mighty fire begins it with weak straw.)" 카시우스가 시저 시해 음모에 가담하도록 브루투스를 집요하게 부추기며 설득한다. "브루투스, 난 가슴속에 품고 있는 그대의 정의감을 잘 알고 있소." "인간은 때로 자신의 운명을 지배할 수 있지요.(Men at some time are masters of their fates.)"(1막 2장)

시저는 안토니우스에게 "카시우스가 깡마르고 굶주린 상"이라 경계해야 할 위험인물이라고 말한다. 하지만 안토니우스는 카시우스를 "고결한 로마인으로 선량한 분"이라며 두둔한다. 시저 일행이 퇴장하고, 브루투스가 군중들의 함성 소리를 궁금해하자 카스카가 군중 속에서 터져 나온 함성 사건을 설명해 준다. 안토니우스가 시저에게 왕관을 바칠 때마다 군중들이 함성을 질렀으며, 왕관을 세 번이나 바쳤지만 시저가 이를 번번이 거절하였고, 왕관을 물리칠 때마다 군중들이 손뼉 치며 모자를 내던졌다. 카스카가 계속하여 설명한다. "시저가 숨이 막혀 거의 질식한 듯 쓰러졌지요."

카시우스

아니, 시저가 졸도했다고?

Cassius

What, did Caesar swound*?

(swoun*: (고어) 졸도하다, 제정신을 잃다)

카스카

광장 바닥에 쓰러져서, 입에 거품을 물고는 한마디 말도 하질 못했지요.

Casca

He fell down in the market-place, and foamed at
mouth, and was speechless.

브루투스

그랬을 것이오: 시저가 간질병을 갖고 있으니.

Brutus

'is very like: he hath the failing sickness. (1막 2장)

"시저는 그런 병이 없지요"라고 카시우스가 말하자, 카스카가 답한다. "시저가 쓰러진 것만은 확실합니다." 브루투스가 "시저가 정신이 돌아왔을 때 뭐라고 말하던가?"라고 묻자, 카스카가 다음과 같이 대답한다.

카스카

오, 시저가 쓰러지기 전, 월계관을 거절하자,
군중들이 기뻐하는 것을 알고는 나에게

자기 웃옷을 풀어 젖히게 하고는 자신의 목을 따라는 시늉을 했지요.
내가 평범한 직업을 가졌었더라면,
내가 시저의 행동을 액면 그대로 받아들이지 않았더라면
악당들 속에서 지옥으로 떨어지든 했을 겁니다.
그러고는 시저가 쓰러졌지요. 정신이 돌아오자, 시저는 물었죠,
혹시 실언이나 실수를 하지 않았는지. 시저는
자신을 숭배하는 자들이 이를 자신의 병고 탓이라 생각하길 바랐지요.
제 옆에 서 있던 몇몇 젊은 계집들이 "오, 훌륭하신 분!"이라고 소리치며
진심으로 용서해 주더군요: 하지만 신경 쓸 필요는 없지요; 이들은
시저가 자신의 부모를 죽였더라도 같은 소리를 지껄였을 테니까요.

Casca

Marry, before he fell down, when he perceived the
common herd was glad he refused the crown, he
plucked me ope* his doublet and offered them his
throat to cut. And I had been a man of any
occupation, if I would not have taken him at a word,
I would I might go to hell among the rogues. And so
he fell. When he came to himself again, he said,
If he had done or said any thing amiss**, he desired
their worships to think it was his infirmity. Three
or four wenches***, where I stood, cried "Alas, good
soul!" and forgave him with all their hearts: but
there's no heed to be taken of them; if Caesar had
stabbed their mothers, they would have done no less.
(ope*: (시어) open, amiss**: 잘못된, wench***: (고어) 계집애, 시골처녀)

브루투스

그 일이 있고 나서, 시저가 그렇게 심각한 표정을 하고 온 거구먼.

Brutus

And after that, he came, thus sad, away? (1막 2장)

시저의 오랜 친구, 카시우스는 타이버 강의 거센 강물에서 시저와 '강 건너기 시합'을 벌였으며, 지쳐서 허덕이는 시저를 자신이 구해 주었다고 자랑을 떠벌린다. 자신과 동급이었던 시저가 로마의 독재자가 되어 있는 현실에 불만을 드러내며, 카시우스가 말한다. "시저가 스페인에 있었을 때 열병을 앓았고", "발작이 일어날 때마다 몸을 무섭게 떨었으며", "입술은 핏기 없이 싸늘하게 창백했다."

☞ 여기서 잠깐!

시저가 보인 증세는 일종의 '간질(falling sickness)' 증세이다. 시저는 정신이 돌아오자 "혹시 실언이나 실수한 것이 아닌가?"라고 묻는다. 간질은 발작 당시 의식이 전혀 없는 것일까? 간질병은 혹시 유전이나 아니면 빙의 상태는 아닌가? 간질의 적절한 치료 방법은 무엇인가? 간질 증세 시 우리 뇌에서는 어떤 일들이 일어나고 있는 것일까?

셰익스피어와 함께 풀어 보는 뇌 과학 이야기

간질(epilepsy) 환자들은 종종 간질성 발작을 일으킨다. 갑자기 정신을 잃고 멍하니 앞을 보며 두리번거린다거나, 눈이 돌아가고 팔다리를 뒤틀며 덜덜 떨거나, 팔다리와 몸이 뻣뻣해지며 쓰러지곤 한다.[2] 이러한 발작적 증세 때문에 고대와 중세에서 간질은 천벌을 받거나 귀신 들린 것, 즉 '악마에 의한 질병'이라고 간주되곤 하였다. 하지만 18세기에 접어들면서 이러한 간질성 발작이 뇌 기능의 이상으로 발생한다는 사실을 인지하기 시작하였다. 간질성 발작은 뇌 기능의 일시적 이상에 기인하는 현상으로 예기치 못한 순간 갑자기 나타났다 사라지며, 이러한 증세가 만성적으로 재발할 때 이를 '간질'이라고 부른다. 시저의 행동, 즉 쓰러져 입에 거품을 물고 말도 하지 못하는 행동은 분명 간질 환자의 전형적인 모습이다. 하지만 젊은 처자들이 "오, 훌륭하신 분!"이라고 외친 것처럼, 일부 사람들은 간질 발작을 일으킨 사람들에게 특별한 재능이 주어지고 그 짧은 순간 신의 손길이 닿은 것이라고 여기는 사람들도 있다.

현재 전 세계 인구의 약 0.7~1% 정도가 간질을 앓고 있으며, 이 중 20% 정도는 항경련제로도 조절이 안 되는 난치성 간질을 앓고 있다고 한다.[3] '뇌졸중'은 말이 어눌해지고 팔다리에 마비가 오며 보행에 장애를 초래하는 등 뇌의 기능이 떨어져서 오는 현상이다. 이에 반해 눈이 뒤집히고 팔다리가 뒤틀리며 몸에 심히 힘이 들어가 괴성을 지르는 '간질' 증세는 뇌 기능이 지나치게 항진되어 일어나는 현상이다. 환자 스스로 증세를 억제하고자 하여도 통제할 수가 없으며, 간질 증세가 있는 동안 환자는 제정신이 아니거나 정신을 잃고 만다. 흥미로운 점은 대부분의 경우 발작 순간에 대한 기억이 전혀 없다는 사실이다. 일부 환자들의 경우 의식을 잃기 전 헛것이 보이거나 헛소리를 듣는 등 전조증세를 보이기도 한다. 우리가 잘 알고 있는 유명 인사 중 간질을 앓았던 것으로 알려진 인물로 나폴레옹, 도스토옙스키, 반 고흐, 아리스토텔레스 등이 있다. 발작을 경험해 보지 않은 사람은 그것이 어떤 것인지 상상하기 어렵다. 도스토옙스키(Dostoevsky)가 자신의 작품 〈백치〉 속에서 미쉬킨 공작이라는 인물을 통해 자신이 경험한 간질성 발작을 묘사한 바 있다.

"그리고 갑자기 무엇인가가 그의 앞에서 전개되었던 것 같았다. 비상한 '내면의' 빛이 그의 영혼을 비춰 주었던 것이다. 이 순간은 아마 0.5초가량 지속되었을 것이다. 하지만 그는 자기의 가슴속에서 그 어떤 힘으로도 억제할 수 없이 저절로 터져 나온 무서운 비명의 첫마디를 분명히 기억했다.

그런 직후에 그의 의식은 순간적으로 사위어 버렸고 완전한 암흑에 묻혀 버렸다. (…) 발작은 순간적으로 온다. 이 순간에는 갑자기 얼굴, 특히 시선이 유난히 일그러진다. 전신과 모든 안면 근육은 경련을 일으킨다. 그 무엇과도 견줄 수 없는 상상 불가능한 무서운 비명이, 인간적인 모든 것을 일순간에 토해 버리려는 듯 한꺼번에 가슴속에서 터져 나온다. 그래서 이 광경을 지켜보고 있는 사람조차 그것이 바로 이 사람의 비명이라는 것을 상상하지 못한다. 이 사람의 내부에 있는 다른 누군가가 비명을 지르는 것 같은 생각을 들게 한다."[4]

간질 발작은 뇌에 비정상적인 전기 자극이 발생하여 발작 증세가 연속적으로 일어나는 것을 말한다. 뇌의 전체 이상으로 발생하는 '전신 발작'과 뇌의 부분적 이상으로 나타나는 '부분 발작'으로 나눌 수 있다. 발작의 종류에 따라 동반하는 증상 역시 다르게 나타난다. 간질은 뇌의 발달 이상이나 중추 신경계의 급성 감염, 또는 뇌 손상 등의 문제로도 나타날 수 있다. 이러한 이유 때문에 정확한 진단이 간질 치료에 필수적이다. 먼저 뇌파 검사를 하고, 뇌종양이나 뇌동맥경화 등의 유무를 알아보기 위해 CT(단층촬영), MRI 등의 뇌 정밀 검사를 실시한다. 항경련제로 발작의 증세를 완화시키는 것이 일반적인 치료이지만, 증세를 완화시킬 뿐 근본적인 원인 치료가 못 된다. 항경련제가 듣지 않을 경우 뇌의 정확한 발작 부위를 찾아 수술로 이 부위를 제거하기도 한다.

간질과 관련된 뇌 이야기로 빠질 수 없는 이야기가 소위 '분할 뇌(split-brain)' 사건이다. 우리의 뇌는 좌우가 대칭으로 구성되어 있으며, 좌반구와 우반구가 뇌량에 의해 연결되어 있다. 뇌량은 약 2억~2억 5천만 개의 신경 섬유 다발로 이루어졌으며, 좌우뇌가 뇌량을 통해 서로 정보를 교환한다. 1960년대 로저 스페리(Roger Sperry) 교수를 위시한 신경심리학자들이 간질 발작 치료를 위해 간질 환자의 뇌량을 절단하는 뇌수술을 시행하였다. 심한 간질 환자의 경우 한쪽 반구에서 일어난 발작이 다른 쪽 반구로 전달되는 것을 차단하기 위해, 즉 발작 증상을 완화시키기 위해 좌우반구를 연결하는 뇌량을 절단하는 것이다. 그런데 흥미롭게도 뇌량을 절단하자, 좌우반구가 각각 별도의 독립된 뇌처럼 행동하는 것이 관찰되었다.

로저 스페리 교수 팀[5]은 1968년 분할 뇌 환자들을 대상으로 흥미로운 인지실험을 실시하였다. 스크린 중앙의 한 점에 시선을 고정하게 한 후, 점의 오른쪽 또는 왼쪽에 글자나 그림을 제시하였다. 실험 결과 왼쪽 스크린에 제시된 정보는 피험자의 오른쪽 뇌로 전달되고, 오른쪽 정보는 왼쪽 뇌로 전달됨이 확인되었다. 그런데 흥미로운 사실은 왼쪽 스크린에 순간적으로 '숟가락'이라는 단어를 제시할 경우 환자들이 단어를 소리 내어 읽지 못하는 것이었다. 하지만 해당하는 물건을 잡으라고 할 때에는 왼손으로 숟가락을 정확히 잡았다. 언어 기능이 주로 좌반구에, 공간 지각 능력이 주로 우반구에 위치해 있기 때문이었다. 정상인이라면 한쪽 반구에만 정보가 입력되어도 뇌량을 통해 다른 쪽 반구로 정보가 전달되어 통합적 정보 처리가 가능하지만, 뇌량이 절단된 환자의 경우, 정보는 입력된 반구에서만 처리되는 것이다.

스페리 교수 연구 팀[6]은 1972년 분할 뇌 환자에 대한 또 다른 흥미로운 실험을 실시하였다. 분할 뇌 환자에게 반쪽은 남자 얼굴, 나머지 반쪽은 여자 얼굴 모습을 한 '키메라' 같은 얼굴을 보여 주었다. 우측 시야에 제시된 남자 얼굴은 좌반구에서 정보가 처리되고, 좌측 시야에 제시된 여자 얼굴은 우반구에서 처리되었다. 흥미로운 사실은 뇌량이 절단된 환자가 남녀로 분할된 키메라 같은 얼굴에 대해 이상하다는 사실을 전혀 알아채지 못하는 것이었다. 얼굴에 대해 이야기할 것을 요구하자, 남자의 얼굴을 이야기하였다. 그 이유가 무엇일까? 언어적으로 표현하는 데 필요한 언어 기능이 좌반구에 위치해 있었기 때문이다. 하지만 동일 환자에게 여러 얼굴 중 하나를 선택해 볼 것을 요청하자, 여자 얼굴을 선택하였다. 그 이유가 무엇일까? 그림에 관한 정보는 우반구에서 더 많이 간여하기 때문이다. 분할 뇌 환자에 대한 공로로 스페리 교수는 1981년 노벨상을 수상하였다.

좌뇌와 우뇌가 기능이 다르다는 뇌의 편재화를 처음으로 지적한 사람은 프랑스 외과 의사 브로카(Broca)였다. 1861년 그는 실어증(aphasia)으로 고생했던 '탄(Tan)'이라는 별명을 가진 남성 환자의 뇌를 부검하여, 좌반구에 매독성 장애가 있음을 발견하였다. 'tan'은 환자가 똑바로 발음할 수 있는 몇 개 단어 중 하나였다. 좌측 전두엽 브로카 부위가 손상된 환자는 언어를 분명하게 구사하지 못한다. 좌측 브로카 영역에 손상을 입어 언어 발화에 문제가 생기는 실어증을 '브로카 실어증'이라고 부른다. 한편 독일의 외과 의사 칼 베르니케(Karl Wernicke)는 측두엽 상측 두이랑(superior temporal gyrus) 부위가 손상되면 언어 발화가 아닌 언어 이해에 문제가 생긴다는 사실을 발견하였다. 베르니케 영역에 손상을 입어 언어 인식에 문제가 생기는 경우를 '베르니케 실어증'이라고 부른다.

시저는 "발작이 일어날 때마다 몸을 무섭게 떨었고", "입술은 핏기 없이 싸늘하게 창백해졌으며", "한때 쓰러져 입에 거품을 물고 말도 하지 못하였다." 시저는 정신이 돌아오자 "혹시 실언이나 실수한 것이 아닌가?"라고 물었다. 항경련제만으로 시저의 간질 초기증세가 완화될 수 있었을지 모른다. 하지만 그의 간질 증세가 좀 더 악화되었더라면 뇌 절단 수술이 필요했을지도 모르는 일이다.

2 웃음과 뇌

저자는 위험천만한 인물이오, 별로 웃지도 않소

줄리어스 시저가 군중들의 열렬한 환호를 받으며 로마 거리를 행진한다. 화려한 나팔 소리와 함성이 울려 퍼지며, 브루투스와 카시우스 앞에 시저 일행이 나타난다. 브루투스가 "경주가 끝났나 보군, 시저가 돌아오는 걸 보니"라고 말하자, 카시우스가 군중들의 환호 소리를 궁금해하는 브루투스를 부추기며 말한다. "일행이 지나갈 때 카스카의 옷소매를 슬쩍 당겨 보시오. 그러면 그가 오늘 어떤 중대한 일이 일어났는지 당신께 말해 줄 것이오."(1막 2장) 이때 시저가 나타나 안토니우스에게 카시우스가 너무 깡마른 상이니 위험하다고 말한다.

시저

내 주변에 살찐 사람들만 있게 하면 좋겠소;
머리 손질도 잘하고, 밤에 잠도 잘 자는 사람들 말이오:
저기 있는 카시우스는 깡마르고 굶주린 상이란 말이오;
그자는 생각이 너무 많소: 저런 자들이 위험하단 말이오.

Caesar

Let me have men about me that are fat;
Sleek-headed* men and such as sleep o' nights:
Yond** Cassius has a lean and hungry look;
He thinks too much: such men are dangerous. (1막 2장)

(sleek-headed*: 머리 손질이 잘된, sleek: 윤기 나는, yond**: (고어) 저편의 (=yonder))

이에 안토니우스가 변호한다. "각하, 염려하지 마십시오." "위험인물이 아닙니다. 고결한 로마인으로 성향도 좋은 분이지요." 하지만 시저는 카시우스에 대한 불편한 생각을 거듭 토로한다.

시저

그자가 좀 더 살 쪘더라면 좋았을 텐데! 하지만 두려워하진 않지:
그래도 이 시저마저 조심해야 하고, 눈엣가시처럼 꺼려야 할 인물이 있다면,
저 깡마른 카시우스를 제외하면 별로 없을 것이오.

그자는 독서를 너무 많이 한다오; 그 친군 관찰력도 예리한 편이라
사람들의 행동을 꿰뚫어 본단 말이오. 그잔 연극도 좋아하질 않지.
당신은 연극을 좋아하는데 말이오. 안토니우스, 그잔 음악을 듣지도 않지;
별로 웃는 일도 없잖소, 설사 어쩌다 웃는다 하더라도 자신을 비웃듯
자신의 영혼을 경멸하듯이 웃어 보이지.
이런 작자들이란 자신들보다 더 위대한 사람을 보면
마음이 결코 편안해 하질 않는단 말이오.
그러니 이런 작자란 매우 위험한 인물이오.
내 말은 어떤 자들을 경계해야 한다는 말이지
누굴 두려워한다는 말은 아니오; 나는 언제나 시저이니까.

Caesar

Would he were fatter! But I fear him not:
Yet if my name were liable to fear,
I do not know the man I should avoid
So soon as that spare* Cassius. He reads much;
He is a great observer and he looks
Quite through the deeds of men: he loves no plays,
As thou dost, Antony; he hears no music;
Seldom he smiles, and smiles in such a sort
As if he mock'd himself and scorn'd his spirit
That could be moved to smile at any thing.
Such men as he be never at heart's ease
Whiles they behold a greater than themselves,
And therefore are they very dangerous.
I rather tell thee what is to be fear'd
Than what I fear; for always I am Caesar. (1막 2장)

(spare*: 야윈, 빈약한)

시저가 카시우스를 위험인물이라고 말하지만, 안토니우스는 이를 부인하며 성향이 고결한 분이라고 옹호한다. "나는 언제나 시저"이므로 사람을 두려워하지 않는다고 말하면서도, 시저는 카시우스를 경계하라고 거듭 강조한다. 결국 시저의 예측대로 카시우스는 브루투스를 부추겨 시저 암살에 동조하도록 만들며, 운명의 3월 15일 암살자들과 함께 시저 살해에 가담한다. 그렇다면 시저가 카시우스를 위험인물로 판단한 근거는 무엇인가? 카시우스가 깡마르고 여위었으며, 음악과 연극을 좋아하지 않고, 생각이 많은 인물이었기 때문이다. 그리고 카시우스가 잘 웃지 않음을 위험인물의 판단 기준으로 덧붙인다. "그자는 별로 웃지도 않소. 설사 어쩌다 웃는다 하더라도 자신의 영혼을 경멸하듯 웃어 보이지."

여기서 잠깐!

웃음에는 기쁨 · 즐거움의 진짜 웃음이 있는가 하면, 경멸 · 비웃음 조의 악마와 같은 웃음도 있다. 자기만족에 살며시 웃음 짓는 미소가 있는가 하면 박장대소하는 웃음도 있다. 웃음은 우리의 건강과 어떤 관련이 있는 것일까? 웃음이 동물과 구별되는 인간 고유의 특징인가? 우리가 웃을 때, 우리 뇌에서는 어떤 일들이 일어나고 있는 것일까?

셰익스피어와 함께 풀어 보는 뇌 과학 이야기

웃음은 인류 보편적이다. 누구나 웃을 수 있다. 웃음은 누구와도 소통할 수 있는 인류 공통의 언어이다. 하지만 웃음은 타고난 재능이기에 외국어 학습과는 달리 배우지 않아도 쉽게 터득한다. 그렇다면 갓난아이는 언제부터 웃기 시작할까? 갓난아이들은 생후 3~4달이면 웃기 시작한다. 흥미로운 점은 웃음이 사회성이 있다는 사실이다. 울음과 마찬가지로 어린아이는 웃

침팬지의 다양한 모습(2013 John Mitani 전시전, Gorillas Bonobos)

음으로 어머니와 소통하고 주위 사람과 소통한다. 웃음은 사회성뿐만 아니라 전염성도 있다. 여기서 잠깐! 웃음은 인간만이 가진 인간 고유의 특성인가? 니코마코스가 편수한 아리스토텔레스의 윤리학 책《니코마코스 윤리학(Nicomachean Ethics)》[7]에서는 인간만이 유일하게 '웃을 수 있는 동물'이라고 말한다. 하지만 진화론을 확립한 찰스 다윈(Charles Darwin)이나 독일의 과학자 예나(Jenna) 박사는 원숭이나 침팬지들도 간지럼을 느낄 때 킥킥거리며 입 언저리를 당기고 이마에 주름이 생기는 등 인간이 웃을 때와 비슷한 표정을 짓는다고 한다.

침팬지의 킥킥대는 소리가 웃음일 수 없다고 생각한 미국 조지아 주립대학교의 마이클 오런(Michael Owren) 교수[8]는 2009년 영국 포츠머스 대학교의 머리나 로스(Marina Ross) 교수와 함께 웃음에 대한 흥미로운 연구를 진행하였다. 연구 결과 간지럼을 느낄 때 킥킥대는 침팬지의 소리가 인간의 웃음소리와 매우 유사하다는 사실이 밝혀졌다. 침팬지가 웃을 때, 인간과 유사한 소리뿐 아니라 비슷한 표정을 지을 수 있다는 사실도 밝혀졌다. 원숭이나 침팬지와 같은 고등 영장동물들도 인간처럼 즐거움과 행복감, 기쁨과 자기만족의 진짜 웃음을 지을 수 있다. 하지만 영장류들이 인간처럼 경멸·조롱·속임수의 가짜 웃음을 억지로 지을 순 없다.

최원교는 2009년 저서 《긍정의 결혼식》[9]에서 웃음의 과정에 대해 이렇게 설명하였다. 우스꽝스런 광경을 보거나 재미나는 이야기를 들으면 웃음이 절로 터져 나온다. 눈과 귀의 감각기관을 거쳐 들어온 정보는 먼저 감정중추인 변연계(limbic system)로 들어간다. 바로 쾌감을 준비하는 과정이다. 정보가 자율신경중추인 시상하부(hypothalamus)를 통과할 때 웃음이 터져 나온다. 눈물까지 흘리는 박장대소의 웃음은 감정의 중추, 변연계에서 주로 나온다. 하지만 사교상 짓는 미소나 비웃음 같은 억지웃음은 의지 중추, 대뇌 신피질(cerebral neocortex)이 주로 간여한다. 그 이유가 무엇일까? 억지웃음에는 개인의 의지가 반영되어 있기 때문이다.

'웃음생리학(Gelotology)'은 신체에 미치는 웃음과 유머의 생리학적 영향을 연구하는 학문이다. 웃음생리학에 의하면 즐거운 마음을 가질 때 웃음은 절로 나온다. 즐겁게 웃으면 긴장이 감소되어 통증이 완화되며, 신체 여러 기관에도 긍정적 영향을 가져다준다.[10] 웃음은 폐의 환기를 도와 호흡기 계통에 도움이 된다. 웃음은 근육의 운동을 함께 동반하여 혈액 순환을 개선시키고, 혈압과 혈당을 강하시켜 심장 질환의 예방과 치료에 도움이 된다. 웃음은 또한 암 예방에도 도움이 된다. 그 이유가 무엇일까? 웃음이 티-임파구나 감마인터페론과 같은 항암물질을 생성시켜 주기 때문이다. 소리 내어 웃을 때 근육을 포함하여 뇌, 심장, 소화기관 등 신체의 여러 기관이 함께 움직이므로, 마치 내장 기관을 손으로 마사지하는 것처럼, 웃음이 우리를 건강하게 만들어 준다.

우리가 박장대소하며 크게 웃을 때, 약 250~650여 개의 근육이 움직이며, 80여 개의 얼굴 근육 중 약 15개 정도의 근육이 움직인다. 그 효과가 몇 분 동안의 에어로빅 운동 효과와 같다고 한다. 그렇다면 가짜 웃음도 '웃음치료' 효과가 있는 것일까? 실험 결과 억지로 웃는다 하더라도 웃다 보면 진짜 웃을 때와 같이 인체에 긍정적 영향을 미친다고 한다.[11] 우울증 환자의 경우 많이 웃을수록 우울증 치료에 치유 효과가 더 높다는 보고도 있다. 병원에서는 최근 환자들의 사기를 북돋우고 회복을 앞당기기 위한 방안으로 '유머 공간'이나 '광대 어린이방' 등을 마련하고 있다. 환자들을 웃게 하려는 이유가 무엇일까? 바로 웃음의 치유 효과 때문이다. "웃음이 만병통치!"라는 격언이 사실인 것이다.

"소문만복래(笑門萬福來)", "일소일소(一笑一少) 일노일노(一怒一老)". 웃으면 건강과 함께 젊어지고 복이 온다고 한다. 웃으면 정말로 젊어지는 것일까? 대릴 데이비스(Darryl Davis)는 2015년 저서 《웃음으로 삶을 디자인하라》[12]에서 '웃음과 수명'에 대한 흥미로운 실험 결과를 보고하였다. 미국 메이저리그 야구 선수들의 사진 230여 장을 선정하여 '함박웃음', '조금 웃음', '웃지 않음'으로 선수들의 사진을 분류한 후 이들 선수들의 평균 수명을 조사하였다. 조사 결과 함박웃음으로 분류된 선수들의 평균 수명은 79.9년, 조금 웃음으로 분류된 선수들의 평균 수명은 74.9년, 웃지 않음으로 분류된 선수들의 평균 수명은 72.9년이 나왔다. 함박웃음 짓는 선수들이 웃지 않는 선수들보다 평균 7년을 더 오래 산 것이다. 웃음은 우리를 젊게 해 줄 뿐 아니라 장수에도 도움이 된다.

1970년대 일본 최고의 공상과학소설 작가 무라카미 다카시가 돌연 소설 집필을 중단하고, 신문사에 유머와 콩트를 연재하기 시작하였다. 사람들은 작가 다카시가 시시한 웃음이나 유발하는 '삼류 작가'로 전락한 것이라고 웅성대기 시작하였다. 다카시가 신문에 유머를 쓰기 시작한 동기가 무엇이었을까? 아내가 의사로부터 한 달 시한부 판정을 받자, 사랑하는 아내에게 웃음을 주고자 작가는 유머 소재를 찾아 일본 전국을 돌아다녔다. 하루 한 편씩의 유머를 한 달 시한부 아내에게 들려주기 위해서이다. 다카시의 아내는 시한부 한 달을 넘어 5년을 더 생존하였다. 성인은 하루에 15번 정도 웃지만, 어린아이들은 하루에도 수백 번 이상 웃는다. OECD 국가 중 자살률 1위라는 국가적 오명을 벗기 위해서라도 자주 신나게 웃어 보도록 하자. '미국 심리학의 아버지'로 불리는 윌리엄 제임스(William James) 박사는 말한다. “사람이란 행복하기 때문에 웃는 것이 아니라, 웃기 때문에 행복한 것이다.(We don't laugh because we're happy, we're happy because we laugh.)”

영국 카디프 대학교 마이클 루이스(Michael Lewis) 교수 팀[13]은 2009년 ‘보톡스와 우울증’에 대한 흥미로운 설문 조사를 하였다. 연구진은 보톡스를 맞은 여성과 보톡스를 맞지 않은 여성(백인 여성, 25명)을 대상으로 우울증에 대한 설문 조사를 실시하였다. 설문 조사 결과, 미간에 보톡스 주사를 맞은 여성들이 맞지 않은 여성들에 비해 우울증과 불안감이 더 적고 더 행복한 것으로 나왔다. 그 이유가 무엇이었을까? 얼굴 표정 때문이었다. 보톡스 주사로 주름이 펴지고 더 이상 찡그린 표정을 짓지 못하게 되자, 미간의 찡그린 표정으로 촉발된 우울한 감정이 저절로 개선된 것이다. 미간의 주름을 없애 젊어 보이게 만드는 보톡스가 행복의 처방약이 될 수 있는 데에는 두 가지 이유가 있다고 한다. 첫째, 더 이상 미간을 찡그리지 않아 “표정이 좋아졌네”라는 칭찬을 받아 기분이 좋아지기 때문이다. 둘째, 주름이 펴진 자신의 환한 모습을 보면서 ‘착각의 뇌’가 이를 행복한 얼굴로 인식하기 때문이다.

루이스 교수 팀[14]은 2012년 ‘안면표정의 피드백 효과 실험’이라는 흥미로운 실험을 실시하였다. 연구진은 피험자들에게 세 종류의 안면표정을 짓도록 하였다. 피험자들에게 눈썹이 내려간 표정을 지으라고 지시하자, 피험자들의 기분이 더 부정적으로 변하였다. 피험자들에게 눈썹이 올라간 표정을 지으라고 지시하자, 실험 중 제시되는 사실에 좀 더 놀라워하였다. 코 주위에 주름 있는 표정을 지으라고 지시하자, 피험자들은 맡은 냄새를 더 불쾌한 것으로 평가하였다. 얼굴 표정에 따라 사람의 감정이 바뀐다는 사실이 실제로 밝혀진 것이다. 물론 보톡스 주사로 얼굴 표정과 웃음이 오히려 더 부자연스럽게 변모된 경우도 있다. 보톡스를 남용한 후유증 · 부작용 때문이다. 눈가 주름에 보톡스 주사를 너무 많이 맞은 여성들의 경우 제대로 웃을 수 없기에 더 우울해지기도 한다. 박장대소와 같은 진짜 웃음과 어린아이와 같이 순진한 웃음으로 '천연 보톡스'를 매일 맞아 보는 것은 어떠할까?

프라이드(Fried) 교수 팀[15]은 1998년 '웃음과 뇌의 특정 부위와의 관계'를 《네이처》지에 발표하였다. 간질 발작을 일으킨 'A.K.'라는 16세 소녀의 뇌 지도를 얻기 위해 연구진이 전기 자극으로 소녀의 뇌 특정 부위를 자극하자 웃음이 유발되었다. 뇌에 전기 자극을 가하며 관찰한 결과, 뇌의 보조운동영역(SMA: supplementary motor area)의 전반부에 해당하는 전두엽 부위의 좌측 상전두 이랑(left superior frontal gyrus)의 좁은 부위를 자극할 때마다 소녀가 항상 웃는다는 사실이 관찰되었다. 뇌 손상 후에 일어나는 웃음과는 달리 자극을 가할 때마다 웃는 'A.K.' 소녀의 웃음은 유쾌하고 즐거운 웃음이었다. 같은 부위를 자극할 때마다 소녀는 웃음을 지을 뿐 아니라 매번 웃는 이유를 달리 설명하였다. 일반 사람들은 재미나는 이야기를 들을 때 무엇이 우스운 줄 알고 난 후에 웃는 데 반해, 'A.K.' 소녀는 먼저 웃음을 짓고 난 후 자신을 웃게 한 이야기를 만들어 내는 것이었다.

윌리엄 앤 메리 대학교의 덕스(Derks) 박사[16]는 1997년 유머와 웃음이 뇌를 골고루 자극한다고 발표하였다. 사람이 유머를 들으면 먼저 언어 처리 부위인 좌뇌 측두엽 부위에서 단어를 분석하기 시작한다(유머의 언어적 영역). 그 후 감정을 담당하는 뇌의 앞부분이 활성화되고(유머의 감정적 영역), 통합 기능을 가진 우뇌에서 농담의 일부를 유머로 알아챈다(유머의 인지 영역). 웃기 바로 전, 감각을 느끼는 뇌의 뒷부분이 활성화되며, 웃기 위해 얼굴 근육을 움직인다(유머의 운동 영역). 우스갯소리의 농담과 유머를 들으면 이처럼 전두엽, 측두엽, 시상하부와 같은 뇌의 여러 부위가 함께 작동하여, 뇌의 델타파가 마치 물결치듯 밀려오다 절정에 이르며 웃음이 터져 나오는 것이다. 간지럼을 타서 웃는 웃음이란 대뇌의 인지 영역을 거치지 않는 운동 영역의 반사적 행동이다. 이에 반해 유머는 관현악단의 지휘자처럼 뇌를 골고루 자극하여 웃음을 터트리게 하는 것이다. 유머와 함께 터져 나오는 밝고 아름다운 웃음소리가 '뇌의 오케스트라 연주 소리'인 것이다. 웃음은 우정과 사랑과 같은 활동과도 밀접한 관계가 있다. 웃음은 뇌의 변연계를 통해 직접적인 의사소통이 이루어지므로 웃는 사람들 사이에선 웃음이 절로 피어난다. 그렇다. 웃음이 사람 사이의 유대 관계를 공고히 하고 유연하게 만들어 주는 윤활제인 것이다. 만나서 반가운 사이에서는 웃음이 쉽게 자주 터져 나오지만, 싫어하고 불신하는 사이에서는 웃음이 거의 나오지 않는 까닭이다.

기쁨 · 행복감 · 즐거움을 가져오는 자기만족의 웃음은 자연스레 터져 나온다. 하지만 말라빠진 카시우스는 웃는 일이 거의 없다. 어쩌다 웃어 보일 때에도 마치 자신과 자신의 영혼을 비웃고 경멸하듯이 웃는다. 인위적으로 웃는 악마와 같은 억지웃음이 자연스럽게 나오는 진짜 웃음과 구별될 수 있을까? 영국 로열 홀러웨이 대학교의 캐럴린 맥게티건(Carolyn McGettigan) 교수 팀[17]은 2014년 '진짜 웃음과 가짜 웃음'에 대한 실험 결과를 《대화》 저널에 발표하였다. 우리의 뇌는 진짜 웃음과 가짜 웃음을 구별할 수 있다고 한다. 연구진은 동일한 사람의 진짜 웃음과 가짜 웃음을 녹음한 후, 실험 참가자들에게 웃음을 들려주면서 fMRI 영상 촬영을 하였다. 실험 결과 웃음에 따라 뇌의 반응 부위가 서로 다른 결과를 보여 주었다. 진짜 웃음을 들을 때에는 뇌의 양쪽 상측 부위가 활성화되었다. 다른 사람의 감정을 이해하려 할 때와 같은 부위가 활성화된 것이었다. 하지만 가짜 웃음을 들을 때에는 전전두피질(prefrontal cortex)이 활성화되었다. 가짜 웃음 속의 진위 여부를 판단하기 위해 전전두피질이 활성화된 것이다.

성서 잠언에서 '지혜의 왕' 솔로몬 왕은 말한다. "울 때가 있으며, 웃을 때가 있다." '웃음 중추' 부위는 오른쪽 눈 위 돌출 부위에 있는 전두엽 부위이다. 웃을 상황인지 아닌지를 판단하는 곳도 바로 전두엽 부위이다. 〈리처드 3세〉에 나오는 리처드 왕이나 유영철과 강호순과 같은 연쇄 살인범은 잔인한 행동을 하고도 아무런 죄책감을 느끼지 못하였다. 전두엽 부위가 미숙하게 발달되었거나 손상되었기에 연쇄 살인범들이 감정을 제어하지 못하고 쉽게 폭력적인 행동을 하는 것이다. 뇌를 골고루 자극시켜 주는 웃음과 유머를 통해 우리의 전두엽 부위를 강화시키도록 하자. 오케스트라 연주 소리와 같이 맑고 밝은 웃음을 수시로 지어 보도록 하자. 우리의 몸과 마음을 한층 젊고 건강하게 만들어 줄 것이다. 환하게 웃는 웃음으로 주위를 환히 밝혀 보도록 하자. 부처님의 미소나 천진난만한 어린아이의 웃음처럼, 마음속 밝은 웃음이야말로 '참나'를 덮고 있는 무명(無明)을 걷어 내는 것은 아닐까? 기쁨에 솟아나는 웃음이야말로 진아(眞我)인 참나를 환하게 밝혀 줄 '비밀의 열쇠'는 아닐까?

3 자기 합리화와 뇌

시저를 살해할 수밖에 없다

드디어 운명의 3월 15일, 새벽녘 유성들이 밝은 빛을 내며 하늘을 가른다. "별자리의 움직임만 봐서는, 날이 새려면 얼마나 더 남았는지 모르겠군." 잠을 이루지 못하는 브루투스가 잠에 곯아떨어진 시종을 부러워하며 말한다. "나도 저렇게 곯아떨어졌으면 좋을 텐데."(2막 1장) 브루투스가 시종을 깨워 서재에 촛불을 갖다 놓으라고 명한다. 브루투스는 여전히 잠을 이루지 못하며 정원을 거닐다, 명상에 잠겨 혼잣말로 마음속 생각을 토로한다.

브루투스

아무래도 그[시저]를 시해하는 수밖에 없다: 나로 말하자면
그를 내쳐야 할 개인적인 이유가 하나도 없지.
하지만 국민을 위해서 하는 일. 그가 황제가 되려고 하다니:
황제가 되면 그의 성품이 어떻게 변할지 그것이 문제로다.
살무사는 화창한 날에 기어 나오는 법; 그러니 조심해 걸어야 한다.

그에게 왕관을 씌운다고? 그건 우리가 그에게 독 이빨을 심어 주는 셈.
그러면 그는 자기 마음먹은 대로 온갖 만행을 저지를 것이다.
권력의 남용은 권력이 연민의 정과 함께하지 않을 때이다:
시저에 대해 진실을 이야기하자면
감성이 이성보다 우위를 점해 본 적이 없는 자.
하지만 겸손은 일반적으로 야망이란 사다리의 첫 계단일 뿐,
오를 때에는 얼굴을 위로 쳐들고 오르지만;
일단 정상에 오르면 기어오르던 사다리에 등을 돌리고,
구름 속을 바라보며 자신이 밟아 온 계단 아래를 경멸하는 게지.
시저도 그럴지 몰라. 그러니, 그러지 못하도록 미리 막아야 하지.

Brutus

It must be by his death: and for my part,
I know no personal cause to spurn* at him,
But for the general. He would be crown'd:
How that might change his nature, there's the question.
It is the bright day that brings forth the adder**;
And that craves wary walking. Crown him?—that;—
And then, I grant, we put a sting in him,
That at his will he may do danger with.
The abuse of greatness is, when it disjoins
Remorse from power: and, to speak truth of Caesar,
I have not known when his affections sway'd***
More than his reason. But 'tis a common proof,
That lowliness is young ambition's ladder,
Whereto the climber-upward turns his face;
But when he once attains the upmost round,
He then unto the ladder turns his back,
Looks in the clouds, scorning the base degrees

By which he did ascend. So Caesar may.
Then, lest he may, prevent. (2막 1장)
(spurn*: 거절하다, 경멸하다, adder**: 살무사, sway***: 흔들다)

브루투스는 시저를 '부화되지 않은 독사의 알'이라고 생각하고 시저 시해를 결심한다. 알을 깨고 나오기 전 알껍데기 속에 있을 때 시저를 없애야 한다고 생각하는 것이다. 하지만 브루투스는 도덕적 혼란 속에 잠을 이루지 못한다. 시종이 서재에 촛불을 밝혀 놓았다고 보고하자, "아직 밤이니, 다시 잠자리에 들어라"라고 말한다. 브루투스가 계속해서 혼잣말로 토로한다. "카시우스가 시저 타도를 충동질한 이후 지금까지 잠을 이루지 못했노라."(2막 1장) 시저 암살 제의를 받은 브루투스가 고민으로 불면증까지 겪으며, 이제 선택의 기로에서 마지막 최종 결정을 내려야 할 때가 온 것이다. 시저 시해는 개인적 이해관계가 아니라 로마 국민을 위한 부득이한 일이다. 사다리를 오를 때면 자연히 얼굴을 위로 쳐다보고 오르게 되지만, 일단 정상에 오르면 사다리를 등지고 하늘만을 바라보게 된다. 마찬가지로 시저가 지금은 겸손한 듯 보이지만, 일단 황제로 추대되면 국민을 등지고 권력을 마음대로 휘두를 것이다. 로마에 커다란 위협이 될 것임이 틀림없다. 독사의 알은 부화하기 전 깨뜨려야 한다. 브루투스가 "must be"라는 단정어법을 사용하여 "그를 시해하는 수밖에 없다(It must be by his death)"라며 자신의 결정에 정당성을 부여하고 있는 것이다.

☞ **여기서 잠깐!**

브루투스는 시저의 시해가 개인적 이해관계가 아니라 대의, 즉 로마 시민 전체를 위한 부득이한 일이라고 합리화한다. 하지만 그의 결정은 어떤 명백한 근거 위에 내려진 것이 아니다. 우리들은 종종 명백한 근거

없이 내린 자신의 결정과 행동에 대해 정당성을 부여하면서 합리화하고자 한다. 우리가 자신을 합리화하고자 할 때, 우리 뇌에서는 어떤 일들이 일어나고 있는 것일까?

셰익스피어와 함께 풀어 보는 뇌 과학 이야기

"It's a long day." 오늘은 일이 너무 고된 하루다. 집에 도착하니 몸은 이미 파김치! 손가락 하나 움직이고 싶지 않다. 간신히 세안을 마치고 소파에 기대어 감미로운 음악에 빠져 본다. 비록 몸은 나른하지만, 행복한 순간이다. 갑자기 낯익은 핸드폰 벨 소리가 들린다. 발신인 표시에 수다쟁이 술친구의 낯익은 이름이 뜬다. "아, 정말 피곤하다." "오늘은 그저 쉬고만 싶다." "절친한 친구라도 오늘 밤만은 만나고 싶지 않다." 분명 '술 한잔하자'는 전화일 것이라고 생각하여 받을까 말까 고민하는 순간 벨 소리가 멈추고 낯익은 문자 메시지가 뜬다. 하지만 자기 합리화의 기제가 즉시 발동한다. 내면으로부터 감미로운 목소리가 들린다. "아, 오늘은 정말 피곤해." "날 이해하겠지." "친구도 종종 내게 그랬으니까." 누구나 한 번쯤 경험해 본 자기 합리화의 경우이다. 자기 합리화의 대표적 이야기가 바로 이솝 우화의 〈여우와 신 포도〉 이야기가 아닐까? 여우가 잘 익은 포도밭에 몰래 숨어 들어간다. 여기까지는 대성공이다. 하지만 포도송이가 너무 높이 매달려 있다. 훌쩍 뛰고 또 뛰어 보지만 도저히 닿을 수가 없다. 완전히 지치고 만 여우가 자신을 위로하며 돌아선다. "저 포도는 신 포도일 거야, 머리 나쁜 새들이나 먹으라 하지." 심리학의 '달콤한 레몬' 이야기도 마찬가지이다. 레몬의 맛은 아주 시지만 자기 자신의 것이라면 달다고 생각한다.

이러한 자기 합리화는 왜 생기는 것일까?[18] 인간은 누구나 실수를 한다. 실수를 피할 수 없기에 자신을 정당화하고자 하는 충동이 생기는 것이다. 더욱이 해롭거나 바보스러운 행동으로 판명날지 모르는 행동에 대해서는 조그마한 어떤 책임도 지고 싶지 않은 충동을 갖는다. 누구나 때로는 현실을 직시하는 대신 현실을 어느 정도 회피하려는 경향을 보인다. 실수가 어떻든지 간에 "그건 내 실수야"라고 인정하기란 쉬운 일이 아니다. 더욱이 도덕적 · 경제적 · 감정적으로 그 위험이 크면 클수록 실수를 인정하기가 더 어려워진다. 무엇 때문에 현실을 회피하고 움찔거리는 것일까?

잘못한 일임에도 불구하고 우리가 내린 결정과 행동에 대해 자기 합리화를 꾀하려는 이유는 무엇일까? 바로 '인지적 부조화(cognitive dissonance)' 또는 '인지적 불협화'라고 불리는 불쾌한 감정 때문이다. '달콤한 초콜릿이 먹고 싶다'는 충동과 함께, 다른 한편에서 '취침 전 초콜릿은 날 살찌게 할 텐데'라는 소리가 들려온다. 생각 · 의견 · 신념에 있어서 서로 상반되는 두 가지 인지가 동시에 일어날 때 생기는 긴장 상태가 바로 인지적 부조화이다. 작게는 경미한 고통에서부터 심하면 분노에 이르는 정신적 불편을 초래한다. 이러한 불편을 감소시킬 방도를 찾을 때까지 마음은 계속 불편하기만 하다. 돈 · 시간 · 노력이 많이 들어간 결정일수록 그 정도가 심하며, 더욱이 결과를 번복하기가 어려울수록 불협화 상태는 더 강화된다. 게다가 인지적 부조화는 악순환적으로 선택한 결정과 행동에 대해 장점을 과장하게 만들며, 장점을 과장할수록 불협화 상태를 감소시킬 필요성은 더 증대된다. 그렇다면 이러한 자기 합리화의 과정은 어떻게 하여 생겨나는 것일까?

자연 속의 인간은 신체적으로 나약한 존재이기에 힘을 합쳐 집단생활을 할 수밖에 없었다. 더욱이 집단으로부터 쫓겨나지 않기 위하여 집단에 동화되어야만 하였다. 인간은 이러한 본능을 오랜 집단생활을 통해 터득해 왔다. 이성적으로 합리적 판단을 내리기보다는 외부의 감정적 요인과 사회적 요인에 더 쉽게 영향을 받고 행동하는 이유이다. 빛 · 소리 · 감촉과 같은 전기적 신호가 전달될 때 우리 뇌의 전달 순서는 어떻게 될까? 신호는 제일 먼저 '파충류의 뇌'인 간뇌를 지난다. 다음으로 '포유류의 뇌'인 변연계를 지나고, 마지막으로 '인간의 뇌'인 대뇌 피질로 전달된다. 우리의 행동이 합리적 판단에 앞서 본능과 감정에 좌지우지되는 까닭은 뇌 구조상의 특징으로 이성적 판단이 가장 마지막에 개입하기 때문이다. 브루투스 역시 확실한 사실에 근거하여 이성적 판단을 내리는 것이 아니다. 카시우스의 부추김에 먼저 마음이 흔들리고, 집단 심리에 계속 마음이 이끌려 결정을 내리며, 내린 결정에 대해 스스로 자기 합리화를 꾀하게 된 것이다.

우리가 일단 결정을 내리면 번복하기 어려운 이유는 무엇일까? 모든 증거가 반대 방향을 가리킬 때에도 이유를 대며 자기 합리화의 어리석은 믿음을 고수하는 까닭은 무엇일까? 태브리스와 애런슨(Carol Tavris & Elliot Aronson)은 2007년 공저 《거짓말의 진화》[19]에서 수단의 딘카 부족과 누에르 부족의 흥미로운 이야기를 소개하고 있다. 두 부족 사람들은 공통적으로 앞니가 없다. 그 이유가 무엇일까? 인류학자들의 설명은 다음과 같다. 마을이 한때 파상풍에 휩쓸린 적이 있었다. 질병으로 턱이 뻣뻣해진 환자들에게 무언가를 먹이기 위해 앞니를 뽑아야만 하였다. 하지만 파상풍 질병이 지나간 후에도 앞니를 뽑는 전통이 사라지지 않은 이유는 무엇일까? 이방인의 눈에는 전혀 이해가 되지 않는다. 이 기이한 전통은 '부조화 이론'이라는 렌즈를 통해서만 이해가 가능하다. 턱이 굳어지는 파상풍이 휩쓸 당시 마을 사람들은 파상풍에 걸릴 경우 굳어진 입으로 음식을 넣어 줄 수 있도록 어린아이의 앞니를 미리 뽑기 시작하였다. 하지만 모든 아이들이 다 파상풍에 걸리는 것이 아니었다. 아이의 앞니 뽑는 고통 행위에 대해 어떤 정당한 이유, 무엇인가 더 유익하다는 이유가 필요했던 것이다. '앞니를 뽑으면 볼이 불쑥 들어가 더 아름답게 보인다.' 흥미롭게도 이들 부족 사람들은 지금도 앞니 빠진 사람을 성인답고 더 아름답다고 평가하며, 앞니가 모두 있으면 원숭이나 식인종같이 야만스럽다고 표현한다. 앞니를 뽑아야 하는 원래의 의미가 사라졌음에도 불구하고 자기 합리화라는 심리적 정당화만 남아 있는 좋은 사례이다.

하지만 자기 합리화가 모두 나쁜 것만은 아니다. 자기 합리화는 양날의 칼처럼 장단점이 있어서, 오히려 살아가는 데 매우 유익하고 요긴한 장치이기도 하다. 우리는 살아가면서 배우자의 선택과 직장 선택과 같은 인생 중대사의 결정에서부터 물건을 구매하거나 전화를 받아야 할지 말지와 같은 소소한 일상 선택에 이르기까지 무수히 많은 선택을 해야만 한다. 끊임없이 전개되는 선택의 기로에서 누구나 다소간의 실수를 하기 마련이다. 만약 자기 합리화의 기제가 없다면 매 결정의 순간마다 선택의 후유증으로 고생할 수밖에 없을 것이다. 스트레스를 덜 받고 편한 잠을 취할 수 있는 훌륭한 장치가 바로 뇌에서 현실을 부정하는 자기 합리화 장치인 것이다.

하지만 모래 구멍에 한번 잘못 빠져들면 점점 더 빠져나오지 못하는 것과 마찬가지로 생각 없는 자기 합리화는 우리를 더 깊은 재앙으로 몰고 갈 수가 있다. 근거 없는 자기 합리화는 자신의 잘못에 대해 눈멀게 만들며, 현실을 왜곡하기도 하고, 사실 직시에 필요한 정보를 얻지 못하도록 방해하기도 한다. 어떤 중대한 결정을 내리고자 할 때 이미 유사한 선택을 한 사람에게 물어보면 안 된다. 이미 결정한 사람들은 기꺼이 자신의 선택이 잘된 것이라고 당신을 설득하려 들 것이기 때문이다. 태브리스와 애런슨의《거짓말의 진화》에 또 다른 자기 합리화의 이야기가 나온다. 특정 정치인에 대해 선호 · 혐오하는 정보를 피험자들에게 제공하면서 이들의 뇌를 fMRI로 촬영하였다. 실험 결과 피험자들은 귀에 거슬리는 정보를 접하게 되면 실제로 추리하는 뇌 영역을 폐쇄하였다. 하지만 선호하는 정보를 접하면 뇌의 감정 회로가 행복하게 점화되었다. 자기 합리화를 꾀하는 뇌의 작동에 따라 일단 결정을 내리면 그 결정을 번복하기가 쉽지 않은 이유이다.

양날의 칼과 같은 자기 합리화를 때때로 긍정적으로 사용할 필요가 있다. 어니 J. 젤린스키는 1997년 저서《모르고 사는 즐거움》[20]에서 우리의 염려 중 대부분(96%)이 이미 지나간 과거의 일(30%)과 앞으로 일어나지도 않을 일(40%), 그리고 아주 사소한 문제들(22%)이며, 실제로 염려해야 할 것은 단 4%에 불과하다고 밝힌 바 있다. 그렇다. 이미 지나간 과거의 일이나 존재하지 않을 미래의 일을 염려하여 스트레스를 받을 필요가 전혀 없는 것이다. 오히려 속 편하게 긍정적 자기 합리화를 취할 때, 좋은 숙면으로 몸과 마음이 편해지고 건강해질 수 있는 것이다. 예수님이 제자들에게 "내일 일을 염려하지 마라. 내일 일은 내일 염려하라"(마태복음 6: 34)라고 말한 이유이다. 이와 함께 자신을 객관적으로 바라보는 습관을 반드시 길러야 한다. 부정적 자기 합리화의 늪에 점점 깊이 빠져들지 않기 위함이다. 브루투스는 시저에 대한 개인적인 충성과 로마 시민을 위한 정의라는 서로 상충된 인지적 부조화 속에서 잠을 이루지 못하고 고민하였다. 가상적 유추가 아닌 확실한 사실적 근거를 바탕으로 브루투스가 시저 시해 음모 가담 여부를 판단하였더라면 어떻게 되었을까? 어리석은 자기 합리화 대신 긍정적 자기 합리화로 로마의 역사를 완전히 바꾸어 놓았을지도 모른다.

4 숫자와 뇌

마음속에 떠오르는 숫자의 이미지

운명의 3월 15일, 아직 어둠이 깊이 깔려 있는 이른 새벽, 시저 암살 음모자들인 카시우스, 카스카, 데시우스(Decius), 시나(Sinna), 미텔루스 킴베르(Mitellus Cimber), 트레보니우스(Trebonius)가 시저 시해 계획을 최종 확인하고자 브루투스의 정원에 모여든다. 카시우스가 "선수를 쳐 안토니우스와 시저를 함께 해치웁시다"라고 제안하지만 브루투스가 제동을 건다. "우리가 궐기한 것은 시저의 정신에 맞선 때문이오." "안토니우스를 죽이지 말고" "많은 피를 흘려서는 아니 되오."(2막 1장) 음모자들이 브루투스의 정원에 모여 구체적인 계획을 모의하는 와중, 시계가 울려 시간을 알린다.

브루투스

조용히! 몇 시인지 시계 종소리를 세어 보시오.

Brutus

Peace! count the clock.

카시우스

세 번 종소리가 울렸소.

Cassius

The clock hath stricken three.

트레보니우스

이제 떠날 시간이오.

Trebonius

'Tis time to part. (2막 1장)

시저는 환상이나 꿈이나 징조 등을 예전에는 거들떠보지 않았다. 하지만 최근 미신에 빠져 있어, 카시우스는 시저가 의사당에 등청할 것인지를 걱정한다. "시저가 오늘 의사당에 등청할 것인지 아닌지 의심스럽소." "간밤에 일어난 평소와 다른 무시무시한 천변지이, 그리고 점쟁이들의 설득으로 시저가 오늘 의사당에 모습을 보이지 않을 수도 있단 말이오." 하지만 브루투스가 말한다. "염려 놓으시오." "내가 반드시 의사당에 나오도록 할 것이오."(2막 1장) 한편, 무대가 바뀌어 천둥과 번개가 치는 와중에 시저가 실내복으로 등장한다.

시저

오늘 밤은 하늘과 땅도 평온치 못하구나:

세 번씩이나 "여보세요, 도와주세요! 사람들이 시저를 죽이려 해요!"라며 칼푸르니아가 잠꼬대로 외쳐 댔지. 게 누구 없느냐?

Caesar

Nor heaven nor earth have been at peace to-night:

Thrice* hath Calpurnia in her sleep cried out,

"Help, ho**! they murder Caesar!" Who's within?

(thrice*: 세 번, ho**: 어이, 이봐)

하인

부르셨습니까, 전하?

Servant

My lord?

시저

가서 사제들로 하여금 즉시 제물을 바치고

신탁의 결과를 받아 오도록 하여라.

Caesar

Go bid the priests do present sacrifice

And bring me their opinions of success.　(2막 2장)

시저의 부인 칼푸르니아가 "오늘은 한 발자국도 집에서 나가시면 안 되옵니다"라고 간절히 부탁한다. 하지만 시저가 원로원에 나갈 것이라고 대답하자 칼푸르니아가 자신이 꿈꾼 악몽 이야기를 전해 준다. 꿈에 암사자가 거리에서 새끼를 낳으며, 무덤들이 입을 열어 시체들을 토해 내고, 구름 위에서 용사들이 맹렬한 전투를 벌여 마치 빗방울처럼 의사당 위에 시커먼 피를 뿌려 댔다는 것이다. 칼푸르니아가 "거지가 죽을 때엔 유성들이 나타나지 않지만, 귀인이 죽을 때엔 하늘이 불꽃을 뿌려 죽음을 알려 주는 법(When beggars die, there are no comets seen; The heavens themselves blaze forth the death of princes)"(2막 2장)이라고 말하며 외출을 만류하지만 시저는 다음과 같이 대답한다.

시저

비겁한 자들은 죽기 전 숱하게 되풀이하여 죽지만;

용감한 자는 단 한 번 죽음을 맛보는 법.

Caesar

Cowards die many times before their deaths;

The valiant never taste of death but once. (2막 2장)

뒤이어 등장한 하인에게 시저가 "점쟁이들이 뭐라고 하더냐?"라고 묻자, 하인이 다음과 같이 보고한다.

하인

전하께서는 오늘 밖으로 외출하시지 마시랍니다.

제물로 바쳐질 짐승의 내장을 꺼내 보았더니,

그 속에서 심장을 찾을 수가 없었다고 하옵니다.

Servant

They would not have you to stir forth to-day.

Plucking the entrails of an offering forth,

They could not find a heart within the beast. (2막 2장)

드디어 점쟁이가 조심하라고 예언한 운명의 3월 15일, 천둥과 번개가 요동치고 하늘에는 유성이 불꽃을 뿜어내는 등 이상한 전조들이 연이어 발생한다. 이날 새벽 브루투스의 정원에 시저 암살 음모자들이 모여 시저 시해 계획을 마지막으로 점검한다. 음모자들이 안토니우스마저 살해할 것인가를 논의할 무렵, 세 번의 시계 종소리가 울려 퍼진다.

☞ **여기서 잠깐!**

암살 음모자들이 어두운 밤 시저 살해 모의를 최종 확인하는 와중에 시계 종소리가 세 번 울려 퍼진다. 시저의 아내 칼푸르니아는 악몽 속에서 "도와주세요! 사람들이 시저를 죽이려 해요!"라고 세 번씩이나 외쳐댄다. 셰익스피어가 극 안에서 특정 숫자 '3'에 특별한 의미를 부여하고 있는 것은 아닐까? '3'이란 숫자는 우리 뇌에 어떤 이미지를 떠오르게 하며, 이러한 이미지는 어떻게 형성되는 것인가? 우리가 특정 숫자 '114'나 '119', 또는 '13일의 금요일'을 듣거나 떠올릴 때, 우리의 뇌는 어떤 작용을 거쳐 특정 이미지를 형상화시키는 것일까?

셰익스피어와 함께 풀어 보는 뇌 과학 이야기

일상생활 속에서 우리는 매일 숫자와 마주하며, 숫자들을 통해 긍정 또는 부정의 이미지를 자연스레 형성하기도 한다. 한국과 일본에서는 숫자 '4'의 사용을 꺼리며, 실제로 4층 표기가 전혀 없는 건물도 있다. 엘리베이터의 층수에 숫자 '4' 대신 영어 철자 'four'의 앞 자를 따 F층이라고 표시하기도 한다. 그 이유가 무엇일까? 숫자 '4'가 죽을 사(死)와 통한다고 생각하기 때문이다. 하지만 숫자 '3'과 '7'은 행운의 숫자라는 긍정적 이미지가 있어 애용하는 숫자이다. 중국에서는 숫자 '8'을 가장 선호한다. 그 이유가 무엇일까? 숫자 '8(八)'의 발음이 'ba'인데, '재산을 모으다'라는 '發(fa)'의 발음과 비슷하기 때문이다. 2008년 중국 북경에서 열린 국제올림픽은 2008년 8월 8일 8시 8분에 개막되었다. 미국과 유럽에서는 '13일의 금요일'에서 보듯 숫자 '13'을 싫어한다. 선호하고 싫어하는 숫자가 이처럼 나라마다 다르다.

숫자 '3'에는 동서고금을 막론하고 전 세계적으로 많은 비밀이 숨겨져 있는 것 같다.[21] 우리가 살고 있는 우주는 삼차원(三次元)의 세계로 시간 · 공간 · 물질, 이렇게 '셋'으로 구성되어 있다. 더욱이 시간은 과거 · 현재 · 미래(3)로, 공간은 세로 · 가로 · 높이(3)로, 물질은 기체 · 액체 · 고체(3)로 이루어져 있다. 인간은 천기(天氣) · 지기(地氣) · 인기(人氣)의 세 가지 기운이 있는 삼차원의 세계에서 탄생 · 성장 · 죽음의 세 단계를 거친다. 숫자 '3'은 세계적 철학자 플라톤과 아리스토텔레스가 '이데아'의 숫자, '일체(一切)라는 표현에 들어맞는 최초의 수'라고 부른 숫자이다.

숫자 '3'은 종교적으로 가장 선호되는 '신비의 수'다. 우리나라 《천부경》에는 천지인(天地人)을 '천일일(天一一) 지일이(地一二) 인일삼(人一三)'으로 정의한다. 《도덕경》에서 노자는 '도생일(道生一) 일생이(一生二) 이생삼(二生三) 삼생만물(三生萬物)'이라고 하여, 숫자 '3'이 만물의 생성 근원임을 밝힌다. 동양 철학에는 무극(無極) · 태극(太極) · 황극(皇極), 즉 하나님 자신 · 창조주 · 우주 경영자로서의 하나님이 존재한다. 기독교의 핵심 사상 중 하나는 성부 · 성자 · 성신의 '삼위일체' 사상이다. 힌두교에는 갖가지 다양한 신들이 많이 있지만, 주요 삼신(三神)으로 '창조의 신' 브라마(Brahma), '유지의 신' 비슈누(Vishnu), '파괴의 신' 시바(Shiva)를 꼽는다. 고대 바벨론에는 니므롯 · 세라미스 · 담무스 삼신이 있으며, 이집트에는 '죽음의 신' 오시리스(Osiris), '사랑의 신' 이시스(Isis), '전지의 신' 호루스(Horus) 삼신이 있다. 그리스에는 디오니소스 · 아프로디테 · 아폴론 삼신이 있으며, 로마에는 바쿠스 · 베누스 · 포이부스 삼신이 있다. 현재에는 '술의 신' 바커스, '사랑의 신' 비너스, '태양의 신' 아폴로 삼신이 있다. 불교의 세 가지 기본 삼법인(三法印)에는 제행무상(諸行無常, 이 세상 모든 현상은 덧없다, 영원한 것은 아무것도 없다), 제법무아(諸法無我, 세상 만물에 독자적인 실체라는 것은 없다), 일체개고(一切皆苦, 모든 것은 괴롭다)가 있다. 세 번 절하는 3배는 불(佛) · 법(法) · 승(僧) 삼보(三寶)에 귀의하여, 탐(貪: 탐욕) · 진(瞋: 성냄) · 치(癡: 어리석음) 세 가지 번뇌를 끊고, 세 가지 학인 계(戒) · 정(定) · 혜(慧)를 닦겠다는 의지의 표명이다. 우리나라에 유 · 불 · 선(儒佛仙) 사상이 있으며, 민속 무속에 삼신각(三神閣)과 함께 종종 삼신(三神) 할머니가 등장한다.

단군 신화에 환웅이 지상에 내려올 때 천부인(天符印) 3개, 청동 검 · 청동 거울 · 청동 방울을 가지고 오며, 풍백(바람) · 운사(구름) · 우사(비)와 함께 3천 명의 무리를 이끌고 배달국을 세운다.

숫자 '3'은 종교에서 볼 수 있는 신비의 숫자일 뿐 아니라 동서고금 문학 작품과 일상생활에서도 자주 선호되는 숫자이다. 단테《신곡》은 지옥 · 연옥 · 천국의 3편으로 나뉘어 있으며, 각 편당 33곡에 3연체 운율로 구성되어 있다. 중국《삼국지연의》에 삼고초려(三顧草廬)가 나온다. 가톨릭교회 수장의 상징물인 교황의 면류관은 3층 구조로 '천상 · 지상 · 지하의 삼층 세계를 관장하는 하나님'이라는 의미를 담고 있다. 고구려 고분 벽화에 나타난 세 발 달린 까마귀(三足烏)나 인도 시바 신과 포세이돈이 들고 있는 삼지창이나 현대 건축물 시드니 오페라하우스의 지붕도 모두 세 개로 구성되어 있다. 균형 · 조화 · 안정감을 주는 이상적인 얼굴 비율도 이마 · 코 · 입의 3등분 비율이며, 고대 그리스의 비너스 조각상이나 프락시텔레스의 아프로디테 조각상의 얼굴도 3등분 비율이다. 인체에 필수 에너지를 공급하는 삼대 영양소로 탄수화물 · 단백질 · 지방이 있으며, 모든 색의 기본색은 빨강 · 노랑 · 파랑 삼원색이다. 우리나라의 방아 찧는 달 토끼 이야기처럼 프랑스 민속 전래 문학에는 달에 세 마리의 토끼가 살고 있다. 우리 민족은 특히 '3'을 좋아하는 민족이다. 씨름과 윷놀이와 같은 전통 놀이는 물론 가위 · 바위 · 보를 하더라도 기본으로 삼세판을 해야 직성이 풀린다. 만세를 하더라도 '만세 삼창'이다. 장례도 기본이 3일장이다. 피라미드의 기본 구도 역시 삼각 구도이다. 하늘에 제사를 지내는 향로와 솥발은 3개의 다리가 있지만 전혀 흔들림이 없다. 카메라 촬영도 흔들림이 없도록 사각대가 아닌 삼각대를 사용하지 않는가? '3'의 숫자에 대해 많은 연구를 해온 김영균 원장은 저서《탯줄코드》(2008)[22]에서 "탯줄은 신비롭게도 2개가 아닌 3개의 혈관으로 이루어졌으며, 그 형태가 뱀을 닮아 뱀의 신화적 상징성과 탯줄의 기능을 감안할 때 탯줄과 뱀은 불가분의 관계를 맺는다"라고 말한 바 있다. 흥미롭게도 미국 지폐 1달러 뒷면에 숨겨진 전시안(all seeing eyes)이나 비밀 조직 '일루미나티(Illuminati)'의 상징 역시 피라미드 위의 삼각형 모양이다. 숫자 '3'은 참으로 많은 사람이 애호하는 신비의 숫자이다.

드디어 운명의 날 3월 15일, 한밤중에 음모자들이 마지막으로 시저 살해 모의를 최종 확인하기 위해 모인다. 깜깜한 밤 새벽에 세 번의 종소리가 울려 퍼진다. 물론 시저의 로마 시대에는 종이 울리는 시계가 아직 존재하지 않았다. 비평가들이 종소리가 울리는 셰익스피어의 묘사를 시대착오적이라고 비판하는 이유이다.[23] 하지만, 시저 자신이 율리우스 달력을 고안한 장본인이며, 시저 시대에 물시계나 해시계와 같이 시간을 나타내는 도구가 있었다. 시계 종소리란 앞으로 전개될 극적 효과를 극대화하기 위해 셰익스피어가 고안해 낸 문학적 도구이다. 새벽에 세 번 울리는 시계 종소리는 밤사이에 역적모의가 진행되고 있으며, 브루투스가 새벽까지 고민으로 잠을 이루지 못하고 있음을 강조하는 문학 장치인 것이다. 하지만 새벽녘에 울리는 세 번의 시계 종소리에는 이보다 더 심오한 극적 요소가 숨겨져 있다. 예수가 처형당하기 전날 밤 수제자 베드로에게 "수탉이 울기 전 네가 세 번이나 나를 부인할 것이다"(마태복음 26:34)라고 말씀하신 장면과의 대조이다. 브루투스는 잠을 이루지 못하며 고민 속에 살해 음모 모의에 가담하지만, 개인적인 감정이 아니라 로마를 위한 것이라고 굳게 다짐한다. 하지만 베드로가 스승 예수를 부인하듯, 브루투스는 절친한 친구이자 양부인 시저를 배반하고자 한다. 새벽녘 "세 번의 종소리가 울렸다"라는 카시우스의 대답 장면에서 셰익스피어의 관객들은 베드로가 '수탉이 울기 전 세 번이나 스승 예수를 부인하는' 장면을 연상하였을 것이다.

콜레주 드 프랑스(College de France)의 실험인지심리학과 데하네(Dehaene) 박사는 숫자 인식을 포함하여 뇌에서 수학적 과정이 어떻게 처리되는지를 주로 연구해 온 학자이다. 데하네 박사는 2011년 저서 《숫자 감각》[24]에서 흥미로운 Mr. N이라는 자신의 환자 이야기를 소개하였다. Mr. N 환자는 좌뇌 중간 후위 부위에 심각한 뇌 손상을 입어 오른팔에 장애가 왔다. 언어 기능이 좌뇌에 위치해 있으므로 언어의 의미를 파악하는 데 어려움을 겪었다. 흥미로운 사실은 Mr. N 환자에게 "2 더하기 2가 얼마이지요?"라고 물으면 잠시 생각하다가 "3이요"라고 엉뚱한 대답을 하는 것이었다. 그는 기본적 산수조차 계산하지 못했다. 이에 근거하여 데하네 교수는 정상인을 대상으로 수학적 처리 과정이 뇌의 어느 부위에서 어떻게 일어나는지를 실험하였다. '2 더하기 2'와 같은 정확한 수의 계산은 주로 언어 기능이 위치한 좌뇌 하전두회(inferior frontal gyrus) 부위와 뇌의 연상회(supramarginal gyrus) 부위에서 처리되었다. 숫자 '114'라고 하면 '안내'가 연상되고, '119'라고 하면 '불자동차'가 연상되며, '13일의 금요일'이라고 하면 예수님이 골고다 언덕에서 돌아가신 날, 즉 '좋지 않은 일이 생기는 날'이 연상된다. 왜 그러할까? 좌뇌에 언어를 처리하는 부위와 수를 처리하는 부위가 중첩되어 있기 때문이다.

데하네 교수는 수학적 계산에 있어서 정확한 계산과 대략적 계산을 처리하는 뇌의 부위가 서로 다르다는 사실도 밝혀냈다. 정확한 계산을 할 때에는 예상대로 주로 좌뇌 부위가 크게 활성화되었다. 하지만 대략적 계산을 할 때에는 좌뇌뿐 아니라 우뇌의 두정엽(parietal lobe) 부위 역시 활성화되었다. 환호하는 군중 속에서 "3월 15일을 조심하시오"라는 점쟁이의 말에 시저의 머리는 분명 복잡해졌을 것이다. 사람들은 다가오는 이벤트 날짜를 듣게 되면, 제일 먼저 그 날이 곧 닥칠 것인지, 아니면 며칠 후 아니 몇 달 후에 올 것인지를 대충 날짜를 추측하여 계산한다. 마찬가지로 우리는 커다란 미술책이 책장에 꽂힐 수 있는 적당한 크기인지 아닌지를 대략 짐작으로 판단한다. 방 안의 가구를 옮길 때에도 가구가 문에서 쉽게 잘 빠져 나올 수 있는지 여부를 대충 감으로 판단한다. 천안과 대전의 위치는 서울과 대구의 중간 위치쯤 될 것이라고 대충 짐작한다. 정확한 계산은 좌뇌 부위에서 처리되지만, 시간 · 거리 · 부피 · 크기 등을 대략 가늠할 때에는 두정엽 부위가 활성화된다. '두정엽' 부위는 삼차원의 입체 · 공간적 사고와 인식을 담당할 뿐 아니라 입력된 문자를 단어로 조합하여 언어적 의미와 생각을 만들어 내는 곳이다. 대략적으로 숫자를 계산할 때 활성화되는 뇌의 부위와 단어나 숫자와 관련하여 분명하게 떠오르는 마음 속 이미지를 연상할 때의 뇌 부위가 이처럼 중복되어 있는 것이다. 운명의 3월 15일, 새벽에 울리는 세 번의 시계 종소리! 세 번의 새벽 종소리에 브루투스와 음모자들은 물론, 독자와 관객들의 우뇌 두정엽 부위에서, 베드로가 수탉이 울기 전 예수를 세 번이나 부인하는 장면과 시저가 "오, 브루투스 너마저!"라고 말하며 양자 브루투스에 의해 배반당하는 장면이 함께 중첩되어 떠올려질 것이다.

【잠깐 쉬어 가기】

'일(一)에서 십(十)까지' 한자(漢字) 속에 감추어진 숫자의 비밀 이야기

갑골문자로부터 발전된 중국 한자는 문자마다 의미가 들어 있는 표의(表意) 문자이다. 산과 강을 뜻하는 '메 산(山)'과 '내 천(川)'은 산의 모습과 흐르는 강의 모습에서 나왔다. '큰 대(大)'는 사람이 팔을 펼친 모습에서 나왔다. '좋을 호(好)'는 계집 여(女)인 어머니와 아들(子)이 함께 있는 행복한 모습을 나타낸다. 숫자 '팔(八)'은 둘로 쪼개진 모습이다. 숫자 '사(四)'는 땅(口)이 동서남북 사방으로 갈라진(八) 모습이다. '나눌 분(分)'은 칼(刀)로 나눈(八) 것에서 유래한 것이다. '나무 목(木)'은 나무의 형상을 나타낸 것으로 여기서 나무의 뿌리인 '본(本)'이 나오고, 나무의 끝인 '말(末)'이 나온다. 벼를 뜻하는 '화(禾)'는 벼가 다 익어 머리 숙인 나무의 모습이다. '가을 추(秋)'는 벼(禾)와 불(火)의 합성이다. 벼가 불에 타듯 익어 가는 들판의 모습이 가을을 나타낸다. '이로울 이(利)' 자는 익은 벼(禾)를 칼(刀)로 베어 수확이 생기는 것에서 유래한 것이다. '옮길 이(移)'는 벼(禾)의 모가 모판에서 많이 자라면(多) 논으로 옮겨 심는 것에서 유래한 것이다.

미국 넬슨(Nelson) 박사의 1979년 공저《한자에 담긴 창세기의 발견》[25]에 '한자를 만든 동이족들이 노아 홍수 이야기를 이미 알고 있었다'고 유추되는 재미있는 이야기가 나온다. 노아 홍수 때 가족이 함께 손잡고(共) 물난리(水)를 겪으니, '홍수 홍(洪)' 자가 나왔다. 여덟(八) 사람(口)이 물 위에 떠 있으니, '물 따라 내려갈 연(沿)' 자가 나왔다. 거대한 방주(舟)에 노아의 가족 여덟(八) 사람(口)만 구원받으니, '배 선(船)' 자가 나왔다. 흙(土)에 생기(丿)를 불어넣어 사람(口)이 되어 걸어 다니니(창세기 2: 7) '지을 조(造)' 자가 나왔다. 에덴이라 불리는 동산(口)에 네 개(十)의 강이 흐르므로(창세기 2: 10-14) '밭 전(田)' 자가 나왔다. 아담은 동산(田)에서 쫓겨나 땀 흘려 수고하고 힘써야(力)만 되었기에 '사내 남(男)' 자가 나왔다. 하와는 첫 번째(一) 사람(人) 아담의 갈비뼈 하나를 빼내서(丿) 창조되었기에(창세기 2: 21-22), '계집 여(女)' 자가 나왔다. 최초(一)의 사람(人) 아담이 살았던 에덴동산(口)은 동이족 사람에게는 해가 지는 서쪽에 위치하였기에, '서녘 서(西)' 자가 나왔다. 하나님이 에덴동산에 생명나무와 선악을 알게 하는 나무를 두고 "선악을 알게 하는 나무를 먹지 말라" 명하시니(示(시)), '금할 금(禁)' 자가 나왔다. 하와가 두 나무 사이에서 선악을 알게 하는 나무의 과실을 먹고 싶어 안달하였기에, '탐할 람(婪)'자가 나왔다. 나(我(아))의 죄를 씻기 위해 손(手(수))으로 양(羊)을 쳐서(丿) 바침으로 의롭다 함을 얻게 되었기에, '옳을 의(義)' 자가 나왔다. 십자가에 매달려 돌아가신 예수를 '세상 죄를 지고 가는 어린 양', '의로우신 분'이라 부르는 이유이다.

한자에는 창세기 이야기뿐 아니라, 1에서 10까지의 숫자, 즉 일(一) 이(二) 삼(三) 사(四) 오(五) 육(六) 칠(七) 팔(八) 구(九) 십(十)에 우주 창조 기원에 대한 이야기가 담겨 있다. 단군 이후 구전되어 온 것을 신라 최치원이 한자 81자로 기록한 것으로 전해지는 천부경(天符經)[26]에 흥미로운 숫자 이야기가 나온다. "천일일(天一一) · 지일이(地一二) · 인일삼(人一三)" 천지창조와 함께 천 · 지 · 인, 즉 하늘과 땅과 사람의 관계를 말하고 있다. 바로 앞에 "일시무시일(一始無始一) 석삼극무진본(析三極無盡本)"이 나온다. '하나가 무에서 시작하며, 셋으로 나뉘어도 근본에는 다함이 없다'는 뜻이다. 아무것도 없어 보이는 무극(無極)으로부터 한 점 태극(太極)이 나와 우주가 창조된 것이다. 우주 전체가 1, 하나(一)로 하늘에 기운이 가득 차 있었다. 기운 중 맑은 기운은 위로 올라가고 탁한 기운은 아래로 내려가 분열되기(二) 시작하였다. 하늘이 처음 먼저 생기고, 다음으로 탁한 에너지가 가라앉아 땅이 만들어졌다. 하늘과 땅이 만들어진 후 '형체 없는 하늘'의 맑은(+) 기운과 '형체 있는 땅'의 탁한(-) 기운이 합하여 하늘과 땅 사이에 음양을 가진 인간(±)(三)이 나왔다. 주역에서 홀수 1, 3, 5, 7, 9는 '양'의 수(陽數)이다. 짝수 2, 4, 6, 8, 10은 '음'의 수(陰數)이다. 홀수는 항상 통합하고 발산한다. 이에 비해 짝수는 항상 분열하고 수렴한다. 양은 갈라진 틈이 있어야만 나아갈 수 있다. 짝수 2가 있어야 홀수 3이 나올 수 있다. 홀수는 분열된 음양의 균형을 잡아 주는 역할도 한다. 하늘과 땅에서 사람이 나오듯, 양의 아버지와 음의 어머니에서 자식이 나오며, 자식은 부모를 하나로 이어 준다.

여기서 잠깐! 재미있는 퀴즈를 하나 풀어 보자. 코와 입 사이의 부위를 무엇이라고 부르는가? 인중(人中)이다. 우리는 코로 숨을 쉬고, 입으로 음식물을 섭취한다. 코로 산소를 받아들이고, 입으로 밥·고기·채소·과일을 먹고 물과 술을 마신다. 하늘의 기운 '천기(天氣)'를 받아들이는 곳이 코이며, 땅의 지기를 받고 자란 음식과 물을 섭취하여 땅의 기운 '지기(地氣)'를 받아들이는 곳이 입이다. 천기와 지기를 받아들이는 코와 입 사이의 위치가 바로 인중, 사람의 가운데 자리, 즉 천기와 지기의 중간 자리인 것이다. 흥미로운 것은 인중 위에 위치한 구멍, 코·눈·귀의 구멍은 모두 두 개(2)씩 음수이다. 반면에 인중 아래 위치한 구멍, 입·항문·요도는 구멍이 하나(1)씩 양수이다. 주역 괘로 치면 위의 상효(上爻) 자리에 음이 오고, 아래의 하효(下爻) 자리에 양이 위치한 지천태(地天泰) 괘(䷊)와 흡사하다. 코·귀·눈, 인중 위의 구멍을 모두 더해 보자. 합이 6이다. 인중 아래 구멍을 모두 더해 보자. 합이 3이다. 지천태 괘의 모양을 다시 한 번 살펴보자. 상효에 짧은 선(-)이 도합 6개, 아래에 긴 선(—)이 도합 3개다. 참으로 놀랍지 아니한가! 지천태의 괘 풀이는 '풍년이 들어 백곡이 풍성한 상(象)'이다. '하늘과 땅이 본래의 자리로 돌아가려 한다.' '매우 순조롭다.' 어떻게 하면 우리의 삶도 지천태 괘와 같이 순조로울 수 있을까? 인중 위의 두 개의 구멍은 '많이 사용하라'는 뜻이 아닐까? 사물을 볼 때에는 두 눈으로 주위를 두루 잘 살펴서 현명하게 판단하고, 남의 말을 들을 때에는 두 귀로 정성껏 귀담아 들으라는 뜻이다. 인중 아래의 하나의 구멍은 '신중히 사용하라'는 뜻이 아닐까? 하나인 입은 가급적 조심하여 신중히 말을 아껴야만 화를 당하지 않는다. 듣기는 많이 하되 말은 자제하는 것이 좋다는 뜻이다. 인체의 가장 중요한 남녀의 주요 부위 역시 조심해서 신중히 다루어야 한다. 동양 철학의 보고(寶庫)인 주역 64괘와 384효의 상의 모습과 뜻풀이에 그저 놀라지 않을 수 없다!

한자 숫자 '삼(三)'에서 바로 천·지·인 사상이 나온다. 무극·태극·황극과 성(性)·명(命)·정(精)이 나온다. 정(精)·기(氣)·신(神)과 상단전·중단전·하단전이 나온다. 유대교 카발라(Kabbalah)에는 머리·가슴·몸을 대표하는 지성계·도덕계·물질계가 나온다. 한자 숫자 '사(四)'는 땅(口)이 동서남북 사방으로 나누어진 것을 나타낸다. 하늘(+)과 땅(-)의 중간적 요소(±)가 다시 나뉘어 사상(四象), 즉 태극의 건(乾)·곤(坤)·감(坎)·리(離)가 나온다. 춘·하·추·동(春夏秋冬). 더운 '여름'(+)과 추운 '겨울'(-) 사이에 양적(+) 기운이 많은 '봄'과 음적(-) 기운이 많은 '가을'이 있다. 부모의 자식 중에도 아들(+)과 딸(-)이 있으며, 아버지(+) 기질을 닮은 자식이 있는가 하면 어머니(-)를 닮은 자식이 있다.

여기서 잠깐! 주역에서 음(- -)과 양(—)은 숫자로 각기 '2'와 '3'이다. 홀수가 양수이며 짝수가 음수라면 양음(1-2)이라고 하지 않고, 왜 음양(2-3)이라고 하는가? '1'은 태극 자리, 즉 '하느님' 자리이기 때문이다. 양과 음의 효(爻) 모습을 조금 더 살펴보자. 음은 양에서 가운데가 빠진, 즉 분리된 모습을 나타낸다. 양의 길이를 3등분할 때, 가운데 '3분의 1'이 빠진 모습이다. 따라서 음(- -)은 '3분의 1' 길이가 두 개인 반면, 양(—)은 세 개이다. 주역을 포함한 동양 철학에서 '양음' 사상이라고 하지 않고, 2-3의 순서대로 '음양'사상이라 부르는 이유이다.

한자 숫자 '오(五)'는 하늘(一)과 땅 사이(二)에서 균형을 잡아 주는 모습이다. 우주를 경영하는 하느님, 황극(皇極)을 나타낸다. 음양오행에서는 가운데 토(土)의 자리로 동·서·남·북 사방의 중심 자리이다. 양인 '하늘 건'(乾: 3)과 음인 '땅 곤'(坤: 2) 사이에서 중심을 잡아준다. 하늘의 수(3)와 땅의 수(2)를 합하면 숫자 5가 나온다. 주역에서는 일에서 십까지의 수를 양수(1, 3, 5, 7, 9)와 음수(2, 4, 6, 8, 10)로 나눌 뿐 아니라, '생수(生數)'와 '성수(成數)'로도 나눈다. 숫자 1, 2, 3, 4, 5는 형이상학적(形而上學的) 단계, 즉 정보만 있고 아직 형태가 없는 상태라 '생수'라고 한다. 숫자 6, 7, 8, 9, 10에 가서야 비로소 형이하학적(形而下學的) 단계, 즉 형태가 나타나기 때문에 '성수'라고 한다. 천부경에 "대삼합육(大三合六)"이 나온다. 천 · 지 · 인이 음양으로 각각 합하면 숫자 6이 나온다는 뜻이다. 실제로 물질은 6이 되어야 육면체가 되어 완전한 입체적 형태를 갖추게 된다. 천 · 지 · 인 세 개의 축에 음양의 조화(3×2)로 물질 현상계가 나오는 것이다. 흥미롭게도 천(一) · 지(二) · 인(三)을 더하거나(1+2+3) 곱해도(1×2×3) 숫자 6이 나온다. 입체적 형태를 갖춘 숫자 6에서부터 지구를 중심으로 하는 시간 기준이 나온다. 일 년 12달은 '6×2'이며, 24 절기는 '6×4'이고, 한 달은 30일, '6×5'이다. 한자 숫자 '육(六)'은 집 모양에서 유래된 것이다. 만물의 유형 정보가 다 들어 있는 씨앗을 의미한다. 음양오행에서는 만물의 움직임이 없는 추운 겨울을 뜻한다. 액체인 물이 얼면 고체로, 끓으면 기체로 변한다. 하지만 흥미롭게도 맛 좋은 자연의 물을 육각수라 부르고, 눈의 모양은 다양하지만 기본형이 육각형이다.

한자 숫자 '칠(七)'은 땅속에서 씨앗이 터져 땅을 뚫고 나오는 모습을 형상화한 것이다. 음양오행에서 숫자 7은 '소양(少陽)'으로 만물이 생동하기 시작하는 '봄'을 뜻한다. 삼차원 세계에서 물체는 육면체가 되어야 비로소 완성되지만, 육면체 중심에 하나가 중심을 잡아 주어야 현상계가 비로소 작동을 시작한다. 숫자 오(五)가 우주 경영의 정보가 들어 있는 추상적 황극이라면, 숫자 칠(七)은 분열된 상하 · 전후 · 좌우를 통합하여 입체적으로 경영하는 황극이다. 우주와 지구, 그리고 소우주인 인간은 음양의 조화로 운행된다. 흥미롭게도 5:5의 법칙보다는 3:7의 법칙으로 운행된다고 한다.[27] 중국 도교에는 '삼혼칠백(三

魂七魄)'설이 있다. 혼에 세 가지가 있으며, 백에 일곱 가지가 있다. 유대인의 카발라에는 정신적 · 영적인 것을 3으로, 물질적 · 육적인 것을 7로 구분하여 나눈다. '운칠기삼(運七技三)'이라는 말도 있지 않은가? 인생사, 운의 작용이 70%, 인간의 노력과 능력이 30%라는 뜻이다. 흥미롭게도 지구 표면 중 물이 70% 육지가 30%를 차지한다. 인체도 물이 약 70%를 차지한다. 우리나라 한반도는 산이 70% 들이 30%이다. 한반도의 길이는 삼천 리요 둘레는 칠천 리이다. 정상적인 인체의 온도는 37도이다. 하나님은 여섯째 날 사람을 창조하고, 제7일째 안식하셨다. 사람도 6일 동안 일하고 7일째 쉬는 것이 피로 회복과 일의 능률에 있어서 가장 효율적이라고 한다.[28] 흥미롭게도 동식물의 이상적인 생체 리듬 역시 '7일 리듬'이라고 한다. 바둑에서도 7단이 되어야 실수가 거의 없는 진정한 고수로 인정받는다.

한자 숫자 '팔(八)'은 쪼개져 나누어진 모습을 형상화한 것이다. 만물에는 음양의 작용이 있다. 올라갈 때가 있는가 하면 내려갈 때가 있다. 나아갈 때가 있는가 하면 물러갈 때가 있다. 달이 찰 때가 있는가 하면 기울 때가 있다. 소우주인 인생의 과정도 대우주와 같다. 음양의 무한한 순환 과정이며, 음양이 좀 더 조밀하게 발전해 나가는 과정일 뿐이다. 음양오행에서 숫자 8은 '소음(少陰)'이며 '가을'을 뜻한다. 열매와 곡식이 무르익는 시기이다. 만물이 소생하는 봄(七)은 '선인과 악인 모두에 해를 비추는' '사랑'의 계절이다. 하지만 열매 맺는 계절 가을(八)은 '알곡'은 거두고 '가라지'는 베내어 버리는 추수의 계절, 즉 '정의'의 계절이다. 봄, 동쪽에 위치한 동대문을 사랑(仁)이 들어간 '흥인문(인(仁)을 일으키는 문)'이라 부르고, 가을, 서쪽에 위치한 서대문을 정의(義)가 들어간 '돈의문(의를 두텁게 갈고 닦는 문)'이라 부르는 이유이다.

한자 숫자 '구(九)'는 팔을 최대한도로 구부린 모습을 형상화한 것이다. 우주를 경영하는 황극이 할 수 있는 최대한도로 경영을 펼치는 것을 뜻한다. 음양오행에서 숫자 9는 '태양(太陽)'이며 '여름'을 뜻한다. 씨앗(겨울)은 봄에 싹이 트고, 여름이 되면 잎이 무성하게 자라 씨앗에 갇혀 있던 모든 정보가 확연히 펼쳐져 드러난다. 한자 숫자 '십(十)'은 완성을 뜻한다. 우주의 모든 정보는 태극에 들어 있으며, 온전한 완성의 세계인 숫자 10은 현상계에는 보이지 않는 것이다. 바둑에서 최고의 고수가 9단에서 끝나는 이유이기도 하다. 하지만 태극의 'S'자 나선(螺線) 모양(☯)에서 보는 것처럼 태양 자리에서 서서히 음이 싹트기 시작한다. 소음인 가을(八)에 익은 열매와 알곡을 추수하고, 알곡의 정보는 고스란히 씨앗에 저장되어 겨울(六)을 난다. 하지만 태음인 겨울이 끝이 아니다. 태음 속에서 또 다른 양이 자라기 시작하는 것이다. 끝없이 순환하지만 앞으로 조금씩 발전해 나가는 것이 우리의 인생인 것이다.

5 명예와 뇌

내 명예를 존중해 주시오

운명의 3월 15일, 시저가 암살 음모자들에 의해 원로원에서 죽임을 당한다. 음모자들이 시저를 뒤에서 찌르자, 시저가 의자에서 일어나 피하려 한다. 음모자들이 시저를 폼페이상 곁으로 몰고 가 난도질한다. 이때 양자인 브루투스마저 자신을 찌르려 하자, 시저는 자신의 얼굴을 가리며 생의 마지막 말 "브루투스 너마저(Et tu, Brute?)"라는 말을 남기고 쓰러진다. 이에 암살 가담자 시나가 소리쳐 외친다. "자유다! 해방이다! 폭정이 무너졌다!(Liberty! Freedom! Tyranny is dead!)" 시저가 '위험천만한 인물'이라고 경고한 카시우스가 소리친다. "누가 광장의 공설 연단으로 가서 '자유다, 해방이다, 자치를 되찾았다!'라고 외치시오." 이때 브루투스가 말한다. "시민들과 의원 여러분, 두려워하지 마십시오." "야심이 빚을 갚았을 뿐입니다.(Ambition's debt is paid.)"(3막 1장)

카시우스가 "안토니우스는 어디 있소?"라고 묻자, 트레보니우스가 "놀라서 집으로 도망쳤소"라고 대답한다. 그 후 안토니우스의 하인이 등장하여 브루투스 앞에 무릎을 꿇고 읍소한다. "브루투스 나리는 고결하고, 현명하시며, 용감하고 정직하십니다." "시저는 위대하고 용맹스러우셨으며, 위엄 있고 자애로운 분이셨습니다." "나리께서 안토니우스의 안전을 보장하고, 시저가 죽어 마땅한 이유를 설명해 주신다면, 죽은 시저보다 살아 계신 브루투스를 더 사랑할 것입니다." 이에 브루투스가 하인에게 "그대 주인은 현명하고 용감한 로마인이오"(3막 1장)라고 말하며, 명예를 걸고 안토니우스의 안전을 약속한다.

3막 2장, 광장 한쪽 연단에 브루투스, 카시우스, 안토니우스가 등장한다. 브루투스가 연단에 올라 시민들 무리 앞에서 감동적인 연설을 시작한다.

빈센초 카무치니, 〈시저의 죽음〉, 1798년(볼로냐 현대미술관)

브루투스

끝까지 참고 들어 주시오.

로마 시민들이여, 동포여, 사랑하는 친구들이여!

내 대의명분을 들어 보시오, 내 말을 들을 수 있도록 조용히 해 주시오:

나의 명예를 걸고 말할 테니 내 말을 믿어 주시오.

나의 명예를 존중해 준다면 내 말을 믿을 것이오:

여러분의 지혜로 날 판단해 주시오.

여러분이 더 현명한 판단을 내리도록 여러분의 이성을 일깨워 주시오.

여기 계신 여러분 중에 시저의 절친한 친구가 있다면 그분께 말하겠소.

시저를 향한 브루투스의 사랑이 결코 그분의 사랑에 못하지 않는다고

말이오. 만약 그 친구가 시저에 반기를 든 이유가 무엇이냐 묻는다면,

내가 시저를 덜 사랑했기 때문이 아니라,

내가 로마를 더 사랑했기 때문이라고 대답하겠소.

여러분은 시저가 죽고 만인이 자유롭게 사는 것보다

시저가 살고 백성이 노예가 되기를 더 원한단 말이오?

시저가 날 사랑하였기에 나는 그를 위해 울었으며;

그에게 행운이 있었을 때, 난 그를 위해 기뻐하였소;

그가 용감하였기에 나는 시저를 존경하였소:

하지만 그가 야심가였기에 나는 시저를 살해하였소.

시저를 사랑하기에 눈물 흘리고; 그의 행운에 대해 기뻐하며;

그의 용기에 대해 예찬을 보낸 것이오;

하지만 그의 야망에 대해선 죽음이 있을 따름이오.

Brutus

Be patient till the last.

Romans, countrymen, and lovers! hear me for my

cause, and be silent, that you may hear: believe me

for mine honour, and have respect to mine honour, that

you may believe: censure me in your wisdom, and

awake your senses, that you may the better judge. If there be any in this assembly, any dear friend of Caesar's, to him I say, that Brutus' love to Caesar was no less than his. If then that friend demand why Brutus rose against Caesar, this is my answer: —Not that I loved Caesar less, but that I loved Rome more. Had you rather Caesar were living and die all slaves, than that Caesar were dead, to live all free men? As Caesar loved me, I weep for him; as he was fortunate, I rejoice at it; as he was valiant, I honour him: but, as he was ambitious, I slew him. There is tears for his love; joy for his fortune; honour for his valour; and death for his ambition. (3막 2장)

시저를 누구 못지않게 사랑한 이가 바로 시저의 양자인 브루투스이다. 하지만 브루투스는 로마에 대한 사랑이 더 크기에 자신의 친구이자 은인이며 양부인 시저를 살해하지 않을 수 없었다고 호소한다. 브루투스의 명연설에 로마 시민들은 "만세, 브루투스, 만세, 만세!"를 외치며 환호한다. "시저보다 더한 영광을 브루투스에게!" 브루투스가 로마 시민으로부터 시저 시해에 대한 정당성을 인정받는다.

뒤이어 안토니우스가 연단에 올라 "친애하는 로마 시민이여"라며 연설을 시작한다.

안토니우스

친구들이여, 로마인들이여, 동포 여러분, 귀를 잠깐 빌려주십시오;
나는 시저를 장사 지내러 온 것이지, 그를 찬양하러 온 것이 아닙니다.

인간의 악행은 죽은 뒤에도 남겠지만;
인간의 선행은 종종 뼈와 함께 묻히고 마는 법;
시저 역시 그럴 것입니다.
(…)
시저는 나의 친구였으며, 진실하였고 나에겐 공정하셨습니다:
하지만 브루투스는 그가 야심가였다고 말합니다;
브루투스는 존경받으실 분이지요.
시저는 많은 포로들을 로마로 데려왔으며
포로들의 몸값을 모두 국고에 채워 놓으셨지요:
이것이 어찌하여 시저를 야심가로 보이게 한 것입니까?
가난한 사람들이 굶주려 울부짖을 때, 시저도 함께 울었습니다:
야심이란 더 냉혹한 마음에서 생기는 법:
하지만 브루투스는 시저가 야심가였다고 말합니다;
브루투스는 존경받으실 분입니다.
여러분은 루페르쿠스 축제 때
내가 시저에게 세 번씩이나 왕관을 바쳤지만,
세 번 다 거절한 것을 보셨습니다: 이것이 야심이란 말입니까?

Antony

Friends, Romans, countrymen, lend me your ears;
I come to bury Caesar, not to praise him.
The evil that men do lives after them;
The good is oft interred* with their bones;
So let it be with Caesar.
(…)
He was my friend, faithful and just to me:
But Brutus says he was ambitious;
And Brutus is an honourable man.
He hath brought many captives home to Rome

Whose ransoms** did the general coffers fill:
Did this in Caesar seem ambitious?
When that the poor have cried, Caesar hath wept:
Ambition should be made of sterner stuff:
Yet Brutus says he was ambitious;
And Brutus is an honourable man.
You all did see that on the Lupercal
I thrice presented him a kingly crown,
Which he did thrice refuse: was this ambition? (3막 2장)
(inter*: 매장하다, ransom**: 몸값)

안토니우스가 시저의 유언장을 언급하자, 군중들이 시저의 유언장을 읽어 줄 것을 요청한다. 하지만 안토니우스가 대답한다. "친구 여러분, 난 읽을 수가 없습니다." "시저가 얼마나 여러분을 사랑했는지를 여러분은 모르는 것이 좋을 것입니다." "인간인 이상 시저의 유언을 들으면, 여러분은 반드시 격분하여 미치고 말 것입니다." 군중들이 서서히 흥분하기 시작한다. 안토니우스가 시저가 어떻게 살해되었는지 구체적인 시해 장면을 묘사하며 시저의 외투를 벗기자, 로마 시민들은 "복수해야 한다"며 흥분한다. 안토니우스가 시저의 도장이 찍힌 유언장을 보여 주며 군중에게 말한다. "모든 로마 시민들에게 각각 75 드라크마씩 기증한다." "시저는 여러분에게 자신의 모든 것, 개인적인 별장과 새로 가꿔 놓은 정원과 타이버 강 이쪽 기슭을 모두 기증하셨습니다." "여러분의 후손들에게 영원히 마음대로 거닐고 즐길 수 있는 공원을 주시었지요." "이런 분이 시저란 분이십니다." "그런 분이 언제 다시 나온단 말입니까?" 이에 시민들이 분노하며 뛰쳐나간다. "성전에 가서 시저의 유해를 화장하고, 반역자들의 집을 불태우자." "반역자는 한 놈도 살려주지 말자."(3막 2장) 뒤를 이어 관을 멘 사람들이 따라나선다. 브루투스의 명연설에 그처럼 열광하여 환호하던 로마 시민들이 얼마 되지 않은 시간 안토니우스의 명연설로 마음을 180도 완전히 바꾼 것이다. 연설이 사람들의 마음을 어떻게 움직이는지를 극명하게 보여 주는 장면이다.

☞ 여기서 잠깐!

브루투스는 로마 시민을 향해 말한다. "내 명예를 걸고 말하니 믿어 주시오. 내 명예를 존중해 주시오." 명예란 매우 소중히 간직해야 할 요소이다. "호랑이는 죽어서 가죽을 남기고 사람은 죽어서 이름을 남긴다"는 우리말 속담이나 "호사유피(虎死留皮) 인사유명(人死留名)"이라는 중국 속담, "A good name shines forever"라는 영어 표현이 명예의 중요성을 잘 말해 준다.[29] 그렇다면 명예와 사회적 지위는 우리의 건강에 어떤 영향을 미치는 것일까? '명예'를 떠올릴 때, 우리 뇌에서는 어떤 일들이 일어나고 있는 것일까?

셰익스피어와 함께 풀어 보는 뇌 과학 이야기

1막 2장에서 브루투스는 카시우스와의 대화에서 명예에 대한 자신의 소신을 밝힌 바 있다. "나는 죽음을 두려워하는 것보다 명예라는 이름을 더 좋아한다.(I love the name of honor more than I fear death.)" 목숨보다 명예를 더 사랑한 브루투스는 죽는 순간까지 명예를 신봉한 인물이다. 작품 〈오셀로〉에서 카시오(Cassio)는 명예를 인간의 영혼에 비유하여 말한다. "명예! 명예! 명예! 오, 나는 명예를 잃고 말았소. 나는 나의 불멸의 가치를 잃어버렸소. 나머지는 짐승 같은 것이오.(Reputation, reputation, reputation! O, I have lost my reputation! I have lost the immortal part of myself, and what remains is bestial.)"(2막 3장) 카시오에게 명예 없는 삶이란 짐승과 같은 삶이었다. 작품 〈안토니우스와 클레오파트라〉에서 안토니우스는 말한다. "명예를 잃으면 나의 인간 모두를 잃은 것이다.(If I lose mine honour, I lose myself.)"(3막 4장) 안토니우스에게 명예는 생명과 같은 것이었다. 명예는 이처럼 소중히 간직해야만 하는 고귀하고 숭고한 가치이다.

사회적 지위가 건강과 밀접한 관련이 있다는 보고는 많이 있다.[30] 동물의 세계에서도 위계로 인해 상시 스트레스를 받아 온 동물들은 심혈관 계통이나 불안과 연관된 질병에 걸릴 확률이 더 높은 것으로 밝혀졌다. 영국 공무원들을 대상으로 한 연구에 의하면 사회적 지위가 낮을수록 심혈관 계통의 질환에 걸리고 조기 사망하는 확률이 높은 것으로 나왔다. 지위가 낮은 사람들은 자신의 삶과 대인 관계에 제한을 두는 등, 심리적 요인에 의해 자신의 건강을 해치는 경우가 많았다. 이에 반해 지위가 높은 사람들은 존경과 같은 사회적 가치를 인정받으므로 정신적으로 육체적으로 더 건강한 것으로 밝혀졌다.[31] 하지만 지위 상승이 가능한 집단에서 최고의 위치까지 도달한 사람들은 자신의 지위를 언제 잃게 될지 모른다는 두려움 때문에 스트레스와 관련된 질병에 더 취약한 것으로 밝혀졌다. 건강과 관련하여 명예나 지위가 우리의 뇌에 어떻게 영향을 미치는지에 대하여는 아직 많은 연구가 없다.

미국 국립정신건강연구원의 원장인 토마스 잉겔(Thomas Ingel) 박사는 말한다. "사회적 위계에서의 서열이 육체적 정신적 건강과 함께 우리의 동기에도 강한 영향을 미친다." 미국 국립정신건강연구원의 캐럴라인 징크(Caroline Zink) 박사 팀[32]은 2008년 '피험자들의 서열이 오르고 내림에 따라 뇌의 서로 다른 부위가 활성화된다'고 보고하였다. 연구진은 72명의 피험자들을 대상으로 상금을 획득하는 게임을 하도록 하였다. 실험 참가자들은 게임 숙련도에 따라 순위를 부여받았다. 하지만 실제 결과는 미리 정해져 있을 뿐 아니라 게임 상대방도 사람이 아닌 컴퓨터에 의해 이미 조작된 가상의 인물들이었다. 피험자들은 게임 도중 다른 방에서 동시에 게임을 하고 있다고 생각되는, 자신보다 상위 또는 하위 등급 플레이어의 사진과 점수를 화면상에서 볼 수 있었다. 이때 연구진이 fMRI를 통해 실험 참가자들의 뇌 반응을 관찰하였다. 실험에 앞서 실험 참가자들에게 화면상 나타난 점수를 무시하라고 지시하였기 때문에 실험 참가자들은 컴퓨터상에 제시된 상대의 점수가 자신의 점수 획득과는 무관함을 잘 인지하고 있었다. 그럼에도 불구하고 실험 참가자들은 화면상에 나타난 가상 플레이어의 등급에 따라 뇌 활동에 큰 영향을 받았다. 이때 활발히 작동되는 뇌 부위가 게임에서 상금을 획득할 때 작동되는 뇌 부위와 동일한 '배측 선조체(ventral striatum)' 부위임이 밝혀졌다. 실험 참가자들은 화면상에서 자신보다 상위의 플레이어를 보기만 하여도, 사회적 지위와 대인 판단을 결정하는 뇌의 전전두 부위가 활성화되었다. 아울러 다른 사람들의 동기와 의도를 파악하는 뇌의 중간 전두엽 부위와 사회적 지위가 불안할 때 작동되는 감정 부위가 함께 활성화되었다. 상위의 플레이어보다도 더 잘하고 있다고 판단할 때에는 행동 계획을 조절하는 전두엽 부위가 크게 활성화되었지만, 하위의 플레이어보다도 못하고 있다고 판단할 때에는 감정적 고통과 좌절을 관장하는 뇌의 감정 부위가 더 활성화되었다. 최고의 위치에 오를 때 더 강한 긍정적 감정을 경험한 피험자일수록 지위 하락의 두려움을 느낄 때 더 심한 감정적 고통을 느꼈다. 마치 게임에서 돈을 딸 때 더 흥분하는 사람일수록 돈을 잃게 될 때 더 심한 고통을 느끼는 것과 같은 효과를 보인 것이다. 사회적 지위와 명예에 대해 돈을 얻을 때와 동일한 뇌의 배측 선조체 부위에서 활성화가 이루어진 것이다.[33]

일본 국립생리학연구소의 노리히로 사다토 교수 팀[34] 역시 2008년 '돈과 명성이 동일한 뇌의 보상 체계를 이룬다'는 유사한 실험 결과를 발표하였다. 연구진은 금전적 보상을 받을 때와 사회적으로 긍정적 평가를 받을 때의 뇌를 fMRI로 촬영하였다. 어떤 결과가 나왔을까? 모두 보상과 관련된 선조체(striatum) 부위가 활성화되었다. 금전적 보상의 실험은 참가자들이 세 장의 카드 중 하나를 선택하여 돈을 따게 하는 일종의 도박 게임이었다.

하지만 게임은 이미 조작된 것으로 보상에 따른 피험자들의 뇌 반응을 관찰할 수 있도록 미리 설계된 게임이었다. 연구진은 이와 함께 사회적 보상 실험도 함께 실시하였다. 연구진은 실험 참가자들에게 이들이 작성한 개인 설문지와 개인 소개 비디오를 바탕으로 모르는 사람들이 자신들을 평가할 것이라고 알려 주었다. 하지만 모르는 사람들은 실제 존재하지 않았으며 실험자들에게 사전에 조작된 평가만을 보여 줄 따름이었다. 두 가지 실험이 별개의 실험이었음에도 불구하고 놀랍게도 두 실험 모두 동일한 보상체계인 뇌의 선조체 부위가 활성화되었다. 우리가 무엇인가를 판단할 때에는 마치 돈을 딸 때와 마찬가지로 자신의 사회적 승인과 평판을 고려하여 판단하는 것이다. 다른 사람들의 눈에 비치는 자신의 좋은 평판이란 마치 상금을 획득하는 것처럼 소중히 간직해야만 하는 귀중하고 가치 있는 것이다. 사회적으로 인정받고 성공한 사람일수록 자신의 명예를 높게 평가하고 자신의 평판과 명예를 지키고자 최선을 다하는 이유가 바로 여기에 있는 것이다.

폴 우드러프(Paul Woodruff) 교수의 2011년 저서 《아이아스 딜레마》[35]에 트로이를 함락시키는 데 결정적 역할을 한 그리스의 두 장수 아이아스(Aeas)와 오디세우스(Odysseus) 이야기가 나온다. 배를 이끌고 온 그리스 군대가 헬레스폰토스 해엽을 따라 트로이 성을 둘러싼 지 9년이 지나 양쪽 진영 모두 커다란 손실을 입고 있었다. 트로이를 함락시키려는 그리스 군대의 의지는 여전히 확고하였지만, 아킬레우스(Achilleus) 장군은 발꿈치에 화살을 맞아 죽고 없다. 이에 아가멤논(Agamemnon) 왕은 가장 우수한 군인에게 헤파이스토스(Hephaestos) 신이 귀한 금속으로 제작한 아킬레우스 장군의 갑옷을 포상으로 내릴 것이라고 선포한다. '힘'으로 상징되는 아이아스는 충성심이 높고 용맹스러우며 동료애가 남다른 장군이었다. '머리'로 상징되는 오디세우스는 꾀가 많고 권모술수에 능한 장군이었다. 아킬레우스 장군의 갑옷을 누가 차지할 것인지를 두고 두 영웅이 갈등을 일으킨다. 하지만 배심원은 용맹스런 군인 아이아스보다 임기응변과 권모술수에 능한 오디세우스의 손을 들어 주었다. 아킬레우스 다음으로 자신이 최고 적임자라고 믿어 왔던 아이아스는 배심원의 결정에 격분하여 양떼를 그리스 군으로 착각하여 모두 살해한다. 정신이 돌아오자, 아이아스는 전리품인 헥토르(Hector)의 칼로 자결한다. 오디세우스가 동정심을 발휘하여 죽은 아이아스를 이해하고 그의 명예를 지켜 준다. 승자는 명예를 얻지만 보상을 받지 못한 패자는 아이아스와 같이 분노와 모멸감으로 '멘붕' 상태에 빠지는 것이 '아이아스의 딜레마(The Aeas Dilemma)'이다.

셰익스피어의 작품 〈오셀로〉의 교활한 이아고(Iago)가 생각난다.[36] 이아고는 오셀로 장군이 동료 카시오를 자신보다 먼저 승진시키자 불만을 품는다. 교활한 술수로 카시오를 싸움에 휘말리게 하여 직위를 박탈당하게 만들고, 오셀로 장군에게는 정숙한 부인을 의심하도록 교묘하게 유도하여 의처증으로 부인을 목 졸라 죽이게 만든다. 오셀로 장군 역시 부인을 살해한 죄책감에 결국 자살하고 만다. 합당한 보상을 받지 못하거나 명예가 손상되었다고 판단될 때, 사람들은 아이아스처럼 분노를 폭발하거나 이아고처럼 교활한 술수로 보복하는 우를 범한다.

셰익스피어 작품 속 인물로 명예와 관련하여 빠질 수 없는 사람이 또 하나 있다. 바로 〈헨리 4세〉 1부, 2부와 〈헨리 5세〉에 나오는 폴스타프(Falstaff)이다. 술집에 거의 살다시피 하면서 늘 호언장담과 허풍을 일삼으며 해리 왕자를 '핼'이란 애칭으로 부르면서 왕자의 멘토임을 자칭하는 뚱보 몰락기사이다. 'Falstaff'는 이름 그대로 위대한 왕으로 변모하는 해리 왕자와 대조를 이루는 부도덕한 멘토('false staff')이다. 헨리 4세 왕의 근심이었던 망나니 해리 왕자는 왕위에 오르자, 염려와는 달리 위대한 헨리 5세 왕으로 변모한다. 해리 왕자를 절친한 친구로 굳게 믿어 온 폴스타프는 헨리 5세 왕으로부터 기대와는 반대로 무시와 냉대를 받게 되자 크게 실망하고 낙담한다. 〈헨리 4세〉 제1부 5막 1장에서 폴스타프는 "명예란 무엇인가?"

라고 자문한다. 명예란 한낱 '공기'와 같아 느낄 수 없으며, '묘석의 명찰'에 불과할 뿐이라고 명예를 무시한다. 폴스타프가 '명예'라는 단어를 회상할 때 그의 뇌에는 해리 왕자와 오랜 기간 술집 망나니로 즐겁게 지내 왔던 아름다운 추억들이 떠오르고, 헨리 5세로 등극하면서 무시당해 온 마음의 상처들이 주마등처럼 회상되었을 것이다. 자신의 마음속 상처를 치유하기 위해 폴스타프는 '명예'를 무가치한 '묘석의 명찰'일 뿐이라고 폄하하여 스스로를 위로하고 있는 것이다.

명예! 분명 브루투스의 말처럼 가장 소중히 간직해야 할 요소이다. 하지만 명예에 상처를 받게 되면 아이아스처럼 분노로 폭발시키기도 하고, 이아고처럼 교활한 술수로 복수를 꾀하기도 하며, 폴스타프처럼 명예를 폄하해 자위하기도 한다. 브루투스는 말한다. "죽음을 두려워하는 것 이상으로 명예를 사랑한다." 1712년 조지프 애디슨(Joseph Addison)이 쓴 비극 〈카토(Cato)〉에 명대사가 나온다. "내 명예를 손상하느니, 수만 번 죽음을 택하겠소.(Better to die then thousand deaths, than wound my honour.)" 〈안토니우스와 클레오파트라〉에서 안토니우스는 "명예를 잃으면 내 모든 것을 잃는다"라고 말한다. 〈줄리어스 시저〉 마지막 5막 5장에서 브루투스의 사망 사실을 전해 들은 안토니우스가 브루투스에 대해 말한다. "이분은 이들 가운데 가장 고결한 로마인이었소." "이분만은 사심 없는 명예로운 명분과 만인의 행복을 위해 저들과 한패가 된 것이오." "이분의 생애는 고결한 것이었으며, 인품이 원만하여 대자연도 숙연히 일어나 '이분이야 말로 사나이였소'라고 세계를 향해 외칠 것이오." 이에 옥타비아누스가 응답하여 말한다. "브루투스의 미덕을 추모하여 그의 인품에 손색없는 최대한의 예우와 정중한 예를 갖추어 장례를 올립시다." "오늘 밤 그의 유해는 내 막사에 모시도록 하되, 군인에 어울리도록 명예롭게 배려하시오." 〈줄리어스 시저〉 대단원의 막이 내린다.

외워 두면 유용한 〈줄리어스 시저〉 명구들

Beware the ides of March.
3월 15일을 조심하시오. (1막 2장, 점성가)

I love the name of honor more than I fear death.
나는 죽음을 두려워하는 것보다 명예라는 이름을 더 사랑하오. (1막 2장, 브루투스)

Men at some time are masters of their fates.
인간은 때로 자신들의 운명의 주인이다. (1막 2장, 카시우스)

Those that with haste will make a mighty fire begins it with weak straw.
급히 큰불을 일으키려는 사람도 그 시작은 지푸라기 모닥불로 시작한다. (1막 2장, 카시우스)

Unicorns may be betrayed with trees, and bears with glasses, elephants with holes, lions with toils, and men with flatters.
유니콘은 나무에 속고, 곰은 거울에 속으며, 코끼리는 구덩이에 속고, 사자는 올가미에 속으며, 인간은 아첨에 속는다. (2막 1장, 브루투스)

Cowards die many times before their deaths; The valiant never taste of death but once.
비겁한 자는 죽기 전에 숱하게 죽지만, 용기 있는 자는 죽음을 단

한 번 맞이하는 법. (2막 2장, 시저)

Et tu, Brute?
브루투스, 너마저! (3막 1장, 시저)

Not that I loved Caesar less, but that I loved Rome more.
내가 시저를 덜 사랑한 것이 아니라 내가 로마를 더 사랑하였기 때문이오. (3막 2장, 브루투스)

There is a tide in the affairs of men.
세상사에는 때가 있는 법. (4막 3장, 브루투스)

A friend should bear his friend's infirmities.
친구라면 친구의 결점을 참고 견뎌야 한다. (4막 3장, 카시우스)

햄릿

Hamlet **권력·가족·사랑의 비극**

간략한 배경과 줄거리

"죽느냐 사느냐, 그것이 문제로다." 〈햄릿〉은 탐욕과 사악함으로 인한 갈등과 복수의 비극적 결말을 그린 작품으로 1601년경 집필되었다. 셰익스피어 4대 비극 중 〈맥베스〉가 권력의 문제를, 〈리어왕〉이 가족의 문제를, 〈오셀로〉가 사랑의 문제를 각각 다루고 있는 데 비해, 〈햄릿〉은 권력 · 가족 · 사랑의 문제를 모두 다룬다. 셰익스피어 희곡 중 가장 긴 작품으로 현대는 물론 셰익스피어 시대에도 가장 많이 공연된 동서고금 최고의 고전 작품 중 하나이다.

〈햄릿〉 포스터

독일 비텐베르크(Wittenberg) 대학에서 유학 중이던 덴마크 왕자 햄릿은 선왕의 급사 소식을 전해 듣고 덴마크 궁으로 서둘러 돌아온다. 갑작스런 부친의 서거 소식에 뒤이어 어머니 거트루드(Gertrude) 왕비가 숙부 클로디어스(Claudius) 왕과 재혼하자, 햄릿 왕자는 심한 충격을 받고 어머니에 대한 원망으로 심히 우울해한다. 정신적 충격을 받은 햄릿은 삶의 부조리에 회의를 느끼고 세상에 대한 원망으로 죽음을 동경한다.

햄릿은 어머니의 수치스러운 행동을 원망하며, "약한 자여, 그대 이름은 여자니라!"라고 외친다. 부친이 독살된 것이 아닌지 의심하는 햄릿 앞에 죽은 선왕의 유령이 나타난다. 유령은 자신이 정원에서 낮잠을 즐기다 독사에 물려 죽은 것으로 알려져 있지만, 왕관과 왕비를 탐한 동생 클로디어스에게 독살당한 것이니 원수를 갚아 줄 것을 부탁한다. 햄릿이 고뇌 속에 진위를 알아내고자 미친 척 위장한다. 떠돌이 극단이 왕궁을 찾아오자, 햄릿은 의문을 풀기 위해 "아버지의 망령이 말한 장면을 연극으로 꾸며 주시오"라고 부탁한다. 극이 시작되고 귀에 독을 넣는 장면이 전개된다. 햄릿의 예상대로 클로디어스 왕이 크게 진노하여 연극 도중 퇴장하자, 햄릿은 선왕의 죽음이 클로디어스 왕에 의한 타살이었음을 확신한다. 아버지의 복수를 위해 햄릿이 왕과 어머니 거트루드 왕비와 대적해야 하는 절박한 상황에 직면한다. 햄릿이 극심한 정신적 고민과 갈등 속에 "To be or not to be, that is the question"이라는 말을 고통스럽게 내뱉는다.

햄릿의 이상한 행동을 염탐하던 폴로니어스(Polonius)가 커튼 뒤에 숨어 햄릿과 왕비의 대화를 엿듣는다. 하지만 폴로니어스는 클로디어스 왕으로 오인한 햄릿에 의해 칼에 찔려 죽음을 당한다. 아버지 폴로니어스의 죽음과 사랑하는 햄릿을 잃었다는 상실감에 햄릿의 연인 오필리아(Ophelia)는 실성하여 결국 강에 빠져 익사한다. 아버지 폴로니어스와 여동생 오필리아를 동시에 잃게 된 레어티스(Laertes)는 햄릿을 증오하며 햄릿에 대한 복수를 꿈꾼다. 클로디어스 왕은 햄릿과 레어티스와의 검술 시합을 명하고, 레어티스의 칼끝에 독을 발라 햄릿이 독에 죽도록 음모를 꾸민다. 시합이 치열해지는 와중 햄릿과 레어티스가 서로의 칼을 떨어뜨리고, 얼떨결에 칼을 바꾸어 들고 시합은 재개된다. 레어티스가 독 발린 자신의 칼에 찔려 죽으면서 클로디어스 왕의 음모를 밝힌다. 검투 광경을 지켜본 햄릿의 어머니 거트루드 왕비는 햄릿을 위해 준비된 독주를 포도주로 잘못 알고 마시며 죽는다. 레어티스의 독 발린 칼에 치명상을 입은 햄릿이 마지막 순간 클로디어스 왕을 찔러 죽임으로 아버지의 복수를 이룬다. 온몸에 독이 퍼진 주인공 햄릿이 마지막으로 숨을 거두며 치열한 복수극은 막을 내린다.

〈햄릿〉에는 비극적인 햄릿의 가족과 대조되는 화목한 폴로니어스의 가족 이야기도 나온다. 클로디어스 왕실 시종장인 폴로니어스가 유학을 떠나는 아들 레어티스에게 "생각 없이 행동하지 마라", "돈을 빌리거나 빌려주지 말라", "사람들에게 친절하되, 지나치지는 말아라"라는 사랑의 충고를 한다. 배려심 많은 오빠 레어티스는 동생 오필리아에게 사랑에 빠졌다가 마음에 상처 받을 것을 염려하여 햄릿을 멀리하라고 충고한다. 여동생 오필리아는 유학을 떠나는 오빠를 향해 "망나니 같은 행동을 하지 마세요"라고 당부한다. 셰익스피어는 이처럼 상반된 가족 관계를 통해 햄릿을 둘러싼 권력과 가족 간의 갈등 관계를 더욱 극대화하고 있다.

1 후각과 뇌

덴마크란 나라에서는 썩은 냄새가 난다

햄릿의 아버지이자 선왕인 햄릿 왕이 죽자, 동생 클로디어스가 왕위를 계승한다. 선왕의 아내이자 햄릿의 어머니인 거트루드 왕비는 가정을 지켜야 하는 어머니임에도 불구하고 시동생과 서둘러 재혼함으로써 햄릿의 비통함에 기름을 붓는다. 연이은 슬픈 소식에 햄릿의 가슴속 비운의 씨앗이 싹트기 시작한다.

클로디어스 왕이 선친의 죽음으로 상심에 빠진 햄릿을 위로하며, "내 조카이자, 내 아들이 된 햄릿"이라고 부르며 햄릿의 환심을 사고자 한다.

왕

자, 이제 내 조카이자, 내 아들이 된 햄릿,

King

But now, my cousin Hamlet, and my son—

햄릿

[방백] 조카보단 가깝지만 직계는 아니지(배려심이 약하지).

Hamlet

[Aside] A little more than kin, and less than kind.

왕

아직도 먹구름이 얼굴에 잔뜩 드리운 이유가 도대체 무슨 까닭인고?

King

How is it that the clouds still hang on you?

햄릿

아닙니다, 전하. 제가 햇볕을 너무 많이 쬐고 있사옵니다.

Hamlet

Not so, my lord, I am too much in the sun. (1막 2장)

은밀하게 햄릿의 아버지를 독살한 클로디어스 왕이 부친의 죽음으로 슬퍼하고 있는 햄릿을 "내 조카이자, 내 아들이 된 햄릿"이라고 부른다. 슬픔에 빠진 햄릿은 새로 덴마크 왕이 된 숙부 클로디어스와의 관계를 '조카보다는 가깝지만 직계는 아닌(A little more than kin, and less than kind)' 관계로 표현하여 그리 달갑지 않은 관계임을 드러내 보인다. 숙부였던 클로디어스 왕이 이제 의붓아버지가 되었으므로 햄릿에게는 친척(kin)보다 더 가까운 사이가 되

토머스 로렌스 경, 〈햄릿 역의 존 필립 캠블〉, 1801년(런던, 테이트 미술관)

었다. 하지만 직계 친아버지와의 관계는 아니다. 여기에 셰익스피어 작품을 영어 원어로 읽어야 하는 이유가 있다. 바로 언어의 마술사 셰익스피어가 자주 이용하는 '어휘의 중의적 사용'이다. 'kind'라는 단어는 '직계'와 '사려 깊은'의 두 가지 의미가 있다. 'less than kind'는 '직계 아버지가 아닌'이라는 뜻이다. 하지만 왕비와 서둘러 결혼함으로 햄릿을 실망시킨 '사려 깊지 못한' 숙부라는 뜻으로도 해석될 수가 있다. 중의적 표현을 통해 햄릿이 클로디어스 왕을 반어적으로 비난하고 있는 것이다.

셰익스피어 작품을 영어 원어로 읽어야 하는 또 다른 이유가 있다. 시간이 흘렀어도 햄릿이 여전히 실의에 빠져 있자, 클로디어스 왕은 햄릿에게 위로의 말을 비난조로 건넨다. "아직도 먹구름이 얼굴에 잔뜩 드리운 이유가 도대체 무슨 까닭인고?" 이때 햄릿이 풍자적으로 대답한다. "햇볕을 너무 많이 쬐고 있사옵니다." 언어의 마술사 셰익스피어가 'pun', 즉 '동음이의어를 이용한 말장난'의 대가임을 기억하자. 영어 단어 'sun(태양)'과 'son(아들)'은 철자와 의미가 다르지만 발음이 같다. 클로디어스 왕은 햄릿을 'my son'이라 부르며 환심을 사려고 한다. 하지만 햄릿은 'son'과 발음이 동일한 'sun'을 사용하여 "왜 우울해하느냐"는 왕에게 "햇볕(sun)을 듬뿍 쬐고 있다"라고 풍자적으로 대답한다. 연극을 보는 관객에 따라서는 반어적으로 "아들(son)로서 당신의 사랑을 너무 많이 받아서요"라며 클로디어스 왕을 냉소하는 것으로 해석할 수 있다.

햄릿이 선친의 죽음에 여전히 우울해하며 어머니의 재혼을 달가워하지 않자, 거트루드 왕비 역시 왕과 마찬가지로 햄릿을 못마땅해한다. 왕비는 여전히 검은 상복을 입고 한숨짓는 햄릿을 유난 떠는 것으로 간주하며 햄릿을 훈계한다. "살아 있는 모든 것이 언젠가는 죽는 법.(All that lives must die.)" "이승을 떠나 영원으로 돌아가는 자연의 이치를 너는 알고 있지 않느냐?" 왕과 왕비로부터 훈계조의 비난을 들은 햄릿은 혼자 남게 되자, 시동생과 서둘러 재혼한 어머니를 수치스럽게 생각하며 혼잣말로 읊조린다.

"약한 자여, 그대 이름은 여자니라!(Frailty, thy name is woman!)"

햄릿

천지신명이시여! 제가 이런 일마저 기억해야만 합니까?
늘 아버님께 매달리시던 어머니,
사랑의 식욕이란 탐하면 탐할수록 만족할 때까지 불어나듯,
아니, 아직 한 달도 채 안 되어.
생각을 말자. 약한 자여, 그대 이름은 여자니라!

Hamlet

Heaven and earth! Must I remember?
Why, she would hang on him
As if increase of appetite had grown
By what it fed on, and yet, within a month—
Let me not think on't—Frailty, thy name is woman!— (1막 2장)

햄릿이 어머니와 아버지의 다정한 모습을 회상하면서, 선왕이 돌아가신지 한 달도 채 안 되어 시동생과 근친결혼하는 어머니의 변덕스러운 행동에 정신적으로 힘들어하는 것이다. "약한 자여, 그대 이름은 여자니라!" 햄릿의 울분 어린 외침 소리가 마음속으로부터 북받쳐 터져 나온다! 햄릿은 원래 여자를 혐오하는 사람이 아니었다. 하지만 햄릿과 연인 오필리아의 관계에서 보듯이 어머니의 변덕스러움이 햄릿으로 하여금 여성에 대한 잘못된 인식을 갖게 만든 것이다.

햄릿의 친구 호레이쇼(Horatio)가 엘시노어 성의 근위 장교 버나도(Bernardo)와 마셀러스(Marcellus)와 함께 밤에 보초를 서다 선왕의 혼령을 마주한다. 유령이 투구를 쓰고 있었지만 다행히 면갑이 올라가 있었기에 호레이쇼는 즉시 유령이 선왕임을 알아본다. 억울한 죽음을 당한 선왕의 얼굴에는 분명 분노의 표정이 서려 있어야만 하였다. 하지만 호레이쇼는 선

왕의 표정이 오히려 '분노라기보다는 슬픈 표정(A countenance more in sorrow than in anger)'이었다고 햄릿에게 보고한다. 하지만 역설적으로 호레이쇼의 보고를 받고 나서 햄릿의 슬픔은 서서히 분노로 바뀐다. 모두가 퇴장하여 혼자 남게 되자, 햄릿은 선왕의 혼령이 나타난 일을 의아하게 생각한다. "혹시 아버지의 죽음에 어떤 음모가 계획된 것은 아닌가?" 햄릿이 부친의 사인에 대해 의심을 품기 시작한다.

1막 3장, 폴로니어스의 아들 레어티스는 프랑스로 유학을 떠나면서 여동생 오필리아가 햄릿과 가까워지는 것을 염려하여 심사숙고해서 행동할 것을 부탁한다. "조심하는 것이 곧 최고로 안전한 것이다.(Best safety lies in fear.)"(1막 3장) 여동생 오필리아는 오빠에게 유학 가서 망나니짓하지 말 것을 당부하고, 아들이 조급한 성격임을 염려한 아버지 폴로니어스는 유학 시 지켜야 할 행동 지침으로 오늘날에도 유용한 여러 가지 당부의 말을 전한다.

폴로니어스의 경구 중 가장 유명한 경구는 "돈에 관한 한 빌리지도 말고 빌려주지도 말아라"이다. 돈에 대해 다소 옹졸해 보이는 폴로니어스의 충고이다. 하지만 산전수전 다 겪은 아버지의 충고로서 너무 당연한 말이다. 친구에게 돈을 빌려주다 부채 관계로 일이 꼬이게 되면, 억울한 일이 생길 뿐만 아니라 돈을 갚지 못할 경우 친구마저 잃을 수가 있다. 여기서 주목할 사실이 있다. 〈햄릿〉이 처음 영국에서 공연될 당시, 돈을 차용하는 일이 영국 상류층 사회에서 다반사로 유행하고 있었다. 이들은 생활비가 많이 드는 런던에서의 과시적 생활 방식을 유지하기 위해 사유지 재산을 하나씩 처분하곤 하였다. 폴로니어스의 입을 통해 셰익스피어가 당시 상류층 자제들의 헤픈 낭비 습관에 일종의 경고를 보내고 있는 것이다.

폴로니어스가 아들을 프랑스 파리로 떠나보내면서 당부한 유학 시의 행동 요령들은 오늘날 젊은이에게도 여전히 유효한 삶의 지혜이다. 이 중 몇 가지를 쉬운 현대 영어로 옮겨 본다.

폴로니어스

네가 생각하는 바를 함부로 입 밖에 내지 마라.

생각 없이 행동하지 마라.

사람들에게 친절하되 너무 지나치지는 마라.

친구의 우정을 시험하고 믿을 수 있다고 판단하였다면 꼭 붙잡도록 하여라.

하지만 만나는 새내기들과 마냥 악수하며 시간을 낭비하지 마라.

상대와 조급히 싸우려 들지 말되, 싸움에 휘말리면 따끔한 맛을 보여 주어라.

여러 사람의 말을 듣되, 말은 적게 하여라.

남의 의견은 모두 수용하도록 하되, 너의 판단은 자제하여라.

돈은 빌리지도 말고 빌려주지도 마라. 친구에게 돈을 빌려주면

돈과 함께 친구를 잃게 되고

돈을 빌리는 사람은 돈을 헤프게 쓰느니라.

Polonius

Don't say what you're thinking.

Don't act without thinking.

Be friendly to people but don't overdo it.

Once you've tested out your friends and found them trustworthy,

hold onto them.

But don't waste your time shaking hands with every new guy you meet.

Don't be quick to pick a fight, but once you're in one, hold your own.

Listen to many people, but talk to few.

Hear everyone's opinion, but reserve your judgement.

Don't borrow money nor lent it, since when you lend to a friend,

you often lose the friendship as well as the money,

and borrowing turns a person into a spendthrift*. (1막 3장)

(spendthrift*: 낭비자, 방탕아)

햄릿이 친구 호레이쇼와 근위 장교 마셀러스로부터 유령의 목격 사실을 보고받는다. 확인차 망대에 보초 선 햄릿에게 선왕의 유령이 나타난다. 호레이쇼와 마셀러스가 가까이 가지 말라고 햄릿을 말리지만, 만류의 손길을 뿌리친다. 햄릿이 호레이쇼와 마셀러스에게 남아 있으라고 말한 후, 홀로 유령을 쫓아간다. 이때 마셀러스가 분명 무엇인가 잘못되었음을 직감한다. "덴마크란 나라에는 무언가 썩어 있어."

호레이쇼

왕자께서 환상에 홀려 앞뒤를 가리지 못하시는군.

Horatio

He waxes* desperate with imagination.

(wax*: 점점 커지다)

마셀러스

따라가 보세. 시키는 대로 이대로 남아 있을 수만은 없잖은가.

Marcellus

Let's follow. 'Tis not fit thus to obey him.

호레이쇼

뒤따라 가 보세. 무슨 일이 벌어질까?

Horatio

Have after. To what issue will this come?

마셀러스

덴마크란 나라에는 무언가 썩어 있어.

Marcellus

Something is rotten in the state of Denmark.

호레이쇼

하늘이 길을 인도해 줄 것일세.

Horatio

Heaven will direct it.

마셀러스

아니, 따라가 보세.

Marcellus

Nay, let's follow him. (1막 4장)

주인공 햄릿이 처음으로 선왕의 유령과 마주한다. 덴마크 왕인 햄릿의 아버지는 정원에서 낮잠을 즐기다 독사에 물려 죽은 것으로 알려져 왔다. 하지만 유령으로 나타난 아버지는 자신의 왕관과 왕비를 탐한 동생 클로디어스에 의해 독살되었다고 알려 준다. 선왕의 유령으로부터 고통스런 진실을 알게 되자 햄릿의 슬픔은 분노로 바뀐다. 아버지 선왕은 친동생에 의해 독살된 것이었다! 더욱이 숙부는 왕권뿐 아니라 왕비인 어머니까지 빼앗아 갔다. 부친의 죽음에 더하여 친동생에 의해 독살당하였다는 사실이 햄릿에게 얼마나 충격적이었겠는가! 햄릿은 왕이 된 숙부 클로디어스를 "오 악한, 악한, 웃고 있는 이 빌어먹을 나쁜 악한아!(O villain, villain, smiling, damned villain!)"(1막 5장)라고 부르며 미치기 시작한다. 아니 미친 행세를 하기 시작한다. 이제 햄릿에게는 하나의 목적, 복수만이 남게 된 것이다. 햄릿은 선왕의 혼령에게 복수해 줄 것을 약속한다. 자신의 모든 기억은 지워져도 망령이 한 이야기는 결코 잊지 않겠노라 굳게 다짐한다.

☞ 여기서 잠깐!

선왕이 서거한 지 얼마 되지 않아 동생 클로디어스가 왕위에 즉위하고, 곧이어 형수와 근친 결혼식을 올린다. 그리고 죽어서 편히 쉬어야 할 선왕은 마치 전투를 준비하듯 무장한 유령의 모습으로 나타나 성벽 주위를 배회한다. 분명 덴마크의 정국이 무엇인가 크게 잘못되어 가고 있는 것이다. 이때 잘못을 직감한 마셀러스가 "덴마크란 나라에는 무엇인가 썩어 있어(Something is rotten in the state of Denmark)"라고 말한다. 마셀러스는 잘못되어 가는 상황을 왜 '썩었다(rotten)'라는 후각적 표현을 사용하여 표현한 것일까? 냄새를 맡는 후각은 우리 뇌에서 어떻게 인식되고 처리되는 것일까?

셰익스피어와 함께 풀어 보는 뇌 과학 이야기

인간의 오감 중 가장 많은 부분을 차지하는 감각은 시각으로 감각의 약 80%를 차지한다. 하지만 오감 중 가장 원초적이며 가장 강렬한 감각은 무엇일까? 다름 아닌 후각이다. 후각은 동물에게 있어서도 가장 원초적인 감각으로 갓 태어난 새끼들은 눈을 뜨지 못한 상태에서도 냄새로 어미의 젖을 찾아간다.[1] 후각과 관련하여 주목할 것은 시각이나 청각과는 달리 후각은 감정을 담당하는 변연계(limbic system)와 직접적으로 연결되어 있다는 사실이다. 악취에 대한 반응이 감정적으로 즉각 나타나는 것은 바로 이러한 이유 때문이다. 악취를 맡게 되면 눈 위에 위치한 소위 안와전두피질(orbitofrontal cortes) 부위가 활성화된다.[2] 바로 이 부위가 편도체(amygdala)와 직접적으로 연결되어 있다. 왜 편도체라고 부르는 것일까? 그 생김새가 복숭아씨(almond, 편도)를 닮았기 때문이다. 편도체 부위는 우리의 감정과 정서 경험에 가장 중요한 역할을 할 뿐 아니라 공포 경험과도 매우 긴밀한 관련이 있다. 실제로 편도체 부위에 손상을 입은 원숭이는 무서운 뱀이 나타나도 뱀의 위협을 느끼지 못한다. 원숭이에게 수술을 통해 오른쪽 눈에 들어오는 정보는 편도체와 연결시키고, 왼쪽 눈은 그렇게 하지 않았다. 어떤 결과가 나왔을까? 오른쪽 눈으로 들어온 위협적인 자극에는 놀라는 반응과 함께 공포를 느꼈지만 왼쪽 눈으로 들어오는 자극에는 아무런 공포 반응을 보이지 않았다. 오감 중 후각이 생존과 밀접한 관계가 있음을 잘 보여주는 사례이다. 후각이 이처럼 감정과 공포를 인지하는 편도체와 직접적으로 연결되어 있기 때문에 강한 감정 반응을 일으키는 불쾌한 악취는 편도체를 흥분시킬 뿐만 아니라 감정의 반응 역시 즉각적으로 나타난다.

마셀러스는 아직 정확하게 무엇이 문제인지를 이성적으로 판단하지 못하였다. 하지만 악취에 대한 인간의 반응은 즉각적이다. 그렇다. 마셀러스가 후각적으로, 즉 '본능적 직감'으로 덴마크의 부정부패를 감지하고 있는 것이다. 여기서 마셀러스가 단순히 '덴마크'라고 하지 않고 '덴마크란 나라'라고 말한 점에 주목할 필요가 있다.[3] 생선이 썩게 되면 어디부터 썩기 시작하는가? 바로 머리부터 썩기 시작한다. 바로 머리에 해당하는 덴마크 정치권력의 핵심 최고위층에서부터 무엇인가 크게 잘못되어 가고 있음을 시사하고 있는 것이다. 이제 누군가가 나서서 이를 시정해야만 한다. 죽은 선왕이 덴마크 왕실에서 벌어지고 있는 심각한 문제를 해결하기 위해 평상시 궁정의 왕복 차림이 아닌 전시의 갑옷을 입고 호레이쇼와 마셀러스 앞에 나타난 이유이다. 햄릿을 중심으로 덴마크 왕가에서 일어나고 있는 일련의 사건이 아직은 알 수 없지만 직감적으로 무엇인가 크게 잘못되어 가고 있음을 셰익스피어는 "Something is rotten in the state of Denmark"라고 후각적으로 기술하였다. 얼마나 적절한 표현인가!

2 우울증과 뇌

햄릿, 우울의 감옥 속에 갇히다

폴로니어스는 왕으로부터 햄릿 왕자의 행동거지를 염탐하여 보고하도록 명령받은 바 있다. 딸 오필리아(Ophelia)가 등장하여 햄릿 왕자의 이상한 행동을 보고하자, 폴로니어스는 햄릿의 행동을 "사랑의 황홀감(the very ecstasy of love)"(2막 1장)이라 말한다. 오필리아의 견제로 인해 햄릿이 실성한 것이라고 판단한 것이다. 폴로니어스는 왕과 왕비 앞에서, "간결함이 지혜의 정수(Brevity is the soul of wit)"(2막 2장)라는 말과 함께, 햄릿이 실성하였다고 보고한다. 폴로니어스가 왕비 앞에서 햄릿이 오필리아에게 보낸 사랑의 편지를 읽어 나간다.

거트루드 왕비

이 편지가 햄릿이 오필리아에게 보낸 것이라고?

Queen Gertrude

Came this from Hamlet to her?

폴로니어스

왕비 마마, 잠깐만 기다리시옵소서; 적혀 있는 대로 읽겠사옵나이다.

Lord Polonius

Good madam, stay awhile; I will be faithful.

[계속 읽는다.]

[Reads]

폴로니어스

별들이 불덩이라는 사실을 의심하고
태양이 돈다는 사실을 의심하고
진실을 거짓이라 의심할지라도
내 사랑만은 절대로 의심치 말아 주오.

Lord Polonius

Doubt thou the stars are fire;

Doubt that the sun doth move;

Doubt truth to be a liar;

But never doubt I love. (2막 2장)

햄릿의 옛 친구 로즌크랜츠(Rosencrantz)와 길든스턴(Guildenstern)이 왕으로부터의 염탐 임무를 숨긴 채 햄릿을 찾아온다. 햄릿은 이들에게 덴마크는 '감옥'과 같은 곳이라고 말한다.

햄릿

내 친구들이여, 도대체 어떤 운명의 장난으로

이곳 감옥까지 오게 되었는고?

Hamlet

What have you,

my good friends, deserv'd at the hands of fortune,

that she sends you to prison hither?

길든스턴

감옥이라니요? 왕자님.

Guildenstern

Prison, my lord?

햄릿

덴마크가 감옥이지.

Hamlet

Denmark's a prison.

로즌크랜츠

그렇다면 이 세상도 감옥인 셈이지요.

Rosencrantz

Then is the world one.

햄릿

세계가 하나의 멋진 감옥이지. 그 안에는 많은 독방과 감방,

지하 감옥도 있지. 그중에선 덴마크가 최악의 감옥이라네.

Hamlet

A goodly one, in which there are many confines,

wards, and dungeons, Denmark being one o' th' worst*.

(one o' th' worst* = one of the worst)

로즌크랜츠

우리는 그렇게 생각하지 않는데요, 왕자님.

Rosencrantz

We think not so, my lord.

햄릿

그대들에게는 감옥이 아닐 수 있겠지;

원래 좋고 나쁜 것은 없지, 단지 생각하기 나름일 뿐.

나에겐 덴마크가 감옥이라네.

Hamlet

Why then 'tis none to you; for there is nothing

either good or bad, but thinking makes it so. To me

it is a prison. (2막 2장)

햄릿과 대학에서 알고 지냈던 로즌크랜츠와 길든스턴이 덴마크로 돌아오게 된 것은 운명의 여신 때문이 아니었다. 햄릿이 의심하는 바와 같이 클로디어스 왕이 햄릿의 동정을 염탐하라고 보낸 것이다. 햄릿 왕자가 장차

자신과 나라에 위협이 될 것임을 두려워한 클로디어스 왕이 아둔한 로즌크랜츠와 길든스턴을 스파이로 이용하여 햄릿의 미친 행동의 원인이 무엇인지를 알아내고자 한 것이다. 이를 간파한 햄릿이 이들에게 "덴마크는 감옥(Denmark's a prison)"이라고 말한다. 얼마나 적절한 비유인가! 햄릿은 왕과 왕이 보낸 염탐꾼들에 의해 일거수일투족을 감시당하고 있는 것이다. 햄릿에게는 덴마크가 정신적으로뿐만 아니라 육체적으로도 감옥일 수밖에 없는 셈이다. "덴마크란 나라에는 무엇인가 썩어 있어"(1막 4장)라고 말하는 마셀러스의 말처럼 햄릿이 부패의 왕궁 속에 갇혀 있는 것이다.

스스로가 생각의 감옥 속에 갇혀 있다는 햄릿의 표현에 주목해 볼 필요가 있다. 부친을 독살한 살인범이 바로 왕이 된 숙부이다. 어머니가 살인마와 근친 재혼하자, 햄릿은 "약한 자여, 그대 이름은 여자니라!"라며 어머니에 대한 실망과 분노를 표출한다. 선왕의 유령에게 복수를 약속한 대로, 햄릿은 숙부 클로디어스 왕을 살해하고자 굳게 다짐한다. 햄릿이 "좋고 나쁜 것은 없지, 단지 생각하기 나름일 뿐!(There is nothing either good or bad, but thinking makes it so)"이라고 말한다. 여기서 햄릿은 '모르는 게 약'인 것처럼 도덕적 상대주의에 탐닉하고 있는 것이 아니다. 오히려 세상 물정 아무것도 모르는 클로디어스 왕의 심부름꾼, 로즌크랜츠와 길든스턴의 어리석음을 암묵적으로 비난하고 있는 것이다. 햄릿은 계속하여 아무도 자신을 위로해 줄 수 없다고 이야기한다.

햄릿

인간, 얼마나 위대한 걸작인가! 이성은 얼마나 고귀한가!
그 능력은 얼마나 무한한가! 그 자태와 표현은 얼마나
표현적이고 사랑스럽고, 그 행동하는 모습은 얼마나 천사와도 같고,
그 이해심은 하느님과 같은가! 세상의 아름다움이여!
만물의 영장이여! 하지만, 나에겐, 한낱 티끌로밖에 보이지 않는구나?

인간은 나를 기쁘게 하지 못하리라; 그렇지,
아니 여자가 비록 미소로 그렇게 말하는 것처럼 보일지라도
나를 기쁘게 하지 못하리라.

Hamlet

What a piece of work* is a man! how noble in reason!
how infinite in faculties! in form and moving how
express and admirable, in action how like an angel!
in apprehension how like a god! the beauty of the
world! the paragon** of animals! and yet, to me,
what is this quintessence*** of dust? Man delights not
me; no, nor woman neither, though by your smiling
you seem to say so.

(a piece of work*: 걸작, paragon**: 귀감, 전형, quintessence***: 정수, 화신)

로즌크랜츠

왕자님, 저희들은 추호도 그렇게 생각하지 않습니다.

Rosencrantz

My lord, there was no such stuff in my thoughts. (2막 2장)

인간이란 흙으로 빚어낸 신의 창조물 가운데 가장 예술적 걸작이자 가장 고결한 작품이다. 하지만 인간이 아무리 고상한 이성을 지니고 무한한 능력을 지녔다 하더라도, 또한 아름다우며 천사와 같은 이해심을 가졌다고 하더라도, 그 누구도 햄릿의 마음을 기쁘게 해 주지 못할 것이다. 햄릿이 왕의 염탐꾼에게 조물주가 창조한 최고의 걸작 그 누구도 자신을 위로하지 못한다며 자신의 우울한 심정을 토로하고 있는 것이다.

☜ **여기서 잠깐!**

햄릿은 슬픔에 빠져 염탄꾼에게 창조주 최고 걸작인 인간이 아무리 훌륭하다 하더라도 자신을 위로할 수 없으며, 사랑하는 연인 오필리아마저도 자신을 위로할 수 없다고 말한다. 그렇다. 햄릿이 바로 '우울의 감옥' 속에 갇혀 있는 것이다. 이러한 햄릿의 우울증은 어디로부터 온 것일까? 우울증에 빠져 있을 때, 우리 뇌에서는 어떤 일들이 일어나고 있는 것일까?

셰익스피어와 함께 풀어 보는 뇌 과학 이야기

우울증은 종종 '마음의 감기'라 불린다.[4] 그 이유가 무엇일까? 감기처럼 누구나 쉽게 걸릴 수 있으며, 또한 쉽게 치유될 수 있는 정신장애이기 때문이다. 사람은 누구나 살아가면서 인생의 굴곡을 겪는다. 슬픈 일이나 기분 나쁜 일을 당할 때 마음이 우울한 것은 너무도 당연한 일이다. 급변하는 환경의 변화나 경제적 어려움 때문에 현대인의 약 10% 정도가 우울증을 경험한다고 한다. 감기가 만병의 원인인 것과 마찬가지로 마음의 감기인 우울증을 방치하면 중증 장애로 발전하여 심하면 환각 증세를 보이고 심지어 자살을 시도하기도 한다. 몸이 건강한 사람은 감기에 걸리더라도 금방 낫는다. 마찬가지로 정신이 건강한 사람은 우울 증세가 오더라도 그리 오래가지 않는다. 세계보건기구에 의하면 21세기 생명을 위협하는 만성 질환으로 고혈압, 당뇨에 이어 우울증을 세 번째로 꼽는다. 전 세계 인구의 약 4~10%가 우울 장애를 경험하며, 우울 장애 환자의 약 3분의 2 정도가 자살을 생각한다고 한다.[5] 이 중에 약 10~15% 정도는 실제로 자살을 시도하였다. 영화배우 장국영의 자살이나 미국 영화배우이자 희극배우인 로빈 윌리엄스(Robin Williams)의 자살, 그리고 록밴드 '너바나(Nirvana)'의 커트 코베인(Kurt Cobain)의 자살 역시 우울증 때문인 것으로 밝혀졌다.

우울증을 앓는 환자의 뇌는 정상인의 뇌와 어떤 차이를 보이는 것일까? 우울증 환자의 뇌는 정상인의 뇌보다 뇌의 활성화 정도가 현저히 낮다고 한다. 뇌의 활성화가 낮아지면 무기력하고 동기 유발이 잘 되지 않는다. 자기 조절 능력도 현저히 떨어지며 자기 의지대로 행동하지도 못한다. 우울증 환자에 관한 흥미로운 사실은 뇌의 활성화가 전반적으로 낮지만, 일부 특정 부위, 특히 외측 전전두엽(lateral prefrontal lobe), 편도체(amygdala), 시상(thalamus) 윗부분, 전대상(anterior cingulate) 부위에서 극단적 활성화가 일어나기도 한다는 사실이다. 또 하나 주목할 점은 뇌의 어느 특정 부위가 활성화되면 반응이 연쇄적으로 일어난다는 사실이다. 환자가 부정적 감정을 가지면, 제일 먼저 감정을 관장하는 편도체 부위가 활성화된다. 이는 다시 외측 전전두엽으로 하여금 정서와 관련된 장기 기억을 인출하도록 만든다. 전대상이 이러한 기억을 고착화시키면 시상 윗부분이 다시 편도를 자극하여 일련의 과정이 연쇄적으로 일어난다. 따라서 한번 부정적 생각에 감염되면 점점 더 부정적 감정의 늪에 빠지게 되는 것이다. 결국 우울이 우울을 낳는다.

최근 뇌 영상 촬영기술의 발달로 고도로 정밀한 뇌 신경 지도가 완성되었다. 미국의 마이클 펠브스, 마이클 포고시언과 함께 조장희 박사가 1975년 세계 최초로 PET(양전자방출단층촬영장치) 영상장치를 개발하였다. 가천대학교의 조장희 교수 팀은 2013년 뇌 신경 지도를 연구하다가 지금까지 알지 못한 감정 조절의 네 가지 신경 다발을 찾아내는 쾌거를 이룬다.[6] 조장희 박사 팀의 연구 동기가 무엇이었을까? 2009년 파킨슨병 환자에게 뇌심부 자극술(deep brain stimulation)을 시술한 독일 의사가 실수로 전극이 환자 뇌의 내측 전뇌 다발(medial forebrain bundles) 부위에 닿자, 환자가 갑자기 끝없이 웃으며 흥분하였다. 하지만 자극을 멈추자, 환자는 곧 정상으로 돌아왔다. 조장희 박사는 내측 전뇌 다발에 관심을 갖고 연구하면서 4개의 새로운 감정 조절 신경 다발을 발견하였다. 고차원적 감정 조절이 바로 시상

(thalamus) 대뇌 변연계(limbic system) 신경 연결 다발에서 일어난 것이다. 조장희 박사는 우울증과 강박증 증세와 같이 감정 조절이 잘 되지 않는 병도 감정 신경 다발의 적절한 치료로 완치될 수 있을 것이라고 밝혔다. 한편 뇌 속 신경전달물질인 세로토닌 호르몬의 농도가 낮아져도 우울증이 생긴다고 한다. 일부 환자의 경우 세로토닌 농도를 높여 주는 약물 프로작(Prozac) 등의 복용으로 우울증을 치료할 수 있다.

한양대학교의 손현 교수와 미국 예일 대학교 로널드 듀먼 교수의 공동 연구팀[7]이 2012년 우울증과 유전자 '뉴리틴(neuritin)'과의 관계를 밝힌 바 있다. 연구진은 우울증 환자의 경우 기억과 감정을 조절하는 해마 부위의 신경세포가 위축되는 현상에 주목하였다. 실험쥐에게 35일간 잠을 못 자게 하는 등 만성 스트레스를 가해 일부러 우울증을 유발한 후, 우울증 쥐의 뇌를 분석하였더니 뉴리틴 단백질이 크게 감소하였다. 심각한 우울증이나 만성적 스트레스가 뉴리틴을 차단해 해마와 전두엽 부위의 뇌 질량이 소실된 것이다. 뇌의 유전자 활성화 측면에 있어서도 뇌의 유전자 수준이 낮아 시냅스 구조의 기능이 제대로 작동되지 않았다. 정서 · 인지 능력이 우울증과 같은 만성 스트레스로 인해 손상될 수 있음이 규명된 것이다. 하지만 프로작과 같은 우울증 치료제를 투여하여 뉴리틴 유전자를 다시 작동시키자 우울증 증상이 완화되었다. 약물 치료가 뇌세포 간 시냅스 연결을 강화시켜 우울증을 치료한다는 사실이 과학적으로 밝혀진 것이다.

선왕인 아버지의 죽음과 어머니의 조급한 재혼으로 햄릿은 숙부 클로디어스 왕에게 아버지와 어머니를 모두 빼앗겼다. 이에 더하여 클로디어스 왕은 햄릿의 아둔한 옛 동료 로즌크랜츠와 길든스턴을 스파이로 보내 햄릿을 감시하고 있다. 덴마크의 왕궁은 무엇인가 크게 잘못되어 가고 있으며, 햄릿은 신체적 · 정신적으로 부패한 왕궁이라는 감옥 속에 갇혀 있게 된 것이다. 창조주의 최고 걸작인 인간 그 누구도, 아니 사랑하는 연인 오필리아마저도 햄릿을 위로해 줄 수가 없다. 우울의 감옥 속에서 슬픔에 빠져 있는 햄릿은 자살까지 고민하며 "죽느냐 사느냐, 그것이 문제로다!"라고 마음속 고민을 토로한다. 우울증에 빠진 햄릿에게 시상-대뇌 변연계 연결 다발 부위의 적절한 치료와 함께 세로토닌 투여와 같은 약물 치료가 절실히 필요하게 된 것이다.

3 복수심과 뇌

죽느냐 사느냐 그것이 문제로다!

친족의 죽음에 대한 복수 행위는 앵글로 색슨족들에게 오랫동안 명예로운 일로 간주되어 온 전통이다.[8] 선왕의 유령이 햄릿에게 나타나 자신의 죽음과 관련된 비밀스런 사연을 이야기하며 복수를 부탁한다. 시동생의 이부자리로 들어간 거트루드 왕비에 대해서는 어머니의 정절을 회복시키라는 부탁과 함께 "마음을 더럽히지 말라"는 이율배반적 요구를 햄릿에게 주문한다. 셰익스피어 시대에 등장한 르네상스 휴머니즘의 발상이 햄릿으로 하여금 복수와 함께 이성적 행동을 요구하는 것이다. 유령으로부터 사인을 들은 햄릿은 아버지의 복수를 맹세한다. 하지만, 유령이 사라진 뒤 "오, 저주받은 운명이여, 그것을 바로잡아야 할 운명으로 태어나다니"라며 자신의 신세를 한탄한다. 이제 햄릿이 우울증과 감시라는 감옥에 갇힌 가운데 미치광이 행세를 하며 복수해야만 하는 절박한 상황을 마주하게 된 것이다. 하지만 우유부단한 성격으로 햄릿의 갈등의 골은 더욱 깊어만 간다.

인생이 고통과 고뇌의 연속인지라 햄릿은 자살까지 고려한다. 하지만 사후 세계의 두려움으로 햄릿은 죽음을 망설인다. 삶과 죽음 사이에서 죽기로 마음이 기우는 순간에서도 죽음이라는 잠 속에서 꾸게 될 악몽을 생각하고 햄릿이 망설이는 것이다. 여기서 죽음과 삶에 대해 고민하는 햄릿의 유명한 대사가 등장한다. "To be, or not to be: that is the question."[9]

햄릿

죽느냐 사느냐: 그것이 문제로다:
어느 쪽이 더 고귀한 일인가?
포악한 운명의 화살과 돌팔매를 맞으며 견디어야만 되는 것인가?
아니면 고뇌의 바다에 맞서 무기를 들고 싸워 끝내야만 하는 것인가?
죽는다는 것, 그건 단지 잠든다는 것,
그뿐이다; 잠이 들면 모든 것이 끝난다.
육신이 받는 오만 가지 고통과 마음의 번뇌도.
이것이야말로 우리가 간절히 바라는
삶의 극치이다. 죽는다는 것은 잠잔다는 것.
잠잔다는 것은 꿈을 꾸는 것: 아 여기서 걸리는구나!
하지만 죽음이라는 잠에 빠질 때,
어떤 꿈을 꿀 것인지를 상상하면,
이승의 온갖 번뇌를 벗어던진다 하더라도 망설여지는구나.
이 망설임에 지긋지긋한 인생을 끝내지 못하는구나.

Hamlet

To be, or not to be: that is the question:
Whether 'tis nobler in the mind to suffer
The slings* and arrows of outrageous fortune,
Or to take arms against a sea of troubles,
And by opposing end them? To die, to sleep—
No more; and by a sleep, to say we end
The heartache, and the thousand natural shocks
That flesh is heir to. 'Tis a consummation**
Devoutly to be wish'd. To die, to sleep.
To sleep, perchance to dream: ay, there's the rub!
For in that sleep of death what dreams may come
When we have shuffled off this mortal coil

Must give us pause. There's the respect
That makes calamity*** of so long life.   (3막 1장)
(sling*: 팔매질, consummation**: 완성, 종말, 극치, calamity***: 불행, 재난)

과연 인생이란 헤쳐 나갈 만한 가치가 있는 것일까? 포악한 운명의 화살과 돌팔매를 맞으면서도 참고 견디는 것이 더 고귀한 일인가? 아니면 창칼을 들고 인생이라는 고행에 맞서 최후 결판을 내리는 것이 더 고귀한 일인가? 햄릿은 '죽음'이란 '잠에서 깨어나지 않은 것'일 뿐 '잠과 같은 것'이라고 말한다. 복수를 꿈꾸면서도 한편으로는 현실도피의 자살을 고민한다. 햄릿은 설사 죽는다 하더라도 평화가 없을지 모른다는 두려움에 괴로워한다. "죽느냐 사느냐, 그것이 문제로다!" 절정에 이른 햄릿의 정신적 분노와 격정적 감정을 여실히 보여 주는 장면이다.

무념무상뿐인 죽음! 끊임없는 고통의 연속인 삶! 죽음과 삶을 두고 저울질하던 햄릿은 자살을 결심한다. 하지만 우유부단한 성격으로 실제로 감행하지 못한다. 곧이어 극중극 연극을 통해 선왕의 죽음이 숙부의 잔혹한 행위임이 확인된다. 우유부단했던 햄릿이 클로디어스 왕의 악랄한 범죄에 정면으로 맞서 부당함을 바로잡고자 한다. 원수를 갚겠다는 복수심이 서서히 불타오른다.

☞ 여기서 잠깐!

"복수는 달콤하다!(Sweet is revenge!)" 영국 낭만시인 바이런(Byron)의 말처럼 복수를 계획하고 원수를 통쾌히 갚는 장면은 상상만 하더라도 쾌감을 느낄 수 있다고 한다.[10] 복수의 감정은 시인의 말처럼 감미로울 수 있을까? 햄릿의 가슴속에 선왕의 원수를 갚으려는 복수심이 솟구친다. 우리가 복수심과 같이 어떤 목표에 몰입할 때, 우리 뇌에서는 어떤 일들이 일어나고 있는 것일까?

도파민(dopamine)은 '보상 신경전달물질'이라 불린다. 일반적으로 무엇인가를 성취했거나 달성하였을 때 뇌에서 도파민이 분비되어 쾌감을 느끼게 해 준다. 보상 시에 분비되는 도파민은 성취 시는 물론 목표 성취를 위한 몰입 상태에서도 분비된다. 황농문은 2007년 저서 《몰입》[11]에서 "도파민에 의해 표출되는 의욕과 쾌감, 집중과 창조성 등의 활동들이 몰입 체험 시 나타나는 대표적 특징"이라고 하였다. 석영중 교수는 2011년 저서 《뇌를 훔친 소설가》[12]에서 몰입의 가장 큰 특징이 '자아의 개념 자체가 사라지는 무아지경'이라고 하였다. 몰입을 통한 자아 상실의 경험은 형언할 수 없는 행복의 극치를 부여한다. 햄릿은 극심한 우울증으로 자살까지 생각한다. 하지만 곧 복수심에 불타올라 아버지의 원수를 갚겠다는 일념에 몰입하게 된다. 몰입으로 인한 도파민의 분비로 햄릿이 이제 쾌감은 아니더라도 어느 정도 삶의 의미와 의욕을 되찾게 된다.

미하이 칙센트미하이(Mihaly Csikszentmihalyi) 교수는 2004년 저서 《몰입, 미치도록 행복한 나를 만나다》[13]에서 몰입의 가장 보편적 특징을 이야기한다. 몰입의 주체가 한 가지 일에 너무 몰두한 나머지 나중에는 일이 거의 자동적으로 진행되는 것이다. 진정한 몰입의 경우, 몰입의 주체와 몰입하는 대상이 하나가 되어, 몰입하는 주체와 몰입의 대상 사이의 경계마저 사라져 버린다. 햄릿은 아버지의 복수를 결심하던 날 자신의 복수를 위장하기 위해 미친 척하기로 한다. 햄릿은 모든 것을 버리고, 자기 자신은 물론 사랑하던 오필리아마저 버리고 미치광이가 되어 버린다. 미쳤다는 소문을 듣고 자신을 찾아온 연인 오필리아에게 햄릿은 "수녀원으로 가라"(3막 1장)라며 매몰차게 대한다. 햄릿이 선왕의 복수에 몰입하여 더 강인한 '복수의 화신'으로 변신한 것이다. 그렇다. 분노와 증오가 햄릿을 완전히 복수에 몰입하도록 도와준 것이다. 우유부단하고 나약했던 햄릿이 단 한 가지 목적, 즉 아버지의 복수를 위해 지난날 다른 곳에 쏟았던 것보다 몇 배나 더 강력한 힘을 도파민의 분비로 갖게 되었다.

스위스 취리히 대학의 페어(Fehr) 교수 팀[14]은 2004년 '배반당한 뇌와 복수를 결심한 뇌의 차이'를 연구하여 발표하였다. 사람들이 손해를 감수하면서도 복수를 포기하지 못하는 이유가 무엇인가? 연구진은 14명의 남성 참가자들에게 '배반 게임'을 하게 하면서, 배반당했을 때의 뇌와 복수하고자 결심할 때의 뇌를 PET로 촬영하였다. 실험 결과, 실험 참가자들은 대부분 자신에게 손해가 되더라도 배반자에게 처벌, 즉 복수를 감행하고자 하였다. 이때 기쁨이나 만족감을 느낄 때 관여하는 배후 선조체(dorsal striatum) 부위가 활성화되었다. 사람들이 사회적 규범 위반에 대해 '이타적 처벌(altruistic punishment)'을 원하며 비록 자신이 금전적 손해를 보는 상황에서도 복수를 포기하지 못하는 이유가 바로 여기에 숨겨져 있다. 이타적 처벌을 가함으로써 얻게 될 만족감이 인간 사회를 하나로 유지시켜주는 접착제와 같은 사회적 기능을 하는 것이다. 미국 스탠퍼드 대학교 심리학자 브라이언 넛슨(Brian Knutson) 교수는 손해를 감수하면서도 복수를 감행하고자 하는 비이성적 행위에 대해 '복수의 씨앗을 뿌리는 것'은 '이성(reason)'이 아닌 '격정(passion)'이라고 설명하였다. 하지만 연구진의 한 사람인 페어 교수는 다른 설명을 제시하고 있다. 위반자에게 처벌을 기대할 때 만족과 관련된 배후 선조체 부위가 활성화되며, 복수심이 강할수록 배후 선조체 부위는 더욱 활성화된다. 이와 동시에 복수할 경우 잃게 될지도 모를 금전적 손익 관계도 파악해야 하기 때문에 이성적 판단을 내리는 전전두엽(prefrontal lobe) 부위 역시 활성화된다. 흥미로운 점은 손해가 커질수록 실제로 가해지는 처벌이 감소한다는 사실이다. 배반에 대한 처벌과 자신이 입게 될 손해와의 관계를 전두엽 부위에서 이성적으로 저울질하기 때문이다. 전전두엽 부위가 손상된 사람들이 자신의 행동이 초래하는 손익 결과에 대해 판단을 잘 내리지 못하고 비정상적 행동을 하는 이유가 바로 여기에 있다.

영국 런던 대학교의 타니아 싱어(Tania Singer) 교수 팀[15]도 2006년 '불공정한 자에 대한 뇌의 반응'에 대한 흥미로운 연구 결과를 발표하였다. 연구진은 32명의 남녀 참가자들을 대상으로 경제 게임(economic game)을 하도록 하였다. 연구진은 공정한 또는 불공정한 플레이를 한 사람에게 육체적 고통을 가하면서 이를 지켜본 피험자들의 뇌를 fMRI로 촬영하였다. 실험 결과, 공정하고 정의로운 사람들이 고통을 당할 때에는, 남녀 모두 고통을 느끼는 뇌의 섬피질 앞(fronto-insular) 부위와 전방대상피질(anterior cingulate cortex) 부위가 활성화되었다. 남녀 모두 연민을 느낀 것이다. 하지만 고통을 당하는 사람이 불공정한 플레이를 한 사람일 경우에는 남녀 간에 차이를 보였다. 여자들의 경우에는 설사 정직하지 못한 사람이라 할지라도 육체적으로 고통을 받을 때 연민에 관여하는 뇌 부위가 줄어들기는 하였지만 동정심의 고통을 느꼈다고 한다. 하지만 남자들은 불공정한 사람의 고통을 지켜볼 때 동정심에 관여하는 뇌의 활동이 현격히 줄어들었을 뿐 아니라 강한 복수심과 함께 보상과 관련된 뇌 부위가 크게 활성화되었다. 남성들은 공정한 게임을 중요시 여길 뿐 아니라 상대가 불공정할 때 반드시 처벌받기를 원하는 것이었다. 불공정한 상대가 처벌받을 때 남자들은 일종의 만족감, 소위 '남의 불행을 기쁨으로 받아들이는 마음(Schadenfreude)'을 느끼는 것이다.

사람들이 '눈에는 눈, 이에는 이'로 복수하고자 하는 이면에는 이처럼 즐거움과 관련된 뇌의 보상 부위가 활성화되어 생기는 일종의 만족감이 존재한다. 하지만 복수는 복수를 낳는다. 샤론 샐즈버그(Sharon Salzberg)의 《하루 20분 나를 멈추는 시간》[16]에 복수와 관련하여 흥미로운 아메리칸 인디언의 전래 이야기가 소개되어 있다. 할아버지가 손자에게 이야기한다. "내 마음속에는 두 마리의 늑대가 서로 으르렁거리며 항상 싸우고 있단다. 복수심과 기만, 시기와 적개심이 가득한 늑대 한 마리와 정직하고 다정하며 너그럽고 차분한 늑대 한 마리가 서로 싸운단다." 손자가 묻는다. "두 마리의 늑대 중 누가 이기나요?" 할아버지가 대답한다. "우리가 먹이를 주는 놈이 이긴단다."

티베트의 정신적 지도자 달라이 라마(Dalai Lama)가 미국 위스콘신 대학교의 신경과학자 리처드 데이비드슨(Richard Davidson) 박사의 인간 감정에 대한 획기적인 신경과학적 연구를 접한 후, 1999년 데이비드슨 박사를 인도 다람살라에 초대하였다. 2001년에는 달라이 라마가 직접 데이비드슨 박사의 연구소를 방문하여 이틀간 머물면서 제자들을 연구소로 보내어 명상 수행에 대한 본격적인 연구가 시작되었다. 2004년 데이비드슨 교수 팀[17]은 15~40년 동안 약 10,000~55,000시간 명상 수행을 해 온 티베트의 승려 175명을 대상으로 fMRI 영상 촬영을 하였다. 명상을 갓 시작한 10명의 20대 젊은 대조 그룹과 함께 자비 명상을 하도록 하면서 이들의 촬영된 뇌를 비교하였다. 실험 결과 오랜 명상을 해 온 티베트 승려의 뇌에서는 왼쪽 전전두엽의 활동이 오른쪽 전전두엽에 비해 우세하다는 사실이 관찰되었다. 오른쪽 전전두엽 부위는 불안이나 우울, 분노와 같은 불쾌한 감정을 느낄 때 활성화되는 부위인 반면, 왼쪽 전전두엽 부위는 낙천적이며 활력 넘치고 긍정적인 감정 상태일 때 활성화되는 부위이다. 자비 명상의 강도를 30, 60, 90%로 높일수록 자비 명상의 강도에 비례하여 긍정적 사고의 왼쪽 뇌 부위가 더 활성화되는 것이 관찰되었다.

자비 명상과 더불어 데이비드슨 박사의 연구진은 주의력 실험도 함께 실시하였다. 컴퓨터 화면에 여러 숫자 중 '0'이 나타날 때마다 버튼을 누르는 실험이었다. 대략 10분~45분 동안 진행되며, 15분에 약 1,000번 정도 버튼을 누르는 주의력 실험이었다. 장기 명상 수행자들은 실험 내내 집중력에 변화가 없었다. 하지만 초보 명상가들은 시간이 지날수록 지쳐서 정확도가 떨어졌다. 실험 결과 장기 명상의 승려 그룹에서 긴장과 복합적인 고도의 정신 기능을 수행할 때 나오는 감마파(25~42Hz)가 월등히 높게 나온다는 사실이 밝혀졌다. 연습을 통해 골프나 테니스의 능력이 향상되고 에어로빅을 통해 근육이 강화되는 것처럼 명상과 같은 마음 수행을 통해 뇌의 회백질 부위(grey matter area)가 강화되어 주의력과 집중력이 향상될 수 있는 것이다.

아버지를 독살하여 왕위에 오르고, 선왕이 돌아가신 지 한 달도 채 못 되어 어머니마저 차지한 클로디어스 왕을 향한 햄릿의 복수는 결국 숙부인 왕을 살해함으로써 성공한다. 하지만 햄릿은 자신을 사랑하던 연인 오필리아를 잃으며, 연인의 아버지와 오빠도 죽이고, 마지막 순간에는 자신과 함께 어머니 거트루드 왕비마저 독약을 마시고 죽는다. 결국 아무것도 남지 않는 최악의 비극적 결말을 맞는 것이다. 복수와 관련하여 한 가지 놀라운 점은 "미안하다"라는 말 한마디에 복수심이 눈 녹듯 사라질 수 있다는 사실이다. 고통과 어려움 속에서도 긍정적인 마음으로 일에 몰두하면 낙천적이고 긍정적인 좌측 전전두엽 부위가 활기를 띠게 되는 것이다. 비폭력의 아이콘 마하트마 간디(Mahatma Gandhi)는 말한다. "'눈에는 눈으로'의 복수를 꿈꾼다면 온 세상이 장님이 될 것이다.(An eye for an eye will only make the whole world blind.)" 유대인의 탈무드(Talmud)는 말한다. "잘 살아라, 그것이 최고의 복수이다.(Live well. It is the greatest revenge.)" 주위의 사람들을 모두 죽음으로 몰고 간 복수 대신 햄릿이 명상을 통해 자신의 마음을 다스렸다면 결말이 어떻게 끝이 났을까? 티베트 승려와 같이 명상을 통해 긍정적 사고 부위인 뇌의 좌측 전전두엽 부위를 강화했더라면 어떻게 되었을까? 예수님과 부처님이 말씀하신 것처럼 '눈에는 눈, 이에는 이'의 복수가 아닌 '선으로 악을 이기는' 것이 최고의 복수 방법은 아니었을까?

【잠깐 쉬어 가기】

네팔과 인도 문화 탐방 여행 중 겪은 신비스러운 명상 체험 이야기

누구나 인생을 살다 보면 복수를 다짐하는 경우가 있다. 때로는 당한 일이 너무 억울하여 어떻게 멋지게 복수할 것인지를 두고 며칠씩 잠을 설치며 고민한 적도 있지 않았을까? 초등학교 시절 학교를 오가는 도중 갑자기 나타난 동네 조무래기들에게 세뱃돈을 빼앗겨 본 적이 있는가? 더욱이 혼내줄 형이 없어 홀로 태권도 도장을 찾아본 학생이라면 분해서 씩씩대던 자신 또는 친구의 모습을 쉽게 떠올릴 수 있을 것이다. 억울하고 분한 일은 나약한 어린아이들만의 전유물일까? 물론 아니다. 어쩌면 성인이 되었을 때 주위에서 더 자주 목격하고 경험하는 일인지도 모른다. 급전이 필요하다는 간절한 부탁에 마이너스 통장으로 무리하여 돈을 빌려주었건만 화장실에 들어갈 때와는 달리 모르쇠로 일관한다. 심지어 적반하장으로 '얼마 되지 않는 돈으로 사람을 못 살게 군다'는 둥 뒷담화를 한다. "검찰청입니다"라는 한 통의 전화 목소리에 눈 뜨고 코 베 가는 식으로 보이스 피싱을 당한다. 심지어 홀로 사는 노인들의 얼마 되지 않는 연금마저 사기 당했다는 등 주위에서 억울한 소식들을 손쉽게 접한다. 만약 지금 나에게 이런 일이 일어난다면 얼마나 분하고 억울할까?

필자는 모태 신앙이다. 여느 사람들처럼 나름 진솔한 마음으로 성실히 살려고 노력해 왔다. 물론 지금 생각하면 너무도 건방진 생각이다. 하지만 10여 년 전 정말 억울하고 분한 사건이 있었다. 예수님께서 말씀하신다. "수고하고 무거운 짐 진 자들아. 다 내게로 오라. 내가 너희를 쉬게 하리니… 내 멍에는 편하고 내 짐은 가볍다."(마태복음 11: 28-30) 예수님의 말씀이 참인지, 예수님의 멍에가 진정 편하고 가벼운 짐인지, 직접 실천해 보기로 마음먹었다. 막상 실천해 보니 놀랍게도 매우 가벼웠을 뿐 아니라 마음을 편안하게 하고 기쁘게 해 주는 마법이 있었다. 하지만 실천하기 어려운 말씀도 있었다. "분을 내어도 죄를 짓지 말고, 해가 지도록 분을 품지 말라."(에베소서 4: 26) 너무 억울하다고 생각하니 잊히지 않는 사건이 있었다. 어떻게든 앙갚음을 하고 싶은 마음이 쉽사리 사라지지 않았다. 하루는 너무 힘들어 예수님께 울면서 기도를 올렸다. "'서로 사랑하라', '날마다 즐거워하라' 성서의 말씀을 모두 실천하겠습니다. 하지만 하나만은 못하겠습니다. '누가 네 오른뺨을 치거든 다른 뺨마저 돌려 대라.'(마태복음 5: 39)" 언젠가 기회가 오면 힘껏 후려친 후에야 실천하고 싶은 말씀이었다. 누구나 억울한 일을 당해 본 사람이라면 복수하고 싶은 이런 마음에 전적으로 공감할 수 있으리라.

2012년 1월, 인도 · 네팔 문화 탐방 여행길에 올랐다. 네팔의 수도 카트만두를 시작으로, 히말라야 산맥이 보이는 포카라를 방문하고, 석가모니의 탄생지 룸비니를 방문하였다. 인도의 성수 갠지스 강이 흐르며 과거와 현재가 혼재한 도시 바라나시를 거쳐, 힌두교의 에로틱 사원으로 유명한 카주라호를 방문하고, 세계문화유산 타지마할 성과 아그라 성이 소재한 아그라와 핑크빛 도시 자이푸르를 거쳐, 마지막으로 인도의 수도 델리를 방문하는 장기 문화 탐방 여행이었다. 인천을 출발하여 네팔의 수

인도 바라나시의 화장터

타지마할 성, 인도

도 카트만두로 가는 도중 멀리 비행기 창밖으로 눈 덮인 히말라야 산맥이 보이기 시작하였다. 심장이 쿵쾅쿵쾅 갑자기 뛰기 시작하였다. 눈 덮인 설경이 어쩌면 저리도 아름다울 수가 있을까! 히말라야 설경에서 시작된 여행에서 필자는 룸비니와 바라나시에서 인생무상을 경험하고, 카주라호, 아그라, 자이푸르, 델리에서는 인도의 옛 유적과 무굴제국의 문화를 엿보았다.

네팔과 인도 여행의 에피소드 하나! 밤새워 달리는 열차 안에서 잠을 이룰 수가 없었다. 열차 안에서 바퀴벌레들이 기어 다니는 것을 목격한 것이었다. 바퀴벌레에 놀라 거의 뜬눈으로 밤을 새운 후 이른 새벽 차이 인도 차와 함께 더운물로 컵라면을 데워 먹었다. 아무리 뒤져봐도 열차 안에 쓰레기통을 찾을 수가 없어 현지 가이드에게 쓰레기 처리를 부탁하니 흔쾌히 수락하였다. 궁금하여 몰래 뒤따라가 보니, 쓰레기통은 다름 아닌 화장실 변기통이었다. 철로가 훤히 들여다보이는 변기통 밑으로 봉지를 휙 던져 버리는 것이 아닌가! 깜짝 놀라 차장 밖으로 얼굴을 내밀어 보니, 끝없는 철로가 온통 하얀 스티로폼으로 그득하였다.

버스 여행 중 누군가 화장실을 찾자, 운전기사가 길가에 차를 세웠다. 남자는 길 건너서 여자는 길 한편에서 눈에 띄지 않는 적절한 곳을 찾아 각자 일을 보아야 한단다. 여성 여행자들에게는 너무도 끔찍한 고통의 순간이다. 인도를 다녀온 사람들의 인도 여행 품평은 극명하게 둘로 나뉜다. '다시 찾고 싶은 나라'와 '다시는 가고 싶지 않은 나라'. 바퀴벌레와 쓰레기, 화장실의 끔찍한 고민을 접해 본 여성이라면 하나같이 다시 찾고 싶지 않은 나라라고 말할 것이다. 하지만 필자는 시간적 여유가 좀 더 있다면 언젠가 다시 찾고 싶은 나라가 바로 인도이다. 굳이 '복수심'과 관련하여 필자가 네팔 · 인도 여행을 언급하려는 이유가 무엇일까? 문화 탐방 여행 중 필자가 겪은 신비한 명상 체험 때문이다.

석가모니의 탄생지 룸비니에서 필자는 회개의 눈물과 함께 마음이 깨끗이 정화되는 놀라운 신비 체험을 경험하였다. '들어가며'에서 밝힌 것처럼 필자는 2004년 지리산 종주 산행 중 처음으로 손바닥 노궁에 기를 느끼기 시작하였다. 백일 축기 과정을 마친 후, 기 훈련의 또 다른 과정으로 기 선생님과 함께 강화도 마니산 참성단을 방문한 후, 부처님의 진신사리가 모셔진 5대 적멸보궁, 설악산 봉정암, 오대산 상원사, 정선 태백산의 정암사, 영월 사자산의 법흥사, 양산 영축산의 통도사를 들렀다. 이때 오대산 상원사에서의 경험은 필자가 난생 처음 경험한 것으로 아직도 그 기억이 생생하다. 오대산 월정사에서 약 9 km 떨어진 곳에 상원사가 있다. 상원사에서부터 아름드리 곧게 뻗은 울창한 소나무 길을 1km 정도 걸으면 사자암이 나온다. 약 600미터를 더 올라가면 오대산 비로봉으로 가는 길목에 적멸보궁을 만나게 된다. 적멸보궁을 약 300여 미터 남겨 둔 지점부터 손바닥 노궁에 갑자기 강력한 전기가 느껴지기 시작하더니, 적멸보궁으로 가까이 가면 갈수록 강력한 전기가 전달되었다. 그 이유가 궁금하였다. 상원사에 부처님의 사리가 모셔 있기 때문이었을까? 손바닥 노궁으로 느껴지는 엄청난 기운! 기에 있어서는 초보인지라 기감을 느껴도 좋은 기운인지 나쁜 기운인지를 아직 모를 때였다. 강화도 마니산을 오르면 중간 어느 지점에 기 측정 엘로드(L-rod)가 수십 회 돈다는 소위 '기가 센' 명당 장소가 나온다. 필자는 그곳에서 약 30여 미터 더 올라간 지점에서 손바닥에 매우 강력한 기감을 느낀 적이 있었다. 기 수련의 과정으로 설악산과 백두산, 그리고 중국 만리장성을 오른 적이 있었다. 기 선생님이 흰색 또는 특정 색깔의 기가 어디에서 흘러나와 어느 방향으로 흘러간다고 설명해 준 적이 있었다. 필자는 손바닥의 노궁과 발바닥의 용천에서 기를 느끼기는 하지만 기의 색깔과 오가는 방향은 아직도 알지 못한다.

상원사 적멸보궁

기운의 좋고 나쁨을 구분하지 못한 채 마지막 계단을 올라 부처님의 진신사리를 모신 적멸보궁을 난생처음으로 마주하였다. 전체가 10평도 채 안 되어 보이는 아담한 크기의 적멸보궁 속 내실은 필자의 기대와는 달리 너무 작아 보였다. 살며시 문을 열어 보니 불자들로 가득 차 한 발자국도 들여놓기 힘들었다. 어렵사리 공들여 올라왔기에 그냥 내려갈 수가 없어 방석을 쌓아 두는 좁다란 통로에 간신히 자리를 잡고 앉았다. 가부좌한 상태에서 마음을 가다듬고 명상에 잠겨 보려 하였지만, '석가모니불, 석가모니불, 석가모니불 …'이라고 염불을 외는 불자들의 시끄러운 소리에 정신을 집중할 수가 없었다. 모든 에너지를 하단전으로 끌어모아 정신을 집중하였다. 얼마의 시간이 지났는지 모른다. 하지만 어느 순간 시끄러운 염불 소리가 잦아들더니, 갑자기 누군가 머리 상단전 부위로 엄청난 양의 물을 호스로 냅다 뿜어 대는 것이 아닌가! 뿜어져 나오는 수압이 너무 강력하여 몸이 앞뒤로 심하게 흔들렸다. 자칫 잘못하면 흔들리는 몸에 앞뒤 분들과 부딪칠 것만 같아 몸을 제대로 가누기 위해 온갖 힘을 쏟았다. 어느 순간 '이러다 혹시 머리가 깨어지는 것이 아닌가?'라는 두려움이 엄습하였다. 도움을 구하고자 눈을 떠 뒤에 앉아 계신 스승님을 바라보니 아무 일도 없는 듯 태연히 삼매에 빠져 있는 것이 아닌가. 아니 앞뒤로 크게 흔들린 것은 실제가 아닌 상상의 일이었던가? 갑자기 '귀신의 장난이 아니었을까?' 하는 두려움이 엄습하였다. 자리를 박차고 나왔다. 다음 날 나는 스승님과 도반들 앞에서 도저히 이해 안 되는 나의 체험담을 이야기하였다. 듣고 있던 스승님이 안타까운 표정을 지었다. '기의 세계'에 무지한 내가 상단전을 열어 주려는 천기, 하늘이 내려 준 절호의 기회를 놓쳤던 것이다. 조금만 더 버티었더라면 도인들만 맛보는 '상단전이 열리는' 신비 체험을 할 수 있었을 텐데… 너무나도 아쉬웠다. 나중에 알게 된 사실이지만, 상단전이 열리는 방법은 사람마다 다르다고 한다. 어떤 사람은 독수리가 머리를 쪼아 대듯 상단전을 쪼아 대기도 하고, 필자의 경우처럼 강력한 호스로 물을 뿜어 대는 등 매우 다양하다고 한다.

석가모니의 사리를 모신 상원사 적멸보궁에서 말로 설명할 수 없는 신비 체험을 경험한 필자는 석가모니의 탄생지 네팔 룸비니에서 또 어떤 신비체험을 할까 내심 은근히 기대하였다. 〈마야데비 사원(Maya Devi Temple)〉은 불교 세계 4대 성지 중 하나이다. 가는 길에 금빛의 아기 부처 탄생불(誕生佛)이 이정표처럼 세워져 있다. '부처님이 태어나자마자 일곱 걸음을 걸으며 오른손을 들어 하늘을 가리키고 왼손은 아래 땅을 가리키며' 외쳤다는 "천상천하 유아독존(天上天

마야데비 사원, 구룡못

下 唯我獨尊) 삼계개고 오당안지(三界皆苦 吾當安之)"(하늘 위 하늘 아래 (신들의 세계와 인간의 세계를 통틀어) 자신의 존재보다 더 진귀한 것은 없다. 삼계가 (주변의 모든 세상이) 괴로움에 빠져 있으니 내 마땅히 이를 편안케 하리라)가 쓰여 있다. 마야데비 사원 지붕에는 네팔 스투파가 얹혀 있으며, 외벽은 하얀색으로 칠해져 있다. 신발을 벗고 경건한 마음으로 직사각형 모양의 사원 안으로 들어갔다. 부처님이 태어나신 성스러운 곳이었기에 사뿐히 사원 안을 걸으며, 손바닥의 노궁으로 부처님의 기운을 느끼고자 하였다. 하지만 별 느낌이 감지되지 않았다. 아직 내 마음이 안정되지 않은 탓이었을까? 줄을 따라 조심스레 걸었다. 멀리서 목탁을 두드리며 염주를 돌리는 한국 스님의 모습이 보였다. 자색 두루마기를 걸친 남방계 스님과 달리 회색 두루마기를 걸치고 있기에 쉽게 구별되었다. 사원 안에는 유독 사람들로 병목 현상을 일으키는 한 곳이 있었다. 유리관으로 보안이 된 곳으로 부처님의 발 모양과 함께 부처님의 탄생을 묘사한 부조가 있는 곳이다. 여기서는 무언가 강력한 기감을 느낄 수 있으리라. 하지만 오래 머물 수가 없었다. 사람들에 떠밀려 나오면서 별 기감을 느끼지 못하였기에 더욱 아쉬움이 밀려왔다. 한 바퀴 더 돌고 싶은 마음이 굴뚝같았지만, 들어오는 입구와 나가는 출구가 달라 아쉬운 마음을 달래며 마야데비 사원을 나올 수밖에 없었다.

사원을 나오면 성스러운 연못 구룡못(Puskarni Pond)이 나온다. 석가모니를 낳기 직전 마야부인이 목욕재계(沐浴齋戒)한 곳으로 아기가 태어나자마자 아기 부처를 목욕시킨 곳이다. 연못을 조금 지나면 돌기둥인 아쇼카 석주(Ashokan Pillar)가 보인다. "인도의 아쇼카 왕이 제위 12년 이곳을 방문하여 붓다의 탄생을 기념해 각주를 세웠다"라는 안내자의 설명을 듣고 나서, 석주를 오른쪽 방향으로 세 바퀴를 돌았다. 사원 뒤편으로는 커다란 고목의 보리수나무가 있다. 단체 여행이 아니었더라면 홀로 남아 명상을 하고 싶은 곳이다. 하지만 아쉽게도 가이드는 다음 행선지로 이동해야 한다고 하였다. 다음 행선지는 부처님 사리를 모신 원형 스투파였다. 필자는 이곳에 좀더 머물며 부처님의 기운을 느끼고 싶었다. 하지만 가이드는 설명을 마치자마자 즉시 떠나야 된다고 하였다. 필자만 홀로 더 머물고 싶을 뿐, 일행들은 사진만 찍고 불평 없이 따라나선다. 석가의 탄생지 룸비니를 아무런 감흥 없이 이렇게 떠나야만 하다니! 아쉬운 마음이 나를 감쌌지만, 단체 여행인지라 어쩔 도리가 없었다.

구룡못과 보리수 나무

다시 걸음을 옮겨 붉은 벽돌로 이루어진 옛 유적지를 지나 도착한 곳은 또 다른 크기의 둥글게 쌓아 올린 부처님 스투파였다. 이번에는 다른 여행 그룹들과 안내가 겹쳐, 가이드가 잠시 휴식을 취하라고 하였다. 다른 일행이 떠나면 설명해 준다고 하기에 나는 잠시 스투파 모서리에 걸터앉아 휴식을 취했다. 평소 습관대로 눈을 지그시 감고 상단전으로 기운을 끌어당긴 후 그 기운을 하단전으로 끌어 내리고 정신을 하단전에 집중하였다. 눈을 감고 있었기에 주위가 보이지는 않지만, 이곳저곳 스투파를 설명하는 다른 팀들의 가이드 목소리가 들렸다. 하지만 이상할 정도로 마음이 평온하였다. 외국 가이드의 영어 안내 목소리가 들리면서 형용할 수 없는 평온함이 나의 온몸을 감쌌다. 고요하고 아늑한 동중정(動中靜)의 명상을 즐긴 지 얼마가 지났는지 모른다. 간간히 들려오던 가이드들의 목소리가 사라지는가 싶더니, 갑자기 누군가에 의해 마치 장막이 펼쳐지듯 형용하기 어려운 삼차원의 멋진 세계가 바로 내 눈앞에서 펼쳐지는 것이 아닌가! 내 주위가 온통 황금빛 찬란한 금빛 사원들로 둘러져 있는 것이었다! 깜짝 놀라 주위를 살펴보니 단순히 건물 외장만 금으로 장식된 것이 아니었다. 기둥과 서까래, 지붕과 대문은 말할 것도 없고, 내부 장식 모두 순금으로 번쩍번쩍 찬란히 빛나는 것이었다. 황금 손을 가진 미다스(Midas)의 손이 한순간에 모든 것을 순금으로 바꾸어 놓은 것이다. 마음을 가다듬고 건물 하나하나를 자세히 살펴보았다. 기둥에 장식된 다양한 무늬의 문양들과 음각과 양각으로 부조된 창과 대문의 문양들은 참으로 섬세하고 아름답게 조각되어 있었다. 놀랍게도 찬란히 빛을 발하는 황금 사원이 하나만이 아니었다. 반짝이는 황금 사원 뒤에는 또 다른 황금빛의 탑과 사원들이 끝도 없이 펼쳐져 있었다. 각각의 사원들이 고유의 정교하고 화려한 문양으로 조각되어, 아름다운 자태를 뽐내듯 찬란한 황금빛을 사방으로 뿜어내고 있었다. 바로 내 눈앞에! 찬란히 빛나는 황금 도시가! 굉장한 화소의 반짝이는 황금색의 탑과 사원들이 너무도 생생한 모습으로 나타난 것이다. 지금도 그 생생한 아름다운 모습을 말로 다 설명할 수가 없다. 아름답고 황홀한 황금의 도시! 삼매경에 빠져 행복감에 심취해 있는데 "이제 출발하시죠"라는 가이드의 말이 어렴풋이 들어왔다. 아니, 지금 눈을 뜰 수는 없다. 어떻게 이 아름다운 황금 도시를 떠나야 한단 말인가? "자 이제 출발합니다"라는 가이드의 말소리에 결국 눈을 뜨고 말았다. 삼매에서 빠져나온 것이다. 이처럼 아름다운 세계를 저승에서는 볼 수 있을까? 단체 여행이라 떠나야만 하는 순간이 너무도 야속하기만 하였다.

잠깐! 지구상의 금을 모두 합친다면 얼마나 될까? 2011년 통계 자료에 의하면 세계 최대 금 보유국은 미국으로 약 8,100여 톤, 그 다음은 독일로 약 3,400여 톤, IMF가 세계 3위로 약 2,800여 톤, 4위와 5위는 이탈리아와 프랑스로 약 2,450여 톤을 보유하고 있다고 한다. 중국은 6위로 약 1,050여 톤, 일본은 9위로 약 770여 톤을 보유하고 있다. 우리나라는 56위로 보유량이 15여 톤도 채 안 된다고 한다. 2015년 12월 기준 한국은행 금 보유량은 다행히 104.4톤으로 늘어났다. 에리히 폴라트와 알렉산더 융의 2008년도 저서 《자원전쟁》[18]에 의하면 지금까지 채굴된 금은 약 9만여 톤이라고 한다. 매장된 금까지 합친다 하더라도 지구상의 금을 모두 합한 양은 30만 톤이 채 안되는 것이다. 그렇다면 이 모든 순금을 빌딩처럼 쌓아 놓으면 높이는 얼마나 될까? 정육면체 건물 6층 정도의 높이가 된다고 한다. 지구상의 모든 금을 다 사용한다 하더라도 미국 '자유의 여신상' 정도이거나 여의도 63빌딩보다 작은 크기의 건물만 가능한 것이다. 하지만 필자가 본 황금 도시는 하나의 건물만이 아니었다. 주위의 탑과 사원들이 모두 금으로 지어진 황금 도시였다! 요한이 하나님으로부터 계시 받은 거룩한 성 '새 예루살렘'의 모습이 떠올랐다. "나는 거룩한 성 새 예루살렘이 하늘에서 내려오는 것을 보았는데… 그 성의 빛이 지극히 귀한 보석 같고 벽옥과 수정같이 맑더라."(요한계시록 21: 2, 11) "성벽은 전체가 벽옥으로 만들어져 있고, 성은 맑은 유리 같은 순금으로 되어 있다. (…) 열두 개의 성문은 각각 하나의 거대한 진주로 되어 있고, 성의 거리는 맑은 유리 같은 순금으로 되어 있다."(요한계시록 21: 18-21)

황금 도시를 체험한 그날 저녁, 잠자리에서 나는 예수님께 한없는 참회의 눈물을 흘렸다. 울려는 마음이 전혀 없었음에도 불구하고 눈물이 하염없이 솟구쳐 나오는 것이었다. 하지만 이상하게도 전혀 슬프지가 않았다. 아니 오히려 기쁨과 환희의 눈물이었다. 일전에 도반들과의 환담 속에 고수는 고수를 알아본다는 말이 떠올랐다. 최고의 고수들은 사람을 바라보면 쌓아 온 공과 업이 그대로 보인다고 하였다. 공이나 덕을 많이 쌓은 사람의 머리 위에는 하얀 빛의 공이 차곡이 쌓여 있어 환하게 빛나는 광채를 발한다고 한다. 업을 많이 쌓은 사람의 머리 위에는 검은빛의 업이 가득 차 있어 시커먼 구름처럼 어두운 모습을 보인다고 한다. 불교의 8정도(八正道)처럼 '바른 견해(정견:正見)', '바른 생각(정사유:正思惟)', '바른 말(정어:正語)', '바른 행동(정업:正業)', '바른 생활(정명:正命)', '바른 노력(정정진:正精進)', '바른 기억(정념:正念)', '바른 정신집중(정정:正定)'을 하면 하얀 색깔의 공이 쌓인다. 하지만 올바르지 못한 일을 하면 검은 색깔의 업만 쌓인다. 흥미로웠던 사실은 억울한 일을 당할 때 '눈은 눈으로 이는 이로' 갚고자 한다면 가해자와 피해자 모두 동일한 업을 쌓게 되지만, 복수 대신 용서를 한다면 하얀 색의 덕을 쌓을 뿐만 아니라 자신이 쌓은 검은색의 업까지 가해자가 가지고 간다는 사실이었다. 필자는 당시 이 이야기를 단순히 선행을 장려하는 '호랑이 담배 피우던 시절의 동화 이야기'라고 치부하였다. 하지만 명상 중 황금의 도시를 생생히 목격한 이후 나의 이런 생각은 완전히 바뀌었다. 지상 최고의 부자라 하더라도, 아니 지구상의 모든 금은보화를 저승으로 가져간다 하더라도 하늘나라에서는 아무 쓸모가 없다는 사실을 깨달은 것이다. 천상의 세계에서 금은보화란 너무도 흔해 빠진 보석들이다. 오히려 선행을 통해 획득한 '공'과 '덕'이 지상의 다이아몬드 이상으로 천상에서 유용하게 쓰일 소중한 보물임을 깨달은 것이다. "선으로 악을 이기라." 예수님께서 얼마나 우리에게 전하고 싶어 하시던 말씀이었던가! 누군가 오른뺨을 때릴 때 선으로 악을 이기므로 다이아몬드보다 더 소중한 '하늘 보배'를 손에 넣는다면, 이보다 더 좋은 일이 세상에 어디 있겠는가? 더욱이 지은 업보까지 대신 가져가 준다니 더 말할 나위가 없다. 왼쪽 뺨도 얼른 갖다 대고 싶을 뿐이다. "나중에 귀히 쓰일 수 있으니 잘 간직하라"라며 100캐럿의 큼직한 다이아몬드를 우는 어린아이의 손에 쥐어 주려 하지만, 다이아몬드를 내팽개치고 '눈깔사탕'만 고집하며 억지떼를 쓰는, 다이아몬드의 소중함을 모르는 어린아이를 상상해 보라. "복수한 후에야 말씀을 실천하겠노라"고 예수님께 울면서 기도했던 필자와 사탕만을 고집하며 울고 떼쓰는 아이를 비교해 보라. 예수님의 눈에 누가 더 한심하게 보였을까? "예수님, 제가 너무도 철부지였습니다." 안타깝고 답답한 심경으로 필자를 측은한 눈빛으로 내려다보신 예수님의 얼굴을 생각하면 지금도 몹시 부끄럽고 죄송스러운 마음뿐이다. 하지만 지금은 너무도 행복하고 감사한 마음 뿐이다.

햄릿의 복수는 클로디어스 왕을 살해함으로써 성공한다. 하지만 자신과 관련된 모든 사람들이 죽고 만다. 연인 오필리아가 죽으며, 연인의 아버지 폴로니어스와 오빠 레어티스가 햄릿에게 죽임을 당하고, 어머니 거트루드 왕비와 자신마저 죽고 만다. 만약 햄릿이 필자와 같이 명상 중에 '황금빛 찬란한 순금의 왕국'을 생생히 목도하였더라면 어떻게 행동하였을까? "선으로 악을 이기라"라는 하늘 보배의 가치를 진정으로 인식하였더라면 어떻게 행동했을까? 오른뺨을 맞을 때 "얼씨구나 좋다!" 뇌며 왼쪽 뺨까지 내어 주지는 않았을까? "죽느냐 사느냐" 자살을 고민하는 대신 사랑하는 연인 오필리아와 결혼하여 장인 폴로니어스와 매형 레어티스의 축복 속에 행복한 가정을 꾸리지는 않았을까? 클로디어스 왕으로부터 왕권을 당당히 물려받고, 유사 이래 덴마크 최고의 선왕이 되지는 않았을까?

4 후각과 뇌

내 죄악의 악취가 하늘에 닿았도다!

햄릿이 계획한 바대로 공원에서 왕을 독살하고 왕비를 유혹하는 소위 왕위 찬탈 극중극 연극을 통해, 햄릿은 클로디어스 왕이 자신을 독살하였다고 들려준 선왕의 망령 이야기가 틀림없는 사실임을 확신하게 된다. 자신의 죄를 간파당한 클로디어스 왕은 로즌크랜츠와 길든스턴에게 햄릿과 함께 영국으로 떠날 것을 명령한다. 이때 폴로니어스가 들어와 자신이 위장하여 햄릿과 여왕의 대화를 엿듣겠노라고 왕에게 아뢴다.

한편 클로디어스 왕은 자신의 행동에 죄책감을 느껴 죄의 대가로 죽은 후에도 영원히 고통 받을 것이라는 생각에 가위눌린다. 양심의 가책으로 클로디어스 왕이 무릎을 꿇고 용서의 기도를 올리고자 할 때, 햄릿이 무대에 등장한다. 햄릿에게 다시없는 절호의 복수 기회가 찾아온 것이다. 하지만 기도를 올리는 도중 왕이 죽게 된다면 왕의 영혼이 천국에 들어가게 될 것을 염려한 햄릿은 빼어 든 검을 다시 집어넣는다. 물론 관객만 아는 아이러니지만, 클로디어스 왕은 햄릿이 떠나자 즉시 일어나 참회의 기도를 중단한다. 〈햄릿〉 3막 3장에서 클로디어스 왕은 자신이 저지른 악행에 대해 강한 죄책감을 느끼며 괴로운 심경을 토로한다. "오, 내 죄악의 악취가 진동하여 하늘에까지 퍼졌구나."[19]

왕

오, 내 죄악의 악취가 진동하여 하늘에까지 퍼졌구나;
인류 최초의 저주가 임했도다,
형제를 살해한 살인마. 기도드릴 수가 없구나,
회개하려는 마음이 의지처럼 강렬하다 할지라도.

King

O, my offence is rank* it smells to heaven;

It hath the primal eldest curse upon't,
A brother's murder. Pray can I not,
Though inclination** be as sharp as will: (3막 3장)
(rank*: 독하고 역한 맛이 나는, inclination**: 의향)

햄릿이 기대한 바와 같이 연극을 관람하던 클로디어스 왕은 양심의 가책을 받고 자신의 죄가 심각하여 용서받지 못할 것이라며 하느님의 심판을 두려워하기 시작한다. 햄릿이 왕을 살해하려고 다가가기 전, 왕이 무릎을 꿇으며 하느님께 자신의 죄를 고백하는 장면이다. 여기서 클로디어스 왕은 자신의 악행이 썩어 부패해 그 악취가 하늘에까지 퍼져 나갔노라고 한다. 왕이 하늘을 언급한 이유는 무엇일까? 자신의 죄가 오래전 태초의 형제 살인사건, 즉 동생 아벨을 살해한 카인의 죄와 견줄 만한 대죄임을 암시하는 것이다. 클로디어스 왕은 자신의 바람이 아무리 강력하다 하더라도 용서를 구하는 기도조차 할 수 없을 것이라며 죄책감의 무게에 억눌려 있다. "어떤 죄든지 본성이 드러나게 마련이다." "참회하면 될까? 그러면 용서받을 수 있을까?" "참회할 수 없다면 어떻게 될 것인가?"(3막 3장) 마치 덫에 걸린 새처럼 꼼짝달싹할 수 없는 자신의 비참한 마음을 클로디어스 왕이 토로하고 있는 것이다.

여기서 잠깐!

클로디어스 왕은 부드러운 말로 자신의 본심을 숨기려 하지만, 시간이 흐르면서 왕은 자신이 저지른 죄악이 용서받지 못할 대죄라며 심한 죄책감으로 괴로워한다. 클로디어스 왕은 자신의 죄책감을 "내 죄가 너무 막중하여 손바닥으로 하늘을 가릴 수 없도다"라고 시각적 표현을 쓸 수도 있었다. 하지만 셰익스피어가 왕의 대죄에 시각적 표현 대신

"내 죄악의 악취가 진동하여 하늘에까지 퍼졌구나"라며 후각적 표현을 사용한 이유는 무엇일까? 악취와 같은 고약한 냄새를 맡을 때, 우리 뇌에서는 어떤 일들이 일어나고 있는 것일까?

셰익스피어와 함께 풀어 보는 뇌 과학 이야기

앞서 1. '후각과 뇌—덴마크란 나라에는 썩은 냄새가 난다'에서 밝힌 바와 같이, 우리 감각의 상당 부분을 차지하는 것은 시각이지만 가장 민감하고 감정과 관련되어 있는 감각은 다름 아닌 '후각'이다. 콧속에 있는 후각 감각기는 무려 10,000여 가지의 다양한 냄새를 구별할 수 있으며, 어떤 향은 극히 소량으로도 쉽게 감지된다. 더욱이 시각·청각·촉각과는 달리 후각은 감정을 관장하는 대뇌 변연계(limbic system)로 후각 정보를 직접 보낸다. 냄새로부터 우리의 감정이 즉각적으로 반응하는 이유이다.

선왕을 시해하고 왕위에 오른 햄릿의 숙부 클로디어스 왕은 작품 서두에 조카인 햄릿을 염려하여 위로하고, 부친에 대한 애도를 마치면 자신과 어머니와의 결혼을 축하해 줄 것을 햄릿에게 부탁한다. 하지만, 시간이 흐르면서 클로디어스 왕은 후각적 표현을 사용하여 "저지른 죄악이 너무 썩고 부패하여 그 악취가 하늘에까지 퍼져 나갔노라"라며 자신의 죄책감을 토로한다. 우리가 강한 냄새를 맡으면 안와전두피질(orbitofrontal cortex)이 활성화되는데, 바로 이 부위가 감정과 정서에 반응하는 편도체(amygdala)와 직접적으로 연결되어 있다.

마르셀 프루스트(Marcel Proust)의 장편 소설《잃어버린 시간을 찾아서(À la recherche du temps perdu)》에서 주인공이 홍차에 적신 마들렌(madeleine, 조개 모양으로 생긴 작은 케이크) 향을 맡고 옛 시절을 떠올린다. 어떤 특정 냄새나 향기가 옛 추억과 기억을 이끌어 내는 것을 '프루스트 효과(Proust effect)'라고 한다.[20] 어느 겨울 마들렌 과자를 홍차에 적셔 입에 넣은 순간 갑자기 옛날 일이 생각나는 것이다. 어린 시절 숙모가 만들어 준 마들렌 과자의 냄새가 주인공의 뇌 속에 깊숙이 입력되어 있었기 때문이다. 마들렌 과자의 향내로 냄새 기억이 자극되자, 냄새와 함께 연결된 다른 기억들도 함께 연쇄반응을 일으켜 과거의 기억들이 주마등처럼 연이어 생생히 떠오르는 것이다. 이와 같이 냄새가 분위기와 함께 옛날의 추억을 되살릴 수 있는 비밀은 후각이 바로 감정과 관련된 편도체, 그리고 연상학습을 담당하는 해마(hippocampus)가 있는 뇌의 변연계와 직접 연결되어 있기 때문이다.[21]

미국 브라운대학교 심리학과의 레이철 허츠(Rachel Herz) 교수 팀[22]은 2002년 '후각과 기억'에 관한 흥미로운 실험 결과를 발표하였다. 연구진은 실험 참가자들에게 사진과 함께 특정 음악을 들려주거나 특정 촉각을 느끼게 하거나 특정 향기를 맡게 하였다. 사진을 기억하고 느낌을 말하도록 한 후, 잠시 뒤에 사진을 치우고 음악, 촉감, 향기만을 제시하였다. 그 후 참가자들에게 사진에 대한 기억과 그때의 느낌을 말하게 하였다. 실험 결과 사진 자체에 대한 기억은 음악이나 촉감 또는 향기에 큰 영향을 보이지 않았다. 하지만 느낌을 회상할 때에는 음악이나 촉감보다 향기에 가장 높은 회상률을 보였다. 같은 냄새를 맡더라도 좋아하는 사람과 싫어하는 사람이 있는 이유는 후각을 통해 냄새와 관련된 과거의 일들이 주마등처럼 기억나는 '프루스트 효과' 때문이다.

또 하나 우리가 간과하는 사실은 상대 이성의 호감도를 높여 주는 페로몬(pheromone) 향은 거의 무의식적 상태에서도 향을 인지하여 이성에 대한 호감을 나타내 준다는 사실이다. 허츠 교수[23]는 2007년 저서 《욕망을 부르는 향기》에서 '후각'과 관련된 흥미로운 체취 실험 결과를 소개하였다. 20대 초반의 남성 6명에게 냄새가 완전히 제거된 티셔츠를 제공한 후, 24시간 동안 티셔츠를 입고 생활하게 하여 각자의 체취가 셔츠에 충분히 배도록 하였다. 이렇게 냄새 밴 티셔츠를 비닐에 밀봉한 후, 6명의 여성 피험자들에게 셔츠의 냄새를 맡게 하고 좋아하는 냄새의 순위를 매기도록 하였다.

이와 더불어 냄새의 주인공을 밝히지 않은 상태에서 6명의 남성들을 보고 외모만으로 가장 선호하는 남자를 골라 보게 하였다. 체취와 관련된 놀라운 사실은 6명의 여성 중 무려 4명이 가장 선호한다고 선택한 냄새의 남자를 외모에서도 가장 호감이 간다고 선택한 것이다. 사람 몸의 체취에는 면역 유전 형질인 MHC(major histocompatability complex)라는 유전정보가 담겨 있다고 한다. 흥미롭게도 티셔츠 테스트 실험에 참가한 여성들은 자신의 냄새와 정반대의 유전 형질을 가진 남자의 체취에 가장 높은 호감을 보였다. 그 이유가 무엇이었을까? 다양한 유전자 정보를 받아들여야 더 생존력이 뛰어난 우수한 아이를 가질 수 있기 때문이다. 후각이 시각이나 청각 이상으로 이성을 선택하는 데 결정적 영향을 미칠 수 있음을 보여 준 좋은 사례이다.

영국 런던 대학교의 제이 곳프리드(Jay Gottfried) 교수 팀[24]은 2004년 허츠 박사의 프루스트 현상과는 정반대의 '역프루스트 현상'을 실험하였다. 연구진은 어떤 특정 기억을 자극하면 기억과 연관된 특정 냄새의 기억이 되살아나는지 관찰하였다. 이들은 실험 참가자들에게 특정 향과 함께 사진을 보여 주고 그 후 향은 없이 사진만을 보여 주었다. 실험 결과 향이 없음에도 불구하고 놀랍게도 냄새를 처리하는 뇌 부위가 활성화되었다. 시각·청각·후각 정보들은 뇌의 여러 부위로 분산되어 있다. 하지만 이들 부위들은 서로 연결되어 있기 때문에 하나의 감각 기억만 자극하여도 관련된 과거의 기억들이 함께 회생되는 것이다.

죽어서도 용서받지 못할 것이라며 죄책감에 몸부림치는 클로디어스 왕에 대해 셰익스피어는 오감 중에서도 시각이나 청각이 아닌, 감정의 편도체와 직접 연결된 후각을 사용하여 죄책감을 표현하였다. "오, 내 죄악의 악취가 진동하여 하늘에까지 퍼졌구나.(O, my offence is rank, it smells to heaven.)" 클로디어스 왕의 극심한 죄책감의 감정을 후각을 사용한 셰익스피어의 표현이 얼마나 적절한 표현인지 놀라울 따름이다.

5 골상학

요릭의 해골을 보고 인생무상을 논하다

묘지에서 무덤을 파고 있는 광대를 통해 햄릿은 "미쳐서 영국으로 쫓겨난 왕자님"이라는 등 자신과 관련된 소문을 듣게 된다. 오필리아의 죽음을 모르는 햄릿은 이를 예측이나 한 듯, 묘지에 있는 해골을 보고 세속적인 삶에 회의를 나타내며 인생무상을 노래한다. 셰익스피어가 궁중 광대 요릭(Yorick)의 해골을 매개체로 하여 우리에게 죽음에 대한 메시지를 던지고 있는 것이다.[25]

제1 광대

이 해골 좀 보시오; 땅속에 묻힌 지 이십하고 삼 년이 지났지요.

First Clown

Here's a skull now; this skull has lain in the earth
three and twenty years.

햄릿

그 해골이 누구의 것이냐?

Hamlet

Whose was it?

제1 광대

빌어먹을 미친 녀석 잘 뒈졌지!
언젠가 이놈이 내 머리에 라인산 포도주 한 병을 몽땅 부었습죠.
이 해골바가지는 요릭이라는 임금님의 광대 것입니다.

First Clown

A pestilence* on him for a mad rogue!

A' poured a flagon** of Rhenish on my head once.
This same skull, sir, was Yorick's skull, the king's jester.
(pestilence*: 역병, flagon**: 성찬식용 포도주병)

햄릿

어디 보자. [해골을 받아 든다.]
이런, 불쌍한 요릭! 호레이쇼, 나도 이 친굴 잘 알지.
이 친군 기막히게 재담을 잘하던 무궁무진한 재담꾼이었지.
나를 등에 업어 준 것만도 천 번은 될 걸세.
그런데 지금은 생각만 해도 소름이 끼칠 지경이군.
구역질이 난다네. 여기 입술에 얼마나 자주 키스했는지 몰라.
자네의 험담은 이제 어디로 갔는가? 자네의 광대놀이,
자네의 노래, 자네의 신나는 재담들은 다 어디로 갔는가?
배꼽 빠지도록 좌중을 웃게 만들었잖아?
이젠 이빨이 드러난 네 모습을 비웃어 줄 자가 아무도 없는가?
턱이 쏙 빠져 버렸나?
이제 이 꼴로 마님 내실로 들어가 마님께 말해 보게나,
'아무리 분을 두껍게 발라도 이 꼴을 면치 못한다고';
여자를 웃겨 보라고.

Hamlet

Let me see. [takes the skull.]
Alas, poor Yorick! I knew him, Horatio. A fellow
of infinite jest, of most excellent fancy. He hath
bore me on his back a thousand times, and now — how
abhorred in my imagination it is. My gorge rims at
it. Here hung those lips that I have kissed I know
not how oft. Where be your gibes* now, your gambols*,
your songs, your flashes of merriment,

that were wont to set the table on a roar? Not one
now, to mock your own grinning? Quite chap-fallen?
Now get you to my lady's chamber, and tell her, let
her paint an inch thick, to this favour she must
come; make her laugh at that. (5막 1장)

(gibe*: 조롱, 험담, gambol**: 떠들고 놀기, 광대놀이)

햄릿이 묘지에서 무덤을 파고 있는 광대와 이야기를 나누는 장면이다. 햄릿의 마지막 대사에서 알 수 있듯이 셰익스피어는 이 장면을 통해 인간은 누구나 결국 죽고 만다는 생자필멸(生者必滅)을 토로하며, 돈과 권력을 좇아 살아가는 세속적 삶의 허망함을 전하고 있는 것이다. 햄릿이 궁정에서 화려한 옷을 걸치고 웃겼던 광대의 모습과 지금 무덤 속에 남겨진 메스꺼운 해골을 대비하여 사람이 죽으면 신분 고하를 막론하고 누구나 썩어 없어진다는 사실을 독자에게 이야기하고 있는 것이다.

☜ **여기서 잠깐!**

인생무상의 철학적 메시지를 담고 있는 햄릿과 광대와의 대화 속에서 광대는 "그 해골이 누구의 것이냐?"라는 햄릿의 물음에 거침없이 "요릭이라는 임금님의 광대 것"이라고 장담한다. 작품이 쓰인 1600년경에는 시체를 판별할 수 있는 첨단 의료장비가 없었다. 하지만 의학적 전문지식이 매우 부족한 광대가 시체를 보고 누구의 것이며 썩어 있는 기간이 얼마나 된 것인지를 쉽게 답하는 장면은 매우 흥미로운 설정이 아닐 수 없다. 광대는 어떻게 무덤에서 나온 해골이 사후 23년이 지난 것임을 알 수 있으며, 요릭의 해골이라고 장담하여 대답할 수 있었을까? 해골의 모양, 즉 골상학을 통해 사람의 특징을 어디까지 알아낼 수 있는 것일까?

이런 의문들은 19세기로 거슬러 올라가 독일 의사인 프란츠 갈(Franz Gall)의 생각에서 엿볼 수 있다. '골상학(骨相學, phrenology)'이라는 새로운 분야의 학문은 19세기 프란츠 갈과 그의 신봉자 요한 슈푸르츠하임(Johann Spurzheim)이 창시한 것이다.[26] '얼굴과 머리의 골격을 토대로 사람의 성격과 운명 등을 추정하는 학문'으로 성상학(性相學)이라고도 불린다. 프란츠 갈은 뇌의 27개 부위가 인간의 27가지 개인적 능력과 성격에 대응하며, 두개골의 튀어나온 부위와 들어간 부위를 통해 개개인의 특성 · 성격 · 범죄성까지 알아낼 수 있다고 하였다. 독일의 요한 슈푸르츠하임과 영국의 조지 콤(George Combe)과 같은 골상학자들은 뇌를 약 35개의 구획으로 구분하여 개인의 능력을 측정할 수 있다고 하였다. 미국의 새뮤얼 웰스(Samuel Wells)는 다양한 골상학 그림을 그렸는데, 백인 남성의 뇌는 여성의 뇌보다 크게 그리고, 인디언과 흑인의 두개골은 원숭이의 두개골처럼 아래턱 부분이 이마 부위보다 앞으로 더 돌출해 나온 것으로 그렸다. 물론 이러한 접근법은 과학적 연구가 발달한 현대에서는 완전히 신빙성 없는 방법이지만 당시에는 매우 창의적인 발상으로 간주되었다.

더욱 재미있는 사실은 골상학적 발상이 동양 문화권에도 존재한다는 사실이다. 《삼국지(三國志)》의 《촉서(蜀書)》 〈위연전(魏延傳)〉에 장수 위연은 용감하고 지략이 뛰어난 인물로 나온다. 하지만 자만심이 과하여 상대편을 깔보는 단점이 있는 인물이었다. 유비가 남사군을 손에 넣을 때 위연은 황충과 함께 귀순하여 한중(漢中)의 태수(太守)로 임명된다. 하지만 제갈량(諸葛亮)은 그의 뒤통수가 반골상임을 지적하여 '장차 모반을 도모할 수 있는 위험인물'이라며 유비에게 중용을 다시 한 번 고려해 보라고 충언한다. 유비에 의해 중용된 위연은 제갈량이 오장원에서 죽자 대권을 물려받은 양의를 못마땅하게 여기고 실제로 난을 일으킨다. 동양의 대표적 고전《삼국지》에 골상학의 접근법이 사용된 것이다.

그렇다면 하루가 달리 최첨단 의학 장비가 새로이 등장하고 신경과학 및 뇌 공학 연구가 발달한 21세기에는 위 문제를 어떻게 접근할 수 있을까? 현재 뇌 공학 분야에서는 고도화된 CT와 fMRI 등의 다양한 첨단기기를 통해 뇌 주름의 모양이나 수, 뇌 이랑(gyri)의 패턴 등을 보고 개인의 특성 및 행동을 분석한다. 과거 골상학에서는 단순히 두개골의 표면적 생김새로 개인의 성격 및 범죄성 등을 판단하여 하나의 부위가 하나의 특정 성격 및 행동을 나타내는 것으로 간주하였다. 하지만 현대 뇌 과학에서는 하나의 특성 및 행동에도 뇌의 여러 기관들이 유기적으로 결합하여 작용한다는 사실이 밝혀졌다. 의사소통을 할 때 뇌의 어느 부위가 활성화되는가? 시각은 후두엽(occipital lobe)이 담당하는 데 반해, 청각은 측두엽(temporal lobe)이 담당하고, 말의 의미와 소리는 베르니케(Wernicke) 영역과 브로카 영역과 밀접한 관계가 있다. 의사소통에 있어서도 이처럼 뇌의 어느 특정 부위가 아닌 여러 부위가 함께 동원되고 있는 것이다.

현재 뇌 공학 분야는 점점 세분화되면서 타 학문과의 융합을 통해 뇌의 지도가 하나하나 완성되어 가고 있다. 뇌 신경망 지도의 세계적 권위자 승현준 교수는 2010년 〈나의 뇌 신경망 지도가 바로 나(I am my connectome)〉라는 TED 특강과 2012년 저서 《커넥톰, 뇌의 지도》에서 개개인의 독특한 뇌 신경망 지도가 개개인의 자아를 결정한다고 하였다.[27] 우리의 뇌 모양은 일반적으로 모두 비슷하다. 하지만 뇌 주름의 모양이나 두께, 뇌 이랑의 패턴은 물론 뇌 신경망 조직은 마치 손가락의 지문처럼 사람마다 차이를 보인다. 광대가 해골의 두상을 보고 요릭의 해골임을 즉시 알아차리는 것도 놀랄 만한 일이 아닐지 모른다.

6 감각과 뇌

레어티스와 죽음의 검술 시합을 벌이다

왕의 명령에 따라 영국으로 떠나게 된 햄릿은 항해 도중 로즌크랜츠와 길든스턴이 지닌 밀서—이들은 편지 속의 내용(햄릿을 처형하라)을 모른다—를 발견하고 클로디어스 왕의 흉계를 간파하게 된다. 왕의 편지를 조작한 후 해적을 통해 덴마크로 다시 돌아온 햄릿은 자신을 살해하려는 왕의 계략을 우연히 알게 된 과정이 '천우신조(天佑神助)', 즉 신이 자신에게 절호의 복수 기회를 준 것이라고 생각한다.

햄릿이 돌아오자, 클로디어스 왕은 친선 검술 대결로 위장하여 햄릿을 살해하기로 레어티스와 공모한다. 드디어 햄릿을 살해하려고 계획한 검술 대회가 시작된다. 검술 대회 직전, 햄릿이 친구 호레이쇼와 대화를 나눌 때 왕의 조신 오스릭(Osric)이 나타난다. 햄릿은 오스릭을 난처하게 만들면서 자신이 미쳤다는 생각을 확고히 심어 주고자 한다. 햄릿이 날씨에 대해 변덕스러운 주장을 태연히 늘어놓으며, 날씨가 너무 춥다고 했다가 갑자기 너무 덥다고 하는 등 예측 불허의 주장을 펼친다. 하지만 오스릭은 이를 모두 수용하므로 스스로 '아첨의 대가'임을 증명해 보인다.[28]

오스릭

왕자님, 시간이 나신다면, 전하께서 내리신 분부를 아뢸까 하옵니다.

Osric

Sweet lord, if your lordship were at leisure, I
should impart a thing to you from his majesty.

햄릿

열심히 정성을 다해, 경청토록 하겠네.

모자는 제자리에 모시지 그래; 머리에 쓰는 것이니까.

Hamlet

I will receive it, sir, with all diligence of

spirit. Put your bonnet to his right use; 'tis for the head.

오스릭

고맙습니다, 왕자님, 너무 더워서요.

Osric

I thank your lordship, it is very hot.

햄릿

아니, 내 말 믿게나, 몹시 춥지; 북풍이 불고 있으니.

Hamlet

No, believe me, 'tis very cold; the wind is northerly.

오스릭

상당히 춥네요, 왕자님, 정말 춥네요.

Osric

It is indifferent cold, my lord, indeed.

햄릿

하지만 역시 너무 후덥지근하고 더운 것 같소, 내 체질 때문이지.

Hamlet

But yet methinks it is very sultry and hot for my complexion.

오스릭

굉장하네요, 왕자님; 정말 후덥지근하군요.

뭐라고 말씀드리기 어렵습니다. 하지만, 왕자님,
왕자님께 알려 드리라는 전하의 어명입니다,
왕자님께 굉장한 내기를 거셨다 하옵니다: 그 내용인즉,

Osric

Exceedingly, my lord; it is very sultry, —as 'twere, —I cannot tell how. But, my lord, his majesty bade me signify to you that he has laid a great wager on your head: sir, this is the matter, —

햄릿

제발 모자를 쓰게나.

Hamlet

I beseech* you, remember —
(beseech*: 간청하다)

[햄릿이 오스릭에게 모자를 씌워 주려 한다.]
[HAMLET moves him to put on his hat.]

오스릭

아니, 왕자님, 괜찮습니다; 이게 편하옵니다.
왕자님, 실은 이번에 레어티스 경이 귀국하였답니다;
나무랄 데 없는 신사분이지요,
여러 세련된 매너에다 대인 관계도 매우 상냥하고
풍채도 수려하신 분이지요: 정말 감히 평한다면,
그분은 신사도의 귀감이자 모범이라고 할 수 있습지요,
신사도가 무엇인지를 그분 안에서 찾을 수 있답니다.

Osric

Nay, good my lord; for mine ease, in good faith.

> Sir, here is newly come to court Laertes; believe
> me, an absolute gentleman, full of most excellent
> differences, of very soft society and great showing:
> indeed, to speak feelingly of him, he is the card or
> calendar of gentry*, for you shall find in him the
> continent of what part a gentleman would see. (5막 2장)
> (gentry*: 신사, 귀족)

오스릭이 "전하께서 한 점의 부족함 없이 레어티스에 대해 말씀하셨습니다"라고 햄릿에게 전하자, "용건이 무엇이냐?"라고 햄릿이 묻는다. 이에 오스릭이 답한다. "폐하께서 레어티스에게 바바리 말 여섯 필을 거셨습니다." "왕자님이 레어티스와 12회전의 검술 시합을 하시는 것으로 결정되었습니다." "왕자님이 응답만 주신다면 시합은 곧 시작될 것입니다." 햄릿이 "폐하께서 원하시는 바라면"이라며, 레어티스와의 검술 시합을 받아들인다. 하지만 연극 관람객의 입장에서 볼 때 이 장면은 매우 우스꽝스러우면서도 극히 위협적인 장면이다. 바로 앞 장면, 4막 7장에서, 클로디어스 왕이 친선 검술 대결로 위장하여 햄릿을 살해하기로 레어티스와 이미 공모하였기 때문이다. 더욱이 레어티스의 검에 독을 발라 햄릿을 독살하기로 한 사실을 관객들은 이미 다 알고 있다. 하지만 춥다고 했다가 갑자기 덥다고 하는 햄릿의 말에 갈팡질팡하면서도 아첨의 말로 아부하는 오스릭을 비난만 할 수도 없는 노릇이다. 이러한 말장난이 연극의 극적 긴장감을 고조시키고 있을 뿐 아니라 인간의 감각에 대한 근본적인 인식의 문제를 제시하고 있기 때문이다.[29] '덥다'와 '춥다'라고 느끼는 감각은 분명히 다른 감각이다. 더욱이 우리 몸은 덥고 추움은 물론, 거칠고 부드러운 것, 아프고 따가운 것 등등 여러 다양한 감각들을 명백히 구별할 수가 있다. 우리 피부에는 다양한 자극에 각기 달리 반응하는 수많은 감각 수용기가 있기 때문이다.

☞ **여기서 잠깐!**

우리의 뇌는 추위와 더위를 어떻게 인식하는 것일까? 시베리아 사람들은 극한 추위 속에도 얼음을 깨고 강물에 뛰어들기도 하고, 특전사 군인들은 영하 20도의 눈보라 치는 혹한의 추위 속에서 특수 훈련을 받기도 한다. 이들이 얼음 속 강물에 뛰어들 때, 강물을 차다고 느낄 것인가 아니면 오히려 따뜻하다고 느낄 것인가? 뜨거운 숯불 위를 걷는 무림의 고수들은 숯불을 뜨겁다고 인식하고 있는 것일까? 우리가 춥다거나 덥다거나 혹은 뜨겁다는 등 감각을 느낄 때, 우리 뇌에서는 어떤 일들이 일어나고 있는 것일까?

셰익스피어와 함께 풀어 보는 뇌 과학 이야기

촉각을 위시하여 온각 · 냉각 · 통각은 체성 감각(somatic senses)으로 체성 신경에 의해 뇌로 전달된다. 오감 중 시각 · 청각 · 후각 · 미각은 각각 고유의 특수 감각 수용기를 가진다. 감각 수용체는 이렇게 주어진 자극을 전기 에너지로 바꾸어 뇌로 전달하며, 전기 신호가 뇌 안에서 처리되는 과정을 통해 우리의 지각이 이루어진다. 다시 말해서 우리의 지각은 우리 뇌에서 창조된 것이다. 실제로 오른손을 난로 위에 놓아 뜨겁게 하고 왼손에는 얼음을 쥐어 차갑게 한 후, 동시에 미지근한 물에 담가 보도록 하자. 같은 온도의 물이지만 놀랍게도 오른손은 차갑게 느끼는 반면 왼손은 따뜻하게 느낄 것이다. 이처럼 우리의 감각기관은 절대 온도보다 상대적인 온도를 더 잘 감지한다. 극단적으로 뜨겁거나 찬 것 역시 우리의 뇌는 잘못 지각한다. 드라이아이스와 같이 극단적으로 차가운 물체에 닿을 때, 우리는 마치 뜨거운 난로에 닿은 것처럼 살을 데인 것으로 착각한다. 이때의 인식은 뜨겁거나 차가운 느낌이 아니라 일종의 통증 감각이다.

극단적으로 차갑거나 뜨거운 자극은 온각 · 냉각 수용체와 함께 별도의 통각 수용체를 통해 뇌로 전달되며, 이렇게 전달된 자극들은 뇌의 시상(thalamus) 부위에서 통합적으로 처리된다. 영국 옥스퍼드 대학교의 아이린 트레이시 연구진[30]은 2003년 '통각을 인식하는 뇌'에 관한 흥미로운 실험을 진행하였다. fMRI 실험 결과, 극도로 뜨겁거나 찬 자극의 경우, 온도를 지각하는 뇌 부위보다도 오히려 감정과 관련된 부위가 더 활성화된다는 사실이 밝혀졌다. 연구진은 피험자의 손에 극단적으로 뜨겁고 찬 자극을 가하며 뇌의 활성화되는 부위를 관찰해 보았다. 실험 결과 화산이 폭발하는 사진을 보거나 차가운 남극의 빙하 사진을 볼 때 느끼는 뇌의 감정적 부위와 거의 유사한 뇌 부위가 활성화되었다. 극단적으로 차갑거나 뜨겁다는 인식은 매우 불쾌한 자극과 마찬가지로 뇌가 지각하는 순전히 정신적 인식의 문제인 것이다.

트레이시 교수 팀[31]은 2011년 '기대 심리의 진통효과'에 대한 또 다른 흥미로운 실험을 실시하였다. 연구진은 건강한 남녀 22명을 대상으로 fMRI 장치에 누운 채로 한쪽 발에 온열 자극을 가하면서 통증의 정도를 측정하였다. 처음에는 생리식염수만 투여하였고, 두 번째에는 진통제를 투여하였지만 이를 알리지 않았다. 세 번째는 진통제 투여와 함께 투약 사실을 알리고(높은 기대감), 네 번째는 진통제를 투여하면서도 투약 중단으로 통증이 늘어날 것이라는 잘못된 정보를 주었다(낮은 기대감). fMRI 실험 결과 통증을 느끼는 1차 및 2차 체성 감각피질(somatosensory cortex)과 뇌섬(insular), 중대상회(medial cingulate gyrus)와 같은 '통증 네트워크'가 모두 활성화되었다. 하지만 통증 체감에 있어서는 차이를 보였다. 1차 실험에서는 평균 66의 고통 수치를 보였지만, 진통제가 투여된 2차 실험에서는 진통제의 효과로 고통 수치가 55로 낮아졌다. 더욱이 진통제의 주입 사실을 통고한 3차 실험에서는 기대 심리로 고통 수치가 39로 크게 낮아졌다. 하지만 투약 중지 사실을 통고한 4차 실험에서는 진통제가 실제 투여되었음에도 불구하고 낮은 기대감에 고통 지수가 64로 다시 증가하였다. fMRI 실험 결과 역시 기대 심리에 따라 반응하는 뇌의 고통 네트워크가 다르다는 사실도 밝혀졌다. 실험 참가자의 긍정적 기대 심리는 고통을 실제로 감소시키지만, 부정적 기대 심리는 오히려 고통을 가중시킬 수 있는 것이다. 소위 '플라시보(placebo, 위약) 효과'처럼 기대 심리가 높을 때에는 통증의 정도가 낮아지지만 기대 심리가 낮을 때에는 통증에 대한 두려움으로 뇌에서 이미 통증을 느끼는 것이다. 평범한 사람들의 경우 뜨거운 숯불 위를 걷거나 못 박힌 침대에 눕는 일을 상상만 하여도 몸이 움츠러드는 것도 다 이런 이유 때문이다. 하지만 인도의 요가 수행자들처럼 명상이나 심리 훈련으로 통증을 무시하도록 훈련을 받는다면 실제로 아무 고통을 느끼지 않을 수 있다. 햄릿이 친구들에게 말한 바와 같다. "좋고 나쁜 것은 없다. 단지 생각하기 나름일 뿐.(There is nothing either good or bad, but thinking makes it so.)"(2막 2장) 이들 명상 수련가들에게 "차고 더운 것은 없다. 단지 생각하기 나름일 뿐"일지 모른다.

마침내 햄릿과 레어티스의 검술 경기가 펼쳐지자, 모든 주요 등장인물들이 죽기 시작한다. 경기 도중 햄릿의 독살 계획을 모르던 거트루드 왕비는 햄릿이 마시도록 준비된 독이 든 포도주를 마시고 쓰러진다. 햄릿이 레어티스에게 "애송이 취급은 싫으니 힘껏 찔러 보라"라고 말하자, 레어티스가 독 묻힌 검으로 햄릿을 찔러 상처를 입힌다. 서로 격분하여 싸우는 혼전 끝에 서로의 검이 뒤바뀌고, 레어티스 역시 독 묻은 자신의 진검에 찔려 햄릿과 함께 피를 흘린다. 왕비가 죽으면서 "술에 독약이 들었다!"라고 말하자, 햄릿이 외친다. "음모다! 문을 걸어 잠가라. 역적이다. 범인을 찾아라!" 독에 의해 죽어 가던 레어티스가 "왕자님 손에 쥔 칼에 독이 칠해져 있으며" "왕비님도 독살이며" "클로디어스 왕이 장본인"이라며 왕의 음모를 폭로한다. 마침내 클로디어스 왕의 음모가 만천하에 드러난다. 선왕의 복수를 다짐해 온 햄릿은 독 묻은 칼로 클로디어스 왕을 찔러 죽임으로써 아버지 선왕과의 약속을 성공적으로 마무리한다. 몸에 독이 퍼지기 시작한 햄릿이 호레이쇼에게 유언과 함께 마지막 말을 남기며 세상을 떠난다. "남은 건 침묵뿐이로다.(The rest is silence.)"(5막 2장) 햄릿의 아버지 선왕을 독살하고 왕위에 오른 클로디어스 왕과 햄릿의 어머니 거트루드 왕비, 그리고 햄릿이 살해한 폴로니어스 재상과 그의 아들 레어티스, 그의 딸이자 햄릿의 연인인 오필리아를 포함하여 햄릿까지 모두 세상을 떠나며 대단원의 막이 내린다.

햄릿은 행동보다 고뇌가 앞서는 우유부단의 인물이다. 망설이고 망설이는 가운데 결국 아버지 선왕의 복수를 감행한다. 역설적이지만 그의 복수는 또 다른 복수를 낳고 마침내 아무것도 남지 않은 불행한 결말로 끝난다. 하지만 비극적 결말임에도 불구하고 관객과 독자는 작품의 마지막 어둠 속 한 줄기 밝은 빛으로 일말의 위안과 평정심을 얻는다. 어두운 혼돈 후 덴마크에 도덕적 질서가 회복되는 것을 보았기 때문이다.

외워 두면 유용한 〈햄릿〉 명구들

All that lives must die.
살아 있는 모든 것은 언젠가는 죽는 법.　(1막 2장, 거트루드 왕비)

Frailty, thy name is woman!
약한 자여, 그대 이름은 여자니라.　(1막 2장, 햄릿)

Best safety lies in fear.
조심하는 것이 곧 최고로 안전한 것!　(1막 3장, 레어티스)

Don't act without thingking.
생각 없이 행동하지 말라.　(1막 3장, 폴로니어스)

Give every man thy ear, but few thy voice.
여러 사람의 말을 듣되, 말은 적게 하라.
(1막 3장, 폴로니어스)

There is nothing either good or bad, but thinking makes it so.
좋고 나쁜 것은 없다. 단지 생각하기 나름일 뿐.
(2막 2장, 햄릿)

Rich gifts wax poor when givers prove unkind.
값비싼 선물도 주는 사람이 진실하지 않으면 싸구려가 되는 법.
(3막 1장, 오필리아)

Brevity is the soul of wit.
간결함이 지혜의 정수. (2막 2장, 폴로니어스)

Doubt thou the stars are fire; Doubt that the sun doth move; Doubt truth to be a liar; But never doubt I love.
별이 불덩이인 것을 의심하라; 태양이 움직이는 것을 의심하라; 진실을 거짓이라 의심하라; 하지만 내 사랑만은 절대로 의심치 말라. (2막 2장, 햄릿)

To be, or not to be: that is the question.
죽느냐 사느냐 그것이 문제로다. (3막 1장, 햄릿)

There is special providence in the fall of a sparrow.
참새 한 마리가 떨어지는 데에도 신의 섭리가 있느니라.
(5막 2장, 햄릿)

A man's life's no more than to say 'One'.
인생은 깜박하는 순간에 끝난다. (5막 2장, 햄릿)

맥베스

Macbeth **권력욕의 노예**

간략한 배경과 줄거리

〈햄릿〉·〈오셀로〉·〈리어왕〉과 함께 셰익스피어 4대 비극 중 하나인 〈맥베스〉는 그중 가장 늦게(1606) 씌었고, 가장 짧으며(〈햄릿〉 3,900행; 〈맥베스〉 2,100행), 가장 잔인한 작품이다. 작품의 전개 속도가 비교적 빨리 진행되며, 세 마녀와 유령 등 초자연적 요소가 등장한다. 셰익스피어 여타 비극 작품처럼 악에서 비롯된 비극을 그리고 있다. 〈햄릿〉에서 주인공 햄릿은 선왕의 억울한 죽음을 복수하기 위해 클로디어스 왕을 살해한다. 〈오셀로〉에서 주인공 오셀로는 의처증으로 사랑하는 아내를 목 졸라 죽인다. 〈맥베스〉에서 주인공 맥베스는, 비록 세 마녀의 예언과 아내의 부추김이 있었지만, 야망에 의해 덩컨(Duncan) 왕을 살해하고 동료 뱅쿼(Banquo) 장군은 물론 맥더프(Macduff)의 죄 없는 아내와 어린 자식까지 살해한다. 덩컨 왕을 시해하고 왕위에 오르지만, 맥베스는 양심의 가책으로 괴로워하며 신하들의 반란으로 죽임을 당하고, 맥베스 부인마저 죄책감으로 몽유병에 시달리다 죽는다. 일종의 인과응보 성격의 비극이다.

〈맥베스〉에 나오는 등장인물들은 주인공 맥베스와 맥베스 부인을 제외하고 모두 선한 사람들이다. 하지만 마녀의 예언이 왕의 야망을 가진 맥베스의 욕망에 불을 지피자, 주변 인물들이 모두 화를 입는다. 〈맥베스〉에는 선과 악,

충성과 배반, 환상과 실제라는 상반된 대립뿐 아니라, 인간의 양심과 야망의 대립, 그로 인한 도덕적 딜레마가 함께 논의된다. 래피얼 홀린셰드(Raphael Holinshed)의 《영국 · 스코틀랜드 · 아일랜드의 연대기》 중 스코틀랜드 편 〈맥베스 전기〉에 기초한 작품이다. 맥베스는 스코틀랜드를 지배하였던(1040-1057) 왕의 실제 이름이다.

1884년경의 〈맥베스〉 공연 포스터

스코틀랜드의 맥베스 장군이 노르웨이와의 전쟁에서 승리하고 돌아가던 중 숲속에서 세 마녀를 만난다. 마녀들은 맥베스 장군에게는 "코도의 영주, 미래의 왕"이라고 말하고, 뱅쿼 장군에게는 "자손이 왕이 될 분"이라고 예언한다. 스코틀랜드 덩컨 왕은 승전 소식을 전해 듣고 크게 기뻐하며, 반역을 일으킨 코도(Cawdor)의 영주를 처형한 후 그 자리에 맥베스를 임명한다. 마녀들이 사라진 후 혼란스러워하는 맥베스와 뱅쿼에게 왕의 사자가 소식을 전한다. '코도의 영주'로 임명되었다는 소식에 맥베스가 적잖이 놀란다.

마녀들의 첫 예언이 실제로 이루어지자, 맥베스는 왕이 될지도 모른다는 생각에 마음이 동요된다. 덩컨 왕이 맥베스 장군의 용감함을 칭송하고 승리를 축하하기 위해 맥베스 성을 방문하고자 한다. 맥베스 장군은 부인에게 마녀들의 예언에 대한 서신을 보낸 후 서둘러 성으로 향한다. 편지를 받은 맥베스 부인이 남편을 왕위에 앉히려는 야심을 품고, 덩컨 왕과 일행을 위한 성대한 연회를 준비한다. 덩컨 왕 시해 거사를 실행하려는 순간, 맥베스는 주저한다. 욕심 많은 맥베스 부인이 신하들에게 약을 탄 술을 마시게 한 후, 신하들의 단검을 가져와 동요하는 남편을 부추기고 맥베스는 잠에 빠진 덩컨 왕을 살해한다. 맥베스 부인은 왕의 피를 잠든 신하들에게 묻히고 피 묻은 단검을 신하의 베개 속에 숨겨 자신들의 범행을 은폐한다.

다음 날 덩컨 왕을 찾으러 온 맥더프와 레녹스(Lennox)가 왕의 주검을 발견한다. 맥베스와 맥베스 부인이 짐짓 놀란 척 응징을 핑계로 신하들을 단칼에 처단하여 살인의 증거를 완전히 없애 버린다. 살해 위협을 느낀 덩컨 왕의 두 아들, 맬컴(Malcolm) 왕자와 도널베인(Donalbain) 왕자가 성급히 영국과 아일랜드로 도망치자 왕자들이 호위병을 사주해 아버지를 살해한 후 신하들에게 죄를 뒤집어씌우고 도망쳤다는 루머가 사실로 받아들여진다. 맥베스가 왕위에 올라 마녀들의 두 번째 예언이 이루어진다. 하지만 왕이 된 맥베스는 "뱅쿼의 자손이 왕이 될 것"이라는 마녀의 예언 때문에 불안해한다. 맥베스 왕이 뱅쿼 장군과 아들을 비밀리에 살해할 것을 명한다. 뱅쿼 장군은 암살자들에 의해 살해되지만, 아들 플리언스(Fleance)는 살아 도망친다. 계획을 반밖에 성공시키지 못한 맥베스 왕은 연회장에서 뱅쿼의 망령을 보고 불안 증세를 보인다.

두려운 마음에 마녀들을 찾은 맥베스 왕에게 세 가지 예언이 주어진다. 1) 맥더프를 주의하라. 2) 여자에게서 태어난 자는 맥베스를 쓰러뜨리지 못할 것이다. 3) 버넘 숲(Birnam wood)이 던시네인(Dunsinane) 언덕을 향해 움직이지 않는 한 망하지 않을 것이다. 맥더프가 여인의 몸에서 태어난 자이며, 버넘 숲이 움직일 리 없다는 생각에 맥베스 왕은 두려움과 불안감을 떨쳐 버린다. 하지만 뱅쿼와 자손들이 왕관을 쓰고 지나가는 망령을 목격하자, 맥베스 왕은 또다시 불안감에 휩싸인다. 맥더프가 영국으로 피신해 있던 맬컴 왕자를 찾아가자, 맥베스 왕은 맥더프를 역적으로 간주하여 자객을 보내 부인과 어린 자식을 살해한다. 부인과 아들의 살해 소식을 전해들은 맥더프가 맬컴 왕자와 함께 복수를 결심한다.

맬컴 왕자가 맥더프와 함께 영국 군대를 이끌고 스코틀랜드로 향하고 맥베스의 폭정에 반대하는 귀족들이 영국 군대에 합세한다. 양심의 가책으로 괴로워하던 맥베스 부인은 손에 묻은 피가 사라지지 않는 등 몽유병에 시달리다 자결한다. 반란군이 진격해 온다는 소식에도 맥베스 왕은 마녀들의 예언을 믿고 자신은 무사할 것이라 확신한다. 영국 군대가 나뭇가지들을 꺾어 몸을 숨긴 채 성으로 진군하고, 버넘 숲이 움직이며 다가온다는 보고에 맥베스 왕이 직접 나가 싸운다. 성 밖에 나와 맥더프와 일대일로 대결하는 순간까지 맥베스 왕은 승리를 확신하지만 "달이 차기 전 어머니 배를 가르고 나왔다"라는 맥더프의 말을 듣는 순간, 맥베스 왕은 크게 좌절한다. 맥더프의 손에 맥베스 왕이 최후를 맞으며, 전쟁에서 승리한 맬컴 왕자가 스코틀랜드 왕위에 오른다.

1 권력욕과 뇌

도파민에 심취한 맥베스, 왕의 자리를 넘보다

스코틀랜드 '글래미스(Glamis)의 영주'인 맥베스 장군은 노르웨이와의 전쟁에서 승리하고 돌아오는 숲속 길에서 세 마녀를 만난다. 〈맥베스〉 1막 1장, 번개와 천둥이 내리치고 어둠이 내리깔린 음산한 분위기 속에서 세 마녀가 등장한다.

제1 마녀
우리 셋이 언제 다시 만나면 좋을까,
천둥이 울릴 때, 번개 칠 때, 아님 비 내릴 때?
1st Witch
When shall we three meet again
In thunder, lightning, or in rain? (1막 1장)

세 마녀의 등장과 함께 주인공 맥베스의 암울한 비극이 시작된다. 왕이 되기를 꿈꾸는 맥베스를 위해 세 마녀들은 가마솥을 휘저으며 애매모호한 수수께끼 같은 말을 지껄인다. "아름다운 것은 추하고, 추한 것은 아름답다.(Fair is foul, and foul is fair.)"(1막 1장) 인간이 내리는 가치 매김이란 상황에 따라 정반대의 가치가 매겨질 수 있음을 암시하는 말이다. 〈햄릿〉에서 햄릿이 이야기한 "본래 좋고 나쁜 것은 없는 법, 단지 생각하기 나름일 뿐"(2막 2장)이라는 말과 일맥상통하는 말이다. 보는 이의 관점에 따라 어제의 천사가 오늘의 악마가 되기도 하며, 어제의 충신이 오늘의 반역자가 되는 것이다. 세 마녀들이 전쟁에서 승리하고 돌아오는 맥베스 장군에게 "코도의 영주, 미래의 왕"이라고 예언하고, 뱅쿼 장군에게는 "자손이 왕이 될 분"이라는 예언을 하고 사라진다. 맥베스는 코도의 영주가 엄연히 살아 있다고 생

프란체스코 추카렐리, 〈마녀들을 만난 맥베스〉, 1760년(스트랫퍼드어폰에이번, 왕립 셰익스피어극단)

각하여 의아해한다. 하지만 곧이어 로스(Ross)와 앵거스(Angus)로부터 덩컨 왕이 승전 포상으로 역모 죄로 참형당한 코도 영주의 작위를 맥베스에게 하사하였다는 소식을 전해 듣고 적잖이 놀란다.

'코도의 영주'라는 마녀들의 첫 예언이 이루어지자, 맥베스 장군은 '미래의 왕'이라는 마녀의 두 번째 예언에 고무되어 왕위 찬탈을 꿈꾸기 시작한다. "글래미스, 코도 영주, 다음은 대권이다."(1막 3장) 덩컨 왕의 역적을 물리친 용감한 장군이자 글래미스의 영주인 맥베스. 마녀에 의해 야망의 불길이 피어올라 충성스럽게 모셔 왔던 덩컨 왕의 권좌까지 탐내는 것이다. 하지만 맥베스 장군은 곧이어 자신의 행동이 가져오게 될 부정적 영향에 대한 염려로 극심한 불안감에 사로잡힌다.

맥베스

만약 좋은 일이라면 왜 이런 생각에 사로잡혀야만 하는가?
그 무서운 환상에 머리칼은 곤두서고,
안정된 내 심장은 부자연스럽게 늑골을 쿵쿵 치는가?
끔직한 마음속 공포에 비하면 눈앞의 불안쯤은 아무것도 아니다;
살인이라는 생각은 아직 공상에 지나지 않지만,
하나뿐인 내 마음의 왕국을 어찌나 뒤흔들어 놓는지,
마음의 기능은 망상에 마비되어,
환상밖에 아무것도 보이지 않는구나.

Macbeth

If good, why do I yield to that suggestion
Whose horrid image doth unfix my hair
And make my seated heart knock at my ribs,
Against the use of nature? Present fears
Are less than horrible imaginings;
My thought, whose murther yet is but fantastical,
Shakes so my single state of man that function
Is smother'd* in surmise**, and nothing is
But what is not. (1막 3장)
(smother*: 질식시키다, surmise**: 추측, 예측)

덩컨 왕을 시해하려는 계획은 아직 추측, 공상에 불과하지만, 심신 기능을 마비시킬 만큼 강력하게 맥베스의 양심을 뒤흔들고 있는 것이다. 맥베스에게 아직 '환상일 뿐 아무것도 현실적이지 않은 것'이지만, 맥베스는 곧 운명을 믿기 시작한다. 운명에 의해 자신이 왕이 되어야 한다면, 손가락 하나 까딱하지 않고도 운명으로 자신은 왕이 될 것이다.

맥베스

만약 운명으로 내가 왕이 된다면, 글쎄,

운명이 내게 왕관을 씌워 줄지 모르지. 내 손가락 하나 까딱 않고도.

Macbeth

If chance will have me king, why, chance may crown me.

Without my stir. (1막 3장)

맥베스 부인은 마녀 이야기를 전해 듣고 첫 예언이 성취된 것을 알게 되자, '미래의 왕'이라는 두 번째 예언을 이루기 위해 왕의 시해를 공모한다. 권력의 맛을 알고 있는 맥베스 부인은 음모가 들키지 않도록 덩컨 왕을 환한 얼굴과 달콤한 말로 환영하라고 남편 맥베스에게 조언한다.

맥베스 부인

오, 태양은 결코 내일을 보지 못하리라!

나의 영주님, 당신의 얼굴은 책과 같아요.

수상한 것들을 읽어 내는 책 말이지요.

세상을 속이려면, 세상과 같은 얼굴을 하셔야만 해요;

당신의 눈으로, 당신의 손과 당신의 혀로써 환영을 표시하세요;

겉으로는 마치 순진한 꽃처럼 보이지만,

실제로는 꽃 밑에 숨어 있는 독사가 되는 거예요.

Lady Macbeth

O, never

Shall sun that morrow see!

Your face, my thane*, is as a book where men

May read strange matters. To beguile** the time,

Look like the time; bear welcome in your eye,

Your hand, your tongue: look like the innocent flower,

But be the serpent under't. (1막 5장)

(thane*: (스코틀랜드) 영주, beguile**: 속이다, 구슬리다)

존 싱어 사전트, 〈맥베스 부인 역의 앨런 테리〉, 1889년(런던 테이트 미술관)

맥베스 부인이 살해 음모가 들키지 않도록 꽃 속에 숨어 있는 독사처럼 지혜롭고 조심스럽게 행동하라고 남편에게 조언하고 있는 것이다. 덩컨 왕을 위한 성대한 성찬이 진행되는 도중 자리를 비운 맥베스가 불안감 속에 부인에게 "이제 더 이상 이 일을 추진하지 맙시다"라고 제안하자, 맥베스 부인이 남편을 다그친다. "지금껏 몸에 지닌 희망은 술에 취했었나요?", "마음속 열망하는 바를 용감하게 행동으로 옮기는 게 두려운 거죠?" "당신이 일을 감행하고자 결심을 밝혔을 때, 당신은 진정 사내대장부였죠." 맥베스가 "만약 실패한다면?"이라고 묻자, 맥베스 부인이 답한다. "실패라고요?" "용기를 있는 대로 내세요. 그러면 실패할 리가 없답니다."(1막 7장) 맥베스 부인이 절호의 기회를 놓치지 말고 조속히 실행할 것을 맥베스에게 독려한다.

☜ 여기서 잠깐!

맥베스 장군은 두려움과 불안감 속에서도 왕이 되려는 욕망에 왕의 시해 음모를 꾸민다. 무서운 여자, 맥베스 부인은 스코틀랜드 왕비가 되고 싶은 욕망에 남편에게 거짓 가면의 탈을 쓰라고 냉철하게 조언한다. 무엇이 이들로 하여금 이처럼 강한 권력욕에 사로잡히게 하는 것일까? 우리가 권력욕에 사로잡힐 때, 우리 뇌에서는 어떤 일들이 벌어지고 있는 것일까?

셰익스피어와 함께 풀어 보는 뇌 과학 이야기

승리와 권력은 마약과 같아 한번 맛보면 끊기 어려운 중독성이 있다고 한다. 아일랜드 더블린의 트리니티 대학 이언 로버트슨(Ian Robertson) 박사는 2013년 저서 《승자의 뇌》[1]에서 '승자 효과'에 대한 흥미로운 이야기를 소개하였다. '승자 효과'란 일단 쉬운 상대라도 이겨 봐야 다음 상대를 이길 가능성이 높아진다는 이론이다. 시카고 대학교 생물학자 린다우(H. G. Lindau) 교수는 동물의 세계에서 '위계질서'란 각 구성원들의 타고난 능력만으로 생성되는 것이 아니라 "어떤 동물이 다른 동물과의 싸움에서 이기고 또 다음 대결에서도 이길 가능성이 높아질 때 자연스럽게 위계 관계가 형성된다"라고 하였다. 맥도널드(McDonald) 교수[2]의 그린 선피시(green sunfish)의 행동 실험은 '물고기의 승자 효과'를 실제로 다룬 실험이었다. 자기보다 덩치 작은 물고기와 5일간 살아온 선피시가 자신보다 덩치 큰 물고기와 생활한 선피시보다 더 강한 공격 성향을 보였다. 약한 상대라도 몇 차례 이겨 본 동물이 나중에 강한 상대를 만나더라도 승리할 가능성이 더 높아지는 것이다. 흥미로운 점은 생물학의 승자 효과가 인간에게도 그대로 적용된다는 사실이다. 골 맛을 맛본 선수가 골을 더 잘 넣을 수 있으며, 승리를 맛본 자가 나중에 더 강한 상대를 만나더라도 더 승리하기 쉬운 것이다.

핵주먹 마이크 타이슨(Mike Tyson)이 강간죄로 3년간 복역한 바 있었다. 출소 후 첫 경기가 1995년 8월 19일 미국 라스베이거스 MGM 그랜드 호텔 특설 링에서 열렸다. 하지만 경기 시작 89초 만에 타이슨의 승리로 싱겁게 끝났다. 4개월 후 열린 두 번째 상대 역시 맹탕의 허접한 상대로 타이슨의 적수가 되지 못했다. 그 후 타이슨은 1996년 3월 16일 출소 7개월 만에 WBC 세계 챔피언 프랭크 브루노에게 3회전에서 KO승을 거두고 당당히 세계 헤비급 챔피언으로 복귀하였다. 세계적 복싱 프로모터 돈 킹(Don King)이 왜 핵주먹 타이슨의 상대로 두 차례의 무대를 소위 '토마토'라 불리는 허접한 상대를 고른 것이었을까? 3년간의 수감 생활로 자신감이 결여된 타이슨에게 승리의 자신감과 용기를 불어넣어 주기 위한, 즉 '승자 효과'를 맛보도록 하기 위한 것이었다. 비교적 쉬운 상대라 하더라도 승리를 맛보아야 더 강한 챔피언과의 대결에서도 이길 수 있는 것이다.

승자 효과는 승리를 경험하면 할수록 더 강한 상대를 만나도 이길 수 있게 해 주는 놀라운 마력이 있다. 올림픽과 같은 주요 경기에서 승자는 누구를 막론하고 주먹을 불끈 쥐고 두 팔을 벌려 승리를 환호한다. 승자만이 맛보고 느낄 수 있는 승리의 쾌감이 마약처럼 짜릿하고 중독성이 있는 것이다. 승리를 맛보면 공격적 성향을 담당하는 남성호르몬 테스토스테론의 분비가 촉진되며, 이는 다시 뇌의 전두엽에서 쾌락과 즐거움을 느끼게 하는 호르몬 도파민을 증가시킨다. 권력도 승리와 마찬가지이다. 권력은 남녀를 불문하고 테스토스테론 호르몬의 분비를 촉진시키며, 분비된 테스토스테론이 또다시 도파민 수치를 높여 주는 것이다. 도파민은 동기 부여의 핵심 요소로 마음속 우리가 원하는 바를 분명하게 해 줄 뿐만 아니라 이를 실제 행동으로 옮기도록 도와준다. 흥미로운 점은 높은 테스토스테론의 수치가 악순환적으로 권력욕을 다시 증가시킨다는 사실이다. 권력의 달콤한 맛을 한번 맛보면 마약에 중독되듯, 뇌의 보상 체계에 의해 권력을 향한 욕망이 반복적으로 더 강한 도파민의 분비를 갈망하게 만드는 것이다. 행동 지향적인 도파민은 뇌의 전두엽으로 하여금 뇌의 코드를 바꾸어 놓아, 행동 목표를 설정하고 설정된 목표에 우리의 초점을 맞추도록 한다. 하지만 쾌락 호르몬 도파민에 과다 노출되면 마약을 과다 복용한 것과 마찬가지로 부작용도 나타난다. 뇌의 화학 작용이 바뀌어 냉혹하고 위선적인 성격으로 바뀌는 것이다. 세계적인 독재자 스탈린과 히틀러는 권력에 중독되어 늘 도파민의 결핍을 느껴, 마치 눈가리개 쓰인 경주마처럼, '야망'이라는 목표만을 향해 전력 질주하였던 것이다.

노르웨이와의 전투에서 승리함으로써 승리의 쾌감을 맛본 글래미스의 영주 맥베스 장군은 '코도의 영주'로 임명되었다는 기쁜 소식을 전해 듣는다. 맥베스 장군은 세 마녀로부터 '미래의 왕'이라는 고무적인 예언을 들은 바 있다. 승리의 기분에 한층 들떠 있는 그에게 엄청난 테스토스테론이 분비되어 이제 맥베스 장군은 승리의 쾌감, 희열을 느끼게 하는 도파민에 완전히 취하게 된다. 맥베스 부인은 남편의 승전 소식과 함께 '코도의 영주'라는 마녀의 첫 예언이 성취된 것을 알게 되자, 마녀의 두 번째 예언마저 속히 이루어지기를 갈망하며 자신도 스코틀랜드의 왕비가 되고 싶어 한다. 승리와 권력의 달콤함을 맛보기 시작한 맥베스와 맥베스 부인은 권력욕에 중독되어, 마치 도파민에 과다 노출된 사람처럼 윤리적 판단 기능이 흐려져, 왕위까지 넘보게 된 것이다. 《강신주의 감정수업》[3] 중 야심(ambition)에 나오는 말이 문득 떠오른다. "[야망]은 아카시아 나무와 같다. 너무나 생명력이 강하고 뿌리가 깊어서 주변의 다른 나무들을 모조리 파괴하는 아카시아 나무 말이다. 그렇지만 아카시아 꽃향기는 어찌나 매혹적인지! [야망]은 적절히 통제해야만 한다." 맥베스와 맥베스 부인도 주변의 사람들을 파괴시키지 않으려면 권력을 향한 자신들의 야망을 적절히 통제했어야만 했던 것은 아니었을까?

【잠깐 쉬어 가기】

주역에서 본 우주·자연의 운행 법칙과 세 마녀 이야기

우리는 일상에서 또는 자연에서 서로 대립되는 '이분법적' 개념들을 수시로 접하곤 한다. 검거나 희거나(黑白), 강하거나 약하거나(强弱), 위거나 아래거나(上下), 크거나 작거나(大小), 선하거나 악하거나(善惡), 아름답거나 추하거나(美醜), 사랑하거나 미워하거나(愛憎), 맑거나 탁하거나(淸濁), 차거나 덥거나(冷溫), 그리고 음과 양, 남자와 여자, 생물과 무생물, 동물과 식물, 동양과 서양, 밤과 낮, 천국과 지옥, 진보와 보수, 진짜와 가짜 등 무수히 많은 이분법적 사고 속에 살고 있다. 한자의 천자문(千字文)도 "하늘 천(天) 따 지(地)"로 하늘과 땅으로 시작한다. 공직의 자세인 '공선사후(公先私後, 공적인 대의를 앞세우고 개인적인 일은 뒤로 미룬다)도 공과 사, 전과 후로 구성되어 있다. 〈맥베스〉 1막 1장에서 세 마녀들은 수수께끼 같은 말을 한다. "아름다운 것은 추하고, 추한 것은 아름답다.(Fair is foul, and foul is fair.)" 무슨 뜻일까? 그리스 신화에 나오는 야누스의 두 얼굴처럼 무엇에 대한 평가가 이중적인 것을 뜻하는 것은 아닐까? 상황에 따라 정반대의 결과가 나올 수 있음을 암시하는 것은 아닐까? 〈햄릿〉 2막 2장에서 햄릿은 "본래 좋고 나쁜 것은 없는 법, 단지 생각하기 나름일 뿐!"이라고 말한 바 있다. 햄릿의 말처럼 무엇에 대한 평가 역시 보는 이의 관점에 따라 다를 수 있다. 아니 〈맥베스〉 속의 맥베스 장군처럼 어제의 충신이 오늘 왕을 시해하는 반역자가 되기도 하고, 천사와 같은 사람이 사실은 양의 탈을 쓴 악마임이 밝혀지기도 한다. 인생이란 어쩌면 매 순간 결정을 내려야 할 일들의 연속이다. 때로는 한순간 잘못된 판단으로 천당과 지옥을 오가기도 한다. 어떻게 하면 매 순간 올바른 판단을 내릴 수 있을 것인가? 어떻게 하면 최선의 선택을 할 수 있을 것인가? "아름다운 것은 추하고 추한 것은 아름답다." 그렇다면 혹시 '옳은 것이 틀리고 틀린 것이 옳은 것'은 아닐까? 필자가 세 마녀의 수수께끼 같은 말을 《잠깐 쉬어 가기》에 포함하려는 의도는 무엇인가? 기의 세계 · 주역 · 음양오행사상 · 태극 사상이 세상사를 현명하게 판단하는 데 도움이 될 것이라는 생각 때문이다.

우리의 인체는 지구와 매우 흡사하다.[4] 오대양 육대주가 있는 것처럼 인체에는 오장육부가 있다. 산맥이 있는 것처럼 인체에 뼈대가 있으며, 들과 산천초목이 있는 것처럼 인체에는 피부와 털이 있다. 지구 표면의 70%가 바다인 것처럼 우리 몸도 70%가 물 성분이다. 지구 중심에 뜨거운 핵이 있는 것처럼 인체 중심에는 붉은빛의 심장이 뛴다. 지구가 23.5도 기울어져 봄 · 여름 · 가을 · 겨울 4계절이 있는 것처럼 심장도 왼쪽 가슴으로 치우쳐 있어 태양인 · 소양인 · 소음인 · 태음인 사상 체질로 나뉘고 있다. 하늘에서 내린 비는 강으로 흘러 바다로 모이고, 바다의 물은 다시 하늘로 올라 구름이 되어 비로 순환된다. 인체 속 혈액도 동맥과 정맥의 혈관을 통해 잘 순환되어야만 우리 몸이 건강하다. 온실효과에 의한 지구 온난화로 대기 순환에 문제가 생기면 기후재앙이 오듯이, 임독맥 순환 등 몸의 기혈이 막히면 건강에 이상이 생긴다.

인간은 지구뿐 아니라 우주와도 닮아 있다. 동양에서 인간을 '소우주'라고 부르는 이유이다. 여성의 월경은 달의 주기와 같다. 일 년이 12개월이듯 인체의 경락이 12개이며, 흉추가 12개, 갈비뼈가 좌우 각각 12개씩 있다. 일 년이 365일이듯 경혈이 365개 있으며, 사람의 체온도 36.5도이다. 태양계에 9개의 행성이 있듯이 인체에 9개의 구멍이 있다. 동양의 우주관은 '천원지방(天圓地方)'이다. '하늘은 둥글고 땅은 네모나다.' 사람의 머리는 둥글고 발은 네모로 평평하다. 동양 사상과 철학에서는 '대우주'인 자연과 '소우주'인 인간에 적용되는 원칙이 대동소이한 것으로 간주한다.

여기서 잠깐! 이 책의 저술 동기는 '말 속에 숨겨진 비밀 찾기'에 있다. 우리말 '오른쪽'의 의미가 무엇인가? 영어나 독일어, 스페인어 등등에서 '오른쪽'은 왼쪽의 반대 개념뿐 아니라 '올바른(right)'이라는 뜻이 있다. 우리말도 '오른쪽'은 '옳다'에서 나왔다. 한자 '우(右)'는 손과 입(口)의 조합으로 손을 입에 가져가는 것을 뜻한다. 어릴 적 왼손으로 숟가락을 잡을 때 수저를 오른손으로 집으라고 야단맞아 본 적이 있지 않은가? 인도에서 볼일은 왼손으로 처리하고, 음식은 반드시 오른손으로 먹는다. 필자의 동생은 한의학을 전공한 한의사이다. 20여 년쯤 전 동생이 필자에게 침의 효능을 설명해 준 적이 있었다. "침 한 방으로 사람을 죽이고 살릴 수 있다." 침은 기가 순행되는 주요 혈 자리를 중심으로 놓는데, 침술에 있어서 가장 중요한 것이 정확한 혈 자리를 찾아 놓는 것이라고 한다. 혈 자리는 때에 따라 아주 미세하지만 위치를 바꾸기도 한다. 10점 만점 과녁에 정중앙 10점 자리에 침을 놓으면 전혀 통증을 느끼지 못하지만, 9점, 8점, 7점 순으로 내려갈수록 아픔을 더 느낀다고 한다. 침술에 대한 흥미로운 사실 하나는 혈 자리에서 침을 돌리는 방향에 따라 정반대의 효과를 보인다는 사실이다. 기운이 약한 것(虛)에서 온 질병이라면 어떻게 할까? 기를 보(補)해야 하기 때문에 침을 시침한 후 오른쪽 방향으로 돌린다. 기운이 넘친 것(實)에서 온 질병이라면 어떻게 할까? 사(瀉)해야 하기 때문에 침을 왼쪽 방향으로 돌린다. 침의 방향을 잘못하여 보할 곳에 사하거나 사할 곳에 보하면 질병을 치료하는 것이 아니라 오히려 악화시킬 수가 있다. 그렇다면 왜 오른쪽으로 돌리면 보하고 왼쪽으로 돌리면 사하는 것일까? 이유가 몹시 궁금하였다.

2014년, 필자는 기(氣) 치료 요법을 잠깐 배운 적이 있었다. 기 치료 시 명심해야 할 사항 중 하나는 기운을 넣어 주기 전 반드시 탁기를 먼저 제거해야 한다는 것이다. 탁기를 제거하고자 할 때, 어떻게 해야 하는가? 방향을 왼쪽으로 내려쳐 제거한다. 기운을 보하거나 축복·감사를 할 때, 어떻게 해야 하는가? 오른쪽으로 부드럽게 돌려 가며 보한다. 다시 궁금해졌다. 침 치료나 기 치료에서 공통적으로 왜 사하는 것은 왼쪽, 보하는 것은 오른쪽일까? 지구를 포함하여 태양계의 천체들은 북극을 중심으로 대부분 태양의 자전 방향과 순행, 즉 반시계 방향으로 돈다. 하늘의 항성들은 은하의 중심을 축으로 공전하는데, 안쪽의 구상(球狀) 부분은 대부분 순행, 즉 반시계 방향으로 돌지만, 바깥쪽의 구상 부분은 역행으로 돈다. 우주 질서의 순행과 역행에 근거하여 오른쪽과 왼쪽의 '보사(補瀉)' 개념을 선조들은 이미 오래전에 간파했던 것은 아닐까? 선조들의 깊은 지혜에 높은 경의를 표한다. 말 속에 그 비밀이 숨어 있음에 놀랄 뿐이다!

음양(陰陽)오행(五行)사상에서는 오른쪽을 음으로 왼쪽을 양으로 본다. 500년 역사를 지닌 수도 서울은 음양오행사상에 따라 4대문의 이름을 지었다. 한자 배(背)에서 보듯이 서로 등을 맞대고 있는 쪽이 북(北)쪽이다. 따라서 임금이 앉은 자리에서 볼 때 왼쪽, 즉 해가 떠오르는 동쪽에 동대문 흥인문(興仁門: 인(仁)을 일으키는 문)이 있다. 오른쪽, 즉 해가 지는 서쪽에 서대문 돈의문(敦義門: 의(義)를 두텁게 갈고 닦는 문)이 있다. 마주 보는 남쪽에는 남대문 숭례문(崇禮門: 예(禮)를 숭상하는 문)이, 북쪽에는 홍지문(弘智門: 지(智)를 넓히는 문)이, 중앙에는 보신각(普信閣: 신(信)을 널리 퍼뜨리는 종각)이 있다. 유교의 다섯 가지 덕목이자 인간의 본성인 '인 · 의 · 예 · 지 · 신(仁義禮智信)'에 근거하며 명명한 것이다. 임금의 자리에서 보면 왼쪽이 해가 떠오르는 동쪽으로 양의 자리이다. 남자와 군주의 자리인 것이다. 오른쪽은 해가 지는 서쪽으로 음의 자리이자 여자의 자리이다. 따라서 왕세자의 궁은 동쪽에 위치해 있는 반면 대비의 처소는 서쪽에 위치해 있다.

대한민국 태극기는 주역(周易)의 '태극(太極) → 음양(陰陽) → 사상(四象) → 팔괘(八卦)'라는 우주생성론에 기초한다. 원의 태극은 우주만물의 생성 근원을 뜻하며, 원 안의 청색 · 홍색 모양은 음양의 작용을 나타낸다. 음양이 변해 8괘 즉, 乾(건) · 兌(태) · 離(리) · 震(진) · 巽(손) · 坎(감) · 艮(간) · 坤(곤) 괘를 이룬다. 태극기의 4괘는 이 중 건곤감리(乾坤坎離), 즉 하늘(天) · 땅(地) · 물(水) · 불(火)을 상징한다. 8괘만으로는 천지자연의 모든 현상을 다 표현할 수 없기에 8괘를 겹쳐(8×8 = 64) 64괘를 만들고, 여기에 괘사와 효사를 붙여 설명한 것이 동양 사상의 보고인 '주역'이다. 주역 64괘는 '보이지 않는 하늘의 뜻'을 이야기하는 상괘(上卦)와 '지상에서 하늘의 뜻이 반영된' 하괘(下卦)로 이루어져 있다. 필자는 주역 64괘 중 11번째 괘인 '지천태(地天泰)'(䷊) 괘와 12번째 괘인 '천지비(天地否)'(䷋) 괘를 여기서 잠깐 언급하고자 한다. 괘의 모양에서 알 수 있듯이 '지천태' 괘는 위 괘에 '땅 곤(坤)'(☷) 괘가, 아래 괘에 '하늘 건(乾)'(☰) 괘가 위치해 있다. '천지비' 괘는 이와 반대로 위 괘에 하늘이, 아래 괘에 땅이 위치해 있다. 이 괘들을 처음 접했을 때, 필자는 하늘과 땅 자리에 하늘과 땅이 제대로 위치한 '천지비' 괘가 좋고, 반대로 위치한 '지천태' 괘가 나쁜 것으로 생

각하였다. 하지만 괘 이름에서 알 수 있듯이 두 괘는 정반대의 뜻을 지닌다.

먼저 '천지비'(䷋) 괘를 살펴보자. 상괘에 '하늘 건'(☰) 괘가, 하괘에 '땅 곤'(☷) 괘가 있으므로 하늘과 땅이 '제자리'에 위치해 있는 것처럼 보인다. 하지만 괘 풀이는 예상 밖으로 부정적이다. '달이 먹구름에 있는 상'으로 '자신의 의견을 말해도 상대방에 전달되지 않는 상태'를 뜻한다. '반목의 상'인 천지비 괘가 나오면 '사업 운이 쇠하는 상'으로 사업 확장은커녕 무조건 참는 것이 상책이라고 한다. 입학・구직은 아예 단념하는 것이 좋다고 풀이한다. 그 이유가 무엇일까? 건은 '하늘의 성질'이므로 위로 올라가려고 하며, 곤은 '땅의 성질'이므로 아래로 내려가려고 한다. 하늘은 하늘에 있으면서도 위로 올라가려고만 하고, 땅은 아래에 있으면서도 아래로 내려가려고만 한다. 하늘과 땅이 각자 서로의 길로만 가려고 하니, 도무지 소통이 되지 않는 것이다. 더욱이 천지비(䷋) 괘의 모양이 '약한 기초 위에 무겁고 강한 것이 있으니' 사상누각의 형국이다. '내부적으로 소인이 득실거리며', '사람이 사람 행세를 못하는' 비(否) 괘가 되는 것이다.

천지비 괘와 반대로 '지천태(地天泰)'(䷊) 괘는 어떠한가? 괘 모양이 아래가 하늘(건)이고 위가 땅(곤)이다. 괘의 의미는 '풍년이 들어 백곡이 풍성한 상'이다. '하늘과 땅이 본래의 자리로 돌아가려 하는' '매우 순조로운' 괘이다. '길하고 형통하다.' 상괘에 땅이, 하괘에 하늘이, 즉 반대의 자리에 위치한 것 같아 보이는 '지천태' 괘가 오히려 '순조롭고 풍성한 괘'로 나온다. 그 이유가 무엇일까? 곤은 '땅의 성질'이므로 아래로 내려오려고 하고, 건은 '하늘의 성질'이므로 위로 올라가려고 한다. 위에서는 내려오고 아래에서는 올라가, '서로 소통이 잘되는' 조화로운 형상인 것이다.

《주역》〈계사상전(繫辭上典)〉 5장에 "일음일양지위도(一陰一陽之謂道)"가 나온다. 한 번은 음하고 한 번은 양하는 것이 도(道)이다. 도의 작용으로 서로 다른 음과 양의 기운이 상호작용하여 우주가 움직이는 것이다. '해는 동쪽에서 떠올라 서쪽으로 지고' '낮은 밝고 밤은 어두우며' '봄에는 꽃이 피고 가을에는 열매를 맺는' 천지의 법칙을 64괘로 나타낸 것이 바로 역(易)이다. 봄이 되면 씨앗에서 싹이 나고, 여름이 되면 씨앗에 저장된 모든 정보가 활짝 피어 무성한 나무를 이룬다. 가을이 되면 열매를 맺고 잎사귀는 떨어지며, 겨울에는 씨앗으로 정보를 잘 저장해 놓는다. 자연의 이치에 맞게 순리대로 사는 삶이 역(易)이 추구하는 삶의 가치관인 것이다. 논어 안연(顔淵) 편에 나오는 공자의 말이 생각난다. "군군신신부부자자(君君臣臣父父子子)" 나라님은 나라님답고, 신하는 신하다워야 하며, 부모는 부모답고, 자식은 자식다워야 하며, 스승은 스승답고 학생은 학생다워야만 하는 것이 도리이자 순리이다. 울 때에는 울고, 기쁠 때에는 기뻐하며, 놀 때에는 놀고, 일할 때에는 일해야만 하는 것이 순리이다. 그렇다. 봄에는 봄다워야 하고 여름에는 여름다워야만 하며, 가을에는 가을다워야 하고 겨울에는 겨울다워야만 하는 것이 우주의 순리이다. 지구의 건강을 위해 대기와 해류가 잘 순환되어야 하는 것처럼 인체의 기와 혈이 잘 순환되어야 우리의 몸도 건강하다. 《황제내경》 5장 1절에 "음양야(陰陽也) 천지지도야(天地之道也)"가 나온다. 음양이란 바로 하늘과 땅의 도리이다. "병지역종야(病之逆從也)"라는 말도 나온다. 몸의 병은 음과 양의 조화가 아닌 음과 양의 반작용으로 생기는 것이다. 우주의 음양이 조화를 이루듯 우리의 삶도 조화를 이루어야 건강하고 아름다운 것이다.

태극 모양 중 주목해야 할 또 다른 것은 나선형 'S' 커브(☯) 모양이다. 파랑색 음과 빨강색 양으로 원이 둘로 나뉘어 있다. 하지만 음과 양은 서로 대립적인 관계이면서도 상호 의존적인 관계이기도 하다. 음과 양, 어느 한쪽도 다른 쪽을 떠나서 존재할 수가 없다. 더욱이 음양의 평형은 정지된 상태의 평형이 아니라, 끊임없이 태어나고 소멸하는 가운데 유지되는 평형이다. 반원의 작은 부분은 시작을 뜻한다. 여기에 주목할 필요가 있다. '음'은 가을, 추분(秋分)에 시작하는 것이 아니다. '양극음시생(陽極陰始生)', 즉 '양'이 극도로 도달한 여름, 하지(夏至)에서 '음'이 시작된다. 하지는 하루 중 해의 길이가 가장 긴 날이다. 하지만 하지를 절정으로 해는 점차 짧아진다. '양' 역시 낮과 밤의 길이가 같은 봄, 춘분(春分)에 시작하는 것이 아니다. '음극양시생(陰極陽始生)', 즉 '음'이 극도로 도달한 동지(冬至)에서 '양'이 시작된다. 동지는 해가 가장 짧은 날이다. 하지만 동지를 피크로 해는 점차 길어진다. '음에서 양으로', '양에서 음으로' 끊임없이 순환 반복하는 것이 음양의 이치이자 도리인 것이다.

인생도 마찬가지이다. 지혜의 상징 솔로몬 왕은 말한다. "범사에 기한이 있고 모든 목적이 이룰 때가 있으니, 날 때가 있고 죽을 때가 있으며, (…) 울 때가 있고 웃을 때가 있으며, 슬퍼할 때가 있고 춤출 때가 있으며, (…) 사랑할 때가 있고 미워할 때가 있다."(전도서 3: 1-8) 그렇다. 인생사, 올라갈 때가 있는가 하면 내려올 때가 있다. 지금의 자리가 '춘분' 자리인가? 소양(少陽)의 자리로 앞으로 더 치고 나아가야만 하는 자리이다. 하지만 지금이 최고점에 이른 '하지' 태양(太陽)의 자리라면 어떻게 해야 할까? 사업을 더 확장할 때가 아니다. 곧 내려와야 하는 자리이다. 건방 떨고 교만할 때가 아니라, 오히려 겸손하고 겸허하게 행동해야 할 자리인 것이다. 인생이 너무 힘들고 암울한가? 앞이 깜깜하여 전혀 보이지 않는가? 절대로 실망하지 마라. 그 이유가 무엇인가? 극도로 암울한 '동지' 태음(太陰)의 자리에서 새로운 희망의 '양'

이 싹트고 있기 때문이다. "밤이 깊으면 새벽이 가까웠다"라는 우리말 속담도 있지 않는가? "양지가 음지 되고, 음지가 양지 된다." "사람팔자 시간문제." "인생은 돌고 도는 물레방아." 이것이 우리의 인생사인 것이다. 주역의 음양론을 잘 나타낸 표현이 있다. "천석꾼은 천 가지 걱정, 만석꾼은 만 가지 걱정이 있다. 인생 한평생 길흉, 좋은 것과 나쁜 것이 반반이다."[5] 천둥과 번개 치고 비가 억수같이 내리는 날, 세 마녀가 가마솥을 휘저으며 지껄이는 수수께끼 같은 말이다. "아름다운 것은 추하고, 추한 것은 아름답다." 셰익스피어가 마녀의 입을 빌려 대립적이면서도 상호 의존적인 태극의 음양사상, 동양의 음양 관계를 가장 적절한 표현으로 기술하고 있는 것이다.

2 불면증과 뇌

잠을 빼앗긴 맥베스, 헛것을 보고 헛소리를 듣다

〈맥베스〉 2막 1장, 어둡고 우울한 스코틀랜드 시골 마을에서 주인공 맥베스는 자신이 저지르게 될 악행의 환영을 보기 시작한다. 덩컨 왕을 살해하기도 전에 맥베스에게 피 묻은 칼의 환영이 보이는 것이다.

맥베스

내 눈앞에 보이는 이것이 단검인가?
칼자루가 내 손 쪽으로 향한 모습이?
자, 어디 잡아 보자. 손에 잡히질 않는구나.
그래도 불길한 환영이 내 눈엔 여전히 보이는구나.
손으로 잡아 보는 것처럼 너를 느낄 순 없단 말인가?

Macbeth

Is this a dagger, which I see before me,

The handle toward my hand? Come, let me clutch thee:-

I have thee not, and yet I see thee still.

Art thou not, fatal vision, sensible

To feeling as to sight? (2막 1장)

왕이 되고픈 야망에 아내의 집요한 충동이 더해지자, 덩컨 왕을 시해하려는 맥베스의 결심이 확고해진다. 하지만 맥베스는 왕을 시해한다는 죄책감에 환상을 보고 허공에서 살해 도구가 될 피 묻은 검을 보게 된다. 맥베스 성을 방문한 덩컨 왕과 두 왕자들을 위해 맥베스와 맥베스 부인이 성대한 저녁 만찬을 베풀고, 잠들어 있던 덩컨 왕을 살해하는 데 성공한다. 하지만 왕을 살해한 후 맥베스는 또다시 죄책감이 엄습하여 환청을 듣는다. "더 이상 잠을 이루지 못하리라. 맥베스가 잠을 죽여 버렸소!"

맥베스

누군가 외치는 소리를 들은 것 같소. "더 이상 잠을 이루지 못하리라!

맥베스가 잠을 죽여 버렸소!" 그 순진한 잠을.

근심의 헝클어진 실타래를 풀어 주는 잠, 하루 삶을 마무리하여,

격심한 노고를 씻어 풀어 주는 목욕이자, 상처 난 마음을 달래 주는 치유제,

대자연이 베푸는 최고의 성찬이자,

인생의 향연에 최고의 자양분인 잠 말이오.

Macbeth

Methought I heard a voice cry "Sleep no more!

Macbeth does murder sleep", the innocent sleep,

Sleep that knits up the ravell'd* sleeve of care,

The death of each day's life, sore labour's bath,

Balm** of hurt minds, great nature's second course,
Chief nourisher in life's feast, —
(ravel*: 더 복잡하게 꼬이다, balm**: 방향성 연고)

맥베스 부인
무슨 말씀이세요?
Lady Macbeth
What do you mean?

맥베스
"더 이상 잠을 이루지 못하리라!"라는 소리가 여전히 집 안에 가득하다오:
"글래미스의 영주가 잠을 죽였도다, 그러므로 코도의 영주도
더 이상 잠을 이루지 못할 것이로다; 맥베스는 잠을 이루지 못할 것이로다!"
Macbeth
Still it cried "Sleep no more!" to all the house:
"Glamis hath murder'd sleep, and therefore Cawdor
Shall sleep no more; Macbeth shall sleep no more. (2막 2장)

맥베스가 아직도 피 묻은 단검을 들고 서 있자, 맥베스 부인이 남편을 다그친다. "단검을 왜 가져오셨나요?" "도로 가지고 가 잠들어 있는 두 호위병들에게 피를 묻혀 두고 오세요." 하지만 환영과 환청에 시달리는 맥베스는 두려움 속에 "내가 한 일이 무서워졌소. 다신 못 가겠소"라고 답한다. 이에 맥베스 부인은 "대가 약하기는! 검을 이리 주세요"라고 남편을 나무란다. 부인이 검을 빼앗아 호위병에게로 향한다. 이때 맥베스에게 문 두드리는 환청이 들린다.

맥베스

문 두드리는 소리가 어디서 나오는 거지?

무슨 소리만 나도 소스라치게 놀라다니, 도대체 내가 어떻게 된 거야?

여기 이 손은 누구 손이냐? 아, 내 두 눈을 뽑으려 하는구나.

위대한 바다의 신 넵튠이 모든 바닷물을 다 쓴다 하더라도

내 손의 피를 씻어 낼 수 있을까?

천만에. 내 이 손이 오히려 망망대해를 선홍빛으로 물들이고

푸른 바다를 온통 핏빛으로 만들고 말걸.

Macbeth

Whence* is that knocking?

How is't with me, when every noise appalls me?

What hands are here? Hah! They pluck out mine eyes.

Will all great Neptune's** ocean wash this blood

Clean from my hand? No, this my hand will rather

The multitudinous*** seas incarnadine****,

making the green one red - (2막 2장)

(whence*: (고어) where, Neptune**: 바다의 신 넵튠, 로마의 넵투누스 (Neptunus), multitudinous***: 거대한, incarnadine****: 진홍색으로 물들이다)

덩컨 왕을 살해하기도 전, 맥베스 장군은 양심의 가책을 느끼며 눈앞에 피 묻은 검이 아른거리는 환각 증세를 보인 바 있었다. 덩컨 왕을 살해하고 왕위에 오른 후, 맥베스 왕은 죄책감에 또다시 환청을 듣는다. "더 이상 잠을 이루지 못하리라!" 누군가가 문을 두드리는 환청이 들리며, 응징의 대가로 누군가에 의해 자신의 눈이 뽑히는 환각 증세도 보인다. 자신의 죄가 중대하기에 바다의 신 넵튠(Neptune)의 바닷물을 모두 가져다 쓴다 하더라도 죄를 씻을 수가 없으며, 오히려 바다를 붉게 물들일 것이라며 두려워한다.

맥베스 왕이 극심한 죄의식 속에 환청과 환각에 시달리며, 자신을 둘러싼 주위 세계가 마치 독이 퍼져 나가듯 자신의 죄로 붉게 오염될 것이라고 염려한다.

여기서 잠깐!

글래미스의 영주이자 코도의 영주가 된 맥베스 장군, 결국 왕을 살해하는 데 성공한다. 하지만 왕을 시해한 후, 맥베스는 잠을 이루지 못하며, 잠이란 "격심한 노고를 씻어 풀어 주는 목욕이자, 상처난 마음을 달래 주는 치유제"라고 되뇐다. 수면이 진정 마음의 상처를 치유하고 걱정과 번뇌를 덜어 주는 것일까? 수면이 부족하면 우리 몸은 어떻게 될까? 불면증으로 환청과 환각이 보일 때, 우리 뇌에서는 어떤 일들이 일어나고 있는 것일까?

셰익스피어와 함께 풀어 보는 뇌 과학 이야기

"잠이 보배!" 잠의 중요성을 말해 주는 우리말 속담이다. 적절한 수면은 건강 유지에 매우 중요할 뿐 아니라 뇌의 건강 유지에도 필수적이다. 우리의 뇌는 숙면 시에도 활동을 멈추지 않는다. 더욱이 숙면을 취하면 생각이 맑아진다고 한다.[6] 그 이유가 무엇일까? 숙면 기간 동안 뇌에서 하루의 학습 과정이 정리되기 때문이다. 우리가 깊은 잠에 빠지는 비램(non-REM) 수면 중에는 소위 '서파 수면(slow-wave sleep)'이 있다. 이 단계에서 약 1Hz 정도의 느린 뇌파가 대뇌피질(cerebral cortex) 전반에 흐른다. 낮에 활동을 통해 들어온 수많은 정보의 기억들이 밤에 잠자는 동안 편집되는 것이다.[7] 중요한 정보는 기억중추인 해마(hippocampus)에 저장된다. 전체 수면 기간 중 서파 수면 시간의 비중이 높을수록 잠의 질이 높아지고 기억력도 높아진다고 한다.

미국 캘리포니아 버클리 주립대학의 매슈 워커(Matthew Walker) 박사 팀[8]은 2013년 '서파 수면과 전전두엽 부위와의 관계'를 연구 조사하여 발표하였다. 젊은 사람들이 나이 많은 어른들보다 기억력이 더 좋은 이유가 무엇일까? 젊은 사람들이 전전두엽 부위가 퇴화된 노인들보다 더 건강한 전전두엽을 가지고 있어 더 좋은 서파 수면을 보이기 때문이다. 연구진은 18명의 20대 젊은이들과 15명의 건강한 70대 노인들을 대상으로 기억력 실험을 실시하였다. 잠들기 전 120개의 단어를 암기하도록 하고, 수면 기간 중 EEG(뇌전도) 측정을 하였으며, 다음 날 기억력 테스트를 하는 동안 fMRI 영상 측정을 하였다. 실험 결과 노인들은 젊은이들보다 숙면의 질이 75% 정도 낮게 나왔으며, 단어 기억력은 55% 정도 낮게 나왔다. 나이가 들수록 전전두엽(prefrontal lobe) 부위가 퇴화되기 때문에 노인들은 좋은 서파 수면을 누리지 못하며, 인지 능력과 함께 기억력이 감퇴하는 것이다. 좋은 기억력을 유지하기 위해서라도 좋은 숙면을 취해야만 하는 것이다.

미국 위스콘신 대학교의 키아라 시렐리(Chiara Cirelli) 교수 팀[9]은 2011년 초파리 실험을 통해 '시냅스 항상성'이라는 가설을 제시하였다. 시냅스(synapse)는 뇌세포 사이의 연결 부위를 말한다. 연구진은 실험을 통해 초파리의 짧은 몇 시간의 낮 활동 기간에 시냅스의 수와 크기가 증가한다는 사실을 알아내었다. 그 이유가 무엇일까? 새로운 기억들이 시냅스의 형태로 기억되기 때문이다. 한편 초파리들이 잠깐이라도 잠을 자면 시냅스의 수와 크기가 줄어든다는 사실이 밝혀졌다. 그 이유가 무엇일까? 적절한 수면이 시냅스를 '리셋'시켰기 때문이다. 기억을 받아들일 수 있도록 시냅스의 수와 크기가 줄어든 것이다.

우리의 오감 기관을 통해 뇌로 들어오는 정보의 양은 실로 엄청나다. 하지만 입력된 정보를 모두 뇌에 저장할 수는 없다. 컴퓨터의 성능을 효율적으로 유지하기 위해 불필요한 자료를 수시로 삭제하는 '최적화' 작업이 필요하다. 마찬가지로, 우리의 뇌도 새로운 기억이 들어올 수 있는 공간을 마련해 주어야 한다. 다시 말해 불필요한 정보의 시냅스를 매일 매일 정리해야만 하는 것이다. 잠을 이루지 못하거나 수면이 부족할 경우, 하루의 학습 과정이 정리되지 못하기 때문에, 다음 날 정신이 혼미해지고 명확한 판단을 내리지 못하게 되는 것이다. 잠과 관련된 영어 표현으로 "Let's sleep on it(하룻밤 자고 생각하자)"이라는 표현이 있다. 무슨 뜻인가? 어떤 문제에 대해 즉각적인 판단을 미루고, 하룻밤 숙면을 취한 후에 결정을 내리면 보다 합리적이고 보다 정확한 판단을 내릴 수 있음을 뜻하는 표현이다.

스웨덴 웁살라 대학교의 크리스티안 베네딕트(C. Benedict) 박사 팀[10]은 2014년 의학 잡지《수면》에 '수면과 암 발생과의 관련성'에 대해 보고하였다. 연구진은 15명의 지원자를 대상으로 한 그룹은 꼬박 하룻밤을 새우도록 하고, 다른 한 그룹은 8시간의 수면을 취하도록 하였다. 임상 실험 결과 수면을 취하지 못한 그룹의 혈액 검사에서 뇌 손상 시 증가하는 에놀라아제(NSE)와 S-100 칼슘 결합 단백질과 같은 혈중 종양 지표 분자들이 20% 정도 더 증가하였다. 수면 부족이 뇌 신경성 질환을 야기할 수 있음이 밝혀진 것이다. 맥베스의 말처럼 뇌세포의 보호와 건강을 위해서라도 숙면이 필수적이다.

장기간의 수면 부족 역시 기억이나 전반적인 뇌 기능에 영향을 미친다. 미국 존스 홉킨스 대학교의 애덤 스피라(Adam Spira) 박사 팀[11]은 2013년 '수면과 알츠하이머병 발병 유관성'에 대한 연구 결과를 발표하였다. 연구진이 치매 증세가 없는 성인 70명(평균 연령 76세)을 대상으로 조사한 결과, 수면의 질이 떨어지고 수면시간이 짧을수록 치매 환자의 뇌세포에서 발견되는 베타 아밀로이드 단백질(beta-amyloid protein)이라는 독성 물질이 더 증가한다는 사실이 밝혀졌다. 수면의 질이 떨어질수록 치매에 걸릴 확률이 더 높아지는 것이다.

코도의 영주가 된 맥베스 장군은 덩컨 왕을 살해한 후 죄책감에 "잠을 이루지 못하리라"라는 환청에 시달린다. 죄책감에 힘들어하고 마음이 흔들리는 남편을 향해 맥베스 부인은 "목표가 확고치 못하다니!"라며 핀잔한다. 하지만 역설적으로 극의 후반부로 가면 오히려 맥베스 부인이 죄책감에 몽유병 증세를 보인다. 〈맥베스〉 5막 3장에서 맥베스 왕이 왕비의 병 상태를 묻자, 주치의가 대답한다. "병이라기보다는 잇달아 일어나는 과도한 망상에 시달린 관계로 편안한 안식을 얻지 못한 때문이지요." 그렇다. 덩컨 왕 시해 사건 후 맥베스 부인은 죄책감에 잠을 이루지 못하며, 악몽과 몽유병 증세로 시달리다 결국 자살로 생을 마감한다. 2막 2장에서 맥베스가 숙면의 중요성을 말하며, 잠이란 "격심한 노고를 씻어 풀어 주는 목욕이자" "상처 난 마음을 달래 주는 치유제"라고 말한다. 몽유병 증세로 결국 죽고 마는 맥베스 부인의 비참한 결말을 미리 예고하고 있는 것이다.

'환각(hallucination)'이란 17세기 미국 의사 토머스 브라운(Thomas Browne)에 의해 도입된 용어로 '외부 자극 없이 어떤 자각적 체험을 하는' 것이다. 대표적 증세로 '환청(auditory hallucination)'과 '환시(visual hallucination)'가 있다.[12] 외부에 아무런 자극이 없는데도 맥베스처럼 귀에 어떤 소리가 들리며 눈에 헛것이 보인다. 이러한 환각 증세는 조현병(schizophrenia)에서 흔히 관찰되는 증세이기도 하다. 아직 그 요인에 대한 명확한 규명은 없지만, 요인 중에 환각 유발성 약물이나 정신적 스트레스가 포함된다. 일부에서는 이러한 환청이 뇌의 생화학적 물질의 변화, 특히 신경전달물질 도파민의 불균형에 원인이 있다고 한다. 실제로 필로폰(philopon)과 같은 마약을 투약하면 도파민이 증가하여 환청을 들을 수 있다고 한다. 약물 복용 외에도 자신의 욕구 · 자존심 · 죄의식 등이 뇌에 투사되어 환각 증세로 나타나기도 한다. 맥베스는 덩컨 왕을 시해한 엄청난 죄책감의 중압감에 눌려 불면증에 시달리며, 누군가 문을 두드리는 환청과 눈알이 뽑히는 장면을 보는 등 정신질환과 유사한 환각 증세를 보이는 것이다.

3 예기 불안과 뇌

왕이 된 맥베스, 예기 불안에 사로잡히다

글래미스의 영주이자 '코도의 영주'가 된 맥베스 장군이 마녀의 예언대로 왕위에 오른다. 하지만 욕망이 달성된 순간, 맥베스 왕과 맥베스 왕비가 느낀 감정은 성취의 안도감이 아니었다. 지고의 만족감과 행복감도 전혀 아니었다. 오히려 죄책감과 무엇인가 알 수 없는 불안감이 이들을 엄습하였다. 더욱이 후계 자식이 없는 맥베스 왕은 "뱅쿼의 자손이 왕이 될 것이다"라는 세 마녀의 예언 때문에 마음 한구석 불안감을 여전히 떨쳐 버리지 못한다.

맥베스

왕이 됨으로써 안전할 수 없다면
(왕이 되는 것은) 아무 의미 없는 것이다;
뱅쿼에 대한 우리의 두려움이 깊이 박혀 있구나;
그에겐 제왕 같은 무언가 두렵게 만드는 고귀한 성품이 있도다:
그는 기꺼이 위험을 감수하며;
대범한 불굴의 정신에 더하여, 안전하게 행동하도록
자신의 용맹을 인도하는 지혜를 가졌구나.
뱅쿼만큼 내가 두려워하는 존재가 없도다.

Macbeth

To be thus is nothing;
But to be safely thus. —Our fears in Banquo
Stick deep; and in his royalty of nature
Reigns that which would be fear'd: 'tis much he dares;
And, to that dauntless* temper of his mind,
He hath a wisdom that doth guide his valour**

To act in safety. There is none but he
Whose being I do fear:　(3막 1장)
(dauntless*: 용감한, 불굴의, valour**: 용맹)

왕을 살해한 죄책감에 환각 증세를 보이는 맥베스에게 맥베스 부인이 위로의 말을 건넨다.

맥베스 부인
어떻게 해도 해결될 수 없는 일이란 잊는 수밖에 없지요:
지나간 일은 이미 지난 일, 되돌릴 순 없어요!
Lady Macbeth
Things without all remedy*
Should be without regard: what's done, is done.　(3막 2장)
(remedy*: 치료, 구제방법)

맥베스 부인은 "이미 지난 일, 되돌릴 수 없어요!(What's done, is done)"라며 남편을 위로한다. 덩컨 왕을 시해한 일은 이미 과거지사이다. 맥베스 부인이 후회해도 소용없으니 잊어버리라라며 왕에게 위로의 말을 하는 것이다. 하지만 극의 마지막 부분에서 맥베스 부인은 죄책감에 악몽을 꾸며 지금과 전혀 다른 톤으로 읊조린다. "손을 줘 보세요. 이미 끝난 일, 되돌릴 수는 없지요.(What's done cannot be undone.)"(5막 1장) 맥베스 부인이 습관이 되어 버린 몽유 상태에서 마치 맥베스에게 말하듯이 혼자 중얼거리는 장면이다.

과거지사를 잊어버리라는 부인의 위로에도 불구하고, 맥베스 왕은 뱅쿼 "자손이 왕이 될 것"이라는 마녀의 예언으로 마음의 불안을 여전히 지울 수가 없다. 맥베스 왕은 뱅쿼에 대한 두려움을 뱀으로 표현하며 죽음을 예찬한다. "두려움으로 사는 것보다는 영원한 잠을 자고 있는 덩컨 왕이 더 평화로울 것이다."

맥베스

우리가 뱀에게 상처를 입히기는 하였지만, 죽이지는 못했다오:
뱀의 상처는 치유되고 되살아날 것이오. 우리의 서툰 범행은
뱀의 예전 독니에 언제 다시 물리게 될지 모른다오.
하지만 온 세상이 산산이 조각나고 천지는 무너지게 내버려 두시오.
우리가 두려움 속에 식사하고,
밤마다 무서운 악몽의 고통 속에 잠들기 전에 말이오:
평온을 얻고자 침묵의 세계로 보내진 죽은 자와 함께
마음 속 고문대 위에 누워 안절부절 불안하게 사는 것보다,
죽은 자와 함께 죽어 있는 편이 더 나은 것 같소.
덩컨 왕이 무덤에 누워 있구나;
삶의 발작적 열병을 마치고 평안히 잠들어 있구나;
반역죄는 그에게 최악의 일을 저질렀지만: 어떤 칼날도, 어떤 독약도
사악한 국내 반역이나, 외적의 침략, 그 어느 것도
덩컨 왕을 더 이상 괴롭히지 못하리라.

Macbeth

We have scotch'd* the snake, not kill'd it:
She'll close and be herself, whilst our poor malice
Remains in danger of her former tooth.
But let the frame of things disjoint, both the worlds suffer,
Ere** we will eat our meal in fear and sleep
In the affliction of these terrible dreams
That shake us nightly: better be with the dead,
Whom we, to gain our peace, have sent to peace,
Than on the torture of the mind to lie
In restless ecstasy. Duncan is in his grave;
After life's fitful*** fever he sleeps well;
Treason has done his worst: nor steel, nor poison,

Malice domestic, foreign levy****, nothing,

Can touch him further. (3막 2장)

(scotch*: ~을 깊이 베다, ere**: ~전에, fitful***: 발작적인, levy****: 소집 부대)

왕의 야망을 이루었지만, 맥베스 장군은 마음의 평화를 얻지 못했다. 죄책감으로 불면증에 시달리고 환청이 들리며 눈에 헛것이 보인다. 더욱이 뱅쿼와 그의 자식이 살아 있다는 사실, 그 자체가 맥베스 왕에게 커다란 두려움으로 다가오는 것이다. 맥베스 왕은 두려움 속에 식사하며 매일 밤 악몽을 꾸기보다는 차라리 죽는 편이 더 나을 것이라 생각한다. 죽어 잠들어 있는 덩컨 왕을 "삶의 발작적 열병을 마치고 평안히 잠들어 있구나"라고 말하며 부러워한다. 맥베스 왕에게 삶이란 마치 '발작적 열병(fitful fever)'과도 같은 것이다. 순간의 평온함을 사이에 두고 '야망'의 열기가 '두려움'과 '죄책감'의 극한 추위와 극렬히 반복되어 일어나고 있는 것이다. '광란의 발작 같은 삶'을 마치고 죽은 자야말로 진정으로 평화로운 자이며, 살인자와 나머지 산 자들은 열병에 감염된 것처럼 불안과 초조 속에 살아가는 것이다.

2009년 8월, 서거하신 김대중 대통령을 먼 길로 떠나보내는 김동길 박사의 편지는 이렇게 시작한다. "저승길을 떠날 때 별로 고생하지 않고 편안하게 가는 것이 인간이 누릴 수 있는 다섯 가지 복 중에 하나라고 들었습니다." 김동길 박사의 김대중 선배님 전상서는 이렇게 끝맺는다. "제 손에 죽은 덩컨 왕을 바라보면서, 맥베스는 이렇게 한마디 하였습니다. 'After life's fitful fever, he sleeps well.' 편히 잠드시기를 빌며, 이 붓을 놓으려 합니다."

맥베스 왕은 자신이 보낸 자객으로부터 절친한 친구였던 뱅쿼를 살해했다는 보고를 받는다. 다행이다! 안심이 된다. 하지만 아들 플리언스가 살아남아 도망쳤다는 보고를 받자, 두려움을 떨쳐 버리지 못한다. "도망친 새끼 뱀은 언젠가 때가 되면 독 품은 종자가 되는 법, 지금 당장은 독 이빨이 없지만." 연회장에서 살해된 뱅쿼의 환영이 나타나자 환영을 본 맥베스 왕이 소리친다. “물러가라! 내 눈앞에서 꺼져라! 땅속으로 사라져라!”(3막 4장) 맥베스 왕이 정신 착란 증세를 보이자, 연회의 흥은 깨지고 잔치는 완전히 망치고 만다. 귀족들과 시종들이 나가자, 맥베스 왕이 왕비에게 말한다. “피를 보겠소. 옛말에, 피는 피를 부른다고 했지요.(Blood will have blood.)”(3막 4장) 맥베스 왕이 극심한 불안 속에 앞으로 전개될 일을 두려워한다.

☞ 여기서 잠깐!

1막에서 맥베스 장군은 덩컨 왕을 살해하기도 전에 피 묻은 검을 보았다. 3막에서 복수의 혈전이 아직 일어나지도 않았지만, 맥베스 왕은 뱅쿼의 복수가 있을 것을 두려워한다. 맥베스뿐만 아니라 많은 사람들이 실제 일어나지 않은 미래의 일을 염려하여 불안해한다. 아직 일어나지도 않은 미래의 일, 왜 모르는 장래의 일을 사람들은 걱정하고 불안해하는 것일까? 미래의 일을 불안하여 걱정할 때, 우리 뇌에서는 어떤 일들이 벌어지고 있는 것일까?

셰익스피어와 함께 풀어 보는 뇌 과학 이야기

‘예기 불안(anticipatory anxiety)’이란 어떤 부정적 상황이 벌어질 것에 대비하여 불안감을 느끼는 현상을 말한다.[13] 현실에서 아직 일어나지도 않은 미래의 일을 걱정하는 것이다. 언제 닥쳐올지 모르는 위험 또는 부정적 사건에 대해 감당할 수도 억제할 수도 없는 불안감을 누구나 어느 정도는 가지고 있다. 불안 장애를 겪는 사람들은 예기 불안의 정도가 심각하여 때로는 실제 상황이 주는 불안보다 오히려 더 크게 불안해하는 경우도 있다. 실제로 대중 앞에 서서 말을 하게 될 때 겪는 불안감보다 상황이 닥치기 전 대기하는 상태에서의 불안감이 더 큰 경우가 종종 있다. 비행기에서 발작을 일으켰던 사람은 비행기 타는 것을 상상만 하여도 극도의 예기 불안을 느낄 수 있다고 한다.

누구나 잘 아는 파브로브의 개 조건 반사 실험은 러시아 생리학자 이반 파블로프(Ivan Pavlov)가 실험한 조건 반사(conditional reflex) 실험이다. 개에게 먹이를 줄 때마다 종소리 들려주는 것(조건)을 반복하자, 나중에는 종만 울려도 개가 침을 흘렸다. 옥스퍼드 대학의 플로그하우스(Ploghaus)와 트레이시(Tracey) 교수 팀[14]은 1999년 사람을 대상으로 유사한 '조건 반사 실험'을 시도하였다. 연구진은 실험 참가자들에게 녹색 · 붉은색 · 파란색의 불빛을 보여 주었다. 녹색 불빛 다음에는 손등에 부착된 금속판을 통해 즐거울 정도의 온화한 온열 자극을 가하였다. 일정 기간 붉은 불빛을 보인 후 약간의 시차를 두고 파란 불빛을 비추며 해가 되지는 않지만 뜨거운 고통의 자극을 가하였다. 실험자들은 즉시 불빛의 색깔과 수반되는 고통의 관계를 알아차렸다. 연구진은 빛에 반응하는 실험자들의 뇌 활동 패턴을 fMRI를 촬영하여 분석하였다. 붉은 빛을 쪼였을 때의 뇌 활동 패턴을 분석하여 고통스런 자극(파란 불빛)에 앞서 염려할 때의 뇌의 반응 부위를 선별하였다. 관찰된 결과가 매우 흥미로웠다. 실제 자극이 주어졌을 때 활성화되는 뇌의 부위와 예기 불안으로 활성화되는 뇌의 부위가 달랐다. 특히 예기 불안 시 활성화되는 뇌의 부위는 동기 · 감정과 연루된 변연계 부위였다. 예기 불안은 앞으로 일어날지 모르는 부정적 사건에 앞서 두려워하는 것이다. 감정과 연관 깊은 변연계 부위가 앞으로의 불안감을 예상 감지하여 활성화된 것이다. 그렇다. 미래에 대한 두려움으로 맥베스 왕의 뇌, 변연계 부위에서 극도의 불안감을 보였던 것이다.

맥베스가 마녀들을 통해 자신의 운명을 보았듯이 사람들은 타고난 운명에 따라 살게 되는 것일까? 벤 애플렉(Ben Affleck) 주연의 공상과학 스릴러 영화인 〈페이첵(Paycheck)〉에서 주인공 마이클 제닝스(Michael Jennings)는 말한다. "미래를 알게 되면 더 이상의 미래는 없다.(If you show someone their future, they have no future.)" 미래는 누군가 우리에게 말해 줄 수 있는 것이 아니다. 미래는 우리 스스로 만들어 가는 것이며, 우리의 선택과 행동에 따라 언제든지 바뀔 수 있는 것이다. 맥베스의 비극은 세 마녀의 예언으로부터 시작된 것이 아니다. 맥베스가 극과는 달리 예언을 곧이곧대로 믿지 않고 매 상황을 조심스럽게 접근하였더라면 어떻게 되었을까? 맥베스의 마지막이 비극으로 끝나지 않았을지도 모른다. 사람이 살아가는 데 있어서 어느 정도의 불안감은 자신을 지켜 주는 무기가 될 수 있다. 맥베스에게서 관찰된 지나친 불안과 초조감의 예기 불안 증세는 분명 일종의 병이다. 하지만 적당한 예기 불안은 오히려 우리가 안전하게 살아가는 데 유용하게 쓸 수 있는 필수 요소이기도 하다.

4 손 씻기 행위와 뇌

어서 손을 씻으세요!

맥베스가 덩컨 왕의 시해를 주저하지만, 부인의 득달같은 다그침에 결국 왕을 시해한다. 2막 2장에서 맥베스는 자신의 손에 묻은 피를 보고 말한다. "위대한 바다의 신 넵튠의 바닷물을 모두 쓴다 하더라도 내 손에서 피를 씻어 낼 수 있을까? 오히려 광활한 바다를 선홍빛으로 물들여, 푸른 바다를 붉게 변하게 하리라."(2막 2장) 맥베스 왕은 광대한 대양의 바닷물로도 손에 묻은 피를 씻을 수 없으며 오히려 바다를 더럽힐 것이라고 죄책감에 시달린다. 망설이는 맥베스를 향해 맥베스 부인은 "그렇게 의지가 박약해서야" 라며 꾸짖는다. 맥베스 부인이 "하얗게 질린 심장"을 가졌다고 남편을 비난하며 말한다. "약간의 물만 있으면 우리가 한 일을 깨끗이 씻어 낼 수 있지요."(2막 2장)

덩컨 왕을 살해하기 전 허공에 떠 있는 피 묻은 검의 환영을 보며, 덩컨 왕 시해 후에는 죄책감으로 두려움에 떨던 맥베스 왕은 "맥베스를 해할 자 없다"라는 마녀들의 예언에 곧 자신감을 되찾는다. 이와는 반대로 "목표가 확고치 못하다니!"라고 남편에게 핀잔을 주었던 맥베스 부인은 극의 후반부 4막에서 오히려 죄책감에 억눌려 몽유 증세를 보인다. 마지막 5막에서 맥베스 왕비는 습관처럼 밤마다 왕궁을 오가는 몽유 증세를 보이며 피 묻은 흔적으로 괴로워한다.

전의

왕비께서 지금 하시는 행동은 무엇일까? 자신의 손을 문지르는 것 좀 보세요.

Doctor

What is it she does now? Look, how she rubs her hands.

시녀

저렇게 손을 씻으시는 행동, 이제는 습관이 되었지요.
15분 동안이나 계속 손을 씻으시는 것을 본 적도 있어요.

Gentlewoman

It is an accustom'd action with her, to seem thus
washing her hands. I have known her continue in
this a quarter of an hour.

맥베스 부인

아직도 여기 자국이 남아 있네.

Lady Macbeth

Yet here's a spot.

전의

가만 듣게나, 왕비께서 말도 하시네.
좀 더 확실하게 기억을 뒷받침하도록 무슨 소리를 하는지 적어 둬야겠군.

Doctor

Hark*, she speaks. I will set down what comes from her,
to satisfy my remembrance the more strongly.　(5막 1장)
(hark*: 귀를 기울이다)

맥베스 부인이 몽유 상태에서 피 묻은 흔적을 보고 말한다. "없어져라, 저주받은 얼룩이여! 없어져라, 제발!" 마치 맥베스 왕이 옆에 있는 듯 남편의 겁냄을 나무라며, 몽유 상태에서 말한다. "여기 아직도 피비린내가 나는구나." 맥베스 부인은 자신의 손을 씻고 또 씻어 보지만, "아라비아의 향수를 모두 뿌린다 하더라도 이 작은 손 하나 향기롭게 하지 못하리니"(5막 1장) 라며 괴로워한다. 맥베스 부인은 남편이 바로 옆에 서 있는 것처럼 말한다. "어서 손을 씻으시고, 잠옷으로 갈아입으세요."(5막 1장) 부인은 몽유 상태에서 뱅쿼가 죽어 무덤에서 나올 수 없으니 겁먹지 말라고 남편에게 타이르는 말까지 한다.

맥베스 부인

어서 손을 씻으시고, 잠옷으로 갈아입으세요;
그렇게 창백한 얼굴로 쳐다보질 마시구요.
되풀이해서 말하지만, 뱅쿼는 땅속에 묻혀 있잖아요;
무덤에서 살아 나올 순 없다니까요.

Lady Macbeth

Wash your hands, put on your nightgown;
look not so pale. —
I tell you yet again, Banquo's buried;
he cannot come out on's grave.　(5막 1장)

죄책감에 몽유 증세를 보이는 왕비가 습관처럼 밤마다 왕궁을 오가며,

덩컨 왕 시해 사건을 회상하듯 상상 속 대화를 혼자말로 중얼거린다. 왕비는 몽유 상태에서 양심에 괴로워하는 남편을 꾸짖는가 하면, 왕권을 쟁취하면 두려워할 것 없다고 혼자 중얼거리고, 덩컨 왕이 흘린 많은 양의 피를 보고 놀라기도 한다. 왕진하러 온 의사와 시녀 앞에서 몽유 상태로 왕비가 덩컨 왕과 뱅쿼 시해 장면을 재현하고 있는 것이다. 왕비는 시해의 책임이 자신에게 있으며, 남편을 조롱한 자신의 행동에 대해 양심의 죄책감을 토로한다. "없어져라, 저주받은 얼룩이여! 없어져라.(Out, damned spot!, out, I say!)" 반어적 어조를 구사한 셰익스피어의 전형적인 맞춤형 표현이다. 이 얼룩 자국은 단순한 커피 자국이 아니다. 지워지지 않는 핏자국이다. 작품 〈맥베스〉에서 반복되는 주제가 바로 씻고 씻어도 '끔찍한 핏자국의 얼룩을 지우는 것이 얼마나 어려운 일인가' 하는 것이다. 맥베스 왕 자신도 자신의 피를 넵튠의 바닷물로도 씻을 수 없다고 말한 바 있다. 남편을 비난했던 맥베스 부인이 자신의 양심 속에 덩컨 왕의 피가 얼룩져 있음을 보게 된 것이다. 맥베스 왕과 왕비는 손 씻는 행동을 상상하면 마음을 괴롭히는 심리적 고통이 해소될 것이라고 주장하고 있지만, 셰익스피어는 이를 통해 오히려 왕과 왕비의 잘못을 폭로하고 있다.

☞ 여기서 잠깐!

맥베스 부인이 몽유 상태에서 자신의 손을 그토록 오랫동안 씻는 이유는 무엇일까? 사형에 처할 대죄가 아님에도 불구하고 유대 군중들의 요구에 마지못해 예수의 처형을 승인한 빌라도는 물을 떠다가 군중들 앞에서 자신의 손을 씻은 바 있다. 손을 씻는 행위는 무엇을 뜻하는가? 맥베스 부인과 빌라도처럼 손을 씻으면 우리의 뇌와 정신도 편하다고 느끼는 것일까? 마음의 편안을 위해 손을 씻을 때, 우리 뇌에서는 어떤 일들이 일어나고 있는 것일까?

사실 몸을 씻음으로 죄를 씻고 마음을 정화하는 행위는 많은 종교에서 흔히 관찰되는 행위이다.[15] 힌두교에서는 성수 갠지스(Ganges) 강에서 목욕하면 업이 소멸되어 후세에 복을 받는다고 믿는다. 가톨릭, 기독교, 시크교에도 죄를 씻는 '세례' 또는 '침례' 의식이 있으며, 이슬람교에도 예배를 드리기 전 몸을 청결하게 하는 '우두' 의식이 있다. 〈맥베스〉 5막 1장에서 맥베스 부인은 몽유 상태에서 습관적으로 손을 문질러 씻는다. 그 이유가 무엇일까? 손을 씻음으로 죄의식이 함께 씻겨 내려간다고 생각하기 때문이다. 맥베스 부인의 손에 실제로 피가 묻어 있는 것은 아니다. 하지만 맥베스 부인은 몽유 상태에서 남아 있는 핏자국을 발견하고 소리친다. "없어져라. 저주받은 핏자국이여! 없어져라!"

캐나다 토론토 대학과 미국 노스웨스턴 대학의 연구진이 물로 씻음으로 마음을 정화하려는 행위를 '맥베스 부인 효과(Lady Macbeth effect)'라고 명명한 바 있다.[16] 캐나다의 중 천보(Zhong, Chen-Bo) 교수와 미국의 릴렌퀴스트(K. Liljenquist) 교수 팀[17]은 2006년 60여 명의 대학생들을 대상으로 '맥베스 부인 효과'를 보여 주는 몇 가지 실험을 실시하였다. 연구진은 실험 참가자들에게 먼저 도덕적 행위나 비도덕적 행위를 하였던 자신의 과거 행위를 회상해 보도록 하였다. 그 후 철자가 생략된 'W**H, SH**ER, S**P'를 완성하게 하였다. 실험 결과가 어떻게 나왔을까? 흥미롭게도 비도덕적인 행위를 떠올린 학생들은 'W**H'의 스펠링을 'wish'가 아닌 'wash'로, 'SH**ER'를 'shaker'가 아닌 'shower'로, 'S**P'을 'stop'이 아닌 'soap'으로, 몸 씻는 행위와 관련된 단어로 완성할 확률이 도덕적 행위를 회상한 학생들보다 60% 더 많았다고 한다. 그 이유가 무엇이었을까? 도덕적으로 나쁜 행위를 떠올린 학생들이 자신의 마음이 더러워졌다고 느꼈기 때문이었다. 실험 참가자들이 비누로 손을 씻으면 마음이 깨끗해진다고 여긴 것이다.

릴렌퀴스트 교수 팀의 두 번째 실험은 짧은 일인칭 소설을 그대로 옮겨

적는 과업이었다. 소설 속의 한 주인공은 다른 사람을 도와주는 선행을, 다른 주인공은 사람들을 괴롭히는 악행을 하는 내용이었다. 실험 후 참여 학생들에게 생활용품을 선호하는 순서대로 나열해 보라고 하였다. 실험 결과 배터리나 메모지와 같은 용품의 경우, 두 집단의 선호도가 비슷하였다. 하지만 비누나 치약과 같은 세정용품의 선호도는 남을 괴롭힌 소설을 베낀 학생들의 집단이 훨씬 더 높게 나왔다. 그 이유가 무엇이었을까? 단지 소설을 베낌으로 나쁜 행위를 연상만 하였음에도 불구하고, 피험자들은 소설 속 악행을 자신들이 실제 체험한 것처럼 느낀 것이다. 마음 속 부정행위를 정화하기 위해 실험자들이 무의식적으로 몸 씻을 생각을 한 것이다.

실제로 손 씻는 일과 마음의 정화작용은 본질적으로 무관하다. 그런데 무관한 물리적 행위와 심리적 현상이 어떻게 서로 얽히게 되었을까? 뇌 과학자들은 이들 정보를 처리하는 뇌의 영역이 서로 겹쳐 있기 때문이라고 설명한다. 손을 씻는 단순한 물리적 행위만으로도 잘못된 행위를 자신의 의식으로부터 떼어 내는 효과가 있다는 것이다. 맥베스 부인과 같이 죄의식에 사로잡혀 있는 사람들이 단순히 손을 씻는 행위만으로도 죄의식의 짐을 다소나마 덜 수 있는 것이다. 미국 미시간 대학교의 스파이크 리(Spike Lee) 교수 팀[18]은 2010년 《사이언스》지에 '손 씻기 행위가 결정에 미치는 영향'에 대한 흥미로운 연구 결과를 발표하였다. 우리가 무엇인가 결정을 내린 후 손을 씻을 때, 자신이 내린 결정에 대해 보다 객관적인 입장을 취하게 된다는 사실이 실제로 규명된 것이다. 연구진은 성인 40명의 실험 참가자들을 대상으로 소비자 선호도 조사인 것처럼 가장하여 30장의 음악 CD를 주면서 가장 선호하는 CD 10장을 골라 선호하는 순위를 매기도록 하였다. 그 후 참가자들에게 자신이 매긴 선호도의 5위 또는 6위의 음악 CD를 선택하여 가져가도록 하였다. 연구진은 CD 선택을 끝내면, 일부 참가자들에게는 액체 비누에 손을 씻도록 한 후 CD를 품평하게 하였고, 다른 참가자들에게는 비누병만 쳐다본 후 품평하도록 하였다. 결과가 어떻게 나왔을까?

사람들은 일반적으로 자신들이 선택한 품목에 더 높은 점수를 주는 경향이 있다고 한다. 실제로 비누병만을 쳐다보기만 한 피험자들은 본인들이 선택한 음악 CD에 대해 처음 부여했던 순위보다 더 좋은 순위를 주었다. 하지만 흥미롭게도 손을 비누로 씻은 참가자들은 처음과 동일한 순위를 부여하였다. 어떤 식으로든지 간에 손 씻는 행위만으로도 사람들이 자신의 선택과 관련된 감정의 찌꺼기를 씻어 낸 것이다. 씻음으로 인한 신체적 청결이 도덕적 깨끗함과 분명 심리적 연관성이 있어 보이는 이유이다.

캐나다 토론토 대학교의 애덤 앤더슨(Adam Anderson) 교수 팀[19]은 2009년《사이언스》저널에 '실제로 맛보고 냄새를 맡는 일과 불쾌한 것을 보고 듣는 일과의 관계'에 관한 재미있는 연구 결과를 발표하였다. 연구진은 피험자들에게 쓴 액체를 마시거나 고약한 냄새를 실제로 맡게 한 후 이때 반응하는 얼굴 근육의 근전도를 측정하였다. 그리고 피험자들에게 화장실과 같은 불쾌한 장면의 사진을 보여 주거나 공짜로 생긴 돈을 9(상대방):1(나)로 불공정하게 분배하자는 제안의 말을 들려준 후, 반응하는 얼굴 근육의 근전도를 측정하였다. 어떤 결과가 나왔을까? 쓴맛을 직접 맛보거나 고약한 냄새를 직접 맡을 때 느끼는 혐오감과 더럽고 불쾌한 사진을 보거나 불공정한 말을 들었을 때 반응하는 얼굴의 근전도 패턴이 동일한 것으로 나타났다. 마음의 역겨운 도덕적 혐오감이 혀로 느끼고 코로 맡는 등 신체가 실제로 느끼는 악취의 혐오감과 동일한 혐오감을 유발한 것이다. 손을 씻는 행위를 통해서 우리의 마음도 정화될 수 있다는 '맥베스 부인 효과'가 실제 마음을 다스리는 데 효과적으로 응용될 수 있음이 사실로 밝혀졌다.

5 절망감과 뇌

인생이란 한낱 걸어 다니는 그림자

"여자에게서 태어난 자는 맥베스를 쓰러뜨리지 못할 것이다." "버넘 숲이 움직이지 않는 한 맥베스는 안전할 것이다."(4막 1장) 마녀들의 예언을 굳게 믿은 맥베스 왕이 왕비를 왕진 온 의사와 수행원들에게 말한다. "버넘 숲이 던시네인 언덕으로 움직여 오지 않는 한, 겁날 게 없다." "애송이 맬컴이 다 뭐냐? 여자 몸에서 태어난 놈 아닌가?"(5막 3장) 맥베스 왕은 이렇게 자신을 위로하며 불안한 마음을 다독인다. 하지만 왕은 곧이어 자신의 인생을 다음과 같이 회고한다.

맥베스

나는 살 만큼 충분히 오래 살았도다:
내 삶의 길도, 노랗게 물든 낙엽처럼, 점점 메마른 시기로 접어들었구나.
노년에 동반되는 것, 명예, 사랑, 복종,
그 많던 친구들이 이젠 더 이상 나와 인연이 없는 것 같구나;
그 대신, 시끄럽진 않지만 원한 깊은 저주와 입바른 아첨과 빈말뿐,
흔쾌히 거절하고 싶지만, 마음이 약해 감히 거절하지도 못하는구나.

Macbeth

I have lived long enough: my way of life
Is fall'n into the sear*, the yellow leaf,
And that which should accompany old age,
As honour, love, obedience, troops of friends,
I must not look to have; but, in their stead,
Curses, not loud but deep, mouth-honour, breath,
Which the poor heart would fain** deny, and dare not. (5막 3장)
(sear*: 마른, fain**: (고어) 기꺼이, 흔쾌히)

맥베스 왕은 자신의 신세가 마치 가을에 말라빠져 떨어진 누런 낙엽과 같다고 말한다. 명예와 사랑과 복종, 그리고 자신과 함께한 많은 친구들마저 떠나 버리고 만 외톨이 신세임을 맥베스 왕이 한탄하고 있는 것이다. 맥베스 왕이 주치의에게 왕비의 차도를 묻자, 의사가 대답한다. "병환이라기보다는 계속 밀려오는 망상에 시달려 평안한 휴식을 취하지 못하는 것이지요." 하지만 왕비의 병이 양심의 심한 죄책감에 기인한 것임을 알고 있는 맥베스 왕은 의사를 질책한다. "그걸 고쳐야지. 그대는 마음의 병을 고치지 못하는가?" 맥베스 왕이 주치의에게 부탁한다. "기억 속에 뿌리박힌 근심을 뽑아내고, 뇌리 속에 각인된 고통을 지워 주시오." "무언가 감미로운 망각의 약을 써서라도 왕비의 심장을 짓누르고 있는 저 사나운 생각들을 가슴으로부터 시원히 없애 주시오." 하지만 주치의는 대답한다. "환자 스스로 치료하여만 합니다."(5막 3장) 비록 맥베스 왕과 왕비는 인정하지 못하지만, 신체를 치료하는 약으로 이들의 양심을 치유할 수 없음을 익히 알고 있는 왕비의 주치의는 죄책감의 문제가 바로 당신, 당신 자신의 문제(That's your own problem)라며 이들의 아픈 곳을 정확히 찍어 말하고 있는 것이다.

권력의 달콤한 맛을 맛보고 권력욕에 심취했던 맥베스 왕비는 몽유병에 시달리다 결국 죽음을 맞이한다. 왕비의 운명 소식을 접한 후, 맥베스 왕은 "죽음이란 한 줌의 흙으로 돌아가는 것"이라며 초연하게 인생무상을 논한다. 맥베스 왕에게 죽음이란 시끌벅적하지만 허황된 것으로 가득한 '바보들의 이야기'인 연극의 마지막 장면에 불과한 것이다. 다음은 맥베스 왕이 혼잣말로 되뇌는 독백이다.

맥베스

왕비도 언젠가는 죽어야 할 몸;
어느 때고 한번은 내 그런 소식을 접할 줄 알았노라:
내일, 그리고 내일, 그리고 또 내일이,

기록된 시간의 최후 순간까지 하루하루 이렇게 조금씩 기어가는구나;
어제라는 지난날들이 바보들의 길을 밝히고 있구나,
티끌로 돌아가는 죽음에로의 길. 꺼져라, 꺼져 버려라, 덧없는 촛불이여!
인생이란 한낱 걸어 다니는 그림자일 뿐,
가련한 배우, 한동안 무대 위에서 우쭐대고 걸으며 안달해 하다가,
결국 사라지고 마는 가련한 배우일 뿐.
바보 천치가 지껄이는 이야기, 소음과 분노가 가득하나,
아무 의미 없는 이야기일 뿐이로다!

Macbeth

She should have died hereafter;
There would have been a time for such a word:
To-morrow, and to-morrow, and to-morrow,
Creeps in this petty pace from day to day,
To the last syllable of recorded time;
And all our yesterdays have lighted fools
The way to dusty death. Out, out, brief candle!
Life's but a walking shadow, a poor player,
That struts* and frets** his hour upon the stage,
And then is heard no more. It is a tale
Told by an idiot, full of sound and fury,
Signifying nothing.　(5막 5장)
(strut*: 점잔 빼며 걷다, fret**: 조마조마하다, 안달하다)

셰익스피어 희극 〈당신 좋으실 대로〉에서 셰익스피어는 우울증에 걸린 염세 철학자 자크(Jaques)의 입을 빌려 "세상이 온통 무대다(All the world's a stage)"라고 말한다. "세상 온갖 남녀들은 한낱 배우에 불과할 뿐", 우리의 삶이 연극이고, 세상이 연극 무대인 것이다. 자크에 의하면 파란만장한 인간의 삶이란 '7막의 연극'이다. 제1막은 네발로 기는 유아기로 시작한다. 제

2막은 학생 역, 제3막은 연인 역, 제4막은 군인 역, 제5막은 법관 역, 제6막은 노인 역이다. 마지막 제7막은 어린아이처럼 누군가의 도움에 의지해야만 하는 '제2의 유아기' 역이다. 온 세상이 연극 무대라고 생각한다면, 셰익스피어의 주인공들은 때론 우울할 수밖에 없다. 왕비의 죽음 소식을 접한 맥베스 왕이 인생의 허망함에 대해 "내일, 그리고 내일, 그리고 내일"이라고 독백한다. 맥베스 왕은 어쩌면 세상이라는 연극 무대 위에서는 한 사람의 서툰 연기자일 뿐이다. 지난 일련의 사건 장면들을 하나씩 연상하듯이 맥베스 왕은 시간의 흐름을 "To-MORrow, and to-MORrow, and to-MORrow(내일, 그리고 내일, 그리고 또 내일이)"라는 반복된 리듬으로 절제하여 표현하고 있다.

우리의 삶이 연극에 불과하다면, 인생이란 내일 내일을 추구하며 걸어다니는 '촛불에 드리운 그림자'와 같은 환상일 뿐이다. 인생이란 '소음과 분노 가득 찬' '바보 천치들의 이야기'에 불과한 것이다. 무대 위의 배우처럼 짧은 역할 놀이만 하다가 잊혀지고 마는 아무 의미 없는 것이 우리의 인생이다. "정승댁 개가 죽으면 문상객이 들끓지만, 정승이 죽으면 문상객이 뜸하다"라는 우리말 속담이 있다. 석양의 지는 해는 아쉬워하지만 지는 석양을 그리워하지는 않는다. 내일 또 다시 새로운 태양이 떠오르기 때문이다. 지위가 사람을 만들지만, 지위가 사라지면 찾아오는 사람도 적어진다. 세월이 화살처럼 빨리 지나가 버리고, 나이 들면 권력마저 잃어버리고 마는 인생무상이 바로 우리의 삶인 것이다. 이처럼 인생무상의 우울한 비애감을 맥베스 왕이 인생 마지막 순간에 노래하고 있는 것이다.

드디어 버넘 숲이 움직이기 시작한다. 버넘 숲에 도달한 영국 군대들이 나뭇가지를 베어 들고 몸을 숨긴 채 성 쪽으로 이동하기 시작한 것이다. 버넘의 숲이 움직인다는 보고를 받자, 맥베스 왕은 "불가능한 일"이라며 화를 낸다. 불안감이 또다시 맥베스를 엄습한다. 하지만 "여인에게서 태어난 자, 널 해치지 못한다"라는 두 번째 예언이 아직 유효하기에 맥베스 왕은 맥더프와 일대일로 싸우게 되는 마지막 순간까지 자신의 승리를 확신한다. 맥더프가 "때가 되기 전 어머니의 배를 찢고 세상에 나왔노라"라고 말하자, 자신만만해하던 맥베스 왕은 비로소 좌절하여 싸울 의욕마저 상실하고 만다. 맥베스 왕은 "맥더프, 너와는 싸우기도 싫다"(5막 6장)라고 말하며 비극적 최후를 맞는다.

☞ **여기서 잠깐!**

세 마녀의 말에 긍정의 희망을 갖게 된 맥베스 왕은 "세상에 무서울 것이 없다"라며 자신만만해한다. 하지만 맥더프가 제왕절개로 세상에 나왔다는 말을 듣는 순간 마지막 희망의 끈을 놓아 버리고 만다. 우리가 희망의 끈을 놓고 부정적 사고를 할 때, 즉 절망감에 빠질 때, 우리 뇌에서는 어떤 일들이 일어나고 있는 것일까?

셰익스피어와 함께 풀어 보는 뇌 과학 이야기

말기 암 진단을 통고받는 순간 대다수의 환자들은 "왜 나에게 이런 일이?"라는 분노와 함께 온갖 부정적 생각을 떠올린다고 한다. "난 무엇을 해도 안 되는구나. 더욱이 암까지." "과연 내가 살 수 있을까?" "죽음이 두렵고 무섭다." 하지만 부정적 생각의 독성을 잊어서는 안 된다. 부정적 생각의 바이러스는 복어와 뱀독 다음으로 독성이 강한 아드레날린(adrenaline) 호르몬을 분비하기 때문이다.[20] 수십 명을 죽일 수 있는 독소를 매 순간 뇌에서 생산 · 가공하면서 이와 동시에 육체와 정신의 건강을 온전하게 유지할 수 있을까? 불가능한 일이다. 하지만 암을 극복해 낼 수 있다는 긍정적 희망을 가진다면 베타 엔돌핀(beta-endorphine)이라는 호르몬이 뇌에서 분비된다. 일곱 색 무지개와 같이 찬란한 빛처럼 보이는 베타 엔돌핀은 세상을 긍정적으로 바라보게 하며 인체 속 암세포도 죽인다는 사실이 밝혀졌다. 미국 댈러스 암연구센터 칼 사이먼턴(Carl Simonton) 박사는 1978년 공저 《다시 건강해지다(Getting Well Again)》[21]에서 소위 '상상 치료 요법(image theraphy)'의 긍정적 이야기를 소개하였다. 사이먼턴 박사 팀은 4년간 159명의 말기 암 환자를 대상으로 긍정 이미지 요법을 실시하였다. 환자들에게 병이 완치되는 모습을 상상하게 하고, 정상세포가 암세포를 파괴하는 장면을 상상하게 하였다. 백혈구가 파괴된 암세포를 몸 밖으로 내보내는 장면을 마음속에 그리게 하고, 인체 속 독소들이 조금씩 몸 밖으로 빠져나가는 장면을 연상하게 하였다. 이러한 긍정 이미지 요법으로 63명의 환자들이 생존하였으며, 말기암 환자 중 19%가 완전히 치유되었다.

미국 미네소타 주의 한 수도원에서 생의 마지막까지 정상적인 활동을 해 온 수녀 '메리'의 뇌를 사후 검사해 보았다. 101세에 사망한 메리의 뇌를 사후 부검한 결과 상당수의 뇌 섬유들이 엉켜 있는 알츠하이머병의 특색을 보여 주었다. 하지만 놀랍게도 생전에 메리 수녀에게서는 치매 증세를 거의 찾아볼 수 없었다고 한다.[22] 그 이유가 무엇일까? 감사하고 봉사하는 수녀들의 긍정적 사고의 힘이 치매 예방의 비법인 것이었다.

하버드 의과대학에서 뇌에 대한 연구와 강의를 하였던 질 테일러(Jill Taylor) 박사는 1996년 37세의 나이에 뜻하지 않게 뇌졸중에 걸렸다.[23] 테일러 박사는 뇌졸중으로 좌뇌의 기능이 완전히 멈춰 버렸기 때문에 뇌의 반쪽 우뇌만으로 세상을 바라볼 수밖에 없었다. 하지만 놀랍게도 박사는 긍정적인 사고로 예전보다 더 풍요로운 삶을 누리게 되었다. 좌뇌는 언어와 수리, 논리를 관장하고, 과거와 미래를 생각한다. 이에 반해 우뇌는 이타심과 공감 능력, 창조와 직관력을 관장하며, 지금 이 순간 현재만을 생각한다. 우뇌만을 사용해야 하였기에 좌뇌의 '재잘거림'이 더 이상 테일러 박사를 괴롭힐 수 없게 되자 박사의 마음은 편해지고 온몸에 에너지가 충만해지는 놀라운 '긍정의 힘'을 즐기게 된 것이다. 지난 과거를 후회하거나 미래를 염려하는 대신, 지금 이 순간에만 집중하여 명상 속 일념처럼 우뇌의 보이지 않는 긍정의 에너지를 일깨워 보자. 우리 속에 잠재된 무한한 힘이 놀랍게 발휘될 것이다.

빛과 어두움의 대결! 칠흑 같은 어두움과 싸워 이길 수 있는 최선의 방법은 무엇일까? 어두움을 없애는 최선의 방법은 바로 자신의 빛을 더욱 밝히는 것이다. 빛이 밝게 빛나면 빛날수록 어두움은 저절로 사라지고 만다. 희망과 절망! 우리의 뇌는 희망과 절망의 두 감정을 동시에 가질 수 없다. 그렇다면 절망을 이겨 내는 최선의 방법은 무엇일까? 차동엽 신부는 2008년 저서 《무지개 원리》[24]에서 "절망과 싸우지 말라"라고 충고하였다. 절망을 없애려 하지 말고 "희망을 품어 절망을 몰아내라"라고 제안하였다. 최원교는 2009년 저서 《긍정의 결혼식》[25]에서 "긍정적 사고방식 뒤에는 항상 절친한 친구인 '웃음'이 동행한다"라고 하였다. 긍정적 사고가 우리를 젊게 유지해 줄 뿐 아니라 건강하고 행복하게 만들어 주는 것이다. 아울러 부정적인 생각이 마음속에 살며시 들어와 둥지를 틀지 못하도록 경계해야 한다. 우리가 끊임없이 희망을 가질 때 부정적 생각과 절망은 더 이상 끼어들지 못하게 되는 것이다.

"인생이란 한낱 걸어 다니는 그림자일 뿐!" "무대 위에서 한동안 우쭐대며 걷다가, 사라지고 마는 가련한 배우일 뿐!" "아무 의미가 없다!" 인생무상을 노래하는 맥베스 왕을 생각하니, 〈당신은 오늘 아침 '하루'라는 선물을 받으셨습니까?〉라는 2013년 11월 17일자 조인스 블로그의 기사[26]가 문득 떠오른다.

> 아침에 눈을 뜨니 밤새 택배로 배달된 귀한 선물이 도착해 있다.
> 수신: 나
> 발신: 천국우체국
> 내용물: 하루

'하루'라! 상자를 여니, 하루 분량의 시간과 각자에게 맞는 달란트와 움직여 섬길 수 있는 건강이 들어 있다.

신기한 것은 매일 아침 배달되는 이 선물들은 축복과 감사로 쓰면 자꾸만 내용물이 생겨나고, 순종과 섬김으로 사용하면 더 좋은 재질로 변한다는 것! 그래서 어떤 이는 이 선물을 창조적으로 활용하여 다른 이들이 상상도 못한 것들을 만들어 낸다.

그런데 어떤 이들은 이 선물을 시들시들 말려 버린다. 선물이 선물로 보이지 않고 누가 보낸 것인지도 관심이 없다. 매일 받으니 시들해한다. 매일 만나를 먹으며 질려 버렸던 광야의 사람들처럼 인생이란 날만큼 수없이 배달된 이 선물을 하루도 감사와 기쁨으로 꽃피우지 못하고 불만과 짜증과 원망과 한숨으로 썩혀 버린다.

똑같은 선물을 가지고 어떤 이는 아름다운 정원을 만들어 누리고, 어떤 이는 감옥을 만들어 스스로 갇혀 지낸다.

우리가 살아 있는 동안 이 '하루'라는 선물상자는 계속 배달된다. 선물이 오는 동안의 하루하루는 영원한 나라와 연결되는 기회이다. 편지에 답장을 하듯 선물에 대한 각자의 반응은 천국을 얻을 수도 있고, 놓칠 수도 있다.

영원으로부터 와서 매일 단 한 번씩 주어지는 이 귀한 선물!

당신은 '하루'라는 이 선물을 어떻게 쓰고 계십니까?

새뮤얼 존슨(Samuel Johnson)이 말한다. "짧은 인생이 시간 낭비로 더욱 짧아진다.(Life, however short, is made still shorter by waste of time.)" '오늘'이라는 선물은 늘 누구에게나 공평하게 찾아오는 선물이다. 하지만 헛되이 사용해서는 안 될 소중한 '하늘의 선물'이다. 오늘이 아무리 힘들고 고달프더라도, 오늘이 아무리 나를 외면하고 달아난다 할지라도, 오늘을 사랑하고 희망으로 가꾸어 가도록 하자. 오 헨리(O. Henry)의 〈마지막 잎새(The Last Leaf)〉에서 절망에 빠진 존시(Johnsy)를 위해 베어먼(Behrman) 영감은 밤새 폭풍우를 맞으며 담장에 담쟁이 잎사귀를 그려 놓는다. 떨어지지 않는 담쟁이 잎사

귀처럼 희망이 우리의 삶을 극적으로 바꾸어 놓을 수 있는 것이다. 필자의 메시지 앱 구호는 '열정과 목적 있는 삶!(Life with passion and purpose!)'이다. 매 순간 하루하루를 100%의 열정을 갖고 최선을 다하여 '목적 있는 삶'을 살아 보는 것은 어떨까? 아무리 힘든 역경이 우리 앞에 놓여 있다 하더라도 이러한 역경이 오히려 우리를 단련시키고 연단시키는 절호의 기회라고 긍정적으로 받아들이도록 하자. 매사 매 순간마다 열정적으로 최선을 다하여, 매일 배달되는 '오늘의 하루'를 '내 인생의 최고의 날!(Today is the best day of my life!)'로 만들어 보자. 이것이 2006년 론다 번(Rhonda Byrne)의 세계적 베스트셀러 《시크릿》[27]에 나오는 '성공의 문을 여는 비밀의 열쇠'인 것이다.

한국의 신예 골퍼 김효주 선수는 2014년 9월, 세계 남녀 골프대회를 통틀어 메이저 대회 최소타(61타)의 신기록을 세우고, 프랑스 에비앙 챔피언십에서 만 19세의 나이로 당당히 우승컵을 거머쥐었다. 그녀의 멘털 노트에는 이런 글들이 적혀 있었다. "인간은 자신의 뇌를 속일 수 있다." "미래의 기억 속에 희망을 심어라." "몸 안의 특수한 기능을 자극할 줄만 안다면 원하는 모든 꿈을 이룰 수 있다." 뇌를 속이는 긍정의 힘으로 부정적 생각과 절망을 몰아내자! 우리 속의 무한한 잠재력을 일깨워 진정한 삶의 챔피언이 되어 보자!

외워 두면 유용한 〈맥베스〉 명구들

Fair is foul, and foul is fair.
아름다운 것은 추하고, 추한 것은 아름답다.
(1막 1장, 세 마녀)

Look like the innocent flower, but be the serpent under it.
마치 순수한 꽃처럼 보이지만, 꽃 밑에 숨겨진 독사가 되는 거예요. (1막 5장, 맥베스 부인)

Things without all remedy should be without regard. What's done is done.
어찌할 수 없는 일은 잊는 수밖에 없다. 지나간 일은 이미 지난 일, 되돌릴 순 없다. (3막 2장, 맥베스 부인)

Blood will have blood.
피는 피를 부른다. (3막 4장, 맥베스)

What's done cannot be undone.
이미 끝난 일, 되돌릴 수는 없다. (5막, 1장, 맥베스 부인)

헨리 5세

Henry V **위대한 왕으로 변신한 해리 왕자**

간략한 배경과 줄거리

영국 왕 헨리 5세에 대한 기록들은 그다지 많지 않다. 그런 헨리 5세 왕의 이상적 성군 이미지는 셰익스피어가 만들었다고 해도 과언이 아니다. 이전 왕들 중 리처드 2세(Richard II) 왕의 경우 정통성은 있었지만 나약한 군주였다. 리처드 2세를 몰아내고 왕권을 차지한 헨리 4세(Henry IV) 왕은 강한 군주였으나 정통성이 없었다. 하지만 헨리 4세로부터 정통성을 이어받은 헨리 5세(Henry V) 왕은 프랑스 정벌 과정을 통해 병사들을 위로하고 프랑스와 친교를 맺는 등, 강력하고 뛰어난 지도력을 갖춘 성군으로 묘사된다. 영국 정부는 〈헨리 5세〉가 애국심 고취에 이상적이라고 판단하여, 전시 때나 애국심을 고취시킬 일들이 필요할 때마다 〈헨리 5세〉를 공연한다고 한다.

셰익스피어 작품 〈헨리 4세〉 1부, 2부에서 장차 영국 왕실을 이끌어 갈 어린 해리(Harry) 왕자는 일찍부터 술과 잡기에 빠져 학문에 도무지 관심을 두지 않았다. 시정잡배들과 어울리며 주색잡기에 몰두해 온 해리 왕자는 심지어 도둑의 무리와 어울려 부랑 생활까지 하였다. 1413년 헨리 4세 왕이 서거하자, 왕실의 우려 속에 해리 왕자가 헨리 5세 왕으로 즉위한다. 하지만 놀랍게도 천하의 망나니 해리 왕자는 왕위에 오르자, 주색잡기에서 완전히 손을 떼고 위대한 성군으로 변모한다. 헨리 5세 왕은 '아쟁쿠르' 전투(Battle of Agincourt)에서 위대한 승리를 거두고, 국내는 물론 대외적으로 영국 왕실의 기반을 확고히 다진다. 헨리 5세 왕이 프랑스 공주와 혼인하여 두 나라 간 반목과 전쟁의 역사인 '백년전쟁(Hundred Years' War)'에 종지부를 찍는다.

작자 미상, 〈헨리 5세〉, 16세기 후반 또는 17세기 초반(런던, 국립초상화미술관)

헨리 5세 왕은 선왕 헨리 4세와 마찬가지로 국내의 소요를 막기 위해 해외 원정을 꾀한다. 캔터베리(Canterbury) 대주교의 종용에 따라 헨리 5세 왕이 프랑스 원정길을 떠나겠노라 천명한다. 프랑스 대사는 영국 왕에게 모욕적인 선물을 보내 헨리 5세 왕을 격노케 만든다. 한편 런던 시내에서는 폴스타프(Falstaff)의 사동이 주막 마담 퀴클리(Quickly)를 찾으며, 폴스타프가 중병을 앓고 있다고 전한다. 퀴클리의 남편 피스톨(Pistol)은 님(Nym) 하사와 화해하고, 바돌프(Bardolph) 중위와 함께 군에 입대하여 프랑스로 떠나겠다고 선언한다. 왕의 문전 박대에 크게 낙담한 폴스타프가 결국 열병으로 죽음을 피하지 못한다. 헨리 5세 왕은 케임브리지(Cambridge) 백작, 스크로프(Scrope) 경, 그레이(Grey) 경이 프랑스와 내통하여 자신을 살해할 음모를 꾸미고 있다는 사실을 알고 이들을 체포하여 사형에 처한다.

프랑스 왕궁은 헨리 5세 왕의 과거 망나니 행적을 기억하며 영국군을 과소평가한다. 엑서터 공작(Duke of Exeter)이 도착하여 헨리 5세 왕이 프랑스 샤를 6세(Charles VI) 왕의 퇴위를 요구한다는 말을 전한다. 샤를 왕은 영국 왕의 감정을 누그러뜨리고자 영토 분양과 함께 딸 카트린(Catherine) 공주를 왕비로 삼아 줄 것을 사신을 통해 전한다. 하지만 헨리 5세 왕은 이를 거절하고 프랑스 정벌길에 나선다. 영국군이 프랑스 땅 아르플뢰르(Harfleur)를 포위하여 도시를 초토화시키겠다고 위협하자, 아르플뢰르 시장은 프랑스 왕의 지원이 불가능할 것이라고 판단하여 영국군에 항복한다. 영국군은 칼레(Calais)로 진군하여 아쟁쿠르 근교에서 프랑스군과의 결전을 준비한다.

전투 전날 밤 헨리 5세 왕이 군의 사기를 진작하기 위해 막사를 순시한다. 영국군은 장시간 행군으로 지쳐 있었고, 병력 수에서도 프랑스 군대에 비해 열세였다. 하지만 헨리 5세 왕은 유명한 '아쟁쿠르의 연설'로 병사들의 사기를 북돋운다. "승리의 영광과 보상은 클" 것이며, 전쟁에 승리할 경우 "병사들의 명예는 영국사에 길이 빛날" 것이다. 이러한 왕의 격려에 힘입어 영국군의 사기는 하늘을 찌를 듯 충천한다. 반대로 영국의 군대를 과소평가한 프랑스군은 사기가 떨어져 전열이 흐트러지고 만다. 프랑스군이 재차 반격을 시도하지만, 사기충천한 영국군은 프랑스군을 격파한다. 프랑스군은 귀족들을 포함하여 10,000여 명 이상이 전사하나, 영국군은 단 29명만 전사한다. 헨리 5세 왕이 압도적 승리를 거두고 의기양양하게 영국으로 돌아온다. 헨리 5세 왕은 프랑스로 다시 돌아가 프랑스 샤를 6세와 평화 회담을 갖고, 회담의 조건으로 프랑스 공주 카트린과 결혼하여 프랑스 왕의 후계자로 지명된다.

1 상상력과 뇌

무대 위의 상상력, 아쟁쿠르 전투

아서 해커, 〈헨리 5세 역의 루이스 윌러〉, 1900년(스트랫퍼드어폰에이번, 왕립 셰익스피어극단)

작품 〈헨리 5세〉에서 왕위에 오르기 전 방탕 생활을 일삼았던 해리 왕자는 왕이 된 이후 전혀 다른 모습을 보인다. 1415년 프랑스에서 벌어진 아쟁쿠르 전투에서 헨리 5세 왕이 이끄는 영국군은 자신들보다 3배나 병력 수가 많은 프랑스군과의 전투에서 압도적 승리를 거둔다. 당시 수적 열세로 긴장하고 있던 영국군 앞에서 헨리 5세 왕은 진정한 리더의 모습을 보여 준다. "병사가 많다고 하여 전투를 잘하는 것이 아니다." "내가 오늘 저 건방진 프랑스군의 교만을 꺾어 줄 것이다." 헨리 5세 왕의 출중한 리더십으로 영국군은 프랑스와의 전투에서 대승을 거둔다. 아쟁쿠르 전투에서 프랑스군은 만 명가량 전사하지만, 영국군은 단지 29명만 전사한다.

프롤로그(prologue)는 연극이 시작되기 전 연사가 나와 작품을 대략적으로 설명하는 부분이다. 〈헨리 5세〉의 프롤로그에서 한 연사가 등장하여 '시의 여신' 뮤즈(Muse)를 예찬하는 말로 극을 시작한다.

[프롤로그: 코러스 등장]

코러스

오, 시의 여신 뮤즈여,
창조의 가장 찬란한 하늘 끝까지 오르듯 불꽃을 내뿜는 뮤즈 신이여.
무대에 하나의 왕국이 들어서고, 왕자들은 배우로
군주들은 이 장엄한 장면을 바라보게 하소서!
늠름한 해리(헨리 5세)가 마치 자신과 같은
군신 마르스의 위용을 뽐내며 등장할 것입니다.

[*PROLOGUE: Enter Chorus*]

Chorus

O for a Muse of fire, that would ascend
The brightest heaven of invention,
A kingdom for a stage, princes to act
And monarchs to behold the swelling scene!
Then should the warlike Harry, like himself,
Assume the port of Mars; (프롤로그)

연사는 프롤로그에서 무대 위에 한 왕국이 들어서고, 곧이어 헨리 5세 왕이 늠름한 '군신' 마르스(Mars)의 위용으로 등장할 것임을 예고한다. 연사는 조그마한 투구장 같은 원형무대에서 평범하고 우둔한 배우들이 프랑스

셰익스피어의 연극 무대 모습(영국 런던, 글로브극장)

전투와 같이 장엄한 주제의 연극을 펼치고자 함을 용서해 달라고 요청한다. 연사는 계속하여 독자들로 하여금 상상력을 발휘해 줄 것을 부탁한다. "아쟁쿠르 전투의 생생한 모습을 상상해 주세요." 마치 전쟁터에 실제 와 있는 것처럼 연사가 상상의 나래를 펼 것을 관객들에게 요청하는 것이다.[1]

코러스

벽으로 둘러싸인 이 오두막 건물 속에
우뚝 솟은 양국 해안 절벽이 갈라놓은 전선에서
영국과 프랑스의 두 강대국이 맞서 있다고 상상해 주십시오:
저희들의 미흡한 점을 여러분의 상상으로 보완해 주십시오:
배우 한 명이 천 명의 연기를 한다고, 상상의 나래를 펼쳐 주십시오;
저희가 군마를 이야기하면, 땅에 늠름한 말발굽 자국을 남기는
군마들의 모습을 연상해 주십시오;

왕들을 아름답게 장식하는 것도 여러분의 상상력입니다,
왕들을 자유롭게 이곳저곳으로 옮기는 것도; 시간을 초월하는 것도,
다년간 이루어진 사건들을 모래시계의 한 시간의 사건으로
단축시키는 것도 여러분의 상상력입니다: 이 모든 것을 위해
저를 이러한 역사를 위한 해설자로 생각해 주시기 바랍니다;
이 연극을 너그러운 마음으로 보아 주시고, 조용히 들어 주시고,
관대히 평가해 주실 것을 삼가 기원하는 바입니다.

Chorus

Suppose within the girdle of these walls
Are now confined two mighty monarchies,
Whose high upreared and abutting* fronts
The perilous narrow ocean parts asunder**:
Piece out our imperfections with your thoughts;
Into a thousand parts divide on man,
And make imaginary puissance***;
Think when we talk of horses, that you see them
Printing their proud hoofs i' the receiving earth;
For 'tis your thoughts that now must deck our kings,
Carry them here and there; jumping o'er times,
Turning the accomplishment of many years
Into an hour-glass: for the which supply,
Admit me Chorus to this history;
Who prologue-like your humble patience pray,
Gently to hear, kindly to judge, our play. (프롤로그)

(abutting*: 인접한, asunder**: 산산이, 조각조각으로, puissance***: (고어) 힘, 세력)

문학은 종종 우리를 놀라운 상상력의 세계로 초대한다. 작가는 상상력

이 풍부한 말과 글을 통해 독자들이 무대 속에 실제 들어와 있다는 착각 속에 빠지도록 도와준다. 독자들은 이러한 작가의 언어를 통해 시각적 이미지를 뇌에 형상화한다. 마치 직접 보고 있는 것과 같은 이미지를 머릿속에 상상하는 것이다. 〈헨리 5세〉 프롤로그에서 연사는 비록 투계장처럼 작은 원형 목조 극장 안에 앉아 있지만, 영국군과 프랑스군이 해협을 사이에 두고 대치하는 장면을 연상해 줄 것을 요청한다. 더 나아가 연사는 군마를 이야기할 때, 말발굽 소리를 내며 대지를 박차고 뛰쳐나가는 늠름한 군마의 모습을 상상할 것을 부탁한다. 무대 안에서 관객들이 상상력을 발휘하여, 마치 전쟁의 현장 속에 실제 와 있는 모습을 머릿속에 연상해 볼 것을 연사가 관중들에게 부탁하는 것이다.

☞ 여기서 잠깐!

아인슈타인은 "상상력이 지식보다 중요하다"라고 말하였고, 나폴레옹은 "상상력이 세계를 지배한다(Imagination rules the world)"라고 말하였다. 마르쿠스 아우렐리우스(Marcus Aurelius)는 "사람의 인생은 그 사람의 상상력에 의해 결정된다"라고 말하였다.[2] 그렇다면 인간의 상상력은 어디로부터 어떻게 나오는 것일까? 사람들이 그림을 그리고, 예술적 창작물을 만들어 내며, 과학적 사고를 하는 등, 경이로운 창작 활동을 하도록 만드는 것은 무엇일까? 우리가 새로운 것을 상상할 때, 우리 뇌에서는 어떤 일들이 일어나고 있는 것일까?

셰익스피어와 함께 풀어 보는 뇌 과학 이야기

상상력과 예술적 창의성에 대한 문제는 많은 철학자들과 과학자들이 오랫동안 궁금해해 온 주제 중 하나이다. 예술가들과 과학자들의 기발한 에

술성과 독창적 창의성은 어떻게 하여 생겨나는 것일까? 조나 레러(Jonah Lehrer)가 2012년 저서 《이매진: 초일류의 뇌 사용법》[3]에서 '공상과 뇌'에 대한 흥미로운 이야기를 소개하였다. 우리가 쉬고 있을 때 근육은 그다지 많은 일을 하지 않는다. 하지만 뇌는 쉬는 와중에도 많은 일을 한다. 워싱턴 대학교 방사선과의 마커스 라이클(Marcus Raichle) 교수는 스캐너 안에서 주어진 과제 사이사이 쉬는 시간에도 피험자들의 뇌가 크게 활동한다는 사실을 발견하고 놀랐다. 이에 라이클 교수는 피험자들이 잠시 휴식을 취하는 동안 '공상'을 한 것이라고 가정하여 연구를 시작하였다. 실험 결과 우리의 뇌는 생각의 초기 모드 상태인 초기망(default network) 상태에서도 분주히 움직이고 있다는 사실이 밝혀졌다. 눈 바로 뒤에 위치한 전전두엽 부위가 후대상회(posterior cingulate), 내측두엽(medial temporal), 쐐기앞소엽(precuneus) 부위와 서로 긴밀히 동시에 활성화된 것이다. 그 이유가 무엇일까? 제각기 다른 기능을 하는 이들 피질 부위들은 별도의 신경회로에 속해 있어 평소에는 직접 상호작용을 하지 않는다. 그렇다면 뇌에서 무슨 일이 일어난 것일까? 바로 공상을 시작할 때, 이들 뇌 부위들이 긴밀히 작동을 시작한 것이다. 기발한 통찰력을 얻기 전 바로 몇 초 동안 우측 측두엽의 상측 전두회(anterior superior temporal gyrus) 부위가 유달리 활성화되었다. 사과나무 아래서 떨어지는 사과를 보고 '중력의 법칙'을 발견한 뉴턴(Newton)이나 욕조 안에서 "유레카(Eureka, 나는 발견했다)"라 외치며 벌거벗은 몸으로 기뻐 뛰쳐나온 아르키메데스(Archimedes)의 창의적 통찰력은 바로 이러한 공상에 의해 한순간 뇌에서 번쩍 튀어나온 것이다.

평범한 사람들의 눈에는 천재들의 행동이 기발하고 때로는 기이하게 비춰지기도 한다. 영화 〈뷰티풀 마인드〉에 나오는 천재 수학자 존 내쉬(John Nash)는 조현병(schizophrenia)을 앓은 바 있다. 천재 화가 빈센트 반 고흐(Vincent van Gogh)는 친구였던 폴 고갱(Paul Gauguin)과 다툰 후 자신의 귀를 자르고 후에 자살로 생을 마감하였다. 천재 음악가인 베토벤(Beethoven)

과 모차르트(Mozart)뿐 아니라 찰스 디킨스(Charles Dickens), 테네시 윌리엄스(Tennessee Williams), 유진 오닐(Eugene O'Neil) 등의 작가들도 극심한 우울증을 겪은 바 있었다. 위대한 천재들 중에는 이처럼 천재와 광기를 오가는 위인들이 많다.[4] 로마의 세네카(Seneca)와 그리스의 아리스토텔레스(Aristoteles)는 말한다. "광기 없는 천재 없다!(There is no great genius without some touch of madness.)" 그렇다면 천재와 기인의 차이는 정말 종이 한 장의 차이일까?

스웨덴 카롤린스카 연구소의 프레드릭 울렌(Fredrik Ullén) 교수 팀[5]은 2010년 '천재와 정신병자의 뇌'에 대한 흥미로운 연구 결과를 소개하였다. 연구진은 창의적인 사람과 정신질환자들을 대상으로 뇌에 어떤 공통적 특성들이 있는지를 살펴보았다. 연구진은 피험자들을 고도의 창의적인 사람, 평범한 사람, 정신질환자 세 그룹으로 나누어, '창의성 평가 테스트'를 실시하면서 이들의 뇌를 PET로 영상 촬영하였다. 실험 결과 고도의 창의적인 사람들과 신경분열증 환자에게서 공통적으로 뇌의 시상(thalamus) 부위의 D2 도파민 수용체 밀도가 평범한 사람들보다 낮게 나온다는 사실이 밝혀졌다. 시상 부위는 무슨 일을 하는 곳인가? 시상 부위는 입력된 각종 감각 정보들을 적절히 골라내어 추리와 인지를 담당하는 대뇌피질로 전달하는 곳이다. 시상 부위에 D2 도파민 수용체가 적다는 것은 무엇을 뜻하는 것일까? 시상 부위에서 걸러 내는 정보의 양이 낮음을 뜻한다. 이는 정보가 홍수처럼 대뇌로 밀려 들어와 훨씬 더 많은 양의 정보가 대뇌에서 처리되어야 함을 뜻하는 것이다. 창의적인 사람들은 정보의 홍수 속에서도 여러 정보를 동시에 처리함으로서 창의적이면서도 비범한 문제 해결책을 도출해 내는 것이다. 정신질환자들에게서 관찰되는 기이한 사고의 발상과 연상 역시 같은 연유이다. 창의적 사고(creative thinking)가 뇌 시상 부위의 D-2 도파민 수용체 밀도와 밀접한 관련이 있는 것이다.

그렇다면 우리의 상상력은 어디에서 나오는 것일까? 미국 다트머스

(Dartmouth) 대학의 알렉산더 슐레겔(Alexander Schlegel) 교수 팀[6]은 2013년 이에 대한 해답이 정신작업장(mental workspace), 즉 우리 뇌에 넓게 퍼져 있는 신경망(neural network)에 있다고 밝힌 바 있다. 우리 인간은 다른 종들과는 다른 뇌 신경망 조직을 가지고 있다. 하지만 고립된 뇌 활동을 통해 정신작업장을 실제로 찾아낸다는 것은 쉬운 일이 아니다. 슐레겔 교수 연구진은 15명의 실험 참가자들에게 추상적 시각 형상을 구체적으로 상상하도록 요구하고, 때로는 이를 결합하여 좀 더 복잡한 모양을 형상화하거나 이를 각각의 형상으로 나누어 형상화할 것을 요구하면서, 피험자들의 변화하는 뇌 활동 모습을 fMRI 영상으로 촬영하였다. 실험 결과 인간이 의식하는 대부분의 의식 경험이나 인지 활동들은 모두 정신작업장에서 시각 표시에 작동하는 광범위한 대뇌 피질(cortical)과 피질하(subcortical) 네트워크에서 이루어짐이 확인되었다.

〈헨리 5세〉 프롤로그에서 관객들에게 생생한 그림과 같은 상상의 이미지를 떠올리게 하기 위해 사용한 장치가 바로 코러스(chorus) 연사의 유창한 언변의 말들이다. 연사들은 무대에 나와 관객들에게 상상의 날개를 펴 줄 것을 요청한다. 영국군과 프랑스군이 치루는 아쟁쿠르에서의 처절한 전투 장면을 상상하게 하는 것이다. 헨리 5세가 지휘한 역사적인 아쟁쿠르 전투를 직접 보지는 못했지만 관객들이 원형의 연극 무대를 마치 프랑스의 광활한 전쟁터에서 치열한 전투를 직접 목격하는 것처럼 상상하게 만드는 것이다. 프롤로그는 작품이 앞으로 어떤 식으로 이어질지를 대략적으로 설명하는 머리말 부분이다. 언어의 마술사 셰익스피어가 〈헨리 5세〉의 프롤로그를 통해 독자와 관객들이 자신들만의 상상력을 발휘하여 작품을 실제로 공감하고 생동감 있게 이해할 수 있는 극적 장치를 마련하고 있는 것이다.

2 성격 변화와 뇌

성격 변화, 가능한 일인가?

1막 1장, 캔터베리 대주교와 엘리(Ely) 주교가 등장하여 새로운 법안이 통과될 경우 교회가 소유한 상당수의 토지와 재산을 송두리째 나라에 빼앗길 수 있음을 걱정한다. 엘리 주교가 "이를 막을 대책은?"이라고 묻자, 캔터베리 대주교가 다음과 같이 대답한다.

캔터베리

[국왕의] 청년 시절 행적으로 봐서는 기대하기 어렵지요.
선왕[헨리 4세]이 숨을 거두시자마자,
방탕한 행위도 그분 몸속에서 죽어 사라져 버린 것 같습니다;
예, 바로 그 순간, 마치 천사와 같이 자기 성찰력이 다가와
채찍으로 그분에게서 아담과 같은 죄의 속성을 몰아낸 것이지요.
그분의 육신을 낙원 동산처럼
천상의 영혼들이 머물 수 있도록 말이지요.
지금껏 이렇게 갑자기 학자로 변모한 예가 없었지요;
지금껏 이렇게 엄청난 변화가 홍수처럼 밀려와,
휘몰아치는 급류로 악행을 쓸어 버린 예도 없었고,
신화 속 수많은 머리를 가진 히드라 같던 그 많은 악행들이
이처럼 순식간에 자신의 자리를 잃고 사라진 예가 여태껏 없었지요,
헨리 5세 왕에서 보는 것처럼 말이오.

Canterbury

The courses of his youth promised it not.
The breath no sooner left his father's body,
But that his wildness, mortified in him,
Seem'd to die too; yea, at that very moment

Consideration, like an angel, came
And whipp'd the offending Adam out of him,
Leaving his body as a paradise,
To envelop and contain celestial* spirits.
Never was such a sudden scholar made;
Never came reformation in a flood,
With such a heady currance, scouring** faults
Nor never Hydra-headed wilfulness
So soon did lose his seat and all at once
As in this king. (1막 1장)
(celestial*: 천상의, 신성한, scour**: 씻어 내리다, 일소하다)

헨리 5세 왕의 급격한 변모에 대해 캔터베리 대주교가 계속하여 말한다.

캔터베리
국왕께서 그 은총을 어떻게 얻게 되셨는지 정말 놀랄 따름입니다.
그분의 경향은 헛된 일에 빠지기 일쑤였으며,
그분의 친구들은 무식하고 무례하며 경박하였고,
그분의 하루 일은 소란법석 떨고, 연회와 오락으로 가득 차 있었으며,
지금껏 한 번도 공부하는 모습을 보지 못했었지요,
조금이라도 손을 끊고 물러나
대중적인 곳이나 저급한 친구들로부터 따로 떨어져서 말이죠.
Canterbury
Which is a wonder how his grace should glean* it,
Since his addiction was to courses vain,
His companies unletter'd, rude and shallow,
His hours fill'd up with riots, banquets, sports,
And never noted in him any study,

Any retirement, any sequestration**
From open haunts*** and popularity. (1막 1장)
(glean*: 주워 모으다. 얻다, sequestration**: 격리, 유배, haunts***: 소굴, 회합 장소)

해리 왕자는 방탕한 친구들과 소일하며 홍청망청 놀기만 하였다. 하지만 헨리 4세 왕이 서거하자, 헨리 5세의 성격과 행동은 너무나도 급격히 변모한다. 캔터베리 대주교가 이처럼 갑자기 변모하는 경우를 일찍이 본 적이 없어 그저 놀랄 뿐이라고 말하자, 엘리 주교가 다음과 같이 말한다.

엘리
딸기는 쐐기풀 아래에서 자라지요, 건강에 좋은 산딸기 열매는
질이 저급한 열매와 이웃하여 자랄 때 가장 잘 자라고 잘 익는 법이지요:
마찬가지로 해리 왕자님께서도 자신의 지적 통찰력을
방탕한 생활의 베일 아래 감추어 두신 것이지요;
의심할 바 없이, 여름철 풀처럼, 밤사이 무서운 속도로 자라,
눈에 띄지는 않았지만, 자신의 역량에 따라 점차 성장하신 거예요.
Ely
The strawberry grows underneath the nettle*
And wholesome berries thrive** and ripen best
Neighbour'd by fruit of baser quality:
And so the prince obscured his contemplation
Under the veil of wildness; which, no doubt,
Grew like the summer grass, fastest by night,
Unseen, yet crescive*** in his faculty. (1막 1장)
(nettle*: 쐐기풀, thrive**: 잘 자라다, crescive***: 차차 증대하는)

해리 왕자는 학문에 도통 관심을 보이지 않았었다. 시정잡배들과 어울리며 술과 쾌락의 주색잡기에만 빠져 있었으며, 심지어 도둑의 무리와도 어울려 놀았었다. 해리 왕자가 왕위에 오르면 나라가 어떻게 될 것인지를 헨리 4세 왕은 물론 모두가 염려하였다. 하지만 해리 왕자는 선왕이 서거하자, 주위의 우려와는 달리 지혜롭고 유능한 왕으로 완전히 변모하여 지켜보는 모든 사람들을 놀라게 만든다. 〈헨리 4세〉 제1부 1막 2장에서 포인즈(Poins)가 해리 왕자에게 '도둑놀이' 게임을 제안하였다. 폴스타프 일당으로 하여금 강도질을 하게 한 후, 그것을 다시 빼앗는 '도둑 위의 도둑놀이'이다. 친구의 설득에 마지못해 동의하지만 해리 왕자는 앞으로 자신이 '태양처럼' 빛나게 행동할 것이라고 독백한다. "지금은 먹구름이 하늘을 덮어 세상으로부터 아름다운 빛을 가리지만, 다시 본모습으로 돌아가 태양처럼 밝히기를 원할 때에는 더욱 놀랍게 태양을 우러러보도록 하겠다." 지금의 방탕 행위는 본심이 아니라 훗날의 영광을 위한 포석일 뿐이라고 해리 왕자가 독백한 것이다. 실제로 해리 왕자는 강도 행각 이후 자신의 멘토처럼 동고동락한 폴스타프를 위시하여 술독에 빠진 친구들을 멀리하기 시작한다. 변덕스럽고 즉흥적으로 반응하였던 철부지 해리 왕자가 찬란히 빛나는 태양처럼 유능한 왕으로서의 변신을 꾀한 것이다. 〈헨리 5세〉에서 헨리 5세 왕은 비록 학문을 게을리하였지만 논리 정연하게 자신의 이론을 펼치고, 무술을 연마하지 않았지만 용감한 군인으로서 당당한 무술 실력을 선보인다. 헨리 5세 왕은 충신을 알아보는 안목과 함께, 신하를 겸허하게 섬길 뿐만 아니라 나라의 정사를 바로잡아 온 국민으로부터 존경과 사랑, 그리고 신망을 한 몸에 받는 위대한 성군으로 놀랍게 변모한다. 헨리 5세 왕이 태양처럼 밝게 빛나겠노라는 자신의 약속을 지킨 것이다.

☜ **여기서 잠깐!**

어린아이와는 달리 성인이 되어 자신의 생각과 성격을 완전히 바꾼다는 것은 쉬운 일이 아니다. '표범이 자신의 반점을 바꿀 수 있겠는가?(Can a leopard change his spots?)', '늙은 개에게 새로운 재주를 가르칠 수 없다(You can't teach an old dog new tricks)'라는 속담들이 이를 잘 반증하고 있다. 하지만 셰익스피어는 이러한 일반적인 우리의 사고에 과감히 도전장을 던진다. 망나니 해리 왕자로부터 성군으로 변모한 헨리 5세와 같이 성인이 되어서도 성격을 바꾸는 일이 가능한 일일까? 성격 변화가 뇌와는 어떻게 관련되어 있는 것일까? 성격이 급격히 바뀐다면, 우리 뇌에서는 어떤 일들이 일어난 것일까?

셰익스피어와 함께 풀어 보는 뇌 과학 이야기

사람의 성격이나 성품이 성인이 되어서도 근원적으로 바뀔 수가 있는 것일까? 해리 왕자와 같이 극적으로 좋게 변하는 경우도 있겠지만, 실제로 그렇게 극적으로 좋아지는 경우는 매우 드물다. 오히려 질병이나 약물 중독에 의해 신중하고 책임감 있던 사람들이 자신의 욕구와 식욕을 조절하지 못하는 등 나쁜 방향으로 변모하는 경우들이 훨씬 더 많다. 이와 관련된 유명한 일화가 바로 피니어스 게이지(Phineas Gage) 사건이다.[7] 게이지는 미국 버몬트 철도회사의 철로 부설 현장 감독관으로 1843년 9월, 바위에 구멍을 내서 폭약을 집어넣는 작업을 하고 있었다. 발파 준비 작업으로 긴 쇠 다짐 막대기로 표면을 고르는 작업을 하던 중 게이지가 실수로 주변 바위를 쳐서 튄 불꽃에 다이너마이트가 폭발하는 사고가 발생하였다. 폭발이 너무 순식간에 일어나, 미처 피할 사이도 없이 쇠 다짐 막대기가 게이지의 왼쪽 광대뼈 바로 밑을 뚫고 왼쪽 눈 뒤를 통과하여 뇌의 전두엽 부위를 지나 오른쪽 머리 윗부분을 뚫고 지나갔다. 이 사고로 두개골과 왼쪽 대뇌 전두엽 부위가 손상되었지만, 게이지는 피를 흘리면서도 운 좋게 목숨은 건졌다. 처음 몇 주 동안 게이지는 많은 감염으로 고생하였다. 하지만 기적처럼 한 달 후 겉보기에 말짱히 회복되었고, 그 후 12년을 더 생존하였다. 그런데 흥미로운 점은 이 사건 이후 게이지가 마치 다른 사람이 된 것처럼 성격과 행동 양상이 완전히 바뀌어 버렸다는 사실이다. 성실하고 믿음직하고 책임감 부철하였던 모범 청년이 사고 이후 화를 잘 내며 난폭하고 무책임한 사람으로 완전히 바뀌어 버린 것이다.

피니어스 게이지 사건은 행동의 원인을 생물학적 측면에서 연구하게 만든 역사적인 시발점이 되었다. 미국 아이오와 대학교(University of Iowa)의 안토니오 다마시오(Antonio Damasio) 교수 팀[8]은 1994년 매사추세츠 케임브리지 박물관에 보관된 게이지의 두개골을 뇌 영상 촬영을 통해 삼차원으로 입체화하였다. PET 뇌 영상 촬영을 통해 게이지가 안와전두피질(orbitofrontal cortex)과 전전두엽 피질 부위에 손상을 입은 사실이 확인되었다. 눈 뒤에 위치한 안와전두피질은 인간의 욕구나 동기와 관련된 정보를 주로 처리하는 부위로 감정 부위인 변연계와 직접 연결되어 있다. 안와전두피질의 내측 영역은 '보상'과 관련된 상황에서 활성화되는 반면, 안와전두피질의 외측 영역은 '처벌'과 관련된 상황에서 활성화된다. 안와전두피질은 우리의 감정이나 정서적 정보들을 적절히 조절하여 사회적으로 합리적인 행동을 할 수 있도록 도와주는 기능을 한다. 따라서 이 부위가 손상될 경우 실수를 통한 학습 기능이 사라지므로 사회적으로 부적절하고 무책임한 행동을 하며 정서장애를 보이게 되는 것이다.

전전두엽 부위는 작업 기억과 주의 집중에 중요한 역할을 하며 목표 지향적 행동에도 관여한다. 이에 근거하여 다마시오 교수 연구팀은 전두엽 부위에 손상을 입은 환자 12명을 비교 연구하였다. 환자들은 사실을 기억하거나 복잡한 계산은 할 수 있었다. 하지만 환자들은 신뢰관계나 직장생활, 그리고 결혼생활을 유지하는 데 많은 어려움을 겪고 있었다. 전두엽 부위가 손상된 환자들은 미래를 잘 설계하지 못할 뿐 아니라, 자신의 행동이 주변 사람들에게 어떤 영향을 미치고 있는지를 잘 파악하지 못하는 특징이 있다. 정신장애 · 주의력결핍 · 행동장애 · 폭력성 · 우울증 · 분노 · 부정적 사고 등이 나타나기도 한다. 게이지는 이러한 안와전두피질과 전전두엽 부위의 손상으로 화를 잘 내고 무책임한 사람으로 성격이 변하게 된 것이다.

최근 전전두엽 부위에 대한 보다 정밀한 연구가 계속 진행되어 좌뇌와 우뇌의 전전두엽 기능의 차이마저 규명되고 있다. 우뇌의 전전두엽 피질은 '부정적 감정'을 관장하고 '기권 · 수동 지향적'이다. 이 부위가 손상되면 어떻게 될까? 정신적으로 더 포용적이고 덜 낙심하는 등 긍정적 변화가 생긴다. 하지만 도덕적 죄책감이 결여되는 부작용도 보인다. 한편 좌뇌의 전전두엽 피질은 '긍정적 감정'을 관장하고 '행동 지향적'이다. 이 부위가 손상되면 어떻게 될까? 정신적으로 예전보다 더 비관적이 되고 더 낙심하게 된다.

뇌의 전두엽 형성에 중요한 시기는 언제일까? 초등학교 학생 시기이다. 그 이유는 초등학생 때의 경험이 청소년 시기 전두엽 발달에 크게 영향을 미치기 때문이다. 뇌의 전두엽 부위가 가장 왕성하게 발달하는 시기는 언제일까? 중고등학교 시절에 해당하는 12세부터 17세까지이다. 청소년들이 충동적인 이유가 바로 뇌의 발달이 완전히 끝나지 않았기 때문이다.[9] 전두엽 중에서도 가장 앞에 있는 전전두엽 부위는 가장 고차원적 판단을 하는 부위이다. 하지만 가장 늦게 발달하는 뇌 부위로 18~21세에 온전히 성숙된다. 해리 왕자를 통해 셰익스피어는 나이가 들어도 지적 · 감정적인 성숙을 지속적으로 발전시켜 나갈 수 있음을 보여 주고 있는 것이다.

해리 왕자는 자신을 먹구름에 감추어진 '태양'이라고 독백한 바가 있다. 왕자가 의식적으로 본심을 숨기고 행동하였음을 피력하는 말이다. 우리가 계획을 세우고 논리적인 사고로 합리적인 의사 결정을 내리는 부위가 바로 뇌의 전두엽 부위이다. 해리 왕자는 전두엽 부위를 활용하여 자신의 본심을 숨기고 무슨 말을 하고 어떻게 행동해야 할 것인지를 미리 계획한 것이다. 조만간 전두엽 부위의 관찰만으로도 본심을 숨긴 거짓말을 알아내는 거짓말 탐지기가 개발되지 않을까 기대해 본다.

3 이미지 연상과 뇌

포효하는 호랑이의 모습을 상상하라!

사람의 심금을 울리는 멋진 연설은 종종 우리의 혼과 마음을 빼앗아 간다. 셰익스피어의 작품 〈줄리어스 시저〉에서 브루투스는 시저 시해 이유에 대해 "내가 시저를 덜 사랑한 것이 아니라 내가 로마를 더 사랑했기 때문(Not that I loved Caesar less, but that I loved Rome more)"이라는 명연설로 로마 시민의 마음을 사로잡았다. 하지만 뒤이어 등장한 안토니우스의 명연설에 군중들의 마음이 180도로 돌아서 "반역자를 한 놈도 살려 주지 말자"라며 오히려 브루투스를 죽이고자 하였다. 사람들은 이처럼 명연설에 자신의 마음을 완전히 빼앗기고 만다. 글을 중시하는 동양에서는 좋은 시와 명문이 많은 반면, 말을 중시하는 서양에서는 마음을 빼앗는 명연설이 많이 등장한다.[10] 영국 왕 헨리 5세는 프랑스군과의 일전을 앞두고 멋진 명연설로 영국군의 사기를 끌어올려 패색이 짙던 아쟁쿠르 전쟁에서 위대한 승리를 거둔다.

1415년 여름, 헨리 5세의 영국 군대는 6,000여 명의 궁수와 1,000여 명의 중무장 보병, 그리고 수천 명의 보병대로 노르망디(Normandie) 해안에 상륙한다. 하지만 영국군은 18일 동안 250마일을 행군하였을 뿐 아니라 거친 날씨에 이질 등으로 체력이 급격히 고갈되었다. 더욱이 프랑스군은 영국군의 3배 이상의 병력을 보유하였으며, 더 우수한 무기로 무장하고 있었다. 8,000여 명의 중무장 병사와 4,000여 명의 궁수, 1,500여 명의 석궁병이 선봉에 지키고 서 있었다.[11] 엎친 데 덮친 격으로 전투 전날 폭우까지 쏟아졌다. 비로 흠뻑 젖은 상태로 아침 추위에 떨며 영국군은 겁에 질려 있었다. 하지만 헨리 5세 왕의 명연설이 시작되자, 영국군은 다시 용기를 얻고 더 이상 두려움에 떨지 않게 되었다. 더욱이 우거진 수풀과 비로 진창이 된 좁은 지형의 전장은 프랑스군보다 영국군에게 더 유리하였다.[12] 프랑스군은 영국군보다 더 많은 중무장 부대를 가졌지만, 좁은 전장으로 인해 영국군의 측면을 공격할 방도가 없었다. 더욱이 25kg의 갑옷으로 중무장한 프랑스군은 진흙탕의 전장을 걷기도 버거웠을 뿐 아니라 한번 쓰러지면 다시 일어나기조차 어려웠다. 이와 반대로 가볍게 무장한 영국군은 진흙탕의 백병전에서 더 유리하게 전투를 벌일 수 있었다. 결국 헨리 5세 왕은 프랑스군대에 막대한 손실을 입히고 압도적 대승을 거두었다. 프랑스군은 사령관을 포함하여 공작 3명, 백작 5명, 남작 90여 명이 전사하고, 약 10,000여 명의 병사가 전사하였다. 하지만 영국군의 사망자 수는 단지 29명으로 프랑스군에 비해 극히 미미한 피해만 입었다. 헨리 5세 왕이 중요한 전투에서 전력이 우세한 프랑스군을 상대로 완벽한 승리를 거둔 것이다.

영국군이 프랑스에 도착한다. 첫 전투를 벌이며 아르플뢰르 성을 함락시키기 바로 직전, 헨리 5세 왕은 영국군의 사기를 북돋우기 위해 명연설을 시작한다. "다시 한 번, 성벽의 돌파구를 향해 돌격하라! 친애하는 동지들이여, 다시 한 번 돌격하라!"[13]

헨리 5세
다시 한 번, 성벽의 돌파구를 향해 돌격하라!
친애하는 동지들이여, 다시 한 번 돌격하라;
돌격이 여의치 않으면 영국 병사들의 시체로 저 구멍을 메워라.
평화 시에는 자숙과 겸양만큼 사내대장부에 어울리는 미덕이 없도다.
하지만 전쟁의 포성이 귓전을 스칠 때에는
행동이 호랑이와 같아야 한다, 근육을 단단히 조이고, 혈기를 돋우어,

순한 마음을 냉혹한 분노로 위장해야 하느니라;
부리부리한 눈으로 적을 응시하여라.

King Henry V
Once more unto the breach, dear friends, once more;
Or close the wall up with our English dead.
In peace there's nothing so becomes a man
As modest stillness and humility,
But when the blast of war blows in our ears,
Then imitate the action of the tiger,
Stiffen the sinews*, conjure up** the blood,
Disguise fair nature with hard-favoured rage;
Then lend the eye a terrible aspect; (3막 1장)
(sinew*: 힘줄, 힘의 원천, conjure up**: 마법을 걸다)

중요한 결전을 앞두고 병사들의 사기를 고취시키고자 했던 헨리 5세 왕은 연설에서 단순히 "용감하게 싸우자"라고 말하지 않았다. 평화 시에는 자숙과 겸양이 미덕이지만, 전시에는 부리부리한 눈으로 빛을 발하는 호랑이처럼, 근육을 단단히 조이고 혈기를 돋우며 냉혹한 분노로 성벽을 향해 돌격할 것을 장려하였다. 병사들의 사기를 고취시키기 위해 헨리 5세 왕은 전쟁의 대의명분으로 "왕과 나라를 위하여!"라며 애국심에 호소하였다.

헨리 5세
돌격하라! 돌격하라! 잉글랜드의 용감한 귀족들이여!
고귀한 혈통을 백전백승의 부친으로부터 물려받았도다!
너희 부친들은 모두가, 알렉산더 대왕과 같이,
아침부터 밤까지 적이 보이지 않을 때까지 칼을 칼집에 넣지 않고
전투를 벌였도다: 모친에게 불명예를 돌리지 않도록 하여라;
부친에게서 태어난 자식임을 증명해 보여라.

지금이야말로 비천한 사람들에게 모범이 되어
전투하는 법을 가르칠 때가 되었도다.
영국의 향사들이여, 영국 땅에서 태어나 자라난
그대들의 사지로, 이곳 프랑스에 영국 목초지의 패기를 보여 주어라;
조국의 이름에 한 점 부끄럼 없는 사람이 될 것을 맹세하여라.
짐은 의심치 않는다, 그대들의 빛나는 용감한 눈을 보면
비천하고 비겁한 자가 한 사람도 보이지 않는구나.
그대들은 내달리고 싶어 안달하는 사냥견 그레이하운드처럼,
뛰쳐나갈 태세로 서 있구나. 사냥감이 나왔도다.
그대들의 기백을 따르라, 그리고 돌격하며 외쳐라,
"신이여, 영국 왕 해리 편에 서 주시오! 세인트 조지, 영국을 구하소서!"

King Henry V

On, on, you noblest English.
Whose blood is fet from fathers of war-proof!
Fathers that, like so many Alexanders,
Have in these parts from morn till even fought
And sheathed* their swords for lack of argument:
Dishonour not your mothers; now attest
That those whom you call'd fathers did beget** you.
Be copy now to men of grosser blood,
And teach them how to war. And you, good yeoman,
Whose limbs were made in England, show us here
The mettle of your pasture; let us swear
That you are worth your breeding — which I doubt not,
For there is none of you so mean and base
That hath not noble lustre*** in your eyes.
I see you stand like greyhounds in the slips,
Straining upon the start. The game's afoot****.

Follow your spirit, and upon this charge
Cry, "God for Harry! England and Saint George!" (3막 1장)
(sheathe: 칼집에 넣다, beget*: 아비가 되다, lustre***: 광택, 명성, afoot****: 일어나)

영국군들은 긴 행군에 지쳐 있었고, 이른 새벽 추위 속에 떨고 있었다. 더욱이 맞서야 할 프랑스 군대는 영국군보다 수적으로 3배나 더 많았으며, 더 우수하고 더 막강한 무기를 보유하고 있었다. 만약 전투 초기에 기선을 잡지 못한다면 영국 병사들의 사상자 수는 더 늘어날 것이며, 승리는 커녕 패배할 수 있는 상황이었다. 곧 벌어질 전투에 강인한 정신으로 무장할 필요가 절실하였다. 영국군 모두를 향해 "친애하는 동지들이여"라고 일체감을 강조하며 헨리 5세 왕이 외친다. "다시 한 번 성벽의 돌파구를 향해 돌격하라! 다시 한 번!" 헨리 5세 왕의 시대는 사회 계급이 분명한 시기였다. 이에 걸맞게 귀족들에게는 가문의 영광을 지키기 위해 모두가 '알렉산더 대왕처럼' 아침부터 저녁까지 목숨을 걸고 싸우고, '어머니의 명예를 더럽히는 일이 없기'를 요청하였다. 일반 보병들에게는 내달리고 싶어 안달해 하는 '사냥견 그레이하운드와 같이' 돌격 준비를 갖추라고 독려하였다. 전쟁의 두려움을 떨쳐 버리고 먹이를 쫓는 사냥개처럼 맹렬히 적을 향해 돌진할 것을 격려한 것이다.

2014년 7월 말 개봉하여 한국 영화 사상 최단 기간 최고의 관객을 동원한 영화가 바로 최민식(이순신 역)이 열연한 김한민 감독의 〈명량〉이다. 덕장 이순신 장군은 "백성 없이 위대한 장군 없다"라고 말하며, 백성들을 혼연일체 단결시킨다. 이순신 장군은 수많은 왜군 함대에 둘러싸여 두려움에 떨고 있는 부하들을 향해 "생즉사(生卽死) 사즉생(死卽生)" 즉 "살고자 하면 죽을 것이요, 죽고자 하면 살 것이다!"라고 격려하여, 병사들의 두려움을 용기로 바꾸어 놓는다. 모두가 포기했던, 그리고 '포기하라던' 명량 전투에서, 이순신 장군은 남아 있는 12척의 배로 133척의 왜선을 무찌르는, 역사를 바꾼 위대한 승리, '명량 대첩'을 이끌어 낸다. 덕장 이순신 장군이 절체절명의 위기의 순간에서 무엇이 진정한 리더십인지를 확실하게 보여 준 것이다.

영국의 위대한 왕 헨리 5세도 덕장 이순신 장군과 마찬가지로 위기의 순간에 진정한 리더십을 보여 주었다. 그는 두려움에 떠는 병사들에게 용기를 북돋우고, 마치 "포효하는 호랑이"와 같이 행동할 것을 요구하였다. 단순히 근육의 신진대사를 위해서뿐 아니라 적군에 대한 적개심을 불러일으키도록 명하는 것이었다. "근육을 단단히 조이고, 혈기를 돋우어", "이를 악물고 콧구멍을 활짝 벌리고", "들이마신 숨을 참아 온몸의 숨을 최대한 쥐어짜라!" 마치 큰 경기를 앞둔 운동선수들에게 감독이 이미지 트레이닝을 통해 정신 집중 훈련을 하는 것과 같이, 사냥에서 절대 먹잇감을 놓치지 않는 '호랑이'의 이미지를 연상케 하여, 병사들에게 강인하고 용감한 영국군의 이미지를 각인시킨 것이었다.

☜ 여기서 잠깐!

영국군의 사기를 고취시키기 위해 헨리 5세 왕은 "포효하는 호랑이의 이미지를 연상하라!"라는 매우 전략적이고 계획적인 명연설을 한다. 명감독들은 큰 게임을 앞두고 전체적인 계획을 짜면서 선수들에게 정신 강화 훈련을 시킨다. 선수들에게 이길 수 있다는 이미지 트레이닝을 통해 감독들은 사기를 진작시키고 상황 변화에 따라 융통성 있게 대처하도록 구체적인 지시를 내린다. 헨리 5세의 전략적 연설과 일맥상통하는 것이다. 이미지 트레이닝을 통한 훈련이 실제 훈련의 약 60% 정도의 훈련 효과를 본다고 한다.[14] 헨리 5세 왕의 명령처럼 우리가 어떤 이미지를 연상할 때, 우리 뇌에서는 어떤 일들이 일어나고 있는 것일까?

이탈리아 신경생리학자 리촐라티(G. Rizzolatti)가 1990년대 원숭이의 전두엽 부위에서 처음으로 거울 신경세포(mirror neuron)를 발견하였다.[15] 우리가 상대방의 행동을 이해하며 모방하고 공감할 수 있는 것은 바로 거울 신경세포의 대표적 기능 때문이다. 리촐라티는 원숭이에게 여러 가지 동작을 시키면서 뇌의 신경세포가 동작과 관련하여 어떻게 활성화되는지를 관찰하고 있었다.[16] 그런데 어느 날 행동을 보기만 하였는데도, 마치 몸을 움직이는 것과 같이 반응하는 신경세포, 즉 상상으로 행동을 모방하는 신경세포가 원숭이에게 있음을 발견하였다. 거울 신경세포는 관찰 또는 간접 경험만으로도 마치 직접 경험하는 것처럼 반응하는 신경세포들을 말한다. 이러한 거울 신경세포는 어느 고등동물보다도 인간이 훨씬 더 발달되어 있다. 감수성이 풍부한 청소년들이 책을 읽고 영화를 보면서, 마치 책과 영화 속의 주인공이 된 것처럼 주인공과 동일한 희로애락을 경험하는 공감 역시 거울 신경세포 덕분이다. 이러한 인간의 공감 능력을 가장 잘 표현한 시구 중 하나가 바로 영국 시인 윌리엄 블레이크(William Blake)의 《순수의 노래(Songs of Innocence)》에 나오는 〈타인의 슬픔에 대하여(On Another's Sorrow)〉의 시구이다.

남의 슬픔을 보고
같이 슬퍼하지 않을 수 있을까?
남의 괴로움을 보고
따뜻한 위안의 말을 찾지 않을 수 있을까?
떨어지는 한 줄기 남의 눈물을 보고
같이 슬픔을 나누지 않을 수 있을까?
아이가 우는 것을 보고
슬픔에 잠기지 않을 아빠가 있을까?
아기가 신음하고, 두려워하는데도

태연히 앉아 있는 엄마가 있을 수 있을까?
아니, 아니지! 결코 그럴 순 없지!
결코, 결코 그럴 수 없지!
Can I see another's woe,
And not be in sorrow too?
Can I see another's grief,
And not seek for kind relief?
Can I see a falling tear,
And not feel my sorrow's share?
Can a father see his child
Weep, nor be with sorrow filled?
Can a mother sit and hear
An infant groan, an infant fear?
No, no! never can it be!
Never, never can it be! (블레이크, 〈타인의 슬픔에 대하여〉)

아이들이 슬퍼하면 부모가 함께 슬퍼하고, 아이들이 아파하면 부모가 함께 아파한다. 그 이유가 바로 거울 신경세포 때문이다. 이러한 거울 신경세포는 한 곳이 아닌 여러 곳에 분포해 있다. 전두엽의 전운동피질(premortor cortex), 두정엽(parietal lobe) 아래쪽, 측두엽(temporal lobe)의 뇌섬엽 앞쪽(anterior insula) 부위이다. 이들 거울 신경세포들은 신호를 서로 주고받으며 정보를 처리한다. 이러한 거울 신경세포들 때문에 타인의 행동을 보기만 해도 마치 우리 자신이 직접 행동하는 것처럼 느끼는 것이다. 우리가 이야기를 듣거나 책을 읽으며 상상을 하더라도, 거울 신경세포들에 의해 마치 우리가 직접 행동하는 것처럼 뇌가 작동하는 것이다.

최현석 교수는 2011년 저서 《인간의 모든 감정: 우리는 왜 슬프고 기쁘고 사랑하고 분노하는가》[17]에서 '감정과 거울 신경세포'에 대한 흥미로운 이야기를 소개하였다. 우리가 불쾌한 냄새를 맡으면 뇌에서 감정과 연관된 앞 뇌섬(anterior insula) 부위와 앞 띠이랑(anterior cingulate) 부위가 특히 활성화된다. 흥미로운 점은 단지 불쾌한 얼굴을 쳐다만 보아도 앞 뇌섬 부위와 앞 띠이랑 부위가 마치 고약한 냄새를 직접 맡은 것처럼 거울 신경세포들이 활성화된다는 사실이다.

모나쉬 대학교의 피츠기본(Fitzgibbon) 교수 팀[18]도 2010년 인간이 고통을 어떻게 함께 공감하는지를 알아보기 위해 부부를 대상으로 실험하였다. 연구진은 먼저 아내의 손에 통증을 가하고 뇌의 변화를 살펴보았다. 그 후 남편의 손에 통증을 가하면서 이를 지켜본 아내의 뇌가 어떻게 반응하는지를 살펴보았다. 아내는 MRI 장치에서 거울을 통해 자신의 손과 남편의 손을 함께 볼 수 있었고, 스크린을 통해 자신과 남편 중 누가 자극을 받았는지도 알 수 있었다. 어떤 결과가 나왔을까? 아내는 자신의 손에 자극을 받을 경우 통각 신호를 받아들이는 일차 몸 신경피질과 이차 몸 신경피질, 그리고 통증 감정을 처리하는 앞 뇌섬과 앞 띠이랑 부위가 모두 활성화되었다. 하지만 남편에게 통증을 가할 경우 아내의 일차 몸 신경피질과 이차 몸 신경피질에는 아무런 변화가 나타나지 않았다. 이는 실제로 아내에게 아무런 통증 자극이 주어지지 않았기 때문이다. 하지만 아내의 앞 뇌섬과 앞 띠이랑 부위는 활성화되었다. 통증에 대한 남편의 감정 반응이 거울 신경세포들에 의해 마치 자신이 실제 통증을 경험하는 것처럼 통증 공감 반응으로 나타난 것이다.

대만 보훈통합병원의 쳉(Cheng) 박사 팀[19]은 2009년 '남자와 여자의 공감 능력'에 관한 흥미로운 실험 결과를 보고하였다. 젊은 남녀 각 25명을 대상으로 살펴본 결과, 판개부(pars opercularis) 부위와 하두정 소엽(inferior parietal lobule) 부위의 회백질 크기가 남성보다 여성이 훨씬 크다는 사실이 밝혀졌다. 흥미로운 점은 스스로 공감 능력이 높다고 평가한 피험자일수록 회백질의 크기가 더 크다는 사실이었다. 거울 신경세포가 인간의 공감 능력과 밀접한 관계가 있음을 보여 준 것이다. 여자아이들이 남자아이들보다 공감 능력을 더 빨리 습득하고, 성인의 경우에도 여성들이 남성들보다 더 잘 공감한다. 여자들이 남자들보다 드라마에 더 쉽게 감동받고 마음을 훔치는 드라마에 더 쉽게 중독되는 데에는 다 그만한 이유가 있는 것이다. 거울 신경세포는 단순한 관찰이나 간접 경험만으로도 마치 우리가 몸소 실제 체험하는 것처럼 반응하게 해 준다. 국제대회와 같이 큰 대회를 앞둔 선수들에게 야유 소리가 가득한 녹음기를 틀어 놓고 사전 모의 시합을 벌이는 것도 같은 연유이다. 명상을 통해 자신의 시합을 여러 차례 마음속으로 리허설해 보는 선수들의 이미지 훈련 역시 거울 신경세포의 기제를 통해 운동 능력을 최대한 향상시키기 위함이다.

헨리 5세 왕이 군사들을 독려하며 외친다. "다시 한 번, 성벽의 돌파구를 향해 돌격하라! 친애하는 동지들이여, 다시 한 번 돌격하라!(Once more unto the breach, dear friends, once more!)" 셰익스피어 어구 중 자주 인용되는 어구 중 하나이다. 벽으로 둘러싸인 프랑스 아르플뢰르 성을 공격하기 전, 헨리 5세 왕이 군사들에게 용기를 북돋는 격려의 열변을 토한 것이다. 수많은 왜군의 함대에 둘러싸여 두려움에 떨고 있는 부하들을 향해 "살고자 하면 죽을 것이요, 죽고자 하면 살 것이다"라고 격려하는 이순신 장군처럼, 헨리 5세 왕이 영국군을 향해 외치고 있는 것이다. 마치 결승전을 눈앞에 둔 선수들에게 감독이 이미지 트레이닝의 훈련 요법을 사용하는 것과 같이, 행군으로 지쳐 있었고 아침 추위에 떨고 있었으며 수적으로도 열세인 영국군을 향해, 헨리 5세 왕이 포효하는 호랑이의 모습을 상상하라고 외치는 것이다. 거울 신경세포의 활성화를 통해 헨리 5세 왕은 프랑스와의 전투에서 완벽한 승리를 거두며, 위대한 성군으로의 이미지를 확고히 굳히게 된다.

【잠깐 쉬어 가기】

헨리 5세와 이순신 장군, 소크라테스와 예수, 죽음을 두려워하지 않다

영국 군대는 자신들보다 더 강력한 무기로 무장한 프랑스 군대와 생사를 건 싸움을 목전에 두고 있었다. 오랜 행군으로 지쳐 있었고 새벽 추위에 떨며 두려워하는 병사들을 향해 헨리 5세 왕은 앞장서 나가며 "호랑이의 기세로 전진하라!"라고 외친다. 영국이 자랑하는 성군 헨리 5세 왕은 아쟁쿠르 전투에서 전력의 열세를 극복하고 막강 프랑스 군대에 대승을 거둔다. 영화 〈명량〉의 이순신 장군은 모함을 받고 정이품의 삼도 수군통제사(三道水軍統制使) 자리에서 파직당한다. 신임 삼도 수군통제사 원균은 칠천량 해전에서 일본 수군에 대패한다. 선조가 이순신 장군을 복권하고 "수군을 폐하고 육전에 참가하라"라고 명한다. 이에 이순신 장군이 왕에게 보고서(장계)를 올린다. "금신전선 상유십이(今臣戰船 尙有十二)", "신에게는 전선이 아직 12척이 남아 있사옵니다." "죽을힘을 다해 막아 싸운다면 능히 대적할 수 있사옵니다." 비장한 각오의 모습을 보이는 이순신 장군이 병사들을 향해 "살고자 하면 죽을 것이요, 죽고자 하면 살 것이다!"라고 외치자, 병사들의 두려움은 용기로 바뀐다. 명량대첩에서 이순신 장군은 단 12척의 배로 무려 133척의 왜군을 물리치고 대승을 거둔다. "필사즉생(必死卽生) 필생즉사(必生卽死)". 한자 '필(必)'의 모양은 마음(心)에 칼이 꽂혀 있는 모양을 형상화한 것이다. 칼을 심장에 꽂는 심정으로 죽기를 각오한다는 뜻이다. 헨리 5세와 이순신 장군의 공통점은 어려운 역경을 극복하여 대승을 거둔 것이다. 심장에 칼을 꽂는 심정으로 죽기를 각오하고 싸운 명장이자 죽음을 두려워하지 않는 위대한 성인들이다. 이들의 원동력은 도대체 어디에서 나오는 것일까?

남녀 · 노소 지위고하를 막론하고 인간은 누구나 죽기 마련이다. 어느 누구도, 성인군자라도 죽음을 피할 수 없다. 하지만 죽음에 대해 우리가 모르는 것이 세 가지가 있다. 언제 · 어디에서 · 어떻게 죽을지는 아무도 모른다. 죽음에 대해 분명한 것도 세 가지가 있다. 누구도 피할 수 없는 길이며, 올 때에는 순서가 있어도 가는 길에는 순서가 없으며, 아무도 동행해 주지 못하는 길이라는 것이다. 그리스 철학자 아리스토텔레스는 말한다. "세상에서 가장 끔직한 것은 죽음이다. 죽음은 곧 끝이기 때문이다." 죽음 앞에서 인간은 너무도 나약한 존재이다. 우리나라 병원 엘리베이터에는 '4'층 대신 'F'층만 있다. 그 이유가 무엇인가? 죽을 사(死)와 발음이 같기 때문이다. 죽음을 얼마나 민감하게 받아들이는지를 극명히 보여 주는 사례이다. 사람이라면 누구나 죽음을 두려워한다. 무엇 때문에 두려워하는 것일까? 크게 세 가지 이유가 있다고 한다. 첫째, 죽음에 대해 아는 것이 없기 때문이다. 불확실한 어두움 속으로 들어가는, 즉 '미지의 세계'에 대한 두려움 때문이다. 둘째, '박탈이론'으로 우리가 살면서 접할 수 있는 좋은 것들을 모두 잃어버리기 때문이다. 사랑하는 가족 · 친구 · 재산 · 명예 등 삶의 모든 축복들을 더 이상 경험하지 못한다는 두려움 때문이다. 마지막으로 죽음의 과정에서 느끼게 될 고통스러움, 즉 죽음의 순간에 대한 두려움 때문이다.

하지만 이와 반대로 "죽음을 두려워할 필요가 없다"라고 주장하는 철학자도 있다. 그리스의 에피쿠로스(Epikouros)는 말한다. "가장 두려운 악, 죽음은 아무것도 아니다. 우리가 살아 있는 한 죽음은 우리와 함께하지 않는다. 죽음이 오면 우리는 이미 존재하지 않기 때문이다." 〈메너이케우스에게 보내는 서한〉에 나오는 말이다. 작품 〈햄릿〉에서 햄릿은 "죽는다는 것은 잠자는 것"이라고 말한다. 죽음이란 잠과 같이 영원한 휴식을 취하는 것일까? 죽음이 정말 아무것도 아니며, 죽음 이후 아무것도 존재하지 않는 것일까? 30여 년 이상 '죽음(death)'이라는 주제로 강의를 해 온 예일 대학교의 철학과 셸리 케이건(Shelly Kagan) 교수는 저서 〈죽음이란 무엇인가〉[20]에서 죽음을 두려워하는 것이 왜 합리적이 아닌가를 논리적으로 설명하였다. 죽음이란 무엇인가? 단순히 '영혼과 육체의 연결고리를 끊어 버리는' 사건인가? 케이건 교수는 말한다. "사람은 단지 육체적인 것일 뿐", "죽음은 끝이다." 죽음이란 "스위치가 꺼지고 더 이상 켜지지 않는 상태", 즉 "화면이 갑자기 깜깜해지듯, 신체적 · 정신적 상태가 갑자기 멈춘 것"을 말한다. 사람은 "말하고, 소통하고, 생각하는 기능을 수행하는" 놀라운 기계(machine)일 뿐이다. 죽음이란 "우리의 육체가 더 이상 기능하지 못하는 것"이다. 고장 난 기계가 더 이상 작동하지 않는 것처럼, 죽음이란 '자유의지를 가진 놀라운 기계'가 낡고 고장 나 쓸모없게 된 것뿐이다. 죽음 이후의 삶이란 없다. 우리에게 주어진 것은 이생에서의 시간뿐이므로 짧은 인생을 소중한 삶으로 가치 있고 보람 있게 살아야 하는 것이다. 책의 말미에 케이건 교수는 말한다. "짧은 인생을 살아가는 동안 오랫동안 남게 될 무엇인가를 남기고 간다면 가장 가치 있는 삶이 될 것이다." 〈사자의 서(Book of the Dead)〉에 나오는 글이 생각난다. "죽음을 배우라. 그래야만 그대는 삶을 배울 수 있다."

기원전 399년, 70세의 나이에 아테네 법정에 선 소크라테스에게 사형이 언도되었다. "그대는 나라가 인정한 신들을 인정하지 않고, 새로운 다른 신들을 들여오는 죄를 범했노라. 그대는 젊은이들을 타락시키는 죄를 범했도다. 형벌은 사형에 해당하노라." 플라톤의 〈소크라테스의 변론〉[21]에 나오는 말이다. 사형이 집행되기 전, 절친한 친구 크리톤(Kriton)이 소크라테스에게 탈출을 권한다. 하지만 소크라테스는 역설적으로 친구에게 왜 자신이 아테네를 떠나야 하는지를 변론해 보라고 말한다. 사실 소크라테스가 아테네를 떠나면 죽음을 면할 수가 있었다. 하지만 자기 내면에서 '자명(自明)'하다고 울려 나오는 양심의 소리, '다이모니온(daimonion)' 신의 소리를 소크라테스는 외면할 수가 없었다. 소크라테스는 부와 권력을 추구하기보다는 영혼의 진(眞) · 선(善) · 미(美)를 추구한 철학자이다. 진리라면, 선하고 아름다운 것이라면, 목숨을 걸고 실천해야 하는 것이 진정한 철학자의 삶인 것이다. 소크라테스는 "진리에 대한 정열이 인간에게는 최고의 법규"라고 말하며, 기꺼이 독배를 받아 마신다. 무엇 때문인가? 바로 양심 때문이었다. 자신이 소중히 생각하는 것을 위해서이다. "거경(居敬) · 궁리(窮理) · 역행(力行)." 동양 철학자의 삶도 대동소이하다. '늘 깨어 신과 하나 되어, 신의 섭리(양심의 소리)를 끝까지 탐구하고, 최선을 다해 육바라밀(보시[布施], 지계[持戒], 인욕[忍辱], 정진[精進], 선정[禪定], 반야[般若]의 여섯 가지 바라밀)을 수행하는' 삶이다. '하늘을 우러러 한 점 부끄럼 없다'면 누구나 소크라테스와 같이 죽음은 더 이상 아무런 두려움이 되지 못한다.

세상 죄를 지고 가는 어린 양, 예수님이 잡혀서 처형당하시기 직전 겟세마네 동산에 오른다. 핏방울 같은 땀을 흘리며 하나님께 간절히 엎드려 기도한다. "아버지, 할 수만 있으면 이 고난의 잔을 내게서 거두어 주시옵소서." "그러나 제 뜻대로 하지 마시고 아버지의 뜻대로 하시옵소서."(마태복음 26: 36-39) 유대 율법 시대에 제사장들은 죄를 사하기 위해 양을 바쳤다. 마찬가지로 세상의 죄를 속죄하기 위해 예수가 속죄양으로 기꺼이 십자가를 진 것이다. 독배를 마시고 죽음을 맞는 소크라테스와 달리 예수는 손에 못이 박힌 채 십자가에 매달려 죽는다. 머리에는 피가 흐른다. 가시로 만든 면류관이 눌려 쓰여 있기 때문이다. 예수는 십자가에 매달리기 전 이미 사형수에 가해지는 채찍질을 여러 차례 당한다. 사형수에 가하는 채찍은 단순한 가죽 채찍이 아니라 금속과 유리가 사이사이 박혀 있어, 한 번의 채찍질로도 살점이 떨어져 나가고 핏줄이 터져 나오며 뼈가 드러난다. 사형수에 가하는 로마 시대의 태형은 십자가의 고통을 줄이기 위해 미리 때리는 것이었다. 로마 군병이 때릴 때도 있었지만 때로는 포악한 노예를 선출하여 이들의 울분을 채찍으로 분출하도록 하였기에 십자가에 못 박히기 전 죽는 일도 허다하였다. 맞는 감각이 없을 때까지 때리고 십자가를 매고 걷게 하였다. 채찍질로 이미 피범벅이 된 예수가 강도와 함께 십자가에 매달린다. 손에 못이 박히고, 못은 근육과 신경을 찢고 뼈를 부수며 관통한다. 어느 정도의 고통일까? 우리는 손톱 아래 조그마한 가시만 박혀도 무척 아파한다. 뼈를 부수고 손을 관통하는 통증이란 우리의 상상을 초월하는 고통이다. 더욱이 예수는 못 박힌 후에도 세 시간을 더 십자가에 매달리다 돌아가신다. 중력에 의해 몸이 점점 아래로 처질 때마다 몸을 지탱하는 못 박힌 손의 고통이란 그 어느 누구도 상상하기 어려운 고통이었을 것이다.

유럽 성당의 십자가에 매달린 다양한 예수상

배신자 유다가 칼과 몽둥이를 든 무리와 함께 예수 앞에 나타나자, 베드로가 칼을 빼내 대제사장 종의 귀를 잘라 버린다. 하지만 예수는 "칼을 쓰는 사람은 다 칼로 망한다(All those who take up the sword shall perish by the sword)"라고 말하며 순순히 잡혀가신다. 그 이유가 무엇이었을까? "내가 아버지께 청하면 12개 여단의 군대보다 더 많은 천사들을 당장 보내 주실 수 있다는 것을 모르느냐? 만약 그렇게 한다면 이런 일이 반드시 일어날 것이라고 한 성경 말씀이 어떻게 이루어지겠는가?"(마태복음 26장 47-54) 그렇다. 예수는 하나님의 뜻에 따라 스스로 죽음의 독배를 마신 것이다. 세상 죄를 지고 가는 속죄양으로 예수는 대속을 위해 반드시 죽임을 당해야만 하였던 것이다.

조그마한 밀알 하나가 어떻게 수많은 열매를 맺을 수 있을까? 땅에 떨어져 썩어야만 비로소 싹이 트고 큰 나무로 자라 수많은 열매를 맺는다. 헨리 5세 왕과 이순신 장군, 소크라테스와 예수와 같은 성인들은 죽음을 두려워하지 않았다. 하지만 이들은 무모하게 독배를 마신 것이 아니다. 이들은 인간 내면의 소리, 양심의 소리에 귀 기울이며, 대의를 위해 기꺼이 죽음을 감수한 것이다. 소크라테스가 믿은 것처럼 인간이 죽은 후에는 '신들의 세계'로 가는 것일까? 죽어 보지 못한 사람은 답을 모른다.

"죽는 게 너무 무서워요." "죽으면 어디로 가나요?" 홀로 고독한 죽음을 맞이하는 행려병자들이 종종 고통 속에 물어보는 말이다. 호스피스 병동에서 말기암 환자들과 행려병자들의 죽음을 무려 20여 년간 옆에서 지켜본 능행 스님은 매년 120여 명의 고독하고 외로운 죽음을 지켜봐 왔다. 이들의 마지막 이승의 삶을 함께한 능행 스님이 2015년 자신의 아픈 경험을 토대로 삶과 죽음을 논한 책 《숨》[22]을 출간하였다. 능행 스님이 들려주는 아름다운 한 부부의 이별 이야기가 우리의 심금을 울린다. 너무도 감동적인 글이다. 〈휴심정〉 '글마을'의 '이길우 글방'[23]의 "죽음은 누구나 서툰 항해 … 당하지 말고 맞이해야"의 글 중 일부를 여기에 인용한다.

〈남편 품에서 맞은 아름다운 이별〉

스님에게 "혹시 아름다웠던 죽음은 없었나요?"라고 물었다. 스님은 한 부부의 이별 장면을 이야기해 주었다. 7년 전의 일이다. 부부는 재래시장에서 장사를 하며 소박한 삶을 살고 있었다. 아내가 위암 말기 판정을 받았다. 3년간의 투병생활을 하다 마지막 삶을 정리하려고 (능행 스님이 운영하는 호스피스 병원) 정토마을로 왔다. 아내는 너무 힘들어 그만 몸을 놓고 훌훌 떠나고 싶었다. 하지만 날마다 "아프더라도 같이 살자. 떠나지 말라"라고 속삭이는 남편을 두고 떠날 수가 없었다. 6개월이 지나니 키 163cm인 아내의 몸무게가 37kg까지 빠졌다. 아내는 정말 떠나고 싶었다.

어느 날 아내는 꿈을 꾸었다. 아름다운 소녀가 다가와 "같이 가자"고 하였다. 따라가 보니 깨끗한 물이 흐르고 수많은 꽃이 피어 있는 곳에 도착하였다. 그곳은 상상할 수 없을 만큼 아름다운 곳이었다. 많은 사람들이 기도를 하거나 명상을 하고 있었다. 몸도 새털처럼 가볍고 고통도 모두 사라졌다. 문득 남편에게 "간다"는 이야기를 하고 와야겠다는 생각이 들었다. 꿈에서 깨어났다. 아내는 남편에게 꿈 이야기를 하였다. "여보. 그곳은 정말 너무 아름다웠어. 몸이 하나도 안 아팠어요. 아마 그곳이 극락세계인 것 같아. 나중에 당신도 와. 우리 그때 다시 만나요." 가만히 듣고 있던 남편이 말한다. "그렇게 좋다면 가야지." 남편은 눈물을 뚝뚝 흘리며 아내에게 떠나도 좋다고 허락하였다. 부인이 남편 품에 안겨 잠자듯 떠났다. 남편은 "여보. 정말 잘 가. 나 이제부터 안 운다. 당신이 극락으로 가니까 이렇게 보내 주는 거야. 우리 거기서 만나자…"

능행 스님이 법정 스님으로부터 들은 말이다. "죽음이 언제 어디서 나를 부를지라도 '예' 하고 선뜻 털고 일어설 준비가 되어 있어야 한다." 생사일여(生死一如). 삶이 곧 죽음이요, 죽음이 곧 삶이다. 세상에 존재하는 모든 것이 허상일 뿐이다. 진정으로 깨달음을 얻은 자라면 생과 사에 더 이상 집착하지 않는다. 진 · 선 · 미를 알고 깨달음을 얻은 철학자라면 소크라테스와 같이 '실체가 없는' 허상, '잠시 보였다가 사라지는 아침 안개'와 같은 것에 더 이상 집착하지 않는다. 갈릴레오(Galileo)는 재판정을 나서면서 "그래도 지구는 돈다"라고 말하였다. 필자는 한때 소크라테스가 갈릴레오처럼 '독배를 잠시 피하고 도망하였다가, 후에 아테네로 돌아와 억울한 누명을 벗는 것이 더 좋지 않았을까?'라고 생각한 적이 있었다. 소크라테스의 깨달음을 알지 못한 나의 무지한 생각이었다. 지금 생각하니 참으로 부끄럽기 짝이 없다.

4 외국어 습득과 뇌

전 영어를 못한답니다

세계적 언어학자 놈 촘스키(Noam Chomsky) 교수는 어린아이가 태어날 때 언어습득장치(LAD: language acquisition device)를 지니고 태어난다고 하였다. 어린아이는 모국어는 물론 외국어도 쉽게 습득한다. 하지만 나이가 들어 새로운 언어를 배우는 일이란 어린아이의 언어 습득과는 달리 쉬운 일이 아니다. 20개월 때부터 사회로부터 격리되었다가 13세가 되어 발견된 지니(Genie)라는 이름의 미국 소녀가 있었다. 지능이 정상인 것으로 밝혀졌지만, 결국 자신의 모국어인 영어를 완전히 습득하지 못하였다.[24] 어린 아이들은 어릴 때 두 언어에 노출되어도 두 언어를 모두 손쉽게 습득한다. 하지만 성인이 되어 제2 외국어를 학습하기란 쉬운 일이 아니다. 작품 〈줄리어스 시저〉에서 카스카는 키케로의 연설을 잘못 알아듣고는 "도통 알아들을 수가 없군(It was Greek to me)"이라고 말한다. 카스카의 경우처럼 성인이 되어 외국어를 배울 때 모국어 화자와 같이 유창하게 구사하는 것은 쉬운 일이 아니다. 〈헨리 5세〉 5막 2장에 헨리 5세 왕이 프랑스 공주 카트린에게 구애하는 장면이 나온다.

카트린

폐하는 저를 놀리시는군요; 전 영어를 못한답니다.

Katherine

Your majesty shall mock at me; I cannot speak your England.

헨리 5세

오, 아름다운 카트린. 그대가 진정 나를 사랑한다면
그대가 아무리 서툰 영어로 고백한다 하더라도
나는 기쁜 마음으로, 프랑스인의 마음으로, 들을 것이오.
케이트 공주, 당신은 나를 좋아하나요?

King Henry V

O fair Katharine, if you will love me soundly with
your French heart, I will be glad to hear you
confess it brokenly with your English tongue. Do
you like me, Kate?

카트린

죄송해요, 나는 '좋아한다'라는 말을 몰라요.

Katherine

Pardonnez-moi, I cannot tell vat is 'like me.'

헨리 5세

천사는 당신과 비슷하오, 케이트 공주, 그대는 천사를 닮았소.

King Henry V

An angel is like you, Kate, and you are like an angel. (5막 2장)

매슈스(Mathews)와 매케인(McQuain)은 셰익스피어 작품을 읽는 묘미 중 하나가 바로 작품 속에 숨겨져 있는 균형 감각에서 나온다고 지적하였다.[25] 비극 〈맥베스〉에서 맥베스의 비극이 최고조에 이르기 직전, 막간으로 술 취한 짐꾼의 우스꽝스러운 이야기가 등장한다. 〈리어왕〉에서는 리어왕의 슬픔이 어리석은 바보의 재치로 완화되어 그려지고 있다. 사극 〈헨리 5세〉에서는 프랑스와 격렬한 전투를 벌이는 와중, 영국 왕 헨리 5세와 프랑스 공주 카트린 사이에 감미로운 구애의 대화가 오간다.

〈헨리 5세〉 3막 4장은 흥미롭게도 모든 대사가 프랑스어로 되어 있다. 여기서 공주 카트린은 시중드는 귀부인 앨리스(Alice)와 프랑스어로 대사를 나눈다.

카트린

앨리스, 당신은 영국에 가 본 적이 있어 영어를 잘하겠지?

Katherine

Alice, tu as ete en Angleterre, et tu parles bien le langage.

앨리스

약간 하지요, 마님.

Alice

Un peu, madame.

카트린

부탁이니, 가르쳐 줘: 나도 배워야겠네.

영어로 '손'을 뭐라고 하지?

Katherine

Je te prie, m'enseignez: il faut que j'apprenne a parler.

Comment appelez-vous la main en Anglois?

앨리스

손이요? '핸드(hand)'라고 말하지요.

Alice

La main? elle est appelee de hand.

카트린

'핸드.' 손가락은?

Katherine

De hand. Et les doigts?

앨리스

손가락이요? 그건 잊어버렸네요; 하지만 곧 생각날 거예요.

손가락이요? '핑거(finger)'예요; 예, '핑거'.

Alice

Les doigts? ma foi, j'oublie les doigts; mais je me souviendrai.

Les doigts? je pense qu'ils sont appeles de fingres; oui, de fingres.

카트린

손은 '핸드', 손가락은 '핑거'. 난 공부를 잘하는 우등생이네.

영어를 벌써 두 단어나 공부했네. '손톱'은 뭐라고 하지?

Katherine

La main, de hand; les doigts, de fingres. Je pense que je suis le bon ecolier;

j'ai gagne deux mots d'Anglois vitement. Comment appelez-vous les ongles?

앨리스

손톱이요? '네일(nail)'이에요.

Alice

Les ongles? nous les appelons de nails.

카트린

네일이라. 들어 봐: 이만하면 되겠나? 핸드, 핑거, 네일.

Katherine

De nails. Ecoutez; dites-moi, si je parle bien: de hand, de fingres, et de nails.

앨리스

아주 잘하셨어요, 공주님; 아주 훌륭한 영어입니다.

Alice

C'est bien dit, madame; il est fort bon Anglois.

카트린

말해 보게, 영어로 팔은 무엇이라고 하지?

Katherine

Dites-moi l'Anglois pour le bras.

앨리스

'암(arm)'이지요, 마님.

Alice

De arm, madame.

카트린

팔꿈치는?

Katherine

Et le coude?

앨리스

'엘보(elbow)'에요.

Alice

De elbow.

카트린

엘보. 지금까지 배운 것을 전부 암기해 보겠다.

Katherine

De elbow. Je m'en fais la repetition de tous les mots que vous m'avez appris des a present.

(…)

앨리스

실례 말씀이지만, 공주님의 발음은 토박이 영국인처럼 정확하네요.

Alice

Sauf votre honneur, en verite, vous prononcez les mots aussi droit que les natifs d'Angleterre.

카트린

나는 신의 도움으로 틀림없이 영어를 잘할 수 있게 될 거야,
그것도 순식간에 말이지.

Katherine

Je ne doute point d'apprendre, par la grace de Dieu, et en peu de temps.
(3막 4장)

시중드는 앨리스 부인으로부터 영어를 배우기 시작한 카트린은 헨리 5세 왕으로부터 구애를 받자, "저는 영어를 못한답니다"라고 대답한다. 하지

만 카트린을 향한 헨리 5세의 구애는 집요하다. "나의 사랑에 대해 뭐라고 답변하겠소?" "말해 주시오. 나의 사랑, 케이트. 아름다운 사랑의 답변을!" 이에 카트린이 다음과 같이 답한다.

카트린

프랑스의 적을 제가 사랑하는 것이 가능할까요?

Katherine

Is it possible dat I sould love de enemy of France?

헨리 5세

아니, 케이트 공주, 프랑스의 적을 사랑할 수는 없겠지요:
하지만 나를 사랑하게 되면서, 그대는 프랑스의 친구를 사랑하는 것이지요;
난 프랑스를 너무 사랑하여 프랑스 마을을 하나라도 놓치고 싶지 않소이다;
프랑스를 모두 내 것으로 만들 것이라오:
케이트 공주, 프랑스가 내 것이 되면, 나는 당신 것이오.
그러면 프랑스는 당신의 것이고, 그대는 나의 것이라오.

King Henry V

No; it is not possible you should love the enemy of
France, Kate: but, in loving me, you should love
the friend of France; for I love France so well that
I will not part with a village of it; I will have it
all mine: and, Kate, when France is mine and I am
yours, then yours is France and you are mine.

카트린

무슨 말씀이신지 모르겠네요.

Katherine

I cannot tell vat is dat.

헨리 5세

모르겠다고? 그렇다면 내가 프랑스어로 말하겠소.

King Henry V

No, Kate? I will tell thee in French. (5막 2장)

헨리 5세 왕이 카트린 공주에게 모국어 대신 외국어인 프랑스 말로 설명하고자 한다. 하지만 어설픈 프랑스어로 카트린 공주를 설득하기가 쉽지 않자, 헨리 5세 왕은 말한다. "더 이상 프랑스어를 말하는 것보다 왕국 하나를 정복하는 게 더 낫겠소." "나는 프랑스 말로는 웃음거리만 될 뿐, 당신 마음을 사로잡을 수는 없을 듯하오."(5막 2장)

☜ 여기서 잠깐!

어린아이와는 달리 성인이 되어 외국어를 배우는 것은 쉬운 일이 아니다. 어린아이의 언어 습득과 성인의 외국어 학습에는 어떤 차이가 있는 것일까? 모국어를 익히는 뇌의 부위와 외국어를 배우는 뇌의 부위가 혹시 다른 것은 아닐까? 외국어를 배울 때, 우리 뇌에서는 어떤 일들이 일어나고 있는 것일까?

셰익스피어와 함께 풀어 보는 뇌 과학 이야기

MIT 대학교의 촘스키 교수는 인간의 뇌에는 언어를 효과적으로 배우게 하는 보편적 언어구조가 있다고 하였다. 언어마다 다른 언어체계를 가지고 있음에도 불구하고 언어 보편 문법이 존재하는 것이다. fMRI와 같은 최근의 뇌 영상 촬영 결과는 이러한 촘스키의 주장을 뒷받침한다. 전 세계 언어를 막론하고 인간의 언어 처리는 주로 좌뇌에서 일어난다. 읽고 듣고 말하는 언어 활동이 일련의 과정을 거쳐 일어나는데, 언어와 관계없이 그 부위가 대체로 비슷하다. 책을 읽을 때, 시각적 처리는 대뇌 뒷부분인 후두엽에서 일어난다. 말을 들을 때, 귀 위에 위치한 대뇌 측두엽 부위에서 청각 자료를 인지하고 처리한다. 우리가 들은 말을 인식하는 곳은 좌뇌 베르니케(Wernicke) 영역이며, 말하는 것을 관장하는 곳은 좌뇌의 브로카 영역이다. 베르니케 영역과 브로카 영역 부위에 손상을 입으면 말을 잘 알아듣지 못하고 말을 잘 하지 못한다. 언어 이해와 발화의 과정을 살펴보면 언어 각각의 과정들이 뇌의 동일 부위에서 일어나는 것임을 알 수 있다.

영국 브리스톨(Bristol) 대학의 제프리 바워즈(Jeffrey Bowers) 교수 팀[26]은 2009년 '외국어 학습과 뇌'에 관한 흥미 있는 실험 결과를 보고하였다. 연구진은 어린 시절 해외에 살면서 힌디어(Hindi)나 줄루어(Zulu)를 배웠던 영어 모국어 화자 자원자들을 대상으로 외국어 학습 실험을 하였다. 연구팀이 힌디어와 줄루어를 대상 외국어로 택한 이유가 무엇이었을까? 힌디어와 줄루어에는 영어 원어민 화자가 인식하기 어려운 말소리, 즉 영어에 없는 음소가 있었기 때문이었다. 실험에 앞서 어휘 테스트를 시행하여 혹시 잊혀진 외국어 단어를 기억하고 있는지를 확인하였다. 그 후 힌디어와 줄루어 단어의 음소 쌍의 차이를 구별하도록 훈련시켰다. 이들 영어 원어민 자원자들은 어휘 테스트에서 어떤 단어도 기억하지 못하였다. 더 이상 해당 언어를 듣거나 사용한 적이 없었기 때문이다. 하지만 이들 지원자들이 잊혀진 언어에서 사용되는 음소를 훨씬 더 쉽게 배우고 음소의 차이를 더 정확히 구분할 수 있음이 밝혀졌다. 어린 시절 외국어에 노출될 경우 비록 다시 사용할 기회가 없다 할지라도 어디엔가 깊이 잠재되어 있어 해당 언어를 다시 배울 때 훨씬 더 쉽게 배울 수 있음이 사실로 밝혀진 것이다.

스웨덴 룬트(Lund) 대학교의 마텐손(Mårtensson) 교수 팀[27]도 2012년 '외국어 학습과 뇌'에 대한 실험 결과를 보고하였다. 연구진은 스웨덴 웁살라 국방통역아카데미에서 러시아어나 아랍어를 13개월 동안 학습한 외국어 학습자를 대상으로 일주일간 외국어를 집중적으로 학습하게 하였다. 한편 우메아(Umeå) 대학교의 의학 전공 또는 인지과학 전공의 학생들에게는 일주일간 외국어는 학습하지 않고 일반 공부에만 전념하게 하였다. 집중 학습 전과 학습 후 3개월 뒤에 실험 참가자들의 뇌를 MRI로 촬영하여 두 집단 간 뇌의 발달 부위를 비교하였다. 어떠한 차이를 보였을까? 외국어 학습만을 집중적으로 공부한 학생들은 새로운 정보를 배우는 해마(hippocampus) 부위를 위시하여 언어 학습과 관련된 상위 측두회(superior temporal gyrus) 부위가 발달하였다. 특히 이 부위가 많이 발달한 학생일수록 다른 학생들보다 언어 능력이 더 뛰어난 것으로 밝혀졌다. 한편 집중적으로 학습에만 전념한 학생들은 중위 전두회(middle frontal gyrus) 부위의 운동 영역이 더 발달하였다. 외국어 학습이 뇌의 특정 부위를 발달시킨다는 사실이 밝혀진 것이다.

하지만 어린아이의 언어 습득과 성인의 외국어 학습에는 왜 많은 차이가 나는 것일까? 어린아이와 성인의 뇌는 구조상 차이가 있는 것일까? 언어 습득 연구자들은 언어의 습득 시기가 언어 발화와 관련된 브로카 영역의 기능적 조직에 많은 영향을 미친다고 주장한다. 어린아이 시기에는 하나의 특정 언어에 지속적으로 노출되는데, 이때 형성된 브로카 영역의 언어 부위가 고정화되어 변형시키기가 쉽지 않게 되기 때문이다. 어린아이와 달리 성인이 되어 학습하는 제2 언어의 경우에는 모국어의 브로카 부위와 다소 차이를 보이는 주변부 피질 영역이 동원된다. 코넬 대학교의 허시(Hirsch) 교수 팀[28]이 1997년 '모국어와 제2 외국어 습득과 뇌'에 관한 실험 결과를 보고하였다. 연구진은 fMRI를 통해 이중 언어자의 발화 시 좌뇌의 전두엽 아래 브로카 영역 부위를 촬영하였다. 실험 결과 모국어를 발화할 때와 제2 외국어를 발화할 때의 뇌가 유사한 브로카 영역을 사용하지만 활성화되는 영역에 있어서는 미세하나마 약간의 차이를 보인다는 사실이 밝혀졌다.

제2 외국어가 아닌 이중 언어 구사자의 경우는 어떠할까? 어려서부터 외국어에 노출된 이중 언어자의 경우에는 모국어와 제2 외국어의 발화 위치에 큰 차이를 보이지 않았다. 하지만 소위 '결정적 시기(critical period)'를 지나 외국어를 배운 이중 언어 구사자의 경우에는 발화 영역에 있어서 다소 차이를 보였다. 언어와 관련된 뇌의 부위가 동일하지만, 어린아이의 경우처럼 자연스럽게 언어를 '습득'하는 뇌의 영역과 성인이 되어 외국어를 '학습'하는 뇌의 부위에 미세하지만 약간의 차이가 있는 것이다. 성인이 된 후 각각 영어와 프랑스어를 학습하는 헨리 5세와 그의 부인이 된 프랑스의 카트린 공주가 상대방의 언어를 듣고 짧게나마 상대방의 언어로 이야기할 때 분명 좌뇌의 언어 부위가 활성화되었을 것이다. 하지만 모국어와 외국어를 발화할 때, 활성화되는 뇌 부위는 다소나마 차이를 보였을 것이다.

5 남녀 간 사랑 차이와 뇌

당신의 손에 입 맞추고, 왕비라 부르겠소

영국 왕 헨리 5세는 프랑스 공주를 보는 순간 사랑에 빠지고 만다. 그녀를 향한 헨리 5세 왕의 구애는 집요할 정도로 계속된다. 헨리 왕이 카트린 공주에게 말한다. "당신이 나를 사랑한다는 것을 잘 알고 있소." "밤이 되어 방에 돌아가면 당신은 시중드는 귀부인에게 나에 관해 물어볼 것이오." "케이트 양, 당신을 사랑하는 마음에는 한도 끝도 없소." 헨리 5세 왕이 카트린 공주를 설득한다. "프랑스와 영국의 피를 반반씩 이어받은 사내아이를 낳아 봅시다." 하지만 공주는 여전히 "모르겠는데요"라고 즉답을 피한다. 헨리 5세 왕이 카트린 공주를 거듭 설득한다. "지금은 약속만 하면 된다오." "그런 사내아이의 프랑스 몫, 반은 그대가 노력해서 만들겠다는 약속 말이오. 영국 몫, 나머지 반은 국왕인 내가 맡겠소이다." 하지만 카트린 공주는 "폐하는 프랑스에서 가장 정숙한 처녀를 속이기에 충분한 거짓 프랑스어를 구사하고 계십니다"(5막 2장)라며 여전히 즉답을 피한다. 카트린 공주를 향한 헨리 5세 왕의 구애의 설득은 다음과 같이 계속된다.

헨리 5세

이제 엉터리 프랑스어는 그만두겠소! 내 명예를 걸고 말하겠소,
진정한 영어로 말이오, 케이트 공주, 난 그대를 사랑하오:
당신이 나를 사랑한다고 말할 것이라고는 감히 말 못하겠소;
하지만 난 당신이 날 사랑할 것이라는 착각 속에 살고 싶딘 말이오,
내 비록 초라하고 볼품없는 얼굴이지만 말이오.

King Henry V

Now, fie upon* my false French! By mine honour, in
true English, I love thee, Kate: by which honour I
dare not swear thou lovest me; yet my blood begins to
flatter me that thou dost, notwithstanding the poor
and untempering effect of my visage**. (5막 2장)
(fie upon* ~: (고어) ~ 꼴 보기 싫다, visage**: 이목구비, 얼굴 생김새)

카트린 공주를 향한 헨리 5세 왕의 구애는 참으로 집요하다. "지극히 아름다우신 공주님. 당신은 나를 남편으로 삼겠소?" "처녀의 수줍음일랑 내버려 두고, 털어놓으시오." 카트린 공주가 구애를 받아 준다면, "영국이 그대 것이요, 아일랜드가 그대 것이요, 프랑스가 그대 것이요, 해리 플란타지네트도 당신 것이오." 헨리 5세 왕이 계속하여 공주를 채근한다.

헨리 5세

모든 사람의 여왕인 카트린 공주시여, 당신의 마음을 털어놓으시오.
서툰 영어로 말이오; 그대는 나를 남편으로 삼을 것이오?

King Henry V

(...) therefore, queen of all, Katharine, break thy mind to me in broken English;
wilt thou have me? (5막 2장)

헨리 왕의 계속된 구애에 프랑스의 카트린 공주가 마침내 혼인을 승낙

한다. 헨리 5세 왕이 기쁜 마음으로 답한다. "그대 손에 입 맞추고, 그대를 나의 왕비라 부르겠소." 카트린 공주가 "부인이나 처녀가 결혼 전 키스하는 것은 프랑스 습관이 아닙니다"라고 말하자, 헨리 5세 왕은 말한다. "그대와 나는 한 나라의 보잘것없는 습관의 울타리에 갇힐 몸이 아니오." "[우리는] 풍속 습관을 만들어 내는 창조자요." 헨리 5세가 공주에게 입맞춤하며, 감미로운 찬사의 말을 한다.

헨리 5세
케이트 공주, 그대의 입술에는 마술이 묻어 있군요:
그대의 달콤한 입술의 감촉이 프랑스 고관의 혀보다
더 많은 웅변을 말해 주는구려;
그대 입술의 감촉이 국왕들이 연서한 청원서보다
영국 왕 해리의 마음을 더 신속히 사로잡은 것이라오.
King Henry V
You have witchcraft in your lips, Kate: there is
more eloquence in a sugar touch of them than in the
tongues of the French council; and they should
sooner persuade Harry of England than a general
petition of monarchs. (5막 2장)

뒤이어 프랑스 왕과 왕비를 비롯한 귀족들이 등장한다. 헨리 5세 왕이 프랑스 왕에게 "케이트 공주를 아내로 주시겠습니까?"라고 정식으로 요청하여 혼인 승낙을 얻어 낸다. "여러분이 증인이 되어 주시오. 나는 지금 공주를 나의 왕비로 삼으며 입 맞추겠소." 화려한 나팔 소리가 울려 퍼지며, 프랑스 왕비가 기원한다. "모든 혼인을 이루게 하여 주시는 하나님, 두 마음을 하나로, 두 나라를 하나로 맺어 주소서." "남편과 아내가 몸은 둘이지만, 사랑 속에 하나입니다." "두 왕국도 부부와 같이 하나가 되기를 소원하

옵니다.”(5막 2장)

〈헨리 4세〉에서 폴스타프와 함께 술집에서 노상 살았던 망나니 해리 왕자가 아쟁쿠르 전투에서 전설적인 승리를 거두며, 헨리 4세 왕을 뒤이어 헨리 5세 왕으로 등극한다. ‘에필로그’ 연사의 말처럼 영국의 별 헨리 5세 왕이 찬란한 빛을 뿜기 시작한 것이다. 운명으로 달련된 칼로 헨리 5세 왕은 세계 최고의 프랑스 정원을 수중에 넣고, 자손에게 세계를 지배하는 권한을 남긴다. 헨리 5세 왕과 카트린 왕비의 아들 헨리 6세는 어린 몸으로 부왕을 계승하여 프랑스와 영국 두 나라의 왕이 된다.

☞ **여기서 잠깐!**

영국 왕 헨리 5세가 카트린 공주에게 남편으로 받아 줄 것을 집요하게 요구한다. 하지만 카트린 공주는 그의 요구에 쉽사리 답을 내리지 않고 때로는 프랑스어로 즉답을 피한다. “남자는 눈으로, 여자는 귀로 사랑한다”(A man falls in love through his eyes, a woman through her ears)라는 시인 우드로 와이엇(Woodrow Wyatt)의 말처럼 헨리 왕은 카트린 공주에게 ‘사랑한다’는 말을 반복적으로 속삭인다. 우리말 속담에 “열 번 찍어 안 넘어가는 나무 없다”가 있다. 지속적인 헨리 왕의 구애에 마침내 카트린 공주가 마음의 문을 열고 구애를 받아들인다. 물론 셰익스피어 시대에는 오늘날과 같은 남녀 간 뇌의 차이에 대한 정확한 뇌 과학 지식이 없었다. 하지만 셰익스피어는 분명 남자와 여자의 차이를 잘 인식하고 있었음에 틀림없다. 사랑과 구애에 있어서 남녀 간에는 어떤 차이가 있는 것일까? 남녀 간 사랑의 차이는 어디로부터 나오는 것일까? 남녀가 자라난 문화적 차이인가? 아니면 남 · 여로서 기대되는 사회적 역할 차이 때문인가? 뇌에 영향을 미치는 호르몬의 영향 때문일까? 사랑에 있어서 남녀 간 뇌에는 어떤 차이들이 있는 것일까?

남자와 여자는 먼저 신체적 특징부터 많은 차이를 보인다. 일단 생식기에서 남녀 간 차이가 있다. 임신 · 출산 · 수유와 같은 신체적 기능에 있어서도 남녀 간 타고난 성(sex) 차이를 보인다. 남성다움과 여성다움과 같은 사회 문화적인 남녀 간의 성(gender) 차이뿐 아니라 심리적 차이도 보인다. 남성은 능력과 업적을 중시하고 '목표 지향적'인 반면, 여성은 친밀과 배려를 중시하고 '관계 지향적'이다. 남녀 간의 차이를 기술한 책들 중 하나인 존 그레이(John Gray) 박사의 2000년 《화성에서 온 남자, 금성에서 온 여자》[29]에 의사소통 차이에 기인하는 남녀 간 문제에 대해 흥미로우면서도 실질적인 해결 방안이 소개되고 있다. 고민거리가 생기면 남자들은 자신만의 고립된 동굴에 들어가 누구의 도움도 요청하지 않는다. 해결 방안을 찾은 후에야 비로소 기쁜 마음으로 동굴 밖으로 나온다. 반면에 여자들은 고민거리가 생기면 자신만의 동굴 속에 숨지 않고, 오히려 믿는 사람을 찾아가 문제를 마음껏 털어놓고 싶어 한다. 자신을 이해해 주고 감정의 공감대가 형성되어야 비로소 억압된 감정이 풀어지고 기분이 좋아진다. 고민이나 문제가 생길 경우, 여자들이 원하는 것은 무엇인가? 남자들이 자신의 문제에 대해 공감해 주고 이야기를 들어 주는 것이다. 하지만 남자들은 공감과 이해 대신 해결책만 내놓으려 하기 때문에 말다툼이 시작된다는 것이다. 이처럼 남자와 여자는 문제 해결 방식에 있어서 차이를 보인다.

남녀의 차이는 자라난 문화적 차이와 사회에서 기대하는 역할 차이뿐 아니라 뇌에 영향을 미치는 호르몬의 영향에서 기인하기도 한다. 앤 무어와 데이비드 제슬(Anne Moir & David Jessel)은 2009년 공저 《브레인 섹스: 일하는 뇌와 사랑하는 뇌의 남녀 차이》[30]에서 남녀의 뇌 구조의 차이가 몸속 호르몬 메커니즘의 차이에 기인한다고 밝혔다. 뇌의 시상하부(hypothalamus) 아래쪽에 위치한 뇌하수체(pituitary gland)에서 성호르몬의 밸브를 열고 닫는 지시를 내리는데, 이때 남녀 간에 차이를 보이는 것이다. 뇌

하수체에서 남자들에게는 남성호르몬 테스토스테론의 분비를, 여성에게는 여성호르몬 에스트로겐의 분비를 지시한다. 이러한 호르몬 분비의 차이가 행동에 어떤 영향을 미치는 것일까? 테스토스테론 호르몬의 영향으로 남자들은 '공격 지향적'으로 변하며, 여자들은 에스트로겐 호르몬의 영향으로 '관계 지향적'으로 변한다.

하지만 나이가 들면서 남자들이 여성스러워지고 여성들이 남성스러워지는 이유는 무엇일까? 역시 호르몬 때문이다. 여성들은 나이가 들면서 여성호르몬 에스트로겐의 분비가 줄어드는 대신 남성호르몬 테스토스테론의 분비가 증가한다. 나이든 중년 여인들이 남성들처럼 대범하게 행동하는 것을 주위에서 흔치 않게 보게 되는 까닭이다. 반대로 남성들의 경우 나이가 들면 자연스레 남성호르몬의 분비가 줄어들고 여성호르몬 에스트로겐의 비율이 증가한다. 남자의 뇌가 나이 들수록 여자의 뇌와 유사해지는 것이다. 예전에 드라마를 거들떠보지도 않던 남자가 나이 들어 어느 순간 드라마에 빠져 눈물을 흘리는 데에는 다 까닭이 있는 것이다. 남성호르몬의 분비가 줄어들고 상대적으로 여성호르몬의 비율이 높아짐에 따라 남자들은 나이를 먹을수록 젊었을 때보다 더 부드럽게 변한다. 남성들에게 옥시토신이라는 호르몬을 투여하였더니 공감 능력과 미묘한 얼굴 표정을 읽어내는 능력이 마치 여자들처럼 향상되었다고 한다. 남녀의 성격과 행동의 차이에 호르몬이 이처럼 영향을 미치는 것이다.

좌뇌와 우뇌를 연결해 주는 뇌량(corpus callosum)의 경우 여자들이 남자들보다 더 잘 발달되어 있다고 한다. 남자의 뇌는 좌우의 뇌가 각각 특화되어 행동하는 반면, 여자의 뇌는 좌우 통합이 잘 되어 있어 좌뇌와 우뇌의 정보를 잘 교환한다. 미국 펜실베니아 대학교 라지니 버마(Ragini Verma) 교수팀[31]은 2014년 뇌 신경망 지도를 통한 흥미로운 실험 결과를 발표하였다. 여자들이 지도를 잘 보지 못하고 남자들이 멀티태스킹에 약한 이유가 남성과 여성의 신경망 배선의 차이 때문인 것으로 밝혀졌다. 연구진은 일종의 자기공명영상인 확산텐서영상(DTI, Diffusion Tensor Imaging) 촬영을 통해 8세부터 22세 사이의 남녀 949명(남성 428명, 여성 521명)의 뇌를 촬영하였다. 뇌 영상 촬영 결과 과업이 주어질 때 남자들은 한쪽 뇌, 즉 좌뇌 또는 우뇌만을 주로 사용하였다. 남자들의 뇌 구조는 앞뒤 연결이 뛰어나, 인지와 통합 활동이 가능할 뿐 아니라, 특정 과업을 인지하고 수행하는 일에서 집중력을 더 잘 발휘한다. 운동 능력과 관련된 소뇌 활동도 활발하여, 스포츠나 자동차 운전 등에서 일반적으로 여자들보다 뛰어나다. 하지만 좌뇌와 우뇌 간의 소통은 다소 부족하다. 하지만 여자들은 남자들과는 달리 좌뇌와 우뇌 사이의 연결망 구조가 발달하여, 좌우뇌 간에 많은 정보를 교환한다. 분석적인 좌뇌와 직관적인 우뇌가 서로 긴밀히 소통하여 협력하는 것이다. 남성에 비해 지각력과 기억력이 뛰어나며, 동시에 여러 다양한 일을 함께 수행하는 멀티태스킹(multi-tasking) 작업이 가능하다.

신경망 지도에 나타난 남녀 간 뇌 구조의 차이는 남자들이 '결과 중심의 커뮤니케이션'을 선호하고, 여자들이 '과정 중심의 커뮤니케이션'을 선호하는 이유를 잘 설명해 준다. 남자들은 특정 과제를 잘 수행하며 결과 중심적이다. TV 시청에서도 결과가 분명한 뉴스나 스포츠를 선호한다. 결과가 분명하게 즉시 나타나기 때문이다. 이에 반해 여성들은 복잡하게 얽혀 있는 드라마에 열광한다. 빨래를 하면서도 라디오 연속극을 청취하며, 심지어 밥이 타는데도 연속극에서 눈을 떼지 못한다. 왜냐하면 그 과정이 궁금하여 견딜 수 없기 때문이다. 따라서 남편들은 아내와의 대화에서 설사 귀찮아 보이더라도 결론을 내리거나 결론을 재촉해서는 안 된다. 과정을 물어보거나 그저 들어 주기만 하면 아내로부터 '사랑받는 남편'이 되는 것이다.

라지니 버마 교수의 뇌 신경망 지도 실험 결과에서 알 수 있듯이, 남자의 뇌 구조는 앞뒤 연결이 뛰어나 남자들은 한 번에 한 가지 일만 잘한다. 하지만 여자의 뇌 구조는 좌뇌와 우뇌의 좌우 연결이 탁월하여 멀티플레이가 가능하다. 친구로부터 '애인이 생겼다'는 소식을 듣거나 "미팅 할래?"라는 질문을 받을 때, 남자들의 반응은 "예뻐?"라는 질문 하나면 충분하다. 하지만 여자들은 많은 호기심을 보인다. "그래? 잘됐네. 키는 얼마야?" "언제? 어디에서? 어떻게 만났어?" "차는 뭐냐?" "직장은 어딘데?" "사는 곳은 어디야?" 남자들과 달리 여자들은 커뮤니케이션 과정 자체를 즐기는 것이다.

존 그레이 박사의 《화성에서 온 남자, 금성에서 온 여자》는 남녀가 바라는 것에 차이가 있다고 말한다. 남자들은 여성으로부터 존경을 받고 싶어 하고, 여자들은 남성으로부터 사랑을 받고 싶어 한다. 남자들이 여자로부터 원하는 것은 신뢰 · 인정 · 감사 · 격려인 반면, 여자들이 남자로부터 원하는 것은 관심 · 이해 · 존중 · 공감 · 확신이다. 마치 화성과 금성이라는 각기 다른 별개의 행성에서 온 것처럼 남녀 간에는 명백한 차이가 있다. 하지만 남자들과 여자들의 생각과 행동 방식이 잘못된 것은 결코 아니다. 단지 다를 뿐이다. 행복한 결혼생활로 인도하는 가장 빠른 지름길이 어디에 있을까? 남녀 간의 뇌 구조적 차이를 인정하는 데 있는 것은 아닐까? 서로의 생각과 행동 양식이 다를 뿐 틀린 것이 아님을 역지사지(易地思之)의 심정으로 서로 인정하는 데 그 해답이 있는 것은 아닐까?

외워 두면 유용한 〈헨리 5세〉 명구들

Trust none; For oaths are straws, men's faiths are wafer-cakes.
아무도 믿지 마라; 맹세는 지푸라기와 같고, 인간의 신의는 부서지기 쉬운 양과자와 같다. (2막 3장, 피스톨)

Coward dogs most spend their mouths when what they seem to threaten runs far before them.
비겁한 개들은 쫓고 있는 상대가 앞에서 멀리 달릴 때 가장 많이 짖어 대는 법이다. (2막 4장. 루이스 도핀)

A fool's bolt is soon shot.
어리석은 자는 금방 밑천을 드러낸다.
(3막 7장, 프랑스 오를레앙 경)

There is flattery in friendship.
우정에는 아첨이 있다. (3막 7장, 랑뷔르 경)

The empty vessel makes the greatest sound.
빈 항아리가 가장 요란한 소리를 낸다. (4막 4장, 소년)

All offenses come from the heart.
모든 공격은 마음에서 비롯된다. (4막 8장, 윌리엄스)

베니스의 상인

The Merchant of Venice **사랑과 우정의 엇갈린 운명**

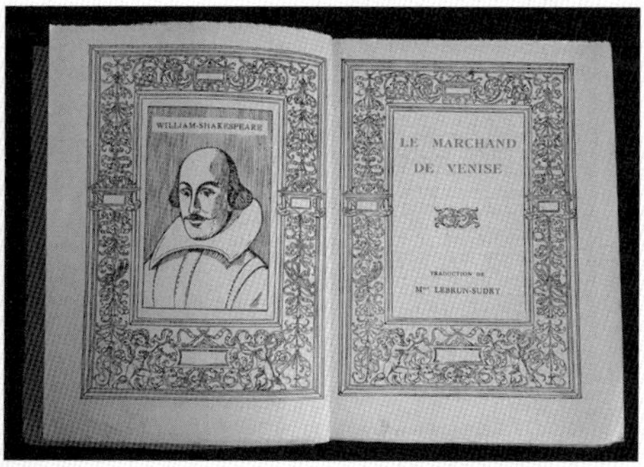

간략한 배경과 줄거리

〈말괄량이 길들이기〉, 〈한여름 밤의 꿈〉, 〈십이야〉, 〈당신 좋으실 대로〉와 더불어 셰익스피어 5대 희극 중 하나인 〈베니스의 상인〉은 셰익스피어의 희극 작품 중 가장 잘 알려진 작품이다. 〈베니스의 상인〉이 쓰인 1596년경은 엘리자베스 1세 여왕의 통치 시기이다. 해양대국으로 도약한 영국에서 상업이 융성히 꽃피기 시작한 시기이자, 유럽에서 유대인에 대한 종교적 · 인종적 편견이 극심했던 시기이기도 하다. 이런 시대적 분위기를 반영하여 '유대인 고리대금업자' 샤일록(Shylock)과 '한 파운드의 살' 채무 계약과 같은 흥미로운 이야기가 등장한다. 안토니오(Antonio)의 우정과 금 · 은 · 동 세 상자 중 하나를 택해 구혼에 성공하는 바사니오(Bassanio)의 동화 같은 이야기, 그리고 사랑을 수호하기 위해 남자로 변장하여 법정에서 명판결을 내리는 포샤(Portia)의 활약 등, 보는 이로 하여금 웃음이 절로 나오게 만드는 전형적인 희극 작품이다.

베니스의 다양한 모습들(2017. 8. 촬영)

이탈리아 베네치아를 배경으로 하는 〈베니스의 상인〉에는 상자 고르기 · 인육 재판 · 반지 소동이라는 세 가지 에피소드를 기반으로 세 쌍의 연인, 바사니오와 포샤, 네리사(Nerissa)와 그라시아노(Gratiano), 제시카(Jessica)와 로렌초(Lorenzo)의 사랑 이야기가 등장한다. 연인들의 사랑이 동화적 공상 세계와 현실 세계를 넘나들며 조화롭게 펼쳐진다. 현실의 도시 '베니스(Venice)'는 무역상 안토니오와 고리대금업자 샤일록으로 대표되는 냉혹한 '비즈니스 세계'를 대표한다. 이에 반해 환상의 도시 '벨몬트(Belmont)'는 샤일록의 딸 제시카가 아버지의 재물을 훔쳐 연인 로렌초와 사랑의 도피를 떠나는 '꿈과 낭만의 세계'를 대표한다. 베니스와 벨몬트라는 대립적 장소를 통해 현실과 꿈, 이성과 상상력의 대립 속에서 사랑과 우정, 그리고 인간 사이의 감정과 오해가 재치와 유머로 표현되어 순순한 인간 본연의 모습을 되돌아보게 한다.

안토니오는 전 세계에 배를 띄워 향료와 비단 사업을 하는 베니스의 거부 무역상이다. 전 재산을 들여 투자한 배들이 돌아오지 않자, 안토니오의 얼굴에 수심이 가득하다. 이때 절친한 친구 바사니오가 찾아와 벨몬트의 아리따운 여인 포샤에게 구혼할 여비를 마련해 달라고 부탁한다. 수중에 당장 현금이 없었던 안토니오는 배를 담보로 3개월 내로 갚겠다는 조건으로 유대인 샤일록에게 3천 더커트의 돈을 빌리고자 한다. 고리대금업자 샤일록은 자신을 멸시하던 안토니오가 돈을 빌려 달라고 하자, 이자를 한 푼도 받지 않겠노라 으스댄다.

베니스 항구의 현재 모습(2017. 8. 촬영)

샤일록은 제날짜에 약속한 돈을 갚지 못할 경우 벌금으로 심장에서 가장 가까운 살 한 파운드를 가져가도 좋다는 계약서를 안토니오로부터 받아 낸다.

안토니오로부터 돈을 빌린 바사니오가 아름답고 지혜로운 상속녀 포샤에게 구혼하고자 수수께끼 같은 '상자 뽑기' 시합에 나선다. 포샤는 부친의 유언에 따라 청혼하는 모든 구혼자에게 금 · 은 · 납 세 상자 중 자신의 초상화가 들어 있는 상자를 택하게 한다. 상자 뽑기에는 지켜야 할 조건이 있다. 상자를 뽑는 사람은 상자 뽑기의 비밀에 대해 일체 말해서는 안 되며, 실패하면 홀아비로 살아야만 한다. 많은 청혼자들이 줄지어 도전하지만 모두 실패하고 만다. 하지만 바사니오는 운 좋게 세 상자 중 통명스런 납 상자를 골라 구혼에 성공한다. 안토니오의 친구 그라시아노 역시 포샤의 하녀 네리사와 결혼에 성공한다. 샤일록에게 상환할 날짜가 다가오지만, 안토니오의 선박들이 모두 파선당했다는 안타까운 소식이 들려온다. 안토니오가 약속한 기일 내에 돈을 갚지 못해 목숨을 잃게 될 위기에 처한다.

샤일록이 안토니오를 고발하여 안토니오가 감옥에 갇힌다. 포샤와의 결혼에 성공한 바사니오는 안토니오가 샤일록에게 살 한 파운드를 내어 주어야 한다는 소식을 전해 듣고, 포샤와 의논하여 빌린 돈보다 많은 돈을 마련하여 베니스로 향한다. 바사니오와 그라시아노는 결혼한 지 하루도 안 되어 베니스로 돌아간다. 바사니오가 재판장에서 빌린 돈보다 두 배나 많은 돈을 줄 테니 소송을 취하해 줄 것을 부탁하지만 샤일록은 계약서에 약정된 대로 한 파운드의 살덩이를 가져가겠노라고 우긴다. 이때 포샤가 법학 박사로 변장하여 베니스 법정의 변호사로 나타나 샤일록에게 자비를 베풀 것을 권유한다. 포샤가 법의 공정한 집행을 강조하여 샤일록으로부터 칭찬과 동의를 얻어 낸다. 포샤는 샤일록에게 계약서를 내보이며 안토니오로부터 '오직 한 파운드의 살덩이만' 가져가라고 말한다. 포샤는 '심장 가장 가까이'라는 문구를 강조하는 샤일록에게 저울을 준비시킨 후, 계약서에 명시된 대로 "살 한 파운드는 가져가되, 한 방울의 피도 절대 흘려서는 안 된다"고 명한다. 살 한 파운드를 고집하다, 샤일록은 자신의 전 재산을 몰수당하고 '기독교로 개종하라'는 명령까지 받는다. 재판이 끝난 후 남장 변호사가 포샤였다는 사실이 밝혀지자 모두가 놀란다. 침몰하였다던 안토니오의 배들이 멀쩡하게 돌아오자, 모든 갈등이 해소되며 해피엔딩으로 끝을 맺는다.

1 증오심과 뇌

안토니오를 증오하는 샤일록

이탈리아 베니스에서 무역업을 하는 거상 안토니오는 배들이 돌아오지 않자 걱정에 싸인다. 친구 그라시아노가 우울해하는 안토니오를 보고 "안색이 좋지 않군그래. 세상사를 너무 지나치게 생각하기 때문일세"라고 말하자, 안토니오가 대답한다. "난 세상사를 그저 세상사로만 본다네. 이 세상이 하나의 연극 무대라네. 누구나 역을 맡고 있지.(I hold the world but as the world. A stage where every man must play a part.) 내가 맡은 역할은 우울한 남자 역이라네."(1막 1장) 셰익스피어의 작품 〈당신 좋으실 대로〉의 철학자 자크의 말이 연상된다. "모든 세상이 하나의 연극 무대이며, 모든 남녀가 배우이다.(All the world's a stage, and all the men and women merely players.)" 그라시아노가 물질적 소유에 너무 집착하여 불안한 것이라고 말하자, 안토니오가 부인하여 대답하는 장면이다. 안토니오가 우울한 역을 맡고 있는 반면, 친구 그라시아노는 무대에서 항상 웃고 떠드는 광대 역할을 맡고 있다.

생각이 깊은 기독교인 안토니오에게 또 다른 친구 바사니오가 찾아와 아름다운 여인 포샤에 대해 칭찬의 말을 늘어놓는다. "벨몬트에 굉장한 유산을 상속받은 여인이 있다네." "아름답고 인품이 뛰어난 여인이라네." 바

길버트 스튜어트 뉴턴, 〈샤일록과 제시카〉, 1830년(미국 뉴헤이븐, 예일 영국 예술센터)

사니오가 안토니오에게 구혼하러 갈 여비를 융통해 줄 것을 부탁하자, 모든 재산이 해상에 있어 당장 현금이 없는 안토니오는 자신의 신용을 담보로 여비를 마련해 주고자 한다.

안토니오의 절친인 바사니오가 유대인 고리대금업자 샤일록을 찾아가 안토니오의 보증으로 3천 더커트를 빌려줄 것을 부탁한다. 바사니오가 샤일록에게 친구 안토니오와 함께 식사할 것을 제안하자, 샤일록이 대답한다. "돈 거래나 이야기, 산책 등의 일은 함께 할 수 있소." "하지만 식사나 술, 기도는 안토니오와 함께 못하겠소." 이때 안토니오가 등장하여 "난 금전 거래는 이자 없이 해 왔소. 하지만 이 친구가 급전이 필요하다니 이번만은 깨뜨리겠소"라고 말하며, 샤일록에게 3천 더커트를 빌려줄 것을 부탁한다. 평소 샤일록은 안토니오를 “바보 같은 자비심을 베풀어 무이자로 대부한다”라고 못마땅해해 왔다. 샤일록이 외삼촌 라반의 양을 먹이던 야곱의 이야기를 언급하며, “돈도 자주 새끼를 친다”라며 고리대금업 행위를 정당화한다. 이에 안토니오가 바사니오에게 말한다. “저 악마가 자신의 이익을 위해 성경을 잘도 인용한다.(The devil can cite Scripture for his purpose.)” 샤일록이 친절을 베푸는 양, 3천 더커트를 융통해 주며 엉뚱한 조건 하나를 제시한다. “이건 장난삼아 하는 말입니다만, 만약 증서에 명시된 금액을 특정 시일, 특정 장소에서 갚지 못하게 될 경우, 벌칙으로 댁의 살 1파운드를 어디든지 내 맘대로 베어 가기로 한다면 어떻겠소?” 바사니오가 증서에 도장을 찍지 말 것을 권유하지만, 안토니오는 걱정하지 말라며 차용 증서에 도장을 찍어 준다.

유대인 고리대금업자 샤일록은 1막 3장에 처음으로 등장한다. 셰익스피어의 작품 가운데 가장 매력적인 인물이자 가장 논란 많은 인물이 샤일록이다. 일부 비평가들은 위약 시 살 1파운드를 요구하는 샤일록이야말로 악독한 유대인의 전형이라고 주장한다. 하지만 또 다른 비평가들은 마이클 래드퍼드(Michael Radford) 감독이 제작하고 알 파치노(Al Pacino)가 샤일록 역으로 열연한 2004년도 영화 〈베니스의 상인〉에서와 같이 ‘종교적 · 인종적 차별을 받는 비극의 주인공’이 샤일록이라고 주장한다.

바사니오가 돈을 차용해 줄 것을 부탁하면서 샤일록에게 함께 식사할 것을 제한하자, 샤일록이 바사니오의 제안을 거절한다. 함께 식사하자는 바사니오의 제안을 샤일록이 거절하는 이유는 무엇일까? 샤일록은 돈을 빌려주기 직전 안토니오에게 다음과 같이 말한다.

샤일록

안토니오 나리, 당신은 여러 차례 거래소에서 날 욕한 적이 있지요,
내 돈과 이자 놀이에 대해서 말이지요:

그래도 난 어깨를 움츠리고 다 참아 왔지요,
참을성이 우리 민족의 상징이니까요.
나를 이단자라고, 무자비한 개자식이라고 부르며,
내 유대인 저고리에 침을 뱉었지요,
모두 내 것을 내 마음대로 쓴 것뿐인데도 말이지요.

Shylock

Signior Antonio, many a time and oft
In the Rialto you have rated me
About my moneys and my usances:
Still have I borne it with a patient shrug,
For sufferance* is the badge of all our tribe.
You call me misbeliever, cut-throat dog,
And spit upon my Jewish gaberdine**,
And all for use of that which is mine own. (1막 3장)
(sufferance*: 인내력, 묵인, gaberdine**: (유대인의) 긴 남자용 웃옷)

이스라엘 율법이 이스라엘 백성끼리 이자 물리는 일을 금하므로(출애굽기 22: 25), 기독교인들은 대금업을 하지 않았다. 무이자로 돈을 빌려주던 기독교인 안토니오에게 고리대금업으로 꼬박 이자를 챙기는 유대인들은 경멸의 대상일 뿐이었다. 당시 유대인에 대한 유럽의 인종적·종교적 편견을 반영하듯, 안토니오는 고리대금업자이자 유대인인 샤일록을 공개적인 자리에서 여러 차례 비난하였다. 떠돌이 똥개를 쫓아내듯 걷어차고, 샤일록의 턱수염이나 외투에 침을 뱉었으며, 발길질하고 욕을 퍼부었다. 안토니오의 보증으로 3천 더커트를 빌려줄 것을 부탁하며 바사니오가 샤일록에게 함께 식사할 것을 제안하자, 샤일록은 안토니오로부터 받아 왔던 설움과 치욕적인 사건들을 기억해 낸다. "돈 거래나 이야기, 산책 등의 일은 함께 할 수 있소." "하지만 식사나 술, 기도는 안토니오와 함께 못하겠소."

☜ **여기서 잠깐!**

우리가 만일 공개석상에서 인신공격을 당하거나 대중 앞에서 침 뱉음을 당한다면, 모욕 준 사람과 마음 편히 식사를 함께 할 수 있을까? 우리 마음속 미움과 증오의 감정은 어떻게 하여 생겨나는 것일까? 우리가 증오심에 휩싸여 있을 때, 우리 뇌에서는 어떤 일들이 일어나고 있는 것일까?

셰익스피어와 함께 풀어 보는 뇌 과학 이야기

상대방의 한두 마디 불친절한 말이나 행동으로 마음을 상해 보지 않은 사람이 우리 중에 있을까? 누구나 사소한 일로 크게 마음 상한 경험이 있을 것이다.[1] 이때 두 부류의 사람이 있다. 일시적 분노를 가라앉히고 긍정적으로 슬기롭게 극복해 나간 사람과 마음 상한 생각이 자꾸 떠올라 잠을 이루지 못하는 사람이다. 더욱이 후자의 경우 떨치려 하면 할수록 미움과 증오가 쌓여 건강까지 망치는 경우도 있다. 미움의 감정에 사로잡히면 우리 뇌에서 노르아드레날린(noradrenalin)이 분비된다고 한다. '독사의 독' 다음으로 강한 독이 분비되는 것이다. 조성기는 2012년 저서 《미움 극복》[2]에서 미움의 감정은 결국 인간관계에 일종의 '레드카드'를 자기 자신에게 내미는 것과 같다고 하였다. 안토니오를 향한 미움과 증오의 감정이란 샤일록에게 일종의 '레드카드'인 셈이다.

영국 헤비메탈 록밴드 아이언 메이든(Iron Maiden)의 2000년 앨범 《놀라운 신세계(Brave New World)》의 10번째 수록곡 〈사랑과 미움은 종이 한 장 차이(The Thin Line Between Love & Hate)〉에 사랑과 미움에 대한 가사가 나온다. "행복한 사람과 슬픈 사람은 눈물 몇 방울의 차이, 천재와 광인은 종이 한 장 차이, (…) 사랑과 미움은 종이 한 장 차이." 사랑과 미움이 정말 종이 한 장 차이처럼 가까운 사이일까? 영국 런던 대학교의 세미르 제키(Semir

Zeki) 교수와 존 로마야(John Romaya) 교수 팀[3]은 2008년 사랑과 미움이 '동전의 양면처럼 공존하는 일심동체'와 같다고 발표하였다. 연구진은 남녀 실험 참가자 17명을 대상으로 먼저 특별한 감정이 없는 사람들의 사진을 보여 주었다. 그 뒤 피험자들에게 미워하는 사람의 사진을 보여 주면서 미워하거나 증오할 때 뇌의 어느 부위가 활성화되는지를 fMRI로 촬영하였다. 실험 결과가 어떻게 나왔을까? 사랑과 증오는 서로 상반된 감정이다. 하지만 두 감정이 모두 '증오회로(hatred circuit)', 즉 뇌의 내측 전뇌회(medial front gyrus), 우측 조가비핵(right plutamen)과 내측 뇌섬엽(medial insula) 부위를 활성화시킨다는 사실이 밝혀졌다. 사랑과 증오가 하나의 동전처럼 뇌의 증오회로에 함께 동거하고 있는 것이다.

대뇌 피질(cerebral cortex) 뒤에 위치한 증오회로가 활성화되면, 인간의 사고와 판단을 담당하는 대뇌 피질 부위가 전반적으로 비활성화된다. 사랑에 빠지거나 미움·증오의 감정에 휩싸이면 자신도 모르게 비이성적 행동을 하게 되는 까닭이다. 사랑하는 연인과 헤어진 후 스토킹과 같은 증오와 적대적 행위를 하는 이유도 어쩌면 사랑과 증오가 증오회로를 함께 공유하고 있기 때문인지 모른다. 하지만 동전의 양면처럼 사랑과 증오는 차이를 보인다. 사랑에 빠지면 뇌에서 페닐에틸아민(phenylethylamine)이 분비되어 마약에 취한 듯 이성이 마비되어 '눈에 콩깍지가 씌'게 된다. 대뇌 피질이 광범위하게 비활성화되어 이성적 판단을 못하는 것이다. 하지만 사랑과 달리 미움과 증오에 휩싸이면 대뇌 피질의 아주 일부분만 비활성화된다. 복수를 위한 이성적 판단을 내려야 하기 때문에 전전두엽 부위가 활성화되어 판단이 더 치밀해지기도 한다. 더욱이 미움과 증오의 감정은 해마라는 장기 기억 회로에 저장되므로 사랑의 감정보다 기억을 더 집요하게 도출해 낼 수 있다. 증오회로 중 뇌섬엽 부위는 질투·시기심과 같은 고통 감정에 관여하는 부위로 분노와 공격적 감정을 담당하며, 조가비핵 부위는 특정 행동을 강화시켜 오직 그 일에만 몰두하게 만든다. 미움과 증오의 불길이 타오를 때 분노와 미움의 흥분을 일시적으로 가라앉힐 수 있을지 모른다. 하지만 눈먼 사랑과는 달리 비이성적으로 더 집요하게 분노와 미움의 감정을 분출하기도 한다. 바로 증오회로의 작용 때문이다.

미움과 증오심에 빠져 있는 사람들은 종종 강박감에 시달리며 웃지 않는다. 그 이유가 무엇일까? 웃음과 자의식과 관련된 상위 전두회(superior frontal gyrus) 부위가 비활성화되기 때문에 웃지 못하고 강박 증세를 보이는 것이다. 하지만 분노와 미움의 감정은 상대방뿐 아니라 자신의 건강마저 망치게 만드는 주범이다. 몸과 마음의 평화를 위해 미움과 분노 대신 용서와 사랑의 마음을 가져 보는 것은 어떠할까? 이것이 바로 세계적인 정신적 지도자 달라이 라마[4]가 "용서해야만 진정으로 행복할 수 있다"라고 말하는 이유이다. 용서야말로 남이 아닌 바로 '자기 자신에게 베푸는' 사랑이자 가장 큰 자비인 것이다. 세계적인 비폭력 인권운동가 마틴 루터 킹(Martin Luther King Jr.) 목사는 말한다. "어두움은 어두움을 몰아낼 수 없습니다. 빛만이 어두움을 몰아낼 수 있습니다. 미움이 증오를 몰아낼 수 없습니다. 사랑만이 증오를 몰아낼 수 있습니다.(Darkness cannot drive out darkness: only light can do that. Hate cannot drive out hate: only love can do that.)" 베드로가 예수에게 다가와 "주님, 형제가 죄를 지으면 몇 번이나 용서해 주어야 합니까?"라고 묻자, 예수가 대답한다. "일곱 번이 아니라 일흔일곱 번 용서해 주어야 한다.(I tell you, not seven times, but seventy-seven times.)"(마태복음 18:21-22)

【잠깐 쉬어 가기】

한센병: 통증, 창조주의 선물인가?

안토니오의 모욕을 지속적으로 참아 온 샤일록이 함께 식사하자는 바사니오의 제안에 식사만은 함께 할 수 없다며 마음속 증오심을 토로한다. 증오심은 마음뿐 아니라 몸도 상하게 만든다. 심신일체(心身一體)라는 말처럼 마음이 건강해야 몸도 건강하며, 마음이 상하면 몸도 상한다. "용서는 남이 아닌 바로 자신에게 베푸는 사랑"이라고 달라이 라마가 말하는 이유이다. 《종의 기원》 진화론 사상을 받아들이며 정당화되기 시작한 '적자생존(適者生存)' 사상으로 인해 이제 전 세계는 '무한 경쟁' 시대가 되고 말았다. '헬조선', '삼포세대', '금수저와 흙수저'는 현재 한국 청년들 사이에서 종종 회자되는 키워드이다. 학업과 진로, 직장 문제로 마음 아파 본 적이 있는가? 친구나 연인 때문에, 아니 가족 또는 경제적인 문제로 몸과 마음이 아파 본 적이 있는가? 필자가 여기서 생뚱맞게 몸과 마음의 아픔을 이야기하고자 하는 이유가 무엇일까? 통증(痛症, pain), 즉 아픔이 '몸과 마음의 건강 지킴이'라는 필자의 생각 때문이다. 불순물이 전혀 없는 순금을 얻기 위해서 어떻게 해야만 하는가? 불순물 제거를 위해 뜨거운 불 속에 여러 차례 반복하여 들어가야만 한다. 현재의 아픔과 고통이 혹시 우리를 단련시켜 주는 연단의 필수과정은 아닐까? 사람들이 바닷물에 빠지면 어떠한 행동을 보이는가? 일반인들은 살기 위해 허우적거리며 발버둥치기만 한다. 하지만 진정한 보살이라면, 바다에 빠진 김에 물속에서 전복을 캐오거나 보물을 건져 온다고 한다. 샤일록이 만일 성인군자였더라면 어떻게 행동하였을까? 연단의 과정으로 생각하여 증오심 대신 감사하는 마음을 가질 수는 없었을까?

통증! 아픔에는 두 종류의 아픔이 있다. 체성적으로 느껴지는 '신체적 고통'과 마음의 변화에서 유발되는 '정신적 고통'이다. 앞서 〈햄릿〉 3.6 '감각과 뇌'에서 촉각 · 온각 · 냉각 · 통각이 체성 감각으로 체성신경에 의해 뇌로 전달됨을 살펴보았다. '체성적 고통'에는 감각기관에서 느끼는 '감각적 고통'과 신경계의 손상이나 기능 장애로 유발되는 '신경적 고통'이 있다. 뜨겁거나 차가운 자극, 부딪히거나 찢겨지는 자극, 소독약과 같은 화학적 자극에 반응하는 통증은 말초신경섬유가 통각 수용기에 수용된 자극에 반응하는 '감각적 고통'이다. '신경적 고통'은 말초신경계가 압박되거나 중추신경계의 이상으로 초래되는 것으로 무감각하거나 바늘로 찌르는 것 같은 통증을 유발한다.

피부의 주된 기능은 외부로부터 몸 안의 조직을 보호하는 일이며, 통각이 이를 돕는다. 대부분의 감각들이 자극을 선별해 받아들이는 '정보적 감각'인데 반하여, 아픔의 통각은 '방어적 감각'이다. 피부는 어디를 찔러도 아픔을 느끼며, 거의 모든 질병에서 통증을 느낀다. 따라서 통증은 우리에게 질병을 알리는 '건강 지킴이, 보초병' 역할을 하는 것이다. 폐암과 간암이 조기에 발견되기 어려운 이유가 무엇인가? 허파나 간에는 아픔을 느끼는 통각신경이 없기 때문에 폐나 간 부위에 암이 생겨도 조기에 통증을 느끼지 못하는 것이다. 그렇다. 우리가 통증을 느끼는 데에는 다 나름대로 목적이 있는 것이다. 다리를 삐어 보거나 골절되어 본 경험이 있는가? 이때의 통증은 참기 어려울 정도의 극심한 통증이다. 그토록 아픈 이유가 무엇일까? 다리를 움직이지 못하게 하여 다친 부위를 치료하기 위함이다.

20여 년 전 필자가 여담으로 우리 몸은 '육백만 불'이 아니라 '천만 불'도 넘는다고 말한 적이 있었다. 근거가 무엇인가? 필자의 모친은 의료사고로 오랫동안 하반신 마비라는 신체적 고통을 겪으셨다. 이때 경험한 초기 해프닝 하나! 이불을 덮어 드려도 발이 차다고 하시기에 치료 목적 겸 발 부위와 종아리에 쑥뜸을 정성껏 떠드렸다. 좀 따뜻한 것 같다고 하시기에 기분이 좋았다. 하지만 이런 젠장! 다음 날 아침 이불을 걷고 살펴보니 발 부위와 종아리 부위가 온통 화상으로 벌겋게 달아올랐다. 하반신 마비로 감각이 없어 화상의 통증을 못 느끼셨던 것이다.

또 다른 해프닝 하나! 당시 여동생에게 두 명의 어린 아들이 있었다. 지금은 군대까지 다녀온 의젓한 아이들이다. 해맑은 얼굴의 사랑스런 조카들은 할머니를 몹시 좋아하였다. 지금도 그 천진난만한 모습을 생각하면 귀엽고 사랑스러워 입가에 웃음꽃이 절로 피어나곤 한다. 병원에서 퇴원한 후, 맑은 공기와 햇살을 쐬시도록 일주일에 한두 번 휠체어로 바깥나들이를 해 드렸다. 어느 날 조카 사내아이들이 할머니를 휠체어에 모시고 바깥외출을 다녀왔다. 외출 나갈 때 할머니가 매우 좋아하셨다. 귀염둥이 손자들과 함께 보내는 신나는 바깥나들이였기 때문이다. 천방지축의 어린 사내 녀석들에게 할머니의 휠체어는 멋진 장난감이었다! 이리 밀고 저리 당겨도 신이 난다. 할머니도 신나 하시니 속도를 내기 시작한다. 할머니의 입에서 즐거운 웃음소리가 터져나온다. 좀 더 빠르게, 좀 더 신나게! 갑자기 할머니의 두 발이 발판에서 떨어져 땅에 닿는다. 조금만 더, 조금만 더! 땅에 닿은 할머니의 슬리퍼가 벗겨진다. 힘이 펄펄 넘치는 어린 사내놈들은 누가 더 빨리 달릴 수 있는지, 이제는 기록 경쟁까지 벌인다. 양말이 닳아지고 구멍 뚫린 양말 사이로 발가락이 삐져나오고, 마침내 발가락의 피부가 벗겨지기 시작한다. 하지만 아이들은 신이 나서 아무것도 모른다. 집에 돌아온 어머니 발에 난 상처와 피를 보는 순간 숨이 막혔다. 하지만 귀염둥이 조카들을 나무랄 수만도 없는 일이다. 올려놓은 발판에서 발이 떨어져도, 신발이 벗겨져도, 양말이 닳아져도, 뚫린 구멍 사이로 발가락이 삐져나와도, 발가락이 땅에 닿아 피가 나기 시작해도 … 아무런 감각이 없었던 것이다!

우리의 몸이 왜 '천만 불'도 넘는 것일까? 물건을 집거나 벽돌을 깰 수 있으면서도 손처럼 민감하게 반응하는 예민하고 정교한 '로봇 손'을 만들려면 얼마의 금액이 필요할까? 상상을 초월하는 엄청난 금액이 필요하다. 학생들과 나눈 여담 속에 국내 유명 목사의 소록도 한센 요양원 방문 에피소드를 들려준 적이 있었다. 잠깐! 한센병(Hansen's disease)이란 어떤 질병인가? '문둥병' 또는 '나병(leprosy)'으로 불리는 만성 감염병이다. 구약 성서 〈레위기〉 13장과 14장에 '문둥병에 대한 규정'과 '문둥병 나은 후의 정결 의식'에 대한 이야기가 나온다. 구약 성서에서 문둥병은 부정을 타는 병, 저주받은 병이다. 문둥병 환자가 도시로 들어오면 유대인들은 돌을 던져 성 밖으로 내쫓았다. 영화 〈벤허(Ben Hur)〉에서 주인공 벤허의 어머니와 여동생이 문둥병에 감염된다. 이들이 버림받아 갈 수 있는 곳은 어디였을까? 성 밖에 위치한 문둥이 동굴 외에 갈 곳이 없었다. 주인공 벤허가 몰래 뒤를 밟아 문둥병 동굴 입구까지 다가간다. 어머니는 보기 흉한 얼굴을 감추기 위해, 아니 문둥병에 감염되지 말라고 멀찌감치 떨어져 수건으로 얼굴을 가린 채 손을 흔든다. 그 모습이 너무도 안쓰럽고 애처롭다. 한센병은 초기에 아무런 증세가 없다고 한다. 짧으면 5년, 길게는 20년 잠복 후에 증상이 나타난다. 피부, 신경계, 눈 등에 육아종이 발생하고, 통각 능력이 상실되어 신체 말단이 감염되면 썩어 문드러지게 된다. 접촉으로 감염된다고 하지만, 속설과는 달리 그렇게 전염성이 강한 것은 아니라고 한다.

신도로부터 사랑과 존경을 한몸에 받아 온 한국 교회 어느 목사님의 이야기이다. 이 핑계 저 핑계 대며 소록도 방문을 수차례 연기하는데 성공하였다. 하지만 존경하는 원로 목사의 거듭된 강권에 이번만은 꼼짝없이 방문해야만 하였다. 방문 며칠 전부터 나병이 옮은 듯 몸이 근질근질해지기 시작한다. 자신이 "네 이웃을 네 몸같이 사랑하라!"며 사랑의 실천을 수없이 강조해 온 목사가 아니었던가? 하지만, 환자들과 거리낌 없이 맨손으로 악수를 나눌 수 있을까? 이야기를 나누다 혹시 침이라도 튄다면 어떻게 해야 할까? 막상 한센병 환자들과 직접 마주해야 한다고 생각하니 걱정이 앞섰다. 소록도에 도착하자, 많은 환자들이 따뜻하게 환영하였다. 환영 행사 후, 병원 이곳저곳 안내가 있었다. 병동 밖 조그마한 낡은 건물로 10세 남짓 가냘픈 소년이 목사를 인도하였다. 문이 잠겨 있었고 열쇠가 없다고 한다. "참 다행이다! 이곳은 건너뛸 수가 있겠구나"라며 안도의 숨을 쉬는 순간, 소년이 "문제없다"라고 말한다. 손으로 무모하게 자물쇠를 열려고 시도하는 것이었다. 이리 비틀, 저리 비틀! 손가락 끝마디가 없어 보이는 두리 뭉실한 손이다. 문드러진 손을 보니 자기도 모르게 움츠려졌다. 소년이 몇 차례 힘주기를 반복하자, "찰카닥!" 소리와 함께 기적처럼 자물쇠가 열렸다. 가만히 살펴보니 소년의 손바닥에 피가 흐르고 있었다. 흘러내리는 피를 보자 소름이 돋았지만, 소년은 아무렇지도 않게 피를 닦아 내었다. 그렇다. 서울서 내려오신 귀한 손님들에게 소년은 이곳을 반드시 구경시켜 드리고 싶었던 것이다. 존경하는 개척 선교사의 소장품을 목사님께 꼭 보여 드리고 싶었던 소년은 열쇠가 없자 자물쇠를 비틀어 기어코 열고 만 것이다. 피 나는 것쯤은 소년에게 아무것도 아니었다. 아니 소년은 한센병으로 그 어떤 통증도 느끼지 못하였던 것이다. 이 사건 이후 자신의 얄팍한 믿음에 실망한 목사는 깊이 반성하여 '신자를 섬기는 목자', '양떼를 돌보는 목자'로 후에 이름을 크게 떨치게 된다.

한센병의 특징 중 하나는 바로 통각 능력의 상실이다. 소록도 소년의 경우처럼 손가락에 피가 나도 아픔을 모른다. 한센병 환자들의 손발은 대부분 끝이 두리뭉실하다. 그 이유가 무엇인가? 바로 통증을 모르는 무감각 때문이다. 끝이 닳아 없어져도 아픔을 모른다. 최근 필자는 한센병과 관련된 아주 감동적인 이야기를 접하였다. 한센병의 세계적 권위자, 미국 남부 루이지애나 주의 한센병 재활원 원장 폴 브랜드(Paul Brand) 박사의 이야기이다. 복음주의 작가 필립 앤시(Philip Yancey)가 친구 브랜드 박사의 생애를 그린 《고통이라는 선물》[5]이 2010년 우리말로 번역되어 나왔다. 브랜드 박사는 평생을 나환자 치료에 헌신해 오신 분이다. 그의 이야기를 압축 요약한 글이 《이우빈 목사의 하늘 스토리》[6] 2015년 6월 23일자 카카오 스토리 〈아픔 중에 감사〉라는 제목으로 올라와 있다. 너무 감동적이라 내용 일부를 거의 그대로 인용한다.

> 인도에서 20년, 미국에서 30년,
> 한센병 치료를 위해 평생을 헌신해 오신
> 한센병의 세계적 권위자, 폴 브랜드 박사.
> 한때 충격적인 경험을 한다.
>
> 출장차 미국을 떠나 영국에 도착하여,
> 여러 지방에서 업무를 본 뒤

기차를 타고 여러 시간 여행하여 런던에 도착한다.
그날 밤 호텔에서 옷을 갈아입고 양말 한 짝을 벗는 중
갑자기 발뒤꿈치에 아무런 감각이 느껴지지 않는다.
보통 사람에게는 그냥 대수롭지 않게 넘길 일.
하지만, 한센병의 세계적 권위자, 그냥 넘길 일이 아니다.
인도에서 수많은 나병 환자들을 시술하고,
피고름을 만지면서 치료해 본 경험이 많은 브랜드 박사.
순간적으로 의심이 스친다.
기계적으로 일어나 날카로운 핀을 찾는다.
그리고 복숭아뼈 아랫부분을 찔러 본다.
아무런 감각이 없다.
핀을 한 번 더 깊이 찔러 본다.
찔린 부분에서 피가 나온다.
하지만 감각이 없다.
나병에 감염된 것이 틀림없다.

그날 밤, 브랜드 박사는 잠을 이루지 못한다.
이제부터 나도 한센병 환자가 되었구나.
한센병 환자로서의 인생을 어떻게 살아가야 할 것인가?
그리고
사랑하는 사람들로부터 격리되어 살아가야 할
버림받고 외로운 자신의 인생의 말로를 그려 본다.
가족들을 생각하니
눈물이 앞을 가려서 잠을 이룰 수 없다.
고통의 밤이 지나고 날이 밝아 오기 시작한다.
밤이 지나고 아침이 온다. 하지만
브랜드 박사의 마음속에는 더 이상 희망이 없다.

자포자기한 심정으로
다시 한 번 자기의 발을 찌른다.
그 순간 너무 아파서 "악!" 하고 비명을 지른다.
그러자 그의 입에서 이런 기도가 나온다.

"아이고 하나님, 감사합니다!
아파서 감사합니다!
아파도 감사합니다!
아프게 해 주셔서 너무 감사합니다!
아픔을 주셔서 감사합니다!"

한센병 치료를 위해 평생을 바쳐 온 브랜드 박사가 오랜 시간 열차 여행을 하며 좁은 자리에 장시간 앉아 있다 보니 신경이 눌려 일시적 마비로 아픔을 전혀 느끼지 못했던 것이다. 그날 이후 브랜드 박사는 완전히 다른 사람으로 변하였다. "하나님, 고통을 느끼게 해 주셔서 감사합니다!" 아픔이 얼마나 큰 축복이며 아픔을 느낄 수 있음이 얼마나 큰 감사인지를 깨달은 것이다.

2012년 12월 21일 동지(冬至)를 끝으로 '선천 시대'가 막 내리고, 2013년부터 '후천 개벽(開闢) 시대'가 도래하였다고 주장하는 긴 머리의 '진정(眞政)' 스승이라는 분이 있다. 산에 죽으러 들어갔다가 자신의 교만함을 깨달은 후 쓰레기 줍는 일과 묵언 수행만으로 산속에서 17년간 옷 한 벌만으로 살아왔다는 도인 같으신 분이다. 그에 따르면 대우주는 '3:7의 법칙'으로 운행된다고 한다. 들과 산이 3:7인 대한민국이 세상의 중심이 된다고 한다. 선진국(상위 30%)과 후진국(하위 70%) 사이의 경제력과 실력을 갖춘 대한민국이 전 세계의 난제를 풀어 나갈 것이며, 우리나라 홍익인간(弘益人間)이 세계의 지도자가 된다고 한다.

최근 수년간 무려 8,000여 회의 강의를 "정법강의"[7]라는 제목의 시리즈로 유튜브에 올려놓았다. 몸이 아프면 먼저 자신을 돌아보아야 한다고 한다. 몸이 아픈 것은 자신의 잘못에도 불구하고 남 탓, 주위 환경 탓만 하기 때문이며, 마음 씀씀이가 잘못되었기에 몸이 아프게 된 것이라고 한다. 자기 영혼의 질량을 높여 내공을 쌓으면 막힌 문제를 처리할 능력이 길러지고 몸의 질병도 자연히 사라진다고 한다.

필자는 심신일여(心身一如)라는 말에는 동의한다. 사람은 언제 의사를 찾게 되는가? 몸이 아파야만 의사를 찾는다. 사람은 언제 선지식(仙知識)을 찾게 되는가? 마음이 아파야만 종교를 찾고 진리를 찾는다. 혹시 몸이 아픈가? 혹시 마음이 아픈가? 통증은 '우리 몸과 마음의 건강 지킴이'이며, 통증이 '창조주의 소중한 선물'임을 기억하도록 하자. 몸에 빨간불이 켜졌는가? 마음에 빨간불이 들어왔는가? 마음이 속상하고 쓰리고 아프다면, 아픈 마음을 불평하는 대신 감사하는 마음을 가져 보는 것은 어떠할까? 우리가 마음의 통증을 느끼지 못한다면, 혹시 우리가 '마음의 문둥병'을 앓고 있는 것은 아닐까? 몸과 마음이 아프다면 자신의 자아(ego)를 잠시 내려놓고, 잘못한 것이 없는지 우리 자신을 되돌아보는 것은 어떨까? 연꽃은 맑은 물이 아닌 진흙탕 속에서도 아름다운 꽃을 피운다. 연꽃과 연잎은 진흙탕 속에 자라면서도 진흙을 묻히지 않고 아름다운 향기를 뿜는다. 진흙탕의 열악한 환경을 투정하지 않고 말이다. 환경과 남을 탓하는 대신 먼저 우리 자신을 되돌아보자. 이제염오(離諸染汚: 연꽃은 진흙탕에 자라지만 진흙 속에 물들지 않는다), 불경에 나오는 연꽃의 의미처럼 주변의 부조리에 물들지 않고, 계향충만(戒香充萬: 연꽃이 피면 시궁창 냄새는 사라지고 연못에 향기가 그득하다), 이웃과 사회에 향기 나는 아름다운 연꽃이 되어 보자.

2 눈먼 사랑과 뇌

콩깍지 씐 사랑(blind love)

샤일록이 바사니아의 식사 만찬에 초대된다. 샤일록은 집을 나서면서 딸 제시카(Jessica)에게 문단속을 잘하라고 신신당부한다. "오늘 밤 가장무도회가 열린다고 하니 북소리나 피리 소리가 나더라도 창틀에 올라가 기독교인들의 광대 낯짝을 보려고 머리를 한길에 내미는 일이 있어서는 아니 된다." 하지만 샤일록이 집을 비운 사이 제시카를 사랑하는 기독교인 로렌초가 샤일록의 집을 찾아온다. 함께 가장무도회에 참석하기 위해서이다. 남자로 변신한 제시카가 2층에 서서 어둠 속에 찾아온 로렌초와 사랑의 밀어를 주고받는다.

제시카

누구시지요? 말씀해 보세요. 좀 더 확인해 보려고요.
음성으로 누구신지 대충 짐작이 가지만요.

Jessica

Who are you? Tell me, for more certainty,
Albeit I'll swear that I do know your tongue.

로렌초

로렌초요. 그대의 연인 말이오.

Lorenzo

Lorenzo, and thy love.

제시카

정말 로렌초군요. 내 사랑하는 우리 님.
제가 그토록 사랑하는 사람이 당신밖에 누가 있나요? 그리고 제가 그대의 것임을 아는 사람도 당신밖에 없지요.

Jessica

Lorenzo, certain, and my love indeed,
For who love I so much? And now who knows
But you, Lorenzo, whether I am yours?

로렌초

하늘과 그대의 마음만이 당신이 나의 연인임에 대한 증인이군요.

Lorenzo

Heaven and thy thoughts are witness that thou art.

제시카

여기, 이 함 좀 받으세요; 무겁지만 수고할 가치가 있어요.
밤이라 다행이군요. 당신이 내 모습을 보지 못하니까요.
이렇게 변장한 게 부끄러워요:
사랑에 빠지면 눈먼 장님이기에,
연인들은 스스로 저지른 귀여운 어리석음을 보지 못하지요;
그걸 알아내는 날에는,
큐피드조차 이렇게 남장한 모습을 보고 낯을 붉힐 테니까요.

Jessica

Here, catch this casket; it is worth the pains.
I am glad 'tis night, you do not look on me,
For I am much ashamed of my exchange:
But love is blind and lovers cannot see
The pretty follies that themselves commit;
For if they could, Cupid himself would blush
To see me thus transformed to a boy. (2막 6장)

기독교인 로렌초와 사랑에 빠진 샤일록의 딸 제시카가 아버지의 함을 연인에게 던져 주며 말한다. “사랑에 빠지면 눈이 멀어 연인들은 자신들이 저지른 귀여운 어리석은 짓을 알아보지 못하지요.(Love is blind and lovers cannot see the pretty follies that themselves commit.)”

새뮤얼 존슨(Samuel Johnson)의 행복에 대한 교훈담《라셀라스(Rasselas)》 제29장에 결혼에 관한 흥미로운 이야기가 나온다.[8]

> 일반적으로 결혼은 바로 이런 식으로 이루어지는 거야. 우연히 아니면 일부러 기회를 마련해서 만나게 된 한 쌍의 젊은 청년과 아가씨. 서로 시선을 주고받으며, 서로에 대해 예의 바른 행동을 해 보이지. 집에 돌아가서는 상대에 대한 그리움을 키우게 되지. 딱히 주의를 기울이거나 마땅히 생각을 돌릴 대상이 없기에, 두 사람은 떨어져 있는 동안 안절부절 하지 못하고, 함께 살게 된다면 행복할 것이라고 결론을 내리지. 그래서 마침내 결혼에 골인하는 거야. 하지만 자발적으로 눈에 콩깍지가 씌어 보지 못했던 상대의 진면목을 결혼하고서야 비로소 발견하게 되는 거지. 그러고는 소소한 다툼들로 인생을 소진해 가며, 자연의 섭리가 잔인하다고 탓할 뿐이지.

존슨의 교훈담에서 보는 바와 같이 연인들은 떨어져 한시도 살 수 없을 것 같다는 생각에 결혼에 골인한다. 하지만 결혼하고 난 후에서야, 비로소 사랑에 빠져 보지 못한 연인의 진면목을 발견하고 결혼을 후회한다. 사랑에 빠지면 ‘눈에 콩깍지가 씌어’, 즉 ‘사랑에 눈멀게’ 되어 상대방의 진면목을 보지 못한다는 대사는 〈베니스의 상인〉 2막 6장뿐 아니라, 셰익스피어의 〈베로나의 두 신사(The Two Gentlemen of Verona)〉 2막 1장에도 나온다. “그대가 그녀를 사랑한다면 그대는 그녀를 보지 못할 것이요. 왜냐고요? 사랑으로 눈이 멀기 때문이지요.(If you love her you cannot see her.—Why? Because love is blind.)”

☞ **여기서 잠깐!**

과연 셰익스피어의 표현대로 남녀가 사랑에 빠지면 눈에 콩깍지가 씌듯 눈멀게 되는 것일까? 사랑하면 상대방의 좋은 점만 보이고 나쁜 점은 보이지 않는다는 것이 정말 사실일까? 남녀가 사랑에 빠질 때 우리 뇌에서는 어떤 일들이 벌어지고 있는 것일까?

셰익스피어와 함께 풀어 보는 뇌 과학 이야기

영국 웨스트민스터 심리학과의 스와미(Swami) 교수 팀[9]은 2009년 '눈먼 사랑'에 대한 흥미로운 실험 결과를 발표하였다. 연구진은 사랑에 빠진 남녀와 애인이 없는 남녀 총 256명(남자 113명, 여자 143명)을 대상으로 미모의 남녀 사진과 평범한 외모의 남녀 사진을 뒤섞은 후 피험자들이 의식하지 못할 정도의 빠른 속도로 사진들을 보여 주었다. 연구진은 피험자들이 사진을 보는 동안 뇌의 특정 부위가 어떻게 활성화되는지를 fMRI로 촬영하였다. 실험 결과가 어떻게 나왔을까? 애인이 없는 남녀의 경우 동성의 사진보다는 이성의 사진을 볼 때 뇌가 더 활성화되었으며, 이성의 외모가 준수할수록 뇌가 더 활성화되었다. 하지만 사랑에 빠진 연인의 경우에는 외모가 준수한 사진이나 평범한 사진들 간에 별반 차이를 보이지 않았을 뿐 아니라, 자신의 연인이 사진 속 이성보다 더 아름답고 매혹적인 것으로 착각하였다. 눈에 콩깍지가 씌면, 즉 '사랑에 눈멀 때', 사랑하는 연인 이외에는 그 어느 누구도 눈에 들어오지 않음을 실험적으로 잘 보여 준 사례이다.

미국 알베르트 아인슈타인 의대의 신경과학자 루시 브라운(Lucy Brown) 교수 팀[10]이 2006년 '마약과 같은 사랑의 효과'에 대한 흥미로운 결과를 발표하였다. 사랑에 푹 빠진 남녀 연인 17명을 대상으로 fMRI로 뇌 영상을 촬영한 결과, 뇌간(brainstem) 우측 복측 피개부(ventral tegmental) 부위와 미상핵(caudate nucleus)의 우측 후배측(postero-dorsal) 몸체 부위가 활성화되었다.

낭만적 사랑으로 활성화되는 부위가 바로 도파민으로 활성화되는 뇌의 보상회로 부위와 동일한 것이었다. "사랑은 마약과도 같다"라는 말이 사실로 증명된 것이다.

미국 스탠퍼드 대학교의 숀 매키(Sean Mackey) 교수 팀[11] 역시 2010년 '마약과 같은 사랑의 효과'에 대해 유사한 실험을 하였다. 사랑에 빠진 청춘 남녀 15명을 대상으로 연인의 사진을 보거나, 친근하고 매력적인 사람의 사진을 보거나, 고통을 줄여 주는 것으로 입증된 단어 연상 놀이를 하면서 fMRI 촬영과 함께 통증의 정도를 기록하였다. 실험 참가자들이 연인의 사진을 볼 때 단어 연상 놀이와 같이 통증의 정도가 감소하였다. 하지만 단어 연상 놀이와는 달리 뇌의 보상회로 부위도 동시에 활성화되었다. 사랑하는 사람의 사진을 보는 것만으로도, 즉 사랑하는 사람의 존재 자체만으로도, 도파민의 분비처럼 아픔이 줄어든 것이다.

사랑을 할 때 페닐에틸아민(phenylethylamine)이 분비된다고 한다.[12] 가슴이 두근거리고 마치 마약에 취한 듯 이성이 마비되어 첫눈에 반하게 되는 까닭이다. 사랑에 빠지면 엔돌핀과 에스트로겐이 분비된다고 한다. 식욕이 줄어 살이 빠지고 혈액 순환을 도와 피부를 아름답게 해 주기 때문에 '사랑하면 예뻐지게 되는' 것이다. 사랑에 빠진 남자의 경우 남성호르몬 테스토스테론의 수치가 일반 남성보다 낮아져 여성화되는 반면, 사랑에 빠진 여자의 경우 테스토스테론 수치가 일반 여성보다 높아져 남성화된다고 한다. 사랑하면 이성적 습관까지 비슷하게 닮아지는 것이다. 사랑하는 연인과 부부가 남매처럼 닮아 가는 이유이기도 하다.

2011년 겨울 KBS 월화드라마 《브레인》에서 사랑에 빠진 뇌의 fMRI 사진이 방영된 적이 있었다. 사랑에 빠진 뇌를 fMRI 촬영한 결과 특정 부위가 활성화된 것이다. 《브레인》 극 중에서 이강훈(신하균)을 좋아하는 윤지혜(최정원)의 뇌가 순간적으로 반짝 빛난다. 사랑을 하면 뇌가 반짝 변화를 일으키는 것은 드라마 속 허구가 아닌 진실이다. 사랑에 빠진 연인의 뇌는 전두엽 피질의 기능이 광범위하게 떨어진다. 전두엽은 인간의 합리적 사고와 이성적 판단과 관련된 부위이다. 사랑에 빠지면 뇌의 전두엽 기능이 떨어져 합리적 사고를 못하고 이성적 판단력이 흐려지게 되는 것이다. 우리의 뇌는 감정과 이성이 별도로 작동하는 것이 아니라 함께 작동하도록 설계되어 있다. 감정을 지배하는 대뇌의 변연계 부위와 이성적 사고와 판단을 주관하는 대뇌 신피질 부위가 서로 작용하여 하나의 일체감을 가질 때 가장 절정의 행복감을 느낀다고 한다. 사랑에 흠뻑 빠지면 대뇌 변연계의 활동이 매우 활발해지고 감정이 대뇌 피질의 이성적 사고까지 지배하므로 이성적인 판단을 내리지는 못하지만 행복에 있어서는 가장 절정의 기분을 느끼는 것이다.

영국 유니버시티 대학의 신경미학과 세미르 제키 교수[13]는 2007년 낭만적 사랑과 모성이 모두 뇌의 보상회로와 밀접한 관련이 있음을 보고하였다. 사랑에 빠지면 옥시토신과 바소프레신(vasopressin)으로 행복감을 느끼게 해 주는 뇌의 보상 부위가 활성화된다. 이와 함께 다른 사람들의 의도와 감정을 평가하는, 즉 두려움을 제어하고 부정적 감정을 처리하는 뇌 부위의 활동이 현저히 감소된다. 우리가 사랑에 빠지면 어머니의 모성처럼 사랑에 눈이 멀게 되어 연인의 단점과 부정적 모습이 보이지 않게 되는 것이다.

3 착각과 뇌

반짝이는 것이 모두 금은 아니다

'상업'의 도시, 베니스와는 달리 '벨몬트'는 '아름다운 산'이라는 뜻을 지닌 '사랑과 낭만'의 도시이다. 벨몬트의 포샤는 아름다운 미모와 지성을 갖추었을 뿐 아니라 아버지로부터 상당한 유산을 물려받았다. '풍요롭고 짙은 장미향' 같은 지성을 소유한 포샤에게 많은 구혼자들이 세계 각처로부터 몰려들었다. 하지만 자신의 초상화가 들어 있는 상자를 선택한 자와 결혼하라는 아버지의 유언에 따라 포샤는 배우자를 마음대로 선택할 수가 없었다. 포샤는 구혼자들에게 세 가지 금 · 은 · 납 상자를 제시하며, 자신의 얼굴이 들어 있는 상자를 선택한 사람과 결혼하겠노라고 선언하였다. 모로코(Morocco) 왕자도 포샤에게 구혼하러 온 많은 청혼자들 가운데 한 사람이다.

모로코 왕자

첫 번째는 금 상자, 이런 글이 새겨져 있군.
"나를 택하는 자, 많은 사람이 바라는 것을 얻으리라";
두 번째는 은 상자, 이런 약속이 씌어 있군.
"나를 택하는 자, 자신에 합당한 만큼 얻으리라";
세 번째는 둔한 납 상자, 경고문도 퉁명스럽군,
"나를 택하는 자, 가진 모든 것을 걸고 모험해야 한다."
제가 옳은 상자를 골랐는지 어떻게 알아보지요?

Prince of Morocco

The first, of gold, who this inscription bears,
"Who chooseth me shall gain what many men desire;"
The second, silver, which this promise carries,
"Who chooseth me shall get as much as he deserves;"
This third, dull lead, with warning all as blunt,
"Who chooseth me must give and hazard all he hath."
How shall I know if I do choose the right?

포샤

이들 세 상자 중 하나에 제 초상화가 들어 있지요, 왕자님:
그것을 택하시면 저는 그 초상과 함께 당신의 것이 된답니다.

베니스 거리, 2층의 발코니의 모습들

Portia
The one of them contains my picture, prince:
If you choose that, then I am yours withal. (2막 7장)

모로코 왕자는 자신의 얼굴이 검다고 속까지 검은 것은 아니라며, "이 검은 피부색 때문에 날 싫어하지는 마시오"(2막 1장)라고 말한다. 하지만 왕자는 아이러니하게도 겉모습이 화려한 금 상자에 소중한 것이 있을 것으로 판단하여 금 상자를 선택한다. 금 상자를 열자, 포샤의 초상화 대신 해골바가지의 그림이 나오고, 움푹 꺼진 눈 속 끼어 있는 족자에 "반짝이는 것이 모두 금은 아니다(All that glisters is not gold)"라는 명구가 쓰여 있다. 한편 거만스러운(arrogant) 아라곤(Arragon) 왕은 이름에 걸맞게 "나를 택하는 자, 자신에 합당한 만큼 얻으리라"는 은 상자를 선택한다. 하지만 기대와 달리 포샤의 초상화 대신 '눈을 깜빡이는 바보 초상화'가 나온다.

한편 포샤의 마음은 베니스에서 온 바사니오에게 흔들린다. 포샤는 바사니오에게 상자를 잘못 고르는 날에는 작별해야 하니, "서두르지 마시고 제발 하루 이틀 더 머무신 후 운명을 시험해 보시지요"라며 간곡히 부탁한다. "저를 위해 운명을 시험하시기 전, 한두 달 이곳에 머무르게 하고 싶어요"라며 자신의 설레는 마음을 표현한다. 하지만 포샤를 향한 간절한 사랑에 바사니오는 즉시 운명의 상자를 고르게 해 달라고 조른다. 포샤는 하녀 네리사에게 상자를 고르는 동안 "만약 실패하더라도 백조의 최후처럼 음악 속에 사라질 수 있도록" 음악을 울리라고 지시한다. 금 · 은 · 납 세 가지 상자 앞에서 바사니오는 다음과 같은 말을 한다.

바사니오

상자의 겉모습이 속과 다를 수 있지:
세상 사람들은 늘 그럴싸한 겉모습에 속는 법.
(…)
한마디로 요약하면, 그럴듯한 외양은 현자를 함정에 빠뜨리기 위해
교활한 세상이 뒤집어쓴 외관만의 진실이지.
그러니, 찬란한 황금이여, 미다스 왕의 먹을 수 없는 단단한 음식,
너는 내게 아무런 소용이 없도다;
창백한 얼굴로 사람들 사이를 오가는 천한 하인 역할의 은이여,
그대 역시 택하지 않겠노라:
하지만 보잘것없어 보이는 납이여,
희망을 약속해 주기보다는 마치 누굴 위협하는 것 같아 보여도,
창백해 보이는 네 모습이 그 어떤 웅변보다도 내 마음을 움직이는구나;
난 이것을 택하겠소; 부디 기쁜 결과가 오기를!

Bassanio

So may the outward shows be least themselves:
The world is still deceived with ornament.
(…)
in a word,
The seeming truth which cunning times put on
To entrap the wisest. Therefore, thou gaudy* gold,
Hard food for Midas, I will none of thee;
Nor none of thee, thou pale and common drudge**
'Tween man and man: but thou, thou meagre lead,

Which rather threatenest than dost promise aught,
Thy paleness moves me more than eloquence;
And here choose I; joy be the consequence! (3막 2장)
(gaudy*: 화려한, 야한, drudge**: 단조로운 일을 꾸준히 하는 사람)

바사니오는 금과 은 상자 대신 포샤의 초상화가 들어 있는 납 상자를 선택하여 포샤와의 결혼에 성공한다. 납 상자에는 다음과 같은 글귀가 쓰여 있다.

겉모습만 보고 선택 않은 그대,
운이 좋았고, 선택 또한 옳았도다!
이 행운이 그대에게 찾아왔으니,
만족하고 새 행운을 찾지 말아라.
이제 이를 기뻐하고
이 행복을 하늘의 축복으로 여긴다면,
그대의 여인에게로 가,
사랑의 입맞춤으로 구혼하여라.
You that choose not by the view,
Chance as fair and choose as true!
Since this fortune falls to you,
Be content and seek no new,
If you be well pleased with this
And hold your fortune for your bliss,
Turn you where your lady is
And claim her with a loving kiss. (3막 2장)

바사니오는 '반짝이는' 금 상자나 '자신의 가치만큼 얻을 수 있다'는 은 상자 대신, '모든 것을 걸고 위험을 감수해야 하는' 납 상자를 선택한다. 대부분의 구혼자들이 소중한 포샤의 초상화가 값비싼 상자에 들어 있을 것으로 판단하여 금 상자나 은 상자를 선택하여 실패하였다. 하지만 바사니오는 지혜로운 판단을 내린다. 속은 겉과 다를 수 있으며, 비록 겉모습은 초라해도 안에 보배가 들어 있을 수 있다. 바사니오는 현명한 판단으로 이상적인 연인 포샤를 아내로 맞이하는 데 성공한다.

☞ **여기서 잠깐!**

"반짝이는 것이 모두 금은 아니다!" 셰익스피어는 겉으로 보이는 것이 전부가 아님을 이야기한다. 우리가 눈으로 보는 것이 전부가 아니란 말인가? 우리가 눈으로 보고 느끼는 것, 우리 뇌의 인식은 얼마나 정확한 것일까? 우리가 눈으로 보는 것이 착각이라면, 우리 뇌에서는 어떤 일들이 일어나고 있는 것일까?

셰익스피어와 함께 풀어 보는 뇌 과학 이야기

우리의 뇌는 세상을 있는 그대로 정확히 보는 것일까? 아침에 떠오르는 태양이 중천에 떠 있는 태양보다 더 커 보이는 착시 현상(visual illusion)은 꼭 그렇지 않음을 단적으로 보여 준다. 우리의 뇌는 세상의 사물들을 있는 그대로 보는 것이 아니다. 여러 시각 정보를 종합하여 사물을 재창조해 내는 것이다. 우리가 어떤 사물을 볼 때 사물의 이미지는 빛을 매개로 망막에 투영된다. 이때의 이미지는 이차원적 이미지로 왼쪽과 오른쪽이 반대로 뒤바뀌고, 위와 아래가 거꾸로 투영된 화면이다. 하지만 우리의 뇌는 이를 종합하여 입체적 삼차원의 영상으로 재창조한다. 더욱이 시각 · 청각 · 후각 · 미각 · 촉각의 오감 감각기관을 통해 들어온 수많은 정보 가운데 중요한 정보만 취사선택하고 그렇지 않은 것은 과감히 내버린다.

하버드 대학교 심리학과 크리스토퍼 채브리스(Christopher Chabris)와 대니얼 시먼스(Daniel Simons) 교수 팀[14]은 1999년 '보이지 않는 고릴라' 실험이라는 재미있는 심리 실험을 실시하였다. 연구진은 실험 참가자들에게 한 팀 세 명씩 여섯 명이 농구공을 패스하는 동영상을 보여 주면서 흰 옷 입은 팀이 공을 패스한 횟수를 세어 보라고 하였다. 대부분의 피험자들이 공의 숫자를 정확히 맞추었다. 하지만 실험에는 함정이 숨어 있었다. 여섯 명의 사람들이 공을 주고받는 사이, 커다란 고릴라가 오른쪽에서 걸어 나와 중간에 서서 가슴을 두드린 후 왼쪽으로 사라진다. 이 와중에 검은색 복장을 입은 한 사람이 지나가며, 배경의 커튼 색깔도 바뀐다. 하지만 실험 후 참가자들에게 고릴라를 보았느냐고 묻자, 보았다고 대답한 사람이 50%에 지나지 않았다. 필자도 처음 동일한 동영상을 보았을 때 패스된 공의 횟수를 세느라 고릴라를 전혀 보지 못하고, 커튼의 색이 바뀐 사실도 전혀 인식하지 못하였다. 고릴라가 지나갔다는 이야기를 듣고 동영상을 다시 보자, 비로소 커다란 고릴라가 유유히 지나가는 것이 보였다. 이처럼 우리의 뇌는 우리가 보고 싶은 것만을 본다. 우리는 지구가 태양을 도는 것이 아니라, 오히려 태양이 지구를 돌고 있는 것처럼 느낀다. 밤길을 차로 달릴 때에는 마치 달이 우리를 쫓아오는 것처럼 느낀다. 이러한 모든 현상들이 바로 뇌가 느끼는 '감각의 오류'이다. 칸트(Kant)의 말대로 '현상'이란 우리의 감각에 나타는 것으로 '사물 자체'가 아닌 '공간과 시간에 의해 굴절된 세계'인 것이다.

최근 뇌의 착각에 대한 흥미로운 두 권의 책이 번역되어 나왔다. 독일의 뇌 과학자 슈바르츠(Schwartz) 박사는 2011년 저서 《착각의 과학》[15]에서 우리가 원하는 것은 현재 우리가 하고 싶은 욕구에서 비롯된다고 하였다. 우리의 뇌는 지금까지 우리가 체험하여 기억된 것만을 원하는 것이다. 무엇인가 새로운 것을 시도하고자 할 때 불안감을 느껴 본 적이 있는가? 알지 못할 불안감이 엄습하는 이유는 무엇일까? 그것은 바로 뇌가 지금껏 경험해 보지 못한 일을 처음으로 시도하려고 하기 때문이라고 한다. 그렇다. 새로운 것에 대한 기억과 체험이 뇌에 입력되어 있지 않기 때문에 뇌가 이를 원치 않는다는 것이다.

우리가 무의식적으로 착각을 일으킬 수가 있을까?《착각의 과학》에는 무의식적 착각에 대한 슈바르츠 박사의 또 다른 흥미로운 실험이 소개되고 있다. 연구진은 일단의 대학생들을 두 집단으로 나누었다. 한 집단에게는 '근육', '활력', '스포츠'와 같은 젊음과 관련된 단어를 제시하였고, 다른 집단에게는 '우울', '스트레스', '황혼'과 같은 늙음과 관련된 단어를 제시하였다. 연구진은 실험 참가자들에게 제시된 단어들을 이용하여 짧은 글을 쓰게 하였다. 글쓰기를 마친 후 실험이 끝났으니 실험 참가자들에게 돌아가도 좋다고 하였다. 실험 참가자들이 실험실을 나오면 계단을 올라가야만 하였다. 어떤 결과가 나왔을까? 흥미롭게도 젊음과 관련된 단어를 제시받은 집단의 대학생들은 큰 걸음으로 성큼성큼 빠르게 계단을 올라갔다. 하지만 늙음과 관련된 단어를 제시받은 집단의 대학생들은 노인네들처럼 느릿느릿한 걸음으로 천천히 계단을 올라갔다. 자신과는 전혀 무관한 몇몇 단어들을 보고 짧은 작문만을 작성하도록 한 실험이었음에도 불구하고 실험 참가자들이 무의식적으로 단어와 자신을 동일시하였던 것이다.

하지만 뇌의 착각에는 '무의식의 착각'만 있는 것이 아니다. 희망이나 열망에 빠져 잘못된 판단을 내리는 '의식적 착각'도 있다. 스포츠 경기에서 사람들은 종종 자신이 선호하는 팀이 압도적으로 이길 것이라고 확신한다. 사람들은 대체로 자신이 보유한 주식의 주가는 내려가기보다는 올라갈 것이라고 믿는다. 사람들은 일반적으로 선호하는 사람의 허물은 대수롭지 않게 생각하는 반면, 혐오하는 사람의 사사로운 결점과 허물은 확대하여 해석한다. "내가 하면 로맨스요, 남이 하면 불륜이다." 이들 모두 근거 없는 열망과 잘못된 믿음에서 기인된 '의식적 착각'이다.

데이비드 맥레이니(David McRaney)는 2012년 저서《착각의 심리학》[16]에서 우리는 매 순간 '착각'이라는 늪에 빠져 산다고 하였다. 흥미로운 점은 착각의 늪 속에서도 정작 본인은 이를 잘 모른다는 사실이다. 우리의 뇌는 빠른 지름길을 좋아한다. 더욱이 정보 처리를 늦추는 무질서를 가장 싫어하며, 매 순간 무질서에서 질서를 찾아내려고 할 뿐 아니라 무의미 속에서도 무엇인가 의미를 찾아내려고 한다. 두 젊은 남녀가 만나 이야기할 때, 혈액형이 같거나, 부모의 함자에 같은 한자를 쓴다거나, 핸드폰 기종이 같거나, 좋아하는 노래가 같다 등 확률 높은 사실에 근거하여 '천생연분'으로까지 확대 해석하는 경우를 종종 볼 수 있다. 소위 '텍사스 명사수 오류'의 대표적인 사례이다. 우리의 뇌는 쉽게 조작될 수가 있다. 손에 따뜻한 커피잔을 쥐어 보면 맞은편 상대를 온화한 인상으로 착각한다. 하지만 반대로 차가운 잔을 쥐어 보면 상대를 냉정한 인상으로 착각하기도 한다. 우리의 뇌가 '인지의 오류'를 범하는 것이다.

사랑하는 사람과 헤어지고 나면 모든 노래가 슬픈 이별의 노랫소리로 들린다. '확증 편향'의 좋은 사례이다. 이력서를 제출할 때 무거운 클립보드에 끼워 제출하면 면접관이 더 진지하게 검토할 가능성이 높아진다고 한다. '인지 오류'의 좋은 사례이다. '확증 오류'와 '인지 오류' 모두 우리 뇌의 '무의식의 오류'이다. 하지만 이러한 착각을 역이용하는 사람들이 있다. 소위 '혈액형 분류'나 '성격 테스트'와 같이 자기 이야기라면 솔깃해하는 우리의 '자기 위주 편향'을 노리는 것이다. 차트와 같은 통계보다는 그럴듯한 스토리텔링으로 인기에 영합하려는 정치가들의 술수와 자신이 애용하는 물건을 비판하지 못하는 성향 등을 역이용하여 브랜드 충성도를 부추기는 대기업의 물밑 작업이 바로 뇌의 '무의식의 오류'를 역이용하는 대표적인 사례들이다. 사람의 뇌는 현재 편향적이어서 미래를 앞당겨 생각할 줄을 모른다고 한다. 미래의 시점이 현재로 다가오면 또다시 일을 미루기 때문에 다 보지도 못할 책이나 영화를 서재에 그대로 쌓아 두고 방치해 두곤 하는 것이다. 누군가 별자리로 우리의 마음을 들여다볼 수 있다고 주장한다면 우리의 마음이 실제로 매우 유사하다는 사실을 기억하라. 우리 뇌의 착각의 기제를 알면 자신과 세상을 보다 정확히 직시할 수 있는 것이다.

'색(色)', 즉 우리가 본다는 것은 본질의 '공(空)'이 아닌 뇌의 착각 현상일 뿐이다. 바사니아의 말처럼 우리가 보는 겉모습은 실제와 전혀 딴판일 수가 있다. 반짝인다고 모두 금이 아닌 것이다. 셰익스피어는 금 · 은 · 납 상자 이야기를 통하여 사랑에 있어서도 겉모습인 현상이 아니라 본질을 정확히 직시할 것을 이야기하고 있는 것이다. 다시 말해 외적 가치보다는 내적 가치의 중요성, 즉 '눈에 보이는 것이 전부가 아님'을 말하고 있다. "선택하면 다수가 원하는 걸 얻으리라"라는 금 상자 이야기처럼 모든 사람이 금을 원하지만 "반짝이는 것이 모두 금은 아니다." 셰익스피어는 금 상자 이야기를 통해 물질적인 것에 현혹되어 물질 만능주의로 눈이 먼 사람들을 신랄하게 비판하고 있는 것이다. "자신의 가치만큼 얻을 수 있다"는 은 상자 이야기처럼 '그림자에 입맞춤하는 자들은 행복의 그림자만 맛보는 법'이다. 은 상자 역시 그림자에 불과한 잘못된 선택임을 이야기하고 있는 것이다.

겉모습만 보고 판단을 내린 어리석은 모로코 왕자나 거만한 아라곤 왕과는 달리, 바사니오는 위험을 감수하면서 자신의 모든 것을 걸고 납 상자를 선택한다. 셰익스피어는 사람이나 사물이나 겉모습이 아닌 내면의 실속을 볼 줄 알아야 함을 강조하고 있는 것이다. 퉁명스럽게 "선택하면 모든 것을 내놓고 위험을 감수해야 한다"라고 위협하는 납 상자 이야기처럼, 무엇인가를 얻기 위해서는 이에 수반되는 어떤 위험도 기꺼이 감수하는 용기와 결단이 필요하다고 역설하고 있다. 진정으로 가치 있는 것을 얻으려면 필연적으로 그에 상응하는 대가가 반드시 따르기 마련이다. 가치 있는 것을 손쉽게 얻으려고 하는 순간, 바라는 모든 것이 사라지고 마는 것이 대자연의 순리이자 진리인 것이다.

4 뇌 신경망 지도

유대인은 눈이 없소?

2막 8장, 베니스의 거리에 기독교도인 살라리노(Salarino)와 살라니오(Salanio)가 등장하여 샤일록의 딸 제시카가 기독교인 로렌초와 눈이 맞아 달아난 이야기를 나눈다. 샤일록이 공작을 하도 닦달하므로 공작이 이들을 찾아 바사니오의 배를 수색하러 나갔지만 배는 이미 떠나고 없었다. 로렌초와 제시카가 곤돌라에 함께 있는 장면을 목격하였다는 제보도 공작에게 들려온다. "내 딸! 오 내 돈, 내 딸이 기독교인과 도망쳤소!" "꽁꽁 묶어 놓은 내 돈주머니, 진귀한 귀중품과 보석을 내 딸이 훔쳐 갔다오." "내 딸을 찾아 주시오!"라고 정신없이 소리치며 분노하는 샤일록의 모습을 지금껏 본 적이 없다고 말한다. 두 사람은 프랑스와 영국의 좁은 해협에서 짐을 가득 실은 배가 파선되었는데, 안토니오의 배가 아니기를 기원한다는 말도 나눈다.

3막 1장, 살라리노와 살라니오가 다시 나타나 이야기를 나눈다. "값비싼 화물을 가득 실은 안토니오의 배가 좁은 바다에서 난파되었다오." 유대인 샤일록이 나타나자, 두 사람이 샤일록을 조롱하며 묻는다. "안토니오가 계약대로 갚지 못할 경우, 살 한 파운드를 정말 벨 것이오?" "그 살을 무엇에 쓰겠소?" 이러한 조롱의 말에 샤일록이 대답한다. "낚싯밥으로 쓰겠소. 설사 아무 쓸모없다 하더라도 내 복수심은 만족될 것이오." 샤일록은 안토니오가 "자신을 모욕하고" "상거래를 방해했으며" "친구는 떼어 놓고" "원수를 충동질했다"라고 말한다. 다음은 샤일록이 고리대금업자 유대인으로서 기독교인들로부터 당한 울분을 토로하는 장면이다.[17]

샤일록

대체 무슨 까닭에? 내가 유대인이기 때문이라오.
하지만 유대인에겐 눈이 없소? 유대인에겐 손과 오장육부도,

사지도, 감각도, 감정도, 격정도 없단 말이요?
당신네 기독교인들과 똑같은 음식을 먹으며, 같은 흉기로 상처를 입고, 같은 병에 걸리며, 같은 처방으로 치료되고,
당신네들처럼 여름이면 덥고, 겨울이면 추위를 느낀단 말이오.
유대인은 찔려도 피가 나지 않는단 말이오?
당신네들이 간질여도 우리 유대인들은 웃지 않는단 말이오?
독약을 마셔도 죽지 않는단 말이오?
당신네들이 우리에게 잘못해도 우린 복수하지 말라는 말이오?

Shylock
And what's his reason? I am a Jew. Hath
not a Jew eyes? hath not a Jew hands, organs,
dimensions, senses, affections, passions? fed with
the same food, hurt with the same weapons, subject
to the same diseases, healed by the same means,
warmed and cooled by the same winter and summer, as
a Christian is? If you prick us, do we not bleed?
if you tickle us, do we not laugh? if you poison
us, do we not die? and if you wrong us, shall we not
revenge? (3막 1장)

베니스의 기독교인들로부터 평소 차별과 멸시를 받아 온 샤일록이 왜 안토니오의 살 한 파운드를 고집하는지를 설명하는 장면이다. 사실 샤일록이 추구한 것은 돈이 아니었다. 샤일록은 인종·종교·직업에 관계없이 기독교인들과 동등한 존재로서 인간적 대접을 받으며 생활하고 싶었던 것이었다. 샤일록은 유대인이라는 종교적·인종적 차별과 함께 고리대금업자라는 직업적 차별과 멸시를 오랫동안 받아 왔던 것이다. "유대인에겐 눈이 없소? 유대인에겐 손과 오장육부도, 사지도, 감각도, 감정도, 격정도 없

단 말이오? (…) 유대인은 찔려도 피가 나지 않는단 말이오?"라는 말을 통해 샤일록이 그동안 쌓여 응어리진 자신의 한을 적나라하게 표출하고 있는 것이다.

1290년, 셰익스피어가 태어나기 훨씬 전, 기독교로 개종하지 않은 유대인들은 에드워드 1세(Edward I) 왕에 의해 영국에서 공식적으로 모두 추방당하였다. 실제로 셰익스피어는 유대인을 직접 만나 본 적이 없다고 한다. 셰익스피어는 당시 유럽을 휩쓸던 소위 반유대주의(antisemitism), 즉 유대인에 대한 편견과 반감을 반영하여 상상의 악덕 고리대금업자 샤일록을 창조해 낸 것이다. 사실 중세 유럽에서 유대인에 대한 편견과 차별은 매우 심각하였다. 유대인들은 낮에는 유대인임을 나타내는 붉은 모자를 반드시 쓰고 다녀야만 하였으며 일몰 후에는 출입이 통제되었다. 유대인들은 법적으로 토지를 소유할 수가 없었을 뿐 아니라 농사를 지을 수도 없었다. 따라서 유대인에게 유일하게 허용된 일이란 장사밖에 없었다. 자연스레 천한 직업으로 간주된 고리대금업을 유대인들이 도맡게 된 것이다. 종교 개혁가 마르틴 루터(Martin Luther)가 1543년 저서 《유대인과 그들의 거짓말에 대해서》에서 유대인들을 "우물에 독을 탄 자", "고리대금업자", "기독교 사회의 기생충" 등으로 묘사한 이래, 유대인에 대한 박해와 차별이 정당한 것으로 간주되어 왔다. 셰익스피어 당시 유대인에 대한 편견은 실로 심각한 것이었다.

여기서 잠깐!

유대인 악덕 고리대금업자 샤일록은 돈이라면 물불을 가리지 않는 속물이자 복수에 눈이 먼 악인인가? 아니면 종교적 · 인종적 · 직업적 차별과 함께 부당한 대우에 시달리는 소수의 억압받는 피해자인가? 샤일록은 "유대인에겐 눈이 없소? (…) 오장육부도 (…) 없단 말이오?"라며 자신의 울분을 토로한다. 마이클 래드퍼드 감독이 2004년 제작한 영화 〈베니스의 상인〉에서 샤일록 역으로 열연을 펼치는 알 파치노의 연기를 보면 오히려 후자의 느낌을 받는다. 절규하는 샤일록의 말처럼 인종 · 종교 · 직업 · 남녀에 관계없이 인간은 모두 평등하다는 사실을 우리의 뇌 구조에서 찾아볼 수는 없는 것일까?

셰익스피어와 함께 풀어 보는 뇌 과학 이야기

전 세계 사람들의 얼굴 모양, 피부와 머리카락의 색깔, 신체 모양과 크기는 실로 다양한 차이를 보인다. 하지만 피부색과 신체의 크기와는 상관없이 성인의 뇌는 놀라울 정도로 그 크기가 비교적 일정하다. 사람의 뇌는 누구나 대칭적으로 좌우로 나뉘어 있으며, 뇌실(ventricle)을 액체가 채우고 있는 점도 유사하다. 좌뇌와 우뇌를 나누는 뇌반구 사이의 틈이나 전두엽과 두정엽(parietal lobe)을 가르는 중심구(central sulcus) 역시 거의 비슷하다. 심지어 손가락 지문처럼 개인적 특성을 지닌 것으로 알려진 뇌 이랑 역시 거의 동일한 수를 보인다. 단지 그 위치에 있어서만 약간의 차이를 보일 뿐이다. 평균적인 뇌 모양으로 말할 것 같으면 유대인을 경멸하는 기독교인 안토니오의 뇌나 악덕 고리대금업자로 부당한 대우를 받는 샤일록의 뇌, 사랑에 빠진 바사니오와 포샤, 그리고 로렌초와 제시카의 뇌도 거의 대동소이하다. 이처럼 인간의 뇌는 기본적으로 동일한 구조를 가진다.

그렇다면 다양한 사람들이 동일한 과업을 수행할 때에도 뇌의 동일한 부위가 활성화되는 것일까? 최근 fMRI나 PET와 같은 뇌 영상 촬영 결과, 동일한 과업의 수행은 모두 동일한 뇌 부위에서 일어난다는 사실이 확인되었다. 오른쪽 뇌는 신체의 왼쪽 부위를 담당하고, 왼쪽 뇌는 신체의 오른쪽 부위를 담당하는 것도 유사하다. 손가락을 두드리거나 발을 구르는 간단한 동작의 경우, 사람에 따라 다소 차이는 보일지 모르나 뇌의 활동 부위는 모두 동일하다. 일례로 오른손을 움직이기 위해서는 좌뇌의 중심구 경계에 위치한 제1차 감각운동피질(sensory motor cortex) 부위가 활성화되어야 하고, 그 다음 행동 계획 부위인 두정엽의 특정 부위가 활성화되어야 손가락을 두드리는 행위가 일어난다. 단어를 읽거나 기분 좋은 향을 맡거나 아름다운 음악을 듣는 것과 같은 다소 복잡한 인지 기능들도 모두 뇌의 유사한 부위에서 작동된다. 이처럼 기능 면에서 인간의 뇌는 모두 공통의 유사한 기능 장치를 가지고 있다.

그렇다면 개인차는 어디로부터 유래하는 것일까? 왜 누구는 더 똑똑하고 더 창의적일까? 누구는 손재주가 많으며, 누구는 운동에 소질이 있고, 누구는 음악과 미술과 같은 예술적 소질이 뛰어난 이유가 무엇일까? 로미오가 베로나로 추방당할 때 그는 비통함 대신 줄리엣을 향한 그리움에 목메어 한다. 샤일록은 자신이 받아 온 사회적 차별에 대하여 용서 대신 복수를 선택한다. 이러한 이유는 무엇일까? 이에 대한 정확한 답은 아직 없다. 하지만 학습이나 기술 습득, 기억 등 여러 인지 과정에서 보여 주는 개개인의 특성들은 뇌의 여러 부위가 어떻게 얼마만큼 상호적으로 연결되어 활동하는지의 여부에 달려 있다.

미국 시애틀에 위치한 앨런 뇌 과학 연구소의 오승욱 박사 팀[18]은 2014년 세계적 과학저널《네이처》에 뇌의 신경망 3D 지도를 성공적으로 만들었다고 보고하였다. 태아의 뇌에서 발생하는 RNA와 뇌의 신경망 회로를 삼차원적 입체 지도로 만드는 데 성공한 것이다. 연구진은 사망한 태아의 뇌를 꺼내 각각 15주, 16주, 21주로 분류하여 잘라 낸 후, 태아의 발달 시기별로 유전자들이 활동하는 뇌의 특정 영역을 찾아내었다. 연구진은 출생 전부터 시작되는 자폐증 등의 발달 장애의 기원을 파악하는 데 이러한 뇌의 삼차원 지도가 어느 정도 기여할 수 있을 것이라고 밝혔다. 자폐증·조현병·외상 후 스트레스 장애 등의 뇌 관련 질환들이 신경세포 자체의 문제라기보다는 오히려 뇌 신경망 연결상의 문제일 수 있다는 것이다.

오승욱 박사 팀은 형광물질을 심은 바이러스를 살아 있는 쥐의 뇌 특정 부위에 주입하여 주입된 형광물질 바이러스가 뇌 신경세포들 사이로 퍼져 나가게 한 후 쥐의 뇌를 해부하는 실험을 하였다. 연구진은 생쥐 1,700여 마리의 뇌를 각각 140등분하여 촬영한 뇌 영상들을 종합하여 삼차원의 신경 연결망을 만들었다. 무려 7,500만 개에 달하는 쥐의 뇌 신경세포들의 연결 관계가 일일이 규명된 것은 아니다. 하지만 연구진은 형광물질 바이러스가 지나간 경로를 확인하는 방식으로 생쥐의 뇌 신경세포들이 어떻게 서로 연결되어 있는지를 보여 주는 쥐의 입체적 3D 뇌 신경망 지도를 만드는 데 성공하였다.

미국 MIT의 재미 뇌과학자 승현준 교수도 2012년 저서《커넥톰, 뇌의 지도》[19]에서 뇌 신경망 지도란 도시 간 고속도로와 국도의 지도를 작성하는 것처럼 각 개인이 갖는 개별 특징을 결정짓는 데 중요한 요소라고 발표하였다. 사람의 뇌는 인종에 관계없이 남녀 모두 기본적으로 그 구조가 동일하다. 하지만 성격을 위시하여 취미 · 적성 · 습관 · 재능 등에서 개인차를 보이는 이유는 바로 개개인의 지문이 다르듯 개개인의 뇌 신경망 지도가 다르기 때문이다. 특정 행위에 대한 뇌의 특정 부위의 활성화 정도나 패턴 역시 뇌 신경망 지도에서 개인마다 다르게 나타난다. 이는 유전적 요인뿐 아니라 환경 · 교육 · 경험에 의해 각기 다른 신경망 지도가 개인적으로 만들어지기 때문이다.

5 은유적 표현과 뇌

자비란 하늘에서 내리는 고마운 단비와 같은 것!

3막 2장, 샤일록으로부터 3천 더커트를 빌려 벨몬트로 건너간 바사니오는 금 · 은 · 납 상자 중 '모든 것을 걸고 위험을 감수해야 하는' 납 상자를 선택하여 포샤와의 결혼에 성공한다. 바사니오와 동행한 그라시아노도 포샤의 시녀 네리사와 서로 반해 결혼에 성공한다. 사랑과 낭만의 도시 벨몬트로 도망쳐 온 제시카와 로렌초가 무대에 등장한 후, 곧이어 베니스에서 온 사자 살레리오(Salerio)가 나타나 바사니오에게 한 통의 편지를 건넨다. 편지를 읽은 후 바사니오의 안색이 변하자, 이를 본 포샤가 다그친다. "나는 당신의 반쪽이니 편지 내용을 알려 주세요." 바사니오는 자신에게 필요한 돈을 대 주기 위해 친구 안토니오가 고리대금업자에게 3천 더커트를 빌렸음을 고백한다. 안토니오의 배가 트리폴리, 멕시코, 영국, 리스본, 바바리아, 인도에서 돌아오다 모두 침몰하였다는 나쁜 소식도 전해 준다. 더욱이 공작과 고관 및 상인 스무 명가량이 샤일록을 설득하였지만, 유대인 고리대금업자는 빚 청산과 관련된 악의적 주장을 굽히지 않았다는 사실도 토로한다. 이에 포샤는 바사니오에게 "6천 더커트를 지불하고 계약서를 지우라"라고 말하면서, 즉시 친구를 위해 베니스로 떠나라고 권한다.

베니스 항구와 곤돌라(2017. 8. 촬영)

3막 4장, 포샤는 로렌초와 제시카에게 자신들이 떠나 있는 동안 집안을 잘 다스리라고 명한다. 포샤는 시녀 네리사에게 함께 베니스로 떠나 남장하여 신랑을 만나게 될 것이라고 말한다.

4막 1장, 베니스의 법정에서 바사니오가 3천 더커트 대신 두 배로 6천 더커트를 배상하여 갚겠다고 제안한다. 하지만 샤일록은 '오래 묵은 원한과 증오'로 이를 거부하며 증서대로 안토니오의 '살 한 파운드'만을 고집한다.

뒤이어 법학 박사 복장으로 변장한 포샤가 등장하고, 작품 〈베니스의 상인〉의 가장 유명한 법정 변호 장면이 시작된다.[20]

포샤

당신은 증서의 정당성을 인정합니까?

Portia

Do you confess the bond?

안토니오

인정합니다.

Antonio

I do.

포샤

그렇다면 유대인 쪽에서 자비심을 보여야 할 것 같소이다.

Portia

Then must the Jew be merciful.

샤일록

도대체 무엇 때문에 그래야 한단 말입니까? 말씀해 보시지오.

Shylock

On what compulsion must I? tell me that.

포샤

자비의 본질은 억지로 강요할 수 없는 법,
자비란 하늘에서 대지 위에 내리는 고마운 단비와 같은 것:
이중으로 축복을 내려 주는 것이지요;
자비를 베푸는 자에게도, 자비를 받는 자에게도 축복을 내려 주지요:
자비야말로 가장 강력한 권력자의 가장 강력한 미덕:

옥좌 위의 왕에겐 왕관보다 더 잘 어울리는 미덕이지요;

Portia

The quality of mercy is not strain'd,

It droppeth as the gentle rain from heaven

Upon the place beneath: it is twice blest;

It blesseth him that gives and him that takes:

'Tis mightiest in the mightiest: it becomes

The throned monarch better than his crown; (4막 1장)

포샤는 먼저 사건의 사실을 확인한 후, 법에 근거한 판결에 앞서 샤일록에게 기독교적 자비심을 베풀 것을 제안한다. 하지만 샤일록이 "무엇 때문에 그래야 한단 말입니까?"라고 묻자, 포샤가 자비에 대해 장황히 설명하기 시작한다. 자비란 강요되는 것이 아니라 자발적인 것이며, 마치 "하늘에서 대지 위에 내리는 고마운 단비"와 같다는 것이다. 포샤는 계속하여 샤일록에게 "그대가 요구하는 것이 정의에 적합하기는 하오. 하지만 정의를 따르다 보면 우리 중 누구도 구원받을 자가 없다는 사실을 심사숙고해 보시오"라고 말하며, "자비를 베풀 것"을 거듭 권한다. 하지만 샤일록은 "법대로 집행해 줄 것"을 집요하게 고집한다. 그러자 포샤는 샤일록에게 출혈로 사람이 죽지 않도록 의사를 부를 것을 요구한 후, 그 유명한 포샤의 판결이 내려진다.

포샤

잠깐 기다리시오. 좀 더 할 이야기가 있소.

증서에는 한 방울의 피도 당신에게 준다는 말이 없소;

명시된 문구는 "살 한 파운드"라고 쓰여 있을 뿐이오.

자, 증서대로 살 한 파운드를 가져가시오;

하지만 잘라 낼 때, 당신이 피를 흘린다면

로버트 스머크, 〈베니스의 상인 중 재판 장면〉
(스트랫퍼드어폰에이번, 왕립 셰익스피어극단)

기독교도인의 단 한 방울의 피라도 흘린다면,
당신의 토지와 재산은, 베니스 국법에 의거하여,
국가로 몰수당하게 될 것이오.

Portia

Tarry* a little, there is something else.
This bond doth give thee here no jot** of blood;
The words expressly are "a pound of flesh."
Take then thy bond, take thou thy pound of flesh;
But, in the cutting it, if thou dost shed
One drop of Christian blood, thy lands and goods
Are, by the laws of Venice, confiscate***
Unto the state of Venice.　(4막 1장)
(tarry*: 기다리다, jot**: (부정문) 아주 조금, confiscate***: 몰수하다)

포샤의 판결대로 한 방울의 피도 흘리지 않고 사람의 살을 베어 갈 수는 없는 일이다. 이를 깨달은 샤일록이 뒤늦게 앞서 바사니오가 제안한 대로 "계약금의 두 배를 받고 기독교인을 풀어 줄 것"을 요구하자, "돈 여기 있소"라며 바사니오가 지불하고자 한다. 하지만 냉정한 포샤는 샤일록에게

"살을 자를 준비를 하시오"라고 명한다. "더도 말고 덜도 말고 정확히 한 파운드의 살만 베어 내시오." "만약 머리카락 한 올의 무게라도 저울이 기울기라도 한다면, 당신은 죽음을 당하고 당신의 모든 재산은 몰수당하게 될 것이오." 기가 꺾인 샤일록이 "원금만 돌려주면 난 가겠소"라고 말하자, 바시니오가 다시 "여기 준비됐소"라며 돈을 건네려 한다. 조금의 흔들림도 보이지 않는 포샤가 샤일록을 향해 단호히 선언한다. "오직 정의와 계약서만을 가질 것이다." 포샤는 더 나아가 외국인의 살인 의도 형량에 대한 베니스의 법률을 언급한다. "만일 외국인이 베니스 시민의 생명을 노린 사실이 입증된다면, 피해 당사자는 가해자의 재산 중 절반을 차지하고, 절반은 국고에 귀속될 것이다." '살 한 파운드'를 고집하는 샤일록의 억지 주장에 포샤가 재치로 억지 판결을 내린다. 결국 샤일록은 전 재산을 몰수당할 뿐 아니라 종교적 개종까지 강요당한다.

포샤의 말대로 "눈에 보이는 정의로는 아무도 구원받을 수 없다.(In the course of justice, none of us should see salvation.)" 사람들은 눈에 보이는 것이 전부이고 진실인 것처럼 살아간다. 하지만 '반짝이는 것이 모두 금이 아닌' 것처럼 보이는 것이 전부가 아니다. 율법주의자 샤일록이 차용 증서에 쓰여 있는 대로 살 한 파운드를 고집하자, 포샤는 먼저 자비를 베풀 것을 제안한다. 포샤와 샤일록의 대조되는 행위는 바로 '정의와 심판'을 강조하는 구약과 '자비와 용서'를 강조하는 신약과의 대비인 것이다. 다시 말해 유대인의 하나님과 기독교의 하나님과의 종교적 대립과 갈등을 대변하고 있는 것이다.

셰익스피어 시대의 유럽은 기독교가 지배하는 사회였다. 예수를 살해한 유대인에게 멸시와 천대가 당연시되던 시대였다. 하지만 역설적으로 셰익스피어가 여기서 당시 보이지 않은 유대인들의 아픔과 기독교인들의 위선을 고발하고 있는 것은 아니었을까? 샤일록은 유대인이라서, 이교도라서, 고리대금업자라서 기독교인들로부터 부당한 대우를 받아 왔을 뿐 아니라 전 재산과 함께 종교적 신념마저 빼앗기게 된다. 이러한 판결을 내린 포샤의 판결은 공정하였다고 할 수 있을까? 안토니오는 포샤의 남편인 바사니오의 친구이다. 재판관의 선정에서부터 이해관계가 있는 불공정 선정으로 재판이 시작된 것이다. 살 한 파운드를 가져갈 수 있지만 피 한 방울도 흘려서는 안 된다는 포샤의 판결은 공정한 판결이었다고 할 수 있을까? 살을 베어 내는데 어찌 한 방울의 피도 흘리지 않을 수 있단 말인가! 포샤는 증서대로 이행을 포기한 샤일록에게 오히려 계약을 위반하였다며 전 재산을 몰수하고 기독교로 개종할 것을 요구하였다. 만약 샤일록이 기독교인이었더라도 동일한 판결이 내려졌을까? 금 · 은 · 납 세 상자의 이야기처럼 안과 밖은 전혀 다른 것이다. 자비를 베풀 것을 제안한 기독교인들이 유대인 샤일록에게 진정 자비를 베풀고 있는 것일까? 셰익스피어는 관객과 독자들에게 겉보기와는 다른 내면의 본질을 명확히 파악할 것을 날카롭게 지적하고 있는 것이다.

☜ **여기서 잠깐!**

"자비를 무엇 때문에 베풀어야 합니까?"라고 묻는 샤일록을 향해 포샤는 자비는 강요된 것이 아니라 마치 하늘에서 내리는 단비와 같다고 말한다. 자비란 최고로 '강력한 권력자의 가장 강력한 미덕'이자 통치하는 왕에게는 '왕관보다 더 잘 어울리는 미덕'이라고 대답한다. 자비를 설명하는 포샤의 대사는 셰익스피어가 얼마나 비유의 달인인가를 잘 보여 주고 있다. 새로운 단어나 기발하고 멋진 은유의 표현을 들을 때, 우리 뇌에서는 어떤 일들이 일어나고 있는 것일까?

셰익스피어와 함께 풀어 보는 뇌 과학 이야기

우리가 문장을 보고 듣고 말할 때 뇌의 여러 언어 부위가 함께 활성화된다.

우리가 문장을 볼 때 시각을 담당하는 후두엽 부위가 활성화되고, 문장을 들을 때 소리를 관장하는 측두엽 부위가 활성화되며, 말을 구사할 때 전두엽의 브로카 영역이 활성화된다. 그렇다면 일반 문장이 아닌 비유 문장을 듣게 되면 어떻게 될까? 조나 레러는 2013년 저서 《이매진: 초인류의 뇌 사용법》[21]에서 단어의 문자적 의미, 즉 지시대상(denotation)은 좌반구에서 처리되지만, 사전에 없는 모든 의미인 내포(connotation)는 우반구에서 처리된다고 하였다. 김동명의 시 〈내 마음〉에 나오는 "내 마음은 호수요"와 유치환의 〈깃발〉에 나오는 "이것은 소리 없는 아우성"처럼 은유(metaphor) 없는 시를 상상이나 할 수 있을까? 이러한 시적 은유의 비유와 표현들은 우리의 상상력을 크게 자극한다. 〈로미오와 줄리엣〉에서 로미오는 달빛 아래 환히 빛을 발하는 줄리엣의 얼굴을 보고 "줄리엣은 태양"이라고 말한다. 좌뇌의 언어 부위에서는 '태양'의 어휘적 의미로 '이글거리는 거대한 수소 덩어리'만을 연상할 것이다. 하지만 줄리엣과 태양은 전혀 다른 별개의 개념이다. 뇌의 입장에서 보면 은유란 표면상 무관한 두 개념을 이어 주는 교량 역할을 하는 셈이다. 태양이 지구를 비추듯, 줄리엣이 로미오의 세계, 로미오의 마음을 환하게 비추는 것이다. 이런 은유의 언어적 연상은 좌뇌가 아닌 우뇌에서 일어난다. 시를 읽거나 농담을 듣고 웃음을 터뜨리는 것은 분석적 좌뇌가 아닌 '숲을 볼 줄 아는' 우뇌에서 일어나는 것이다.

미국 에머리 대학교의 크리시 사티안(Krish Sathian) 교수 팀[22]은 2013년 질감 또는 촉감과 관련된 은유의 말을 들을 때 언어 부위와 함께 뇌의 감각 부위인 두정판(parietal operculum) 부위가 동시에 활성화된다는 사실을 밝혔다. 연구진은 7명의 대학생들을 대상으로 촉각 은유가 사용된 문장을 들려주었다. 실험에 참가한 대학생들에게 실험 문장을 듣고 의미를 이해하자마자 버튼을 누르도록 하였다. 은유가 포함된 문장은 은유가 포함되지 않은 문장보다 약간 늦은 반응(0.84초:0.63초)을 보였다. 하지만 fMRI 촬영 결과 놀랍게도 언어 부위 외에도 촉각을 감지하는 뇌의 부위가 동시에 함께 활성화된다는 사실이 밝혀졌다. 즉, 문장과 함께 연관된 감각을 인식하는 뇌 부위가 동시에 활성화된 것이다.

미국 프린스턴 대학교의 골드버그(Goldberg) 교수 팀[23]도 2014년 '비유 문장'에 대한 유사한 실험을 실시하였다. 연구진은 37명의 실험 참가자들에게 "그녀가 감미로운 눈길로 그를 쳐다보았다(She looked at him sweetly)"라는 비유적 문장과 "그녀가 친절하게 그를 쳐다보았다(She looked at him kindly)"라는 문장을 읽게 하였다. 문장을 읽는 동안 실험자들의 뇌를 fMRI 영상 촬영하였다. 어떤 결과가 나왔을까? 실험 참가자들이 "감미로운" "쓰디쓴"과 같이 미각과 관련된 은유가 포함된 문장을 들을 때 언어 부위와 함께 뇌의 미각 부위가 활성화되었다. 뿐만 아니라 감정을 담당하는 편도체(amygdala) 부위도 함께 활성화되었다. 은유의 문장들이 신체적 경험을 실질적으로 암시하고 있기 때문에 감정과 관련된 부위가 동시에 활성화된 것이다.

미국 캘리포니아 샌디에이고 대학교 벤저민 버건(Benjamin Bergen) 교수는 2012년 저서《말보다 더 큰 상상(Louder Than Words)》[24]에서 비유 문장에 대한 흥미로운 실험 결과를 보고하였다. 문장을 읽거나 들을 때, 특히 비유의 문장을 읽고 들을 때, 언어 영역의 특정 뇌 부위만 활성화되는 것이 아니라 뇌의 여러 부위가 함께 활성화된다는 사실이 구체적으로 밝혀진 것이다. "유격수가 2루에 공을 던졌습니다"라는 아나운서의 말을 들으면 우리의 뇌에서는 어떤 일들이 일어나는 것일까? 먼저 문장을 이해하는 뇌의 언어 영역이 활성화된다. 그런데 이와 더불어 시각을 담당하는 후두엽 부위와 동작을 담당하는 뇌 부위도 함께 활성화된다. 연구진은 실험 참가자들에게 "하늘을 나는 돼지(a flying pig)"를 읽게 하였다. 하늘을 나는 돼지는 현실 세계에 존재하지 않는다. 하지만 '하늘을 나는 돼지'라는 문구를 읽을 때, 누구는 '어깨에 날개 달린 돼지'를 연상하고, 누구는 슈퍼맨처럼 '망토 입은 돼지'를 연상하였다. 실험 참가자들이 비유의 문장을 읽을 때 마음의 눈으로 함께 상상한다는 사실이 실제로 밝혀진 것이다.

셰익스피어는 예측하지 못한 단어나 기발한 비유의 사용이 독자나 관객의 뇌에 어떻게 인식되는지를 본능적으로 잘 알고 있는 것처럼 보인다. “자비란 하늘에서 내리는 고마운 단비와 같은 것!(The quality of mercy droppeth as the gentle rain from heaven.)” 언어의 마술사 셰익스피어는 이처럼 기발한 시적 비유의 표현들을 사용하여 독자와 관객들에게 신선한 충격과 함께 즐거운 자극을 제공하고 있는 것이다. 셰익스피어의 연극을 볼 기회가 있는가? 멋진 대사와 함께 연기자의 목소리와 행위에서 어떤 상황에 어떠한 강조가 주어질 때 관객들의 호응이 가장 많은지를 주의 깊게 관찰해 보기 바란다.

6 사랑 · 우정과 뇌

사랑과 우정의 남녀 간 차이

제4막 후반부, 바사니오가 샤일록에게 지불하기로 했던 3천 더커트를 법학 박사로 분장한 포샤에게 감사의 답례로 주고자 한다. 하지만 포샤는 마음의 만족을 느끼면 그것으로 충분히 보답된 것이라며 이를 정중히 사절한다. “보수라고 생각하지 마시고 그저 성의 표시로 무슨 기념품 정도로 받아주십시오”라는 거듭된 요청에 포샤는 마지못한 듯 안토니오에게는 끼고 있던 장갑을, 바사니오에게는 끼고 있던 반지를 요구한다. 바사니오는 결혼반지만은 소중히 간직하고 싶은 마음에 구차스런 변명을 늘어놓는다. “변변치 못한 반지라 창피해서 드리고 싶지 않습니다.” 바사니오는 대신 ‘베니스에서 가장 비싼 반지’를 만들어 드리겠다고 제안한다. 하지만 바사니오는 “절대로 팔거나 잃어버리거나 누구에게도 주지 않겠노라”라고 서약한 결혼반지임을 결국 고백하고 만다. 이러한 고백에도 불구하고 포샤는 “많은 남자들이 주기가 아까울 땐 그런 핑계를 대지요”라며 핀잔한다. 어쩔 수 없이 바사니아는 소중히 아끼는 결혼반지를 포샤에게 건네준다. 포샤의 하녀이자 재판장의 서기로 분장한 네리사 역시 그라시아노로부터 결혼반지를 얻어 낸다.

제5막, 사랑의 도시 벨몬트, 포샤의 집 앞 길에서 기독교인 로렌초와 샤일록의 딸 제시카가 감미로운 달빛 아래 사랑의 말 짓기 놀이를 즐긴다.

로렌초

달이 환하게 빛나는구나: 이렇게 환한 달밤에
상쾌한 바람이 나무에 부드러운 키스를 하고,
아무 소리도 나지 않는 이런 밤,
트로일러스 왕자는 트로이의 성벽을 올라
미녀 크레시드가 잠들어 있는 그리스 진영의 막사를 향해
영혼의 탄식을 지었겠지요.

Lorenzo

The moon shines bright: in such a night as this,
When the sweet wind did gently kiss the trees
And they did make no noise, in such a night
Troilus methinks* mounted the Troyan walls
And sigh'd his soul toward the Grecian tents,
Where Cressid lay that night.
(methinks*: (고어) 생각건대)

제시카

오늘같이 밝은 밤,
티스베가 무서움 속에 이슬을 밟고
사자보다도 사자의 그림자를 먼저 보고는 겁먹고 달아났겠죠.

Jessica

In such a night

Did Thisbe fearfully o'ertrip the dew
And saw the lion's shadow ere himself
And ran dismay'd away.
[…]

로렌초
오늘같이 밝은 밤,
제시카는 돈 많은 유대인 아버지 집을 몰래 빠져나와
땡전 한 푼 없는 애인하고 베니스를 버리고
벨몬트까지 멀리 달아났지요.
Lorenzo
In such a night
Did Jessica steal from the wealthy Jew
And with an unthrift love did run from Venice
As far as Belmont.

제시카
오늘같이 밝은 밤,
로렌초라는 젊은이는 연인에게 사랑한다고 맹세하고
수없이 많은 사랑의 맹세로 그녀의 마음을 앗아 갔지만
하나도 진실된 것이 없었지요.
Jessica
In such a night
Did young Lorenzo swear he loved her well,
Stealing her soul with many vows of faith
And ne'er a true one. (5막 1장)

이때 악대가 등장하고 음악이 들려온다. 제시카가 "웬일인지 즐거운 음악만 들으면 슬퍼져요"라고 말하자, 로렌초가 "정신이 너무 긴장했기 때문이오"라고 답한다. 로렌초가 음악의 감동에 대해 설명한다. "자신의 마음속에 음악이 없으며, 감미로운 화음을 듣고도 감동받지 못하는 사람이란 배신과 음모, 강도질밖에 하지 못할 사람이오."

잠시 뒤 바사니오가 친구 안토니오와 그라시아노와 함께 등장하고, 뒤이어 결혼반지에 얽힌 네리사와 그라시아노와의 말다툼이 시작된다. 그라시아노가 변명을 늘어놓는다. "재판관의 서기란 작자가 어찌나 재잘대고, 사례로 반지를 달라고 졸라 대는지", "차마 거절할 수가 없어 결혼반지를 내주었지요." 포샤가 그라시아노의 변명에 대해 따끔하게 일침을 가한다.

포샤
당신은 마땅히 비난받아야만 해요. 솔직히 말해
부인의 첫 선물을 그리 손쉽게 내주다니요:
굳은 사랑의 증거로 맹세하고 서약하며 손가락에 낀 반지잖아요.
나도 내 남편에게 반지를 주며 맹세를 받아 놨지요.
절대로 내놓지 않을 거라고.

Portia
You were to blame, I must be plain with you,
To part so slightly with your wife's first gift:
A thing stuck on with oaths upon your finger
And so riveted* with faith unto your flesh.
I gave my love a ring and made him swear
Never to part with it. (5막 1장)
(rivet*: 호안포장하다)

포샤의 말에 바사니오가 양심의 가책을 느껴 혼잣말로 후회한다. "이 왼손을 잘라 버렸으면 좋았을 것을. 그러면 반지를 지키려다 손이 잘렸다고 말할 수 있을 텐데." 바사니오가 결국 반지를 누구에게 주었으며, 무엇 때문에 주었는지, 얼마나 마지못해 주었는지 변명을 늘어놓자, 포샤가 다음과 같이 말한다.

포샤

그 반지의 가치를 알고 있었더라면,
반지를 선사한 여자의 가치를 반만이라도 알았더라면,
반지를 지키겠다는 당신의 명예를 위해서라도
반지를 그렇게 주시진 말았어야죠.

Portia

If you had known the virtue of the ring,
Or half her worthiness that gave the ring,
Or your own honour to contain the ring,
You would not then have parted with the ring. (5막 1장)

유능한 여자 법학 박사 포샤는 친구의 우정을 위해 반지를 지키지 못한 바사니아와 그라시아노의 행동이 부적절하였다고 따끔하게 나무란다. 앞선 재판장에서 안토니오는 죽을지도 모르는 상황에서조차 친구 바사니오를 원망하지 않고, 오히려 행복하게 잘 살 것을 부탁하였다. 바사니오 역시 결혼반지를 친구의 목숨을 구해 준 재판관에게 비록 어쩔 수 없었지만 감사의 마음으로 기꺼이 내주었다. 모든 것을 내주어도 아깝지 않은 친구들 간의 진한 우정이다. 하지만 남장하여 법학 박사로 재판한 포샤는 친구 안토니오의 생명을 구해 준 대가로 결혼반지를 요구하였다. 바사니오와 그라시아노가 잘못을 토로하자, 포샤는 사랑과 결혼에 있어서 가장 중요한 것은 약속과 신뢰라며 이들의 행위를 비난한다.

☞ **여기서 잠깐!**

사랑과 우정의 상징이라고 할 수 있는 안토니오와 바사니오의 우정, 결혼반지를 소중히 여기는 포샤와 네리사, 사랑과 우정에 있어서 두 커플의 남녀는 분명 확연한 대조를 보인다. 샤일록의 딸 제시카는 부유한 유대인 집안의 배후를 모두 저버리고 순수한 사랑을 좇아 가난한 기독교인 로렌초와 함께 벨몬트로 달아난다. 사랑과 우정에 있어서 남녀 간에는 어떤 차이가 있는 것일까? 사랑과 우정에 남녀 간 차이가 있다면, 남녀 간 뇌에서는 어떤 일들이 일어나고 있는 것일까?

셰익스피어와 함께 풀어 보는 뇌 과학 이야기

"화성에서 온 남자"와 "금성에서 온 여자"라는 표현에서 알 수 있듯이, 남자와 여자는 행동 방식에 있어서 많은 차이를 보인다. 루안 브리젠딘(Louann Brizendine)의 2007년 저서 《여자의 뇌: 여자의 발견》[25]과 2010년 저서 《남자의 뇌: 남자의 발견》[26], 그리고 지식탐험가의 2011년 《브레인 시크릿》[27]에서는 남녀의 행동과 인지의 차이가 뇌의 구조적 차이와 함께 남녀 호르몬의 차이에서 기인한 것이라고 설명한다. 남자들의 뇌는 일반적으로 여자들의 뇌보다 약 9% 정도 크다. 하지만 뇌 신경세포의 수에서는 별 차이가 없다. 따라서 남녀의 행동 양식의 차이는 뇌의 크기에서 비롯된 것이 아니라 호르몬과 뇌의 구조적 차이에서 기인된 것이다.

그렇다면 남녀의 뇌 구조는 언제부터 차이를 보이기 시작하는 것일까? 수정란 착상 후 약 8주부터 성별이 구분되기 시작하는데, 바로 이때부터 남녀의 뇌 구조가 차이를 보이기 시작한다. 남자아이들의 경우 남성호르몬 테스토스테론이 분비되어 남성적 특성을 지닌 뇌로 성장한다. 남자아이들은 38주가 되기 전 테스토스테론이 급격히 증가한다. 하지만 이로 인해 남자아이들의 정서와 커뮤니케이션과 관련된 중추 신경은 오히려 위축된다.

여자아이들은 테스토스테론의 영향을 받지 않고 여성호르몬 에스트로겐의 영향으로 전형적인 여성의 뇌로 발달한다. '관찰'에 관한 한 여자아이들이 남자아이와는 전혀 다른 뛰어난 기술을 본능적으로 지니는 이유이다. 여자아이들은 어려서부터 남자아이들보다 상대와 눈을 맞추는 일에 능하며, 얼굴 표정이나 목소리에서 상대의 마음을 읽는 데 더 능숙하다. 하지만 남자아이들은 눈 맞춤에 서툴고 주의가 산만하며 부산스럽기 짝이 없다.

남자와 여자 아이들은 언어에 있어서도 차이를 보인다. 그 차이가 무엇일까? 2~4세 아동의 언어 연구 결과, 여자아이들은 '하자'라는 단어를 사용하여 횡적 관계를 중시한다. 이에 반하여 남자 아이들은 '해'라는 명령조의 언어로 종적인 위계와 경쟁을 중시한다. 그렇다면 남녀 간 언어의 차이를 성인에게서도 찾아볼 수 있을까? 남자들은 다소 직설적이며 독단적 표현인 '~해', '그건 잘못됐어' 등의 표현을 자주 사용한다고 한다. 이에 반해 여자들은 '~하지 않을래?'와 같은 청유형을 자주 사용하며, '그렇지?', '그렇지 않니?' 등의 부가의문문을 통해 상대방의 공감을 이끌어 내는 표현들을 자주 사용한다고 한다. 여자들은 자신의 마음속 감정을 충분히 전달하기 위해 여러 유형의 과장법이나 다양한 은유법 등을 총동원한다.

채드 이스텀(Chad Eastham) · 빌 패럴(Bill Farrel) · 팸 패럴(Pam Farrel)의 2010년 공저 《아담과 하와의 연애 뇌 구조》[28]에는 '남녀의 차이를 와플(waffles)과 스파게티(spaghetti)의 차이'로 비교하여 설명하였다. 남자의 뇌는 칸칸이 나뉘어 있는 와플 구조의 뇌를 갖는 반면, 여자의 뇌는 끝없이 이어지는 스파게티 가닥과 같은 뇌 구조를 갖고 있다고 한다. 무슨 뜻일까? 남자들은 자기의 삶을 여러 칸으로 나누어 전략적으로 관리하며, 문제가 생기면 해당 칸으로 들어가 상황을 분석하고 필요한 행동과 해결책을 강구한다. 대화에 있어서도 '결과 중심적', 즉 무엇이 핵심인가를 빨리 파악하고자 한다. TV 프로그램 역시 결과 중심인 뉴스나 스포츠에 더 많은 관심을 보인다. 이에 반해 여자들은 생각과 감정이 또 다른 생각과 감정, 고민들과 서로 끝없이 연결되어 있다. 뿐만 아니라 여자들은 한 번에 더 많은 정보와 활동을 처리할 수 있으며, 몇 가지 일들을 동시에 수행하는 멀티태스킹도 가능하다. 결과를 중시하는 남자와 달리 여자들은 '과정 중심적'이다. 뉴스나 스포츠 대신 삼각관계와 같이 복잡하게 얽혀 있는 드라마를 선호한다.

사랑에 있어서도 남녀 간에 차이를 보인다. 사랑에 빠지면 남녀 모두 상대방이 자신의 전부가 된다는 사실은 똑같다. 그렇다면 차이는 무엇일까? 여자에게는 마음의 방이 하나뿐이며 하나의 방에 단 한 명만 둔다고 한다. 다시 말해 한 남자에게 아낌없는 사랑을 주며 사랑하는 남자가 여자의 전부가 되는 것이다. 이에 반해 남자들은 소중히 여기고 아끼는 여자에게 더 많은 것을 주기 위해 자신의 일에 몰두하는 경향이 있다고 한다. 방이 하나인 여자와 달리 남자에게는 여러 개의 방들이 있으며 사랑하는 여자에게 가장 큰 방 하나를 내준 것이다.

여자들은 관계를 중시한다. 얼굴 표정과 목소리만으로도 상대방의 심리 상태를 짐작할 수 있는 능력이 탁월하다. 하지만 우정에 관한 한 여자들은 수시로 커뮤니케이션을 할 수 있어야만 우정 관계가 지속된다고 한다. 아주 친한 친구 사이라 하더라도 만나는 횟수가 적어지면 2~3년이 지나 관계가 소원해진다. 하지만 수평 관계를 중시하는 여자들과는 달리 남자들은 상대와 눈을 가급적 마주치지 않으려 한다. 남자들은 상하의 위계 관계가 분명하며 경쟁을 즐기고 경쟁에 능하다. 친구관계에 있어서 여자들과는 달리 오랜 공백 기간이 있다 하더라도 금방 예전처럼 친해질 수가 있다.

모기 겐이치로(茂木健一郎)는 2010년 저서 《뇌는 0.1초 만에 사랑에 빠진다》[29]에서 남녀 간에는 이별 후의 태도에도 차이를 보인다고 하였다. 남자들은 자신이 경험한 사랑을 각각의 다른 폴더에 보관한다고 한다. 마음에 드는 여자를 만나면 쉽사리 사랑에 빠지며 연인과 헤어진 후에도 계속 질척거리며 별개의 파일로 보관한다는 것이다. 이에 반해 여자들은 사랑이 단 하나뿐이며, 이전 파일에 '덮어쓰기'로 사랑을 저장한다고 한다. 여자들은 상대를 선택할 때 매우 신중하게 고르며, 헤어질 때에는 과거의 사랑을 잊고 덮어씀으로 오직 하나의 사랑만을 자신 속에 담아 두고자 하는 것이다. 이와 같이 남녀 간에는 사랑 · 우정 · 이별의 태도에 있어서 상이한 차이를 보인다. 포샤와 네리사는 사랑하는 연인에게 반지를 주면서 절대로 남에게 주거나 잃어버리지 말 것을 요구하는 방 하나의 전적인 사랑을 요구하였다. 하지만 친구의 우정을 위해 감사 표시로 반지를 내어 줄 수밖에 없었던 바사니오와 그라시아노는 자신의 방들 중 가장 큰 방을 사랑하는 연인에게 내준 것이었다. 셰익스피어는 이미 오래 전에 사랑에 관한 남녀 간의 차이를 간파하고 있었던 것이다.

외워 두면 유용한 〈베니스의 상인〉 명구들

I hold the world but as the world. A stage where every man must play a part.
나는 세상사를 그저 세상사로만 본다네. 세상은 하나의 연극 무대로 누구나 맡은 역이 있지. (1막 1장, 안토니오)

The devil can cite Scripture for his purpose.
악마도 자신의 목적을 위해서라면 성서를 인용한다.
(1막 3장, 안토니오)

Truth will come to light.
진실은 반드시 드러나는 법. (2막 2장, 란첼롯)

Lovers ever run before the clock.
연인들은 언제나 약속 시간보다 일찍 달려오는 법.
(2막 6장, 그라시아노)

Love is blind, and lovers cannot see the pretty follies that themselves commit.
사랑에 빠지면 눈먼 장님이기에, 연인들은 스스로 저지른 가장 어리석은 짓도 알아볼 수 없다. (2막 6장, 제시카)

All that glisters is not gold.
반짝인다고 모두 금은 아니다. (2막 7장, 금 상자 속의 글)

Hath not a Jew eyes?
유대인에게는 눈이 없소? (3막 1장, 샤일록)

The quality of mercy is not strain'd, It droppeth as the gentle rain from heaven Upon the place beneath.
자비란 억지로 강요될 수 있는 것이 아니다.
자비란 하늘에서 지상에 내리는 고마운 단비와 같은 것.
(4막 1장, 포샤)

How far a little candle throws his beams! So shines a good deed in a naughty world.
저렇게 가냘픈 촛불이 어떻게 이렇게 멀리까지 비쳐 오는 것인가! 추악한 세상에서 선행 역시 저렇게 멀리 빛을 발할 것이야. (5막 1장, 포샤)

템페스트

Tempest

**복수로 시작하여 사랑과
용서로 막 내리는 템페스트**

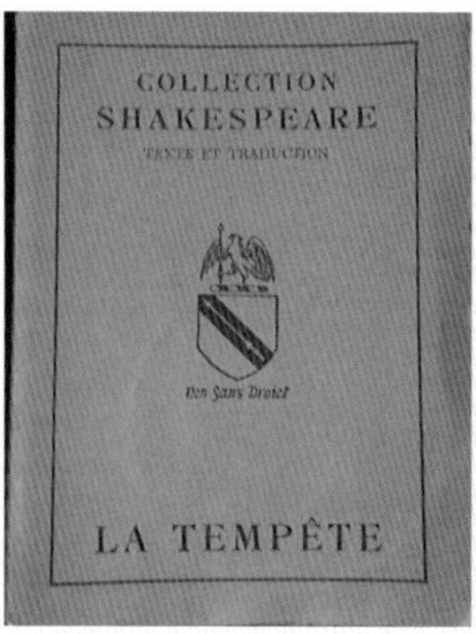

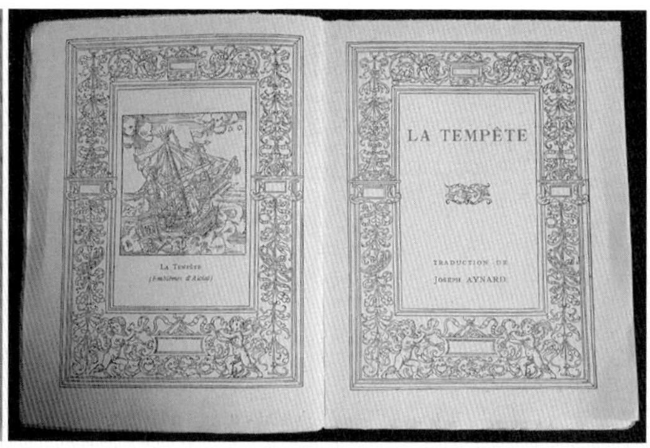

간략한 배경과 줄거리

1608년부터 1611년까지 셰익스피어의 작품 세계는 '로망스' 시대로 분류된다.[1] 바로 앞 시기 〈햄릿〉, 〈오셀로〉, 〈리어왕〉, 〈맥베스〉로 이어지는 비극의 세계와는 반대로, 사랑과 용서라는 주제로 아름다운 목가적 세계를 그리고 있기 때문이다. 〈템페스트〉를 위시한 셰익스피어 희비극 작품에는 이국적 환경과 목가적 세계라는 배경적 특징들이 있다. 환상적 분위기 속에 비극으로 시작되지만, 마지막은 희극적 결말로 반전된다. 연극 〈템페스트〉를 만든 영국 연출가 데클런 도넬런(Declan Donnellan)은 고통이 있을지라도 마지막은 '사랑과 용서로 구원받는 인간'을 보여 주는 것이 〈템페스트〉의 핵심이라고 말한다.

낭만 희극 〈한여름 밤의 꿈〉과 희비극 〈템페스트〉에는 음악과 춤이 나오고, 마법과 요정이 등장하며, 초자연적이며 이국적 요소들이 풍부하다는 점에서 유사하며, 마지막 장면이 젊은 남녀의 결혼과 흥겨운 여흥으로 끝나는 점도 공통적이다. 하지만 〈한여름 밤의 꿈〉이 사랑과 결혼을 주제로 한 희극인 반면, 〈템페스트〉는 불화, 음모, 반란 등 비극적 요소들이 희극의 요소와 함께 하는 희비극 작품이다. 작품 〈템페스트〉는 영국 제임스 1세(James I) 국왕을 위해 1611년 초연된 작품으로 셰익스피어의 마지막 작품이자, 가장 짧은 극이다. 신대륙 버지니아를 향해 떠난 서머스 경(Sir G. Somers)의 '바다의 모험'호가 1609년 버뮤다 섬에서 폭풍우를 만나 조난당한 이야기, 그리고 독일 극작가 J. 아일러의 〈아름다운 시데아〉를 원전으로 하고 있다.[2] 셰익스피어는 '아리스토텔레스의 삼일치 법칙', 즉 시간 · 장소 · 줄거리의 통일성에서 일탈하여 극을 쓴 것으로 유명하지만 작품 〈템페스트〉는 예외적으로 모든 줄거리가 단 하루 동안 프로스페로(Prospero)의 섬에서만 일어난다. 섬에 사는 괴물 '칼리반(Caliban)'과 요정 '아리엘(Ariel)'이 섬에 침입한 자들에게 대항하는 내용과 함께 동생 안토니오(Antonio)에 의해 나라를 빼앗긴 프로스페로의 복수와 관용, 용서와 화해를 다룬 이야기가 하루 동안에 일어난다.

하늘과 바다를 뒤엎는 엄청난 폭풍우에 알론소(Alonso) 왕 일행이 탄 배가 난파되어 프로스페로가 살고 있는 마법의 섬 근처에서 조난당한다. 그제야 비로소 프로스페로는 딸 미란다(Miranda)에게 한 많은 자신의 과거를 털어놓는다. 밀라노 공작 프로스페로는 마술 연구에 몰두하여 정사를 게을리한 탓에 나폴리 왕 알론소와 결탁한 동생 안토니오에 의해 나라를 빼앗긴다. 돛대도 없는 썩어 빠진 통나무배에 실려 세 살배기 딸과 함께 프로스페로가 망망대해로 쫓겨난다. 다행히 충신 곤살로(Gonzalo)의 기지로 의류와 일용품과 마법 책을 함께 싣게 된 덕분에, 프로스페로는 바다 위를 떠돌다 구사일생으로 무인도에 도착한다. 프로스페로는 섬에서 12년간 생활하며 강력한 마법을 익혀 괴물 칼리반을 격퇴하고 소나무 틈 속에 갇혀 있던 아리엘을 구해 준다. 아리엘은 자유를 고대하며 은혜에 보답하고자 프로스페로를 주인으로 모신다. 프로스페로는 칼리반을 교육하여 문명인으로 만들고자 하나 여의치 않자 하인으로 부린다.

섬에서 지낸 지 12년쯤 흘렀을 때, 알론소 왕이 튀니지에서 거행된 딸 결혼식에 참석하고 돌아오는 길에 섬 주위를 지나게 된다. 동생 안토니오가 함께 승선한 사실을 알게 된 프로스페로는 복수를 위해 마법의 힘으로 폭풍을 일으키고, 칼리반과 아리엘에게 알론소 왕과 일행을 잡아 오라고 명한다. 배는 폭풍우에 완파되고, 일행들은 구사일생 섬에 도착하지만 뿔뿔이 흩어진다. 알론소 왕은 동생 세바스티안(Sebastian)과 안토니오와 함께 일행과 떨어져 섬에 상륙한다. 아들 페르디난드(Ferdinand)가 죽었다고 생각한 알론소 왕이 시름에 빠져 있자, 한때 프로스페로의 충신이었던 곤살로가 왕을 위로한다. 아리엘이 음악을 연주하자, 세바스티안과 안토니오를 제외한 모두가 잠에 빠진다. 일행이 모두 잠든 사이 형의 작위를 찬탈한 안토니오가 세바스티안에게 형을 죽이고 왕위에 오를 것을 제안한다. 하지만 알론소 왕을 죽이려는 순간, 아리엘의 음악 소리에 모두 잠에서 깨어나 왕위 찬탈 계획은 무산된다.

일행과 떨어져 홀로 상륙한 페르디난드는 미란다를 보자마자 사랑에 빠진다. 프로스페로가 둘의 사랑을 인정하지 않고 통나무 나르는 일을 시키며 시련을 주지만 페르디난드는 이를 이겨 내고 결혼 승낙을 얻어 낸다. 알론소 왕 일행들은 자신들만 목숨을 건진 줄 알고 섬을 헤매다 프로스페로의 동굴 앞에 모두 모이게 된다. 프로스페로가 마법의 옷을 벗어 던지고, 밀라노 공작 모습으로 나타나 알론소 왕과 안토니오를 꾸짖는다. 알론소 왕은 자신의 잘못으로 아들을 잃었다고 자책한다. 이때 프로스페로가 동굴 문을 열자, 다정히 앉아 있는 페르디난드와 미란다의 모습이 나타난다. 페르디난드는 아버지 알론소 왕에게 아내가 된 미란다를 소개하고, 알론소 왕은 두 사람의 성혼을 축복한다. 안토니오도 자신의 잘못을 뉘우치고, 형 프로스페로에게 밀라노 공국을 돌려주며 용서받는다. 폭풍으로 난파되어 침몰하였던 배는 마법의 힘에 의해 온전한 상태로 해안에 정박해 있다. 프로스페로가 아리엘에게 약속대로 자유를 주고, 마지막으로 떠날 때 순풍을 보내 줄 것을 부탁한다. 섬을 떠나면서 프로스페로는 마법의 지팡이를 버리고, 일행과 함께 밀라노로 귀국한다.

1 기억과 뇌

미란다, 어린 옛 추억을 기억해 내다

밀라노 공국의 왕 프로스페로는 동생 안토니오에 의해 나라를 빼앗기고 세 살배기 딸 미란다와 함께 돛대도 없는 조각배에 실려 망망대해로 내몰린다. 강력한 마법을 익힌 프로스페로는 괴물 같은 칼리반과 공기의 정령 아리엘을 부리며 섬을 다스린다. 안토니오와 알론소 왕 일행이 탄 배가 섬 주위를 지나가자, 프로스페로는 마법의 힘으로 폭풍을 일으킨다. 배가 난파되고 알론소 왕 일행은 간신히 섬에 상륙하나 뿔뿔이 흩어지고 만다. 아리엘의 음악에 취해 알론소 왕이 잠든 사이, 형을 내쫓고 밀라노를 차지한 안토니오가 세바스티안에게 형을 죽이고 왕권을 잡으라고 부추긴다. 다음은 안토니오가 세바스티안에게 형을 죽이자고 설득하는 장면이다.

세바스티안

기억나네요,

공이 친형 프로스페로를 추방하고 자리에 올랐지요.

Sebastian

I remember

You did supplant* your brother Prospero.

(supplant*: 빼앗다, 대신(대체)하다)

안토니오

맞습니다.

전에 입었던 옷보다 지금 이 옷이

얼마나 더 잘 어울립니까?: 형의 하인들이

당시 내 동료였지만; 지금은 내 하인들이지요.

Antonio

True.

And look how well my garments sit upon me;

Much feater than before: my brother's servants

Were then my fellows; now they are my men.

세바스티안

하지만, 공의 양심은?

Sebastian

But, for your conscience?

안토니오

아니, 양심이 어디 있나요?

Antonio

Ay, sir; where lies that?

(…)

세바스티안

친구여, 나는 공의 전례를 따르겠소;

공이 밀라노를 손안에 넣었듯이, 나도 나폴리를 손안에 넣겠소.

자, 칼을 뽑으시오: 그대의 한칼로 그대의 조공은 면제될 것이오;

그리고 나는 왕이 되어 그대를 총애할 것이오.

Sebastian

Thy case, dear friend,

Shall be my precedent; as thou got'st Milan,

I'll come by Naples. Draw thy sword: one stroke

Shall free thee from the tribute which thou payest;

And I the king shall love thee.

안토니오

그럼 같이 칼을 뽑으시죠;
내가 손을 올릴 때, 당신도 함께 곤살로를 내리치시지요.

Antonio

Draw together;
And when I rear my hand, do you the like,
To fall it on Gonzalo.　(2막 1장)

세바스티안과 안토니오는, 나폴리의 왕 알론소가 잠들자, 아들 페르디난드가 익사하였다고 생각하여 나폴리의 차기 후계자를 논의한다. 형을 밀라노 공작에서 밀어내고 왕위를 찬탈한 안토니오가 세바스티안에게 형 알론소 왕을 죽이고 왕위를 찬탈할 것을 권유한다. 이때 세바스티안이 안토니오에게 "공이 친형 프로스페로를 밀어내고 앉았지요"라며 밀라노 왕위 찬탈 사건을 기억해 낸다.

윌리엄 호가스, 〈셰익스피어의 템페스트: 프로스페로와 미란다〉, 1728년경(오스퀄드 컬렉션)

우리의 뇌는 옛 추억을 기억하지만, 아주 어릴 적 기억은 전혀 회상하지 못한다. 초등학교 시절의 경험들은 때로는 어렴풋이 때로는 또렷히 아주 생생하게 기억나기도 한다. 미란다는 세 살 무렵 아버지와 함께 무인도에 상륙하여 12년을 보내며 아가씨로 성장한다. 〈템페스트〉 1막 2장, 미란다가 아버지와 대화를 나누며 아주 옛적 기억을 더듬는다. "아버지는 종종 신분 이야기를 말씀하시려다 그만두곤 하셨지요." "궁금해서 물어보면 '아직 때가 아니니 기다려라'라며 말을 중단하곤 하셨지요." 미란다의 말에 아버

지 프로스페로가 다음과 같이 말한다.[3]

프로스페로

이제 이야기할 때가 왔구나; 네 귀를 활짝 열 때가 되었도다;
내가 하는 말을 잘 귀 기울여 듣도록 하여라.
우리가 이 동굴에 오기 전 시절을 너는 기억할 수 있겠니?
그때 넌 만 세 살도 채 안 되었으니
기억할 수 있을 것이라고 생각하지는 않지만 말이다.

Prospero

The hour's now come;
The very minute bids thee ope* thine ear;
Obey and be attentive. Canst thou remember
A time before we came unto this cell?
I do not think thou canst, for then thou wast not
Out three years old.
(ope*: (고어) open)

미란다

물론, 아버님, 잘 기억할 수 있어요.

Miranda

Certainly, sir, I can. (1막 2장)

미란다가 기억할 수 있다고 대답하자, 프로스페로가 연이어 묻는다. "집이나 사람이나 무엇이든 기억에 떠오르는 것을 이야기해 보렴." 이에 미란다가 다음과 같이 대답한다.

미란다

까마득해요. 확실한 기억이라기보다는 그냥 꿈과 같이 아련해요.

한때는 네다섯 명의 여인들이 저를 돌보지 않았었나요?

Miranda

'Tis far off
And rather like a dream than an assurance
That my remembrance warrants. Had I not
Four or five women once that tended me?

미란다는 섬에 오기 전 여러 여인들로부터 시중 받았던 일들을 기억해 낸다. 프로스페로가 "어떻게 이곳에 오게 되었는지 생각나느냐?"라고 묻자, 미란다가 대답한다.

미란다

하지만 그건 기억나지 않네요.

Miranda

But that I do not.

프로스페로

12년 전의 일이지, 미란다야, 12년 전이었어.
네 아버지는 밀라노의 공작으로 권세 당당한 군주였단다.

Prospero

Twelve year since, Miranda, twelve year since,
Thy father was the Duke of Milan and
A prince of power. (1막 2장)

미란다는 자신이 여러 명의 여인들로부터 시중 받았던 어릴 적 기억을 떠올린다. 하지만 12년 전 아버지 프로스페로가 밀라노의 대공으로 막강한 권위를 지닌 군주였으며, 동생 안토니오에 의해 바다로 내몰려 구사일생으로 무인도에 도착한 일에 대해서는 전혀 기억하지 못한다.

여기서 잠깐!

세바스티안은 안토니오가 형을 죽이라고 설득하자, 안토니오가 형을 축출하고 자리를 꿰찼던 일을 기억해 낸다. 미란다가 무인도에 오게 된 경위는 기억하지 못하지만, 세 살이 되기 전 하녀들에 의해 시중 받던 일은 기억해 낸다. 사람들은 어떻게 아득히 먼 옛일들을 기억해 낼 수 있는 것일까? 왜 어떤 일들은 기억나지만, 어떤 일들은 기억나지 않는 것일까? 우리의 뇌는 어떻게 발달되며, 기억은 뇌에서 어떻게 이루어지는 것일까?

셰익스피어와 함께 풀어 보는 뇌 과학 이야기

사람의 인지 능력에 있어서 가장 놀랍고 신비로운 것이 바로 기억이다. 사실 기억이야말로 개인적으로 우리가 누구인지를 인식하는 가장 중요한 요소 중 하나이다. 뇌 신경망 지도의 세계적 권위자, MIT 대학의 승현준 교수는 2014년 저서 《커넥톰, 뇌의 지도》[4]에서 우리가 누구인지, 즉 우리 자아는 바로 우리 개개인의 독특한 신경망 지도에 의해 결정된다고 밝힌 바 있다. 그렇다면 우리의 기억은 어떻게 형성되고 회상되는 것일까? 아주 어린 시절의 기억은 미란다의 기억처럼 왜 일부만 기억나는 것일까?

갓난아이의 기억은 매우 순간적이다.[5] 갓난아이 앞에 공을 움직여 보자. 공을 따라 얼굴을 돌린다. 하지만 담요로 공을 덮어 보면 어떻게 될까? 갓난아이는 공이 없어진 것으로 착각한다. 담요 밑에 공이 숨겨져 있다는 사실은 언제쯤 인식이 가능할까? 갓난아이는 태어나서 몇 달이 지나서야 비로소 공이 담요 아래 숨겨진 사실을 인식한다. 과거의 일을 기억할 수 있는 나이는 언제쯤일까? 일 년 반이 지나야 과거의 일을 기억하고, 이를 근거로 미래에 어떤 결과가 있을지를 예측할 수가 있다. 또 다른 세계가 존재한다는 사실은 언제부터 인식이 가능할까? 어린아이는 2년이 지나야만 자신이 인식하는 세계와는 별개의 또 다른 세계가 존재한다는 사실을 인식한다. 기억 중에서는 단기 기억이 장기 기억보다 먼저 발달한다. 따라서 미란다처럼 무엇인가 과거의 일을 기억하는 일은 적어도 2~3세가 되어야 가능하다.

기억은 우리가 생각하는 것보다 훨씬 복잡하고 다양한 과정을 거치며 뇌에 산재한 여러 영역을 모두 사용한다.[6] 그렇다면 우리의 기억은 뇌에서 어떻게 기억되고 회생되는 것일까? 먼저 기억이 암호화되어야 한다. 다음으로 반복 등을 통해 그 기억이 강화되어야 한다. 마지막으로 우리가 특정한 어떤 것을 기억하고자 할 때에는 다른 정보로부터 선택적으로 그 기억이 선별되어야 한다. 미란다의 경우에서 볼 수 있듯이, 여인들로부터 시중받던 기억, 즉 반복적으로 강화된 기억들은 잘 회상된다. 하지만 반복 강화되지 못한 기억들은 잘 회상되지 않는다. 이러한 기억의 과정은 주로 해마(hippocampus)에서 일어난다. 해마는 얇은 신경조직으로 주름이 깊게 잡혀있는 대뇌피질의 측두엽 깊은 곳에 자리 잡고 있다. 그 생긴 모습이 해마(海馬, seahorse)를 닮았다. 해마가 기억을 담당하는 주요 부위라는 사실은 우연히 발견되었다. 난치성 간질 환자를 치료하기 위해 뇌수술을 시도하면서 해마 부위를 제거하자, 환자가 아무것도 기억하지 못하는 현상이 일어났다. 이 현상을 기이하게 생각한 후속 연구들에 의해 제거된 부위가 바로 기억을 담당하는 해마 부위라는 사실이 밝혀졌다. 뇌의 변연계는 편도체(amygdala)와 해마로 구성되어 있다. 편도체는 무의식적이고 감정적인 기억을 담당하는 반면 해마는 의도적이며 언어적인 기억(좌측 해마)과 장기 기억이나 공간 지각(우측 해마)을 담당한다.

장기 기억을 위해서는 뉴런의 일부분인 시냅스의 역할을 빼놓을 수 없다. 신경세포 뉴런은 자극이 주어졌을 때 정보를 전달하는 역할을 한다. 신경세포체, 수상돌기(dendrite), 축삭돌기(axon) 세 부분으로 이루어져 있다. 수상돌기는 신호를 받으며, 축삭돌기는 신호를 주는 역할을 한다. 이들 사이의 공간을 시냅스라 한다. 무엇인가에 대한 반복이 많아질수록 시냅스 사이의 정보가 활발히 교환된다. 마치 2차선 도로가 4차선, 8차선으로 확장되는 것처럼 뉴런이 구조적으로 변화되어 장기 기억(long term memory)을 강화시키는 것이다. 장기 기억을 위해서는 이처럼 반복이 중요하다. 만약 반복이 일시적이라면 이들 뉴런은 강하게 연결되지 못하여 단기 기억(short term memory)으로 끝나고 만다. 반복 외에도 장기 기억에 간여하는 또 다른 요소로 강한 자극이 있다. 누구나 한 번쯤 여러 사람 앞에서 창피함이나 수치심을 겪어 본 적이 있을 것이다. 악몽을 잊고자 해도 좀처럼 잊히지 않는 이유는 기억에 강한 감정이 실려 있기 때문이다. 이처럼 장기 기억은 강한 감정적 자극에 의해 강화되기도 한다.

무엇인가를 기억하는 일은 감각기관들을 통해 들어온 정보들이 해마라는 기관을 통해 단기 기억에서 장기 기억으로 전환됨으로써 가능하게 된다. 장기 기억에는 인지된 특정 감각 정보의 기록만 보관되는 것이 아니다. 의미의 관점에서 재구성된 정보 또한 포함되어 있다. 캐나다 토론토 대학의 엔들 털빙(Endel Tulving) 교수[7]는 1972년 장기 기억으로 '의미(semantic) 기억'과 '일화(episodic) 기억'이라는 두 가지 유형의 기억이 있다고 밝혔다. 의미 기억이란 바깥세상에 대해 알고 있는 정보로 비교적 변하지 않는 기억들을 말한다. '고래는 물고기가 아닌 동물'이라는 정보나 '2002년 FIFA 월드컵은 한국과 일본에서 공동으로 개최되었다'는 사실처럼 일상생활의 경험이 아닌 객관적 지식들은 의미 기억으로 기억된다. 하지만 개인적 경험을 통해 습득된 지식들, 즉 어릴 적 나무에서 떨어져 다친 기억이나 축제 때 만난 연인처럼 일종의 자서전적 기억들은 일화 기억으로 기억된다. 이러한 서술 기억들은 해마와 함께 해마결(parahippocampal) 영역과 간뇌(diencephalon) 부위가 관여하는 것으로 알려져 있다. 털빙 교수의 기억 모델에 의하면 특정 사건과 관련된 첫 경험의 기억들(일화 기억)은 좌뇌의 전두엽 부위에 저장되지만, 일화 기억들을 회상할 때에는 우뇌의 앞뒤 부위가 모두 관여한다.

의미 기억과 일화 기억 외에도 '절차(procedural) 기억'이 있다. 유아기에 가장 먼저 절차 기억이 발달하고, 다음으로 의미 기억이, 제일 마지막으로 일화 기억이 발달한다. 프로스페로가 "우리가 이 동굴에 오기 전 시절을 넌 기억할 수 있겠니? 그때 넌 만 세 살도 채 안 되었으니 기억할 수 있을 것이라고 생각하지는 않지만"이라고 말하자, 미란다는 놀랍게도 "잘 기억할 수 있어요"라고 대답한다. 그리고 "꿈과 같이 아련하다"며 "한때는 네다섯 명의 여인들이 저를 돌보지 않았었나요?"라고 대답한다. 일상적으로 매일 반복되어 강화되었던 어린 시절의 일화 기억을 미란다가 회상해 낸 것이다.

1978년 의사 조너선 밀러(Jonathan Miller)에 의해 영국에서 제작된 〈의문의 육체(The Body in Question)〉라는 TV 의학 기획물 시리즈에 헤르페스(herpes) 바이러스로 뇌가 심하게 감염되어 고생한 영국인 음악가 이야기가 소개된 적이 있었다.[8] 음악가는 종종 집을 떠나 있어야만 했던 관계로 헤르페스 바이러스가 새로운 기억을 담당하는 측두엽 아랫부분을 완전히 감염시켜 뇌 부위가 손상될 때까지 치료를 받지 못하였다. 측두엽 부위의 뇌 손상으로 음악가의 일화 기억 체계에 문제가 생기게 된 것이다. 음악가는 자신의 경험과 관련된 새로운 기억들을 전혀 기억하지 못하였고, 심지어 방금 만난 사람을 만났었는지조차 기억하지 못하였다. 하지만, 놀랍게도 음악가는 과거 병을 앓기 전 오케스트라 지휘를 위해 기억했던 음악 지식들, 즉 서술 기억들은 잘 기억하였다. 우리가 전화를 걸기 전 전화번호를 외운다거나, 머리를 감느라 눈을 감으면서도 앞에 놓인 수건을 집는 것과 같이, 짧은 순간 무엇을 기억해 내려고 할 때에는 전두엽 아래 부위가 활성화된다. 하지만 이러한 정보를 모니터링하고 조작하는 것은 전두엽 상위 부위이다. 바로 이 부위가 장기 서술 기억과 일화 기억을 주관하는 측두엽 부위와 밀접하게 연결되어 있다. 방에 물건들이 어떻게 놓여 있는지를 기억하는 것은 뇌의 해마와 해마결 영역에서 주관한다. 조너선 밀러의 음악가 환자의 경우, 뇌염(encephalitis)으로 양쪽 뇌의 해마와 해마결 영역 부위가 손상되어 단기 기억을 할 수 없게 된 것이다.

지식을 단순히 떠올리는 서술 기억과 개인적 경험을 통해 습득하는 일화 기억은 서로 다른 기억 체계를 이루고 있다. 하지만 이들은 서로를 강화시키기도 한다. 셰익스피어 희극 〈사랑의 헛수고〉에서 비론(Biron)은 "여자의 눈이 생명을 불어넣어 주는 프로메테우스의 불꽃"이라고 말한다. 책을 통해 습득한 지식이란 뇌 속에 갇혀 있는 불완전한 지식일 뿐이다. 경험을 통해 얻은 지식, 특히 '교과서이자 학교'인 여인의 눈동자를 통해 얻게 된 사랑의 지식이야말로 진정 가치 있는 지식라고 비론은 역설한다. "여인의 얼굴의 아름다움을 보지 않고서 진정한 학문의 기초를 찾을 수 없다."(〈사랑의 헛수고〉 4막 3장) 책으로가 아닌, 실제 사랑을 경험해 본 사람만이 할 수 있는 말이다.

우리가 무엇인가를 배우고 기억하는 것은 해마라는 기관을 통해 단기 기억을 장기 기억으로 전환시킴으로 가능하다. 하지만 "경험이 책의 교훈들을 배로 증가시켜 준다"라는 비론의 말과 같이, 단순한 의미 기억이 아닌 경험을 통한 일화 기억이 훨씬 오래 기억되는 진정한 의미의 지식이다. 단순 기억이라 하더라도 실제 경험한 것처럼 이미지화하고 이야기로 구성하는 등 소위 '기억의 왕궁(memory palace)'을 만들어 줄 때 기억이 훨씬 더 생생하게 오랫동안 지속되는 이유이다. 윌리엄 셰익스피어, 밀턴, 윌리엄 워즈워스 등 영국 대문호의 이름을 외워야만 하는가? 그렇다면 기억의 왕궁 속에 셰익스피어(Shakespeare)가 창(spear)을 들고 창밖을 바라보는 모습을 상상해 보기 바란다. 워즈워스(Wordsworth)가 꽃밭에서 시집을 낭송하는 모습을 상상해 보기 바란다. 아담과 하와가 낙원에서 쫓겨나는 장면이 그려진 타월을 몸에 걸치고 서 있는 밀턴(Milton)의 모습을 상상해 보기 바란다. 단순 기억도 이처럼 이미지와 연상시키고 스토리로 구성하여 기억의 궁전 속 일화 기억으로 저장한다면 우리의 기억력은 놀랍도록 향상될 것이다.

2 음악과 뇌

저 음악이 내 슬픔을 달래 주는구나

윌리엄 해밀턴, 〈프로스페로와 아리엘, 그리고 잠자는 미란다〉, 1797년(베를린, 국립미술관)

프로스페로가 마법의 힘으로 요정 아리엘에게 태풍을 일으켜 안토니오와 알론소 왕 일행이 탄 배를 난파시키도록 명령한다. 프로스페로가 "지시한 대로 태풍을 일으켰느냐?"라고 묻자, 요정이 대답한다. "분부대로 빈틈없이 거행했습지요." 프로스페로가 "다들 무사한가?"라고 묻자, 요정이 대답한다. "머리카락 한 올 다치지 않았사옵니다." "파도에 흠뻑 젖은 옷은 더럽혀지기는커녕 전보다 더 깨끗해졌습지요." "주인님이 명령하신 대로 여러 무리로 나누어 섬 이곳저곳 흩어 놓았사옵니다." "왕자님만은 홀로 상륙시켜 놓았고요." "섬 구석진 곳에서 왕자님이 팔짱을 끼고 앉아 슬픈 모습으로 땅이 꺼져라 한숨만 내쉬고 있습지요."(1막 2장) 뒤이어 프로스페로가 아리엘에게 바다의 요정으로 둔갑하여 페르디난드를 위해 음악을 연주하고 노래 부를 것을 명령한다. 요정으로 변신한 아리엘이 자신의 모습을 감추고 음악을 연주하고 노래를 부르자, 페르디난드가 음악 소리를 따라 절벽 길을 내려온다.[9]

〈요정의 노래〉

황금빛 모래사장으로 와서 손에 손을 잡아라:
인사하고 입 맞출 때, 성난 파도가 조용해지며,
발걸음도 가뿐히 여기저기 오가며 춤을 추어라;
귀여운 요정들이여, 음악에 맞춰 노래 부르자.
잘 들으라, 잘 들으라!

[Ariel's Song]

Come unto these yellow sands,
And then take hands:
Courtsied when you have and kiss'd
The wild waves whist,
Foot it featly here and there;
And, sweet sprites, the burthen bear.
Hark, hark!

페르디난드

음악이 어디서 들려오는 것인가? 하늘에선가, 땅속에서인가?
이제 그쳤네: 분명 이 음악은 섬의 어떤 신에게 바치는 음악일 거야.
둑 위에 걸터앉아, 왕이신 아버님의 조난을 슬퍼하고 있을 때,
음악이 파도를 타고 살며시 기어 들어와,
감미로운 가락으로 이들의 분노와 내 슬픔을 달래 주고 있구나:
그러니까 내가 이 음악을 따라와,
아니 음악 소리에 끌려 여기까지 온 게 아닌가. 하지만 사라져 버렸네.
아니, 또 음악 소리가 들려오는구나.

Ferdinand

Where should this music be? i' the air or the earth?
It sounds no more: and sure, it waits upon
Some god o' the island. Sitting on a bank,

Weeping again the king my father's wreck,
This music crept by me upon the waters,
Allaying both their fury and my passion
With its sweet air: thence I have follow'd it,
Or it hath drawn me rather. But 'tis gone.
No, it begins again. (1막 2장)

일행과 떨어져 외진 곳에 홀로 상륙한 페르디난드 왕자는 부왕을 잃었다는 슬픔에 비통해하며 땅이 꺼져라 긴 한숨만 쉬고 있었다. 하지만 요정의 음악과 노랫소리가 들려오자, 왕자는 음악에 이끌려 절벽 길을 내려오며 말한다. "음악이 (…) 내 슬픔을 달래 주는구나." "익사하신 아버님을 애도하는 노래로구나." 왕자는 들려오는 음악 소리가 "지상의 목소리가 아니"라고 말한다. 이때 프로스페로가 미란다를 동굴에서 데리고 나온다. 순수한 자연의 여자, 미란다는 페르디난드 왕자를 보자마자 감탄하며 놀라워한다. "정말로 찬란한 모습이네요." "제가 보기에는 천상의 사람 같아요." "저렇게 고상한 존재를 일찍이 본 적이 없어요." 한편 미란다를 발견한 페르디난드 왕자는 그녀를 보고 말한다. "틀림없어. 조금 전 음악을 바친 여신일 거야." "기적임에 틀림없어." 페르디난드 왕자가 미란다에게 "당신은 정녕 이 지상의 처녀이신가요?"라고 묻는다. 순진한 처녀 미란다와 페르디난드 왕자가 서로에게 첫눈에 반하고 만다.

☜ **여기서 잠깐!**

아름답고 감미로운 음악이 마음과 정신을 맑고 평안하게 해 주는 '음악치료' 효과가 있음을 보여 주는 예들은 동서고금을 통해 참으로 많이 찾아볼 수 있다. 실제로 우리 마음은 듣는 음악에 따라 차분해지기도

하며 흥분되거나 때로는 슬퍼지기도 한다. 부왕을 위시한 모든 일행을 잃었다고 생각하여 낙담하고 슬픔에 빠져 있던 페르디난드 왕자는 어디선가 들려오는 음악과 노랫소리에 마음의 안정과 위안을 얻는다. 그렇다면 음악을 들을 때, 우리의 뇌는 어떻게 반응하고 감정에는 어떤 영향을 미치는 것일까? 음악을 듣고 즐거움을 느끼거나 마음의 위로를 받을 때, 우리 뇌에서는 어떤 일들이 일어나고 있는 것일까?

셰익스피어와 함께 풀어 보는 뇌 과학 이야기

음악이 마음과 정신의 치유와 밀접한 관계가 있음은 동서고금을 통해 잘 알려져 온 사실이다. 음악과 약, 정신의 청결을 다루는 아폴론(Apollon) 신은 인간의 마음과 신체를 음악으로 축복하였다. 아버지 아폴론으로부터 하프 연주법을 익혀 하프의 명연주가가 된 오르페우스(Orpheus)가 하프를 연주하면 나무와 돌들이 춤을 추고 사나운 맹수조차 얌전해졌다고 한다. 그리스의 호메로스(Homeros)는 음악이 슬픔, 두려움, 분노, 미움과 같은 감정뿐만 아니라 신체적 피로도 완화시켜 준다고 하였다. 그리스의 철학자 플라톤(Platon)은 음악이 즐거움을 선사할 뿐 아니라 인지 기능을 발달시켜 준다고 하였고, 아리스토텔레스(Aristoteles)는 음악이 우리의 감정을 정서적으로 순화시켜 준다고 하였다. 구약 성서에 나오는 다윗(David)은 하프를 연주하여 사울(Saul) 왕의 우울증을 치료하였다. 1800년대 독일의 니체(Nietzsche)는 "음악을 통해 마음의 평안을 구한다"라고 말하였다. 미국 신경학자 제임스 코닝(James L. Corning) 박사가 1899년 음악 치료 실험을 처음으로 실시하였다. 1940년대에 미국 심리학자들과 내과 의사들이 기분 전환과 주의 집중, 긴장 완화 및 상상력 자극 등 음악의 긍정적 효과를 발견한 이후, 음악연구재단이 설립되어 소위 '음악 치료(music therapy)'[10]가 정식으로 시작되었다.

음악과 예술은 주로 우뇌에서 처리되는 반면, 언어와 수학은 주로 좌뇌에서 처리된다. 기본적인 음악의 경우 주로 우뇌에서 처리된다. 하지만 최근 연구에 의하면 최고의 작곡가와 같이 음악적 성숙도가 높아지면 우뇌뿐 아니라 좌뇌도 함께 사용한다는 사실이 밝혀졌다. 우리가 노래 가사를 떠올리면 앞으로 나올 음과 리듬을 예측하여 자신도 모르게 리듬에 따라 몸을 움직인다. 어떻게 하여 이런 일이 가능한 것일까? 음악 연주를 위해 악보를 읽을 때 시각을 담당하는 후두엽 부위가 활성화되고, 노래 가사를 듣거나 생각해 낼 때면 소리를 담당하는 측두엽의 언어 부위가 활성화된다. 악기를 연주할 때에는 촉각과 같은 감각을 관할하는 두정엽(parietal lobe) 부위가 활성화된다. 우리가 음악이나 노랫소리를 들으면 소리를 담당하는 측두엽 부위가 제일 먼저 활성화된다. 뒤이어 판단을 관장하는 전두엽 부위가 활성화되어 음악의 구조를 파악함과 동시에 다음에 나올 소리를 예측한다. 그 후 소뇌(cerebellum) 부위가 활성화되어 음악의 리듬과 박자에 맞추어 몸을 흔들게 된다.

캐나다 맥길(McGill) 대학교의 신경과학자 대니얼 레비틴(Daniel Levitin) 교수[11]는 2006년 음악을 들을 때 뇌에서 벌어지는 일들을 "소뇌에서 대뇌 전두엽까지 다양한 뇌 부위들이 함께 가동되는 섬세한 오케스트라 앙상블"이라고 말하였다. 독특한 음색의 작곡가로 새로운 시도를 즐기던 스팅(Sting)은 음악과 뇌에 관한 레비틴 교수의 저서를 읽고 자원하여 음악가인 자신의 뇌를 연구해 보도록 요청하였다. 연구진이 fMRI 기계에서 스팅의 뇌를 촬영한 결과, 작곡 도중 음악의 리듬에 집중할 때 뇌의 미상핵(caudate nucleus) 부위가 활성화되는 것이 관찰되었다. 대뇌 아래쪽에 위치한 미상핵 부위는 본능을 주관하는 부위로 감정 변화에 선제적으로 대처하여 신체의 움직임을 전략적으로 계획하고 실행하는 부위이다. 리듬을 생각할 때 우리의 뇌는 우리가 의식하기도 전에 자동적으로 몸의 움직임을 상상하는 것이다. 스팅이 작곡을 하거나 가사를 생각할 때 시각을 담당하는 후두엽 부위가 활성화되는 것이 관찰되었다. 작곡가 스팅은 자신이 작곡을 할 때 발로 박자를 맞추는 모습을 실제로 상상한다고 하였다.

'음악 치료'에서 알 수 있듯이 음악은 상처 받은 우리의 마음을 치유하는 능력이 있다. 셰익스피어의 희극 〈십이야〉에서, 실연으로 마음에 상처를 입은 오르시노(Orsino) 공작은 "음악이 사랑을 가꾸는 양식(Music is the food of love)"이라고 말하며, 음악가에게 자신을 위해 음악을 연주해 줄 것을 요청하였다. "제비꽃 피는 언덕 위 산들바람처럼 감미롭게 들리는"(〈십이야〉 1막 1장) 음악의 즐거움을 통해, 오르시노 공작은 짝사랑으로 상처 받은 실연의 아픔을 보상받았다. 셰익스피어의 희극 〈겨울 이야기〉에 하녀 파울리나(Paulina)가 왕비 헤르미오네(Hermione)의 조각상을 깨우기 위해 음악을 이용하는 흥미로운 장면이 나온다. 파울리나의 주문으로 음악이 흘러나오자, 왕비 헤르미오네의 조각상이 깨어나 왕비의 모습으로 다시 살아 돌아온다. 물론 음악을 통해 죽은 사람이 다시 살아나는 일은 불가능하다. 하지만 슬픔에 빠진 페르디난드 왕자를 위로해 주는 것도 어디선가 들려오는 노래와 음악이고, 짝사랑의 실연으로 괴로워하는 오르시노 공작의 마음을 위로해 주는 것도 음악이며, 헤르미오네의 조각상을 살아 움직이게 하는 것도 역시 음악이다.

캐나다 몬트리올 신경연구소의 로버트 자토(Robert Zatorre) 교수 팀[12]은 2011년 '음악과 도파민과의 관계'에 대한 흥미로운 연구 결과를 발표하였다. 추상적인 자극제라고 할 수 있는 음악이 쾌감 중추의 보상 물질인 도파민처럼 행복감과 희열감을 가져다준다고 발표한 것이다. 연구진은 음악을 들려주며 PET와 fMRI로 실험자의 뇌를 촬영한 결과, 음악을 듣고 우리의 감정이 극도로 북받칠 때 행복 호르몬 도파민이 뇌에서 분비된다는 사실을 확인하였다. 무엇인가를 기대하며 희망할 때 뇌의 미상핵(caudate nucleus) 부위가 활성화된다. 하지만 음악을 통해 극도의 감정적 반응을 보일 때에는 뇌의 측좌핵(nucleus accumbens) 부위가 활성화된다. 무엇인가 희망적인 기대를 할 때 도파민이 분비되는데, 자토 교수의 연구는 음악을 듣고 극도의 희열감을 느낄 때에도 다른 통로를 통해 도파민이 분비된다는 사실을 밝힌 것이다. 동서고금을 막론하고 전 세계적으로 음악이 높게 평가되어 온 이유이다.

자토 교수 팀[13]은 2001년 음악으로 즐거운 감정이 솟구칠 때 뇌의 안와전두피질 부위가 활성화된다는 사실을 밝혔다. 옥스퍼드 대학교의 에드먼드 롤스(Edmund Rolls) 교수 팀은 안와전두피질 부위가 부드러운 벨벳을 만지며 즐거움을 느낄 때 활성화되는 부위라고 밝힌 바 있었다.[14] 음악이 즐거움을 느끼게 하는 뇌 부위를 활성화해 주며, 희열감을 느끼는 행복 호르몬 도파민을 분비시켜 주는 것이다. 작품 〈십이야〉에서 오르시노 공작이 음악을 "사랑을 가꾸는 양식"이라고 말하고, 작품 〈템페스트〉에서 페르디난드 왕자가 "음악이 (…) 내 슬픔을 달래 주는구나"라고 말하는 이유이다.

음악은 마음과 정신뿐 아니라 신체적 치료에 있어서도 효과적이다. 미국의 개브리엘 기퍼즈(Gabrielle Giffords) 하원의원은 2011년 왼쪽 머리에 총격을 받는 불의의 사고를 당하였다. 총알이 왼쪽 머리를 지나 언어 중추 영역인 좌뇌 브로카 영역을 손상시켜 기퍼즈 의원은 사고 후 오른쪽 팔다리를 못 쓸 뿐 아니라 기본적 단어조차 말할 수 없게 되었다. 기퍼즈 의원의 치료사가 치료의 한 방법으로 함께 노래 부르는 '음악 치료'를 시도하였다. 신기하게도 기퍼즈 의원이 음악 치료로 놀라운 회복을 보였다. 예전처럼 말을 할 수 있을 뿐 아니라 좌뇌의 손상으로 제대로 기능하지 못했던 오른쪽 팔다리도 움직이게 되었다. 어떻게 노래와 음악이 기퍼즈 의원의 뇌에 영향을 끼친 것일까? 런던의 한 대학 연구팀이 1997년 PET를 이용하여 음악의 특정 요소가 인간의 좌뇌를 활성화시킨다는 사실을 발견하였다. 바로 이 부위가 인간의 언어를 담당하는 뇌의 부위와 상당 부분 일치하는 것이다. 기퍼즈 의원의 사례를 통해 알 수 있듯이 음악과 노래를 통한 '음악 치료'가 마음과 정신뿐 아니라 신체를 치료하고 언어 능력을 회복하는 데에도 적용될 수 있는 것이다.

아이를 임신하였을 때 심리적 안정을 위해, 그리고 똑똑한 아이를 위한 태교의 일환으로 종종 클래식 음악을 듣곤 한다. 미국 캘리포니아 대학교의 쇼(Shaw) 박사와 로서(Rauscher) 박사 팀[15]은 1993년 캘리포니아 대학교 '학습과 기억에 대한 신경생물학 연구소'에서 어린아이들과 대학생들을 대상으로 소위 '모차르트 효과(Mozart effect)'를 검증하였다. 연구진은 3~5세 어린아이들에게 10분간 반복적으로 모차르트의 〈두 대의 피아노를 위한 소나타 D장조 K.448번〉을 들려주었다. 실험 결과 실험 그룹이 침묵 그룹과 여타 음악 그룹보다 더 높은 지능지수를 보였다. 연구진은 36명의 심리학과 대학생들에게도 동일한 음악을 10분간 들려주었다. 실험 결과 이들은 공간지능 실험에서 더 높은 점수를 보였다. 음악 전문가들에 의하면 모차르트 음악에는 어머니의 심장 박동 수(60-70)와 비슷한 144 템포의 곡이 많이 들어 있다고 한다. 태교 때부터 그리고 생후에도 모차르트 음악을 자주 들려주면, 아이가 덜 보채고 잠을 더 깊이 잘 자는 등 아이의 건강과 심리적 안정에 도움이 된다고 한다. 모차르트의 음악뿐 아니라 클래식 음악은 상상력과 감성의 우뇌를 자극하여 정서 함양과 창의성 개발에 실제로 많은 도움이 된다.

《아내를 모자로 착각한 남자》[16]의 저자인 신경과 의사 올리버 색스(Oliver Saks) 교수는 2008년 저서 《뮤지코필리아》[17]에서 매우 특이한 방식으로 음악적 뇌 자질을 습득하게 된 환자의 흥미로운 이야기를 소개하였다. 뉴욕 북부에 소재한 소도시에서 정형외과 의사로 일하던 앤서니 치코리아(Anthony Cicoria) 박사의 이야기이다. 대학 미식축구 선수였던 치코리아 박사는 42세가 되는 어느 가을 야외 가족 모임에 나갔다가 전화박스에서 통화를 하던 중 우연치 않게 번개를 맞는 사고를 당한다. 운 좋게 죽음은 피하였지만, 치코리아 박사의 뇌에 이상이 관찰되었다. 번개를 맞은 후 2주가 지나자, 어느 정도 정상으로 돌아와 박사는 업무에 복귀하였다. 하지만 흥미롭게도 치코리아 박사에게 피아노 음악을 듣고 싶은 강렬한 욕망이 불현듯 샘솟았다. 치코리아 박사는 어릴 적 피아노 레슨을 몇 차례 받은 적은 있었지만 집에 피아노가 없었다. 박사는 피아노에 전혀 흥미를 느끼지 못하였었을 뿐 아니라, 즐겨 듣던 음악도 피아노 음악이 아닌 록 음악이었다. 그런데 박사는 갑자기 턱시도를 입고 자신이 작곡한 곡을 무대에서 연주하는 꿈을 꾸었다. 꿈에서 깨어난 후에도 음악이 계속 박사의 머릿속을 울려 대자, 치코리아 박사는 자리에서 일어나 기억나는 대로 머릿속의 음악을 악보로 옮겨 보려고 하였다. 그러나 박사는 어떻게 옮겨야 하는지 악보의 기본조차도 몰랐다. 하지만 놀랍게도 치코리아 박사는 그해 음악 캠프에 참가하여 자신의 첫 자작곡과 함께 쇼팽의 음악을 피아노로 연주하였다. 피아노에 대한 소질과 음악적 배경이 거의 없었던 치코리아 박사에게 불현듯 놀라운 피아노 재능이 갑자기 생겨난 것이다. 박사가 야외에서 번개를 맞는 순간 그 충격으로 분명 박사의 뇌에 어떤 변화가 있었음에 틀림없다. 그를 진료한 색스 교수는 이러한 변화가 실제 어떻게 가능한지에 대하여 아무런 답을 제시하지 못하였다. 하지만 치코리아 박사가 맞은 번개는 분명 음악의 천부적 재능을 가져다준 '행운의 번개'임에 틀림없다. 앞으로 뇌 신경망 지도가 완성되어 우리의 뇌 신경망 회로의 변경이 가능해진다면 어떤 일까지 가능하게 될 것인가? 뇌의 재조직화로 언젠가 우리도 피아니스트 백건우 씨와 정명훈 씨처럼 쇼팽과 모차르트의 협주곡을 멋지게 연주하는 일이 가능할 것이다.

3 마음속 이미지와 뇌

마음속 한 폭의 그림을 그리다

작품 〈템페스트〉는 〈한여름 밤의 꿈〉과 함께 신비로운 극적 배경 속에 마법과 요정이 등장한다. 언어의 마법사 셰익스피어가 언어라는 마술적 도구를 통해 독자로 하여금 초자연적 '마음속 이미지'를 그려 보도록 하고 있는 것이다. 마치 섬에서 마법을 부리고 있는 극중 주인공들을 직접 마주하고 있는 것처럼 독자들이 마법의 세계를 상상하도록 하고 있다.

4막 1장, 프로스페로는 결국 페르디난드에게 미란다와의 혼인을 허락한다. "여러 가지로 자네를 괴롭힌 것은 모두 자네의 사랑을 시험해 보기 위한 것이었네. 자네가 무사히 시험을 잘 치러 낸 것일세." "이제 하느님 앞에 맹세하지만, 내 딸을 값진 선물로 자네에게 재가하는 바이네." 프로스페로와 페르디난드의 대화에 뒤이어 '빛과 공기로 빚어진' 공기의 요정 아리엘이 등장한다. 프로스페로는 "한 쌍의 젊은 남녀에게 내 마법의 환상을 보여주겠노라"라며 아리엘에게 "너희 부하들을 넘치도록 데려오너라"라고 명한다. 놀랍게도 페르디난드의 눈앞에 무지개의 화신 이리스(Iris)가 등장하고, 유노(Juno) 여신이 수레를 타고 내려오며, 대지의 여신 케레스(Ceres)가 등장한다. 이들의 아름다운 모습과 감미로운 음악이 나오자, 페르디난드가 다음과 같이 말한다.

페르디난드

이것은 참으로 장엄한 환상이군요,
마음을 사로잡는 아름다운 화음입니다.
제가 감히 이들을 요정이라 생각해도 되겠습니까?

Ferdinand

This is a most majestic vision, and
Harmoniously charmingly. May I be bold
To think these spirits?

프로스페로

요정들일세. 내 마술로 이들을 자신의 처소에서 나와

이러한 나의 환상의 세계를 공연토록 한 것이라네.

Prospero

Spirits, which by mine art
I have from their confines call'd to enact
My present fancies.

페르디난드

언제까지나 여기서 살도록 해 주십시오!

Ferdinand

Let me live here ever; (4막 1장)

이때 님프들(nymphs)이 등장하여 참한 옷차림의 추수하는 농군들과 함께 아름다운 춤을 추기 시작한다. 춤을 마칠 즈음 프로스페로가 깜짝 놀라 말문을 열자, 혼란스런 소리와 함께 침울한 분위기 속에 모두 퇴장한다. 무엇인가 이상하다고 느끼는 페르디난드에게 프로스페로가 다음과 같이 설명한다.[18]

프로스페로

내 아들아, 자네 표정을 보니, 몹시 들떠 보이는군.
몹시 불안한 듯 말일세: 이보게, 기운을 차리게나.
이제 축하연은 다 끝났다네.
이 배우들은 앞서 말한 대로 모두 요정들이었다네.
이제 대기 속으로, 그렇지, 엷은 공기 속으로 녹아 없어졌다네:
대지에 뿌리내리지 못한 이 환상처럼,
구름 위로 높이 솟은 탑들도, 호사스런 궁전들도,
장엄한 사원들도, 거대한 이 지구 자체도 그렇다네.
지구상의 삼라만상이 모두 녹아내려,
사라져 버린 환영처럼 흔적조차 남기지 않는 걸세.

우리 인간은 꿈속의 존재와 다름없으니,
하찮은 우리의 인생이 잠으로 막을 내리는 것이라네.

Prospero

You do look, my son, in a moved sort,
As if you were dismay'd: be cheerful, sir.
Our revels* now are ended. These our actors,
As I foretold you, were all spirits and
Are melted into air, into thin air:
And, like the baseless fabric of this vision,
The cloud-capp'd towers, the gorgeous palaces,
The solemn temples, the great globe itself,
Ye all which it inherit, shall dissolve
And, like this insubstantial pageant faded,
Leave not a rack behind. We are such stuff
As dreams are made on, and our little life
Is rounded with a sleep. (4막 1장)
(revels*: 왁자지껄한 잔치)

딸 미란다와 나폴리 왕자가 서로 사랑하여 결혼할 것임을 예상한 프로스페로가 마법으로 이들을 환상의 세계로 인도한 것이다. 로마의 신들로 변장한 요정들의 가장행렬 여흥이 미란다와 페르디난드 앞에 찬란한 모습으로 펼쳐진다. 하지만 사악한 칼리반의 음모가 떠오르자, 프로스페로는 갑자기 여흥을 중단시킨다. 프로스페로는 놀라워하는 미란다와 페르디난드에게 이들이 목격한 세계란 '엷은 대기 속으로 사라져 버리는' 단순한 환영에 불과한 것이라고 말한다. 여기서 프로스페로의 은유는 상상 속의 섬에서 일어나는 여흥에 국한된 것이 아니다. '거대한 지구 자체', 셰익스피어 희극이 상영되는 글로브 극장(Glove Theatre)에서 연극으로 실연해 보이는 여흥에도 적용되는 것이다. 아니, 더 나아가 글로브 극장 밖의 현실 세계에도 적용된다. '구름 위로 높게 솟은 탑들도, 호사스런 궁전들도, 장엄한 사원들도, 거대한 이 지구 자체도', '지구상의 삼라만상'이 환영처럼 흔적조차 남기지 않고 사라지고 마는 것이다. 〈템페스트〉 연극은 또 다른 '연극 속의 연극'이자 '실제 세계 속의 연극'인 것이다. 삶이란 '꿈'과 같은 것이며, 사람들이란 '연극 속의 배우'와 같이 죽음으로 꿈의 무대에서 막을 내리는 것이다.

셰익스피어는 이처럼 등장인물의 언어 · 배경 · 무대 장치 등을 통해 독자와 관객들로 하여금 마치 요정들의 환상 속 세계에 자신들이 실제 들어와 있는 것처럼 생생한 '마음속 이미지'를 만들어 주고 있는 것이다. 모차르트는 곡을 작곡할 때 자신이 상상하고 마음속으로 들은 음악을 실제 곡으로 작곡하였다고 한다. 작곡가 모차르트와 마찬가지로 셰익스피어 역시 무대 위에 극을 올리기 전 전체적인 장면을 마음속 이미지로 구상하여 떠올리며 실제 작품을 만들었던 것이다. 〈헨리 5세〉의 프롤로그에서 연사는 무대에 나와 아쟁쿠르 전투장에 실제 와 있는 것처럼 생생한 이미지를 마음속으로 연상하도록 관객들에게 요청하였다. 심상(mental image), 즉 마음속 이미지는 셰익스피어 작품 속의 가장 주요한 언어 장치 중 하나이다. 심상에는 모양 · 색깔 · 움직임과 같이 우리 눈을 통해 느낄 수 있는 '시각적 심상'과 음악 · 천둥소리와 같은 '청각적 심상'이 있다. 독자들은 시각적 · 청각적 심상을 통해 우뢰와 폭우가 내리치는 폭풍우의 장면을 연상하고, 아름다운 요정들이 노래하고 춤추는 장면을 마치 현실 세계와 같이 생생히 떠올리는 것이다.

☜ 여기서 잠깐!

비록 엷은 대기 속으로 사라지는 환상 속의 여흥 장면이었지만, 프로스페로가 마술로 미란다와 페르디난드를 위해 마련한 요정들의 가장행렬은 너무도 생생하였다. 이에 페르디난드 왕자는 "언제까지나 여기서 살게 하여 주십시오!"라고 말한다. 셰익스피어가 언어 · 배경 · 무대 장치 등으로 마치 독자와 관객들이 실제 현실처럼 느끼도록 만드는 심상, 즉 마음 속 이미지를 연상할 때, 우리의 뇌는 실제 현실 속의 인식과 어떠한 차이를 보이는 것일까? 머릿속에 떠오르는 이미지는 문학 작품 속에서만 가능한 일일까? 심상, 즉 마음 속 이미지를 떠올릴 때, 우리 뇌에서는 어떤 일들이 일어나고 있는 것일까?

셰익스피어와 함께 풀어 보는 뇌 과학 이야기

머릿속에 떠오르는 이미지는 문학 작품 속에서뿐만 아니라 우리 주변 상황 속에서도 쉽게 찾아 볼 수 있다. 우리가 특정 음악을 듣거나 특정 장소에 갈 때, 또는 특정 냄새를 맡을 때, 우리는 개인 경험과 관련하여 긍정적 또는 부정적 이미지를 연상하곤 한다. 우리가 속해 있는 세계 속에서 우리의 경험과 감각기관은 분리된 것이 아니라 서로 연결되어 있기 때문이다. 불쾌한 냄새를 맡았다 하더라도 기분이 좋고 그다지 위협적인 환경이 아니라면 큰 스트레스로 다가오지 않는다. 하지만 기분이 나쁘고 위협적인 환경이라면 약간의 불쾌한 미세 냄새조차 큰 스트레스로 다가온다. 그렇다면 상상 속의 이미지와 실제 현실은 어떠한 차이를 보이는 것일까?

미국 미네소타 대학교의 카밀 우구르빌(Karmil Ugurbil) 교수 팀[19]은 1998년 '고향 길 연상과 뇌의 관계'에 관한 흥미로운 실험 결과를 발표하였다. 연구진은 피험자들에게 고향 길을 걷는 장면을 연상하게 하면서 fMRI로 뇌 영상 이미지를 촬영하였다. 연구진이 피험자들에게 고향 길을 연상하게 한 이유는 무엇이었을까? 피험자 모두 고향 길을 쉽게 연상할 수 있었기 때문이다. 고향 길 연상 실험에서 매우 흥미로운 사실이 밝혀졌다. 단지 고향 길 걷는 것을 상상만 하였음에도 불구하고 활성화된 뇌의 부위가 마치 실제 길을 걸을 때 시각적으로 보고 느끼는 부위와 동일한 후두엽 부위의 외측 무릎핵(lateral geniculate nucleus) 부위였던 것이다.

영국 옥스퍼드 대학교의 스토크스(Stokes) 교수 팀[20]도 2009년 '연상과 뇌'에 관하여 유사한 실험을 실시하였다. 일반적으로 얼굴을 인식하는 뇌 부위는 장소를 인식하는 뇌 부위와 다르게 나타나는데, 실험 결과 흥미롭게도 마음의 눈으로 상상하는 심상에서도 얼굴을 인식하는 뇌 부위와 장소를 인식하는 뇌 부위가 다르게 나타났다. 운동선수들의 이미지 훈련과 마찬가지로 상상력을 자극시키는 언어를 통해, 그리고 시각적 · 청각적 장치를 통해 독자와 관객들은 작품 속 장면에 자신들이 실제 들어와 있다고 착각하는 것이다.

프레스코 시스티나 예배당 천장에 그려진 미켈란젤로의 〈아담의 창조〉 벽화, 1511년

미국 하버드 대학교의 톰프슨(Thompson) 교수 팀[21]은 2011년 '마음의 눈으로 보는 시각적 심상(visual mental image)'은 실제 시각적으로 보는 '시각 주의(visual attention)'와는 다른 별개의 인지 과정이라고 발표하였다. 바티칸 박물관 내의 시스티나 예배당 천장에는 미켈란젤로의 유명한 〈천지창조〉 그림이 그려져 있다. 작품 중 〈아담의 창조〉를 바라본다고 가정해 보자. '시각 주의'란 〈아담의 창조〉 그림만을 주시하고 나머지는 무시하는 것을 말한다. 이에 반하여 '시각적 심상'이란 시각적 이미지를 창조하여 해석하고 변형시키는 과정을 말한다. 즉, 마음의 눈으로 하나님이 아담을 창조하는 장면을 연상하는 것이다. 일부 학자들은 시각적 심상이란 시각 주의의 결과일 뿐이라고 주장한다. 하지만 톰프슨 교수 팀은 실험을 통해 시각적 심상이란 시각 주의와 별개의 인지 과정임을 밝혔다. 연구진은 실험

참가자들에게 크고(16.5×16.5cm) 작은(1.8×1.8cm) 정사각형에 주목하게 하였다. 그 후 4초간의 간격을 두며 정사각형 안에 검은 점이 나타나는지를 판단하도록 하는 시각 주의 실험을 하였다. 검은 점은 1mm의 크기로 약 20초간 나타난다. 시각적 심상 과제 역시 피험자들에게 크고 작은 두 정사각형에 주목하게 하였다. 하지만 검은 점이 나타나는지를 판단하기 전, 먼저 정사각형 안에 코끼리나 애플 로고와 같은 주어진 대상을 상상하게 한 후, 검은 점이 있는지 여부를 판단하도록 하였다. 그 후 실험자에게 연상한 물체의 특성, 즉 코끼리의 귀나 한 입 먹은 사과 모양에 대해 물어보았다. 실험 결과 정사각형의 크기의 차이에 따라 다른 결과를 보였다. 작은 정사각형을 주목할 때에는 작은 점을 인식하는 시각 주의 과제에 더 좋은 결과를 보였다. 하지만 큰 정사각형을 주목할 때에는 코끼리나 애플 로고 인식과 같은 시각적 심상 과제에 더 좋은 결과를 보였다. 결론적으로 시각적 심상은 시각 주의와 다른 별개의 인지 과정인 것이다.

사람은 누구나 심안, 즉 마음의 눈으로 볼 수 있는 능력이 있다. 실질적인 시각 자극이 없어도 심상을 통해 지각 경험을 할 수 있는 것이다. 전두엽 부위에서 어떤 심상을 떠올리면 시각 부위인 후두엽에서도 심상에 걸맞은 시각 이미지가 실제로 떠오르는 것이다. 마음속 이미지는 문학 작품이나 예술 작품에서 빈번하게 사용될 뿐 아니라 일상생활 속에서도 무의식적으로 특정 장소, 음악, 냄새 등 시각 · 청각 · 후각적 정보를 바탕으로 머릿속에 특정 이미지를 형성하기도 한다. 잠깐 보였다가 사라지는 환상 속의 여흥 장면이지만, 프로스페로가 마술로 마련한 요정들의 가장행렬은 너무도 화려하고 생생하여 페르디난드가 말한다. "언제까지나 여기서 살게 하여 주십시오!" 언어의 마술사 셰익스피어는 언어 · 배경 · 무대 장치 등을 사용하여 관객들이 연극 장면을 실제 현실의 사건처럼 느끼도록 하고, 독자들은 마음의 눈으로 실제와 동일하게 현실감 있는 것으로 심상을 느끼는 것이다.

4 용서와 뇌

더 귀한 행동은 복수보다 용서의 미덕에 있는 법

안토니오는 나폴리의 왕 알론소와 결탁하여 밀라노 군주인 형 프로스페로를 추방하고 왕위를 찬탈하였다. 안토니오가 알론소 왕 일행과 함께 튀니지 왕자의 결혼식에 참석하고 돌아간다는 사실을 알게 된 프로스페로는 12년 만에 복수할 절호의 기회를 갖는다. 마법의 힘으로 뇌성벽력을 동반한 폭풍우를 일으키고, 아리엘에게 선체가 불덩어리가 되는 환영을 일행들에게 보여 주라고 명령한다. 임무를 완수한 아리엘이 페르디난드 왕자가 제일 먼저 홀로 상륙하였으며, 안토니오가 알론소 왕과 세바스티안과 함께 일행과 떨어져 섬에 상륙하였음을 보고한다.

3막 3장, 아리엘이 새의 날개와 손톱이 달린 하피(harpy)의 모습으로 나타나, 왕위 찬탈에 연루된 알론소 왕, 안토니오, 세바스티안을 "죄 많은 세 인간"이라 부르며 비난한다. 알론소 왕과 안토니오, 세바스티안이 칼을 뽑아들자, 아리엘이 비웃으며 말한다. "나와 내 동료들은 '운명의 신' 사자들(ministers of Fate)이다." "설사 해칠 수 있다 하더라도 칼이 너무 무거워 들어 올릴 수 없을 것이다."

아리엘

하지만 명심하게. 이게 너희들에 대한 나의 임무라네.
너희 세 놈들이 선량한 프로스페로를 밀라노에서 추방하여;
그와 순진한 딸을 바다에 빠트리려 하였도다:
너희들의 흉악한 행동에 바다가 복수를 가한 것이다.
하늘이 좀 늦기는 하였지만, 잊지 않고, 바다와 해안, 그리고
모든 피조물들을 격분시켜, 그대들의 평화를 깨트린 것이다.
알론소여, 그대의 아들은 하늘이 빼앗아 간 것이로다.

Ariel
But remember—
For that's my business to you—that you three
From Milan did supplant good Prospero;
Exposed unto the sea, which hath requit it,
Him and his innocent child: for which foul deed
The powers, delaying, not forgetting, have
Incensed the seas and shores, yea, all the creatures,
Against your peace. Thee of thy son, Alonso,
They have bereft*; (3막 3장)
(bereft*: bereave(빼앗다)의 과거형)

폭풍우는 마법에 의해 일어난 것이다. 그럼에도 불구하고 아리엘은 자연의 순리를 어기고 왕위를 탈취한 흉악한 범죄에 대해 대자연이 내리는 징벌이라며 세 악인들을 꾸짖는다.

드디어 5막 1장, 아리엘은 일행을 프로스페로의 동굴 근처로 유인하여 꼼짝 못하도록 얼어붙게 만들어 놓은 후 프로스페로에게 보고한다. "분부하신 대로 가두어 놓았습지요." "주인님께서 풀어 줄 때까지 꼼짝하지 못할 것입니다." "왕과 왕의 동생, 주인님의 동생, 세 사람이 실성한 채로 있어, 나머지 사람들도 비탄 속에 슬픔과 절망에 빠져 있습지요." 정령 아리엘이 계속해서 말한다. "마력의 힘이 너무 강력하여 그자들의 모습을 보고 있노라면 불쌍하다는 생각이 드실 것입니다." 프로스페로가 아리엘에게 "정녕 그렇게 생각하는가?"라고 묻자, 아리엘이 대답한다. "제가 인간이라면, 주인님, 불쌍하다고 생각할 것 같습니다." 겐지 요시노(2012)[22]는 정령 아리엘이란 인간의 감정에 공명하지 못하는 존재라고 말한다. 정령들은 인간을 속속들이 잘 알고 있기에 인간의 감정을 단지 상상할 수 있을 뿐이다. 아리엘이 "자신이 인간이라면 불쌍하다는 생각이 들 것"이라고 보고하자, 프로스페로는 감동하여 다음과 같이 말한다.

프로스페로

한갓 공기나 감각에 불과한 네가,
이들의 고통을 보고 불쌍하다고 느끼는데,
같은 인간으로서 이들처럼 뼈저리게 느끼는 내가,
너보다 동정심이 못해서야 되겠느냐?
이들이 골수에 사무칠 정도로 내게 몹쓸 짓을 하였건만
고귀한 이성으로 분노를 참고 있는 것이다:
더 귀한 행동은 복수보다 용서의 미덕에 있는 법!:
이들이 회개한 이상, 한 가지 목적만을 위해 이어 온 내 뜻은
더 이상 복수코자 눈살을 찌푸릴 일이 없으리라.
아리엘아, 가서 그들을 풀어 주어라: 내 마법을 풀어,
그들의 제정신이 돌아와 원래 모습을 되찾도록 하겠노라.

Prospero

Hast thou, which art but air, a touch, a feeling
Of their afflictions, and shall not myself,
One of their kind, that relish* all as sharply,
Passion as they, be kindlier moved than thou art?
Though with their high wrongs I am struck to the quick,
Yet with my nobler reason 'gaitist my fury
Do I take part: the rarer action is
In virtue than in vengeance: they being penitent**,
The sole drift of my purpose doth extend
Not a frown further. Go release them, Ariel:
My charms I'll break, their senses I'll restore,
And they shall be themselves. (5막 1장)

(relish*: 음미하다, penitent**: 참회(후회)하는)

겐지 요시노의 표현대로 "적들의 숨통을 틀어쥔 바로 그 순간" 프로스페로는 왕권을 빼앗고 자신과 세 살배기 딸을 바다로 내몬 세 명의 악인들에 대해 모든 것을 용서한다. 알론소 왕은 자신의 죄를 뉘우칠 뿐 아니라 머잖아 프로스페로와 사돈이 될 사람인지라 용서가 이해된다. 하지만 안토니오와 세바스티안은 조금도 회개하는 기색이 없다. 그럼에도 불구하고 프로스페로는 이들마저 용서한다. 복수 대신 용서한다는 것은 쉬운 일이 아니다. 하지만 프로스페로는 고결한 이성으로 분노 대신 용서로써 복수라는 '뫼비우스의 끈(Möbius strip)'을 과감히 끊어 버린다.

☞ 여기서 잠깐!

"복수는 달콤하다"라는 시인 바이런의 말처럼 우리는 종종 우리가 싫어하는 사람의 고통과 불행을 기쁨으로 받아들인다. 〈베니스의 상인〉 6.1 '증오심과 뇌'에서 살펴본 바와 같이, 우리의 뇌가 남의 불행을 실제로 기뻐한다는 사실이 밝혀졌다. 하지만 프로스페로와 같이 복수 대신 용서를 한다면 어떻게 될까? 용서할 때 우리 뇌에서는 어떤 일들이 일어나고 있는 것이며, 용서하지 못할 때와 어떤 차이가 있는 것일까?

셰익스피어와 함께 풀어 보는 뇌 과학 이야기

버지니아 코먼웰스 대학교의 심리학과 에버렛 워딩턴(Everett Worthington) 교수[23]가 2004년 기적같이 놀라운 한 소년의 '용서 이야기'를 소개하였다. 크리스 캐리어(Chris Carrier)라는 소년은 10살 때 한 괴한에 의해 습지로 납치되어 얼음 깨는 송곳으로 가슴과 배를 수차례나 찔리는 엄청난 사고를 당하였다. 더욱이 납치범에 의해 권총으로 관자놀이에 총알이 관통하였다. 하지만 놀랍게도 총상을 입은 후 몇 시간이 지나 크리스는 두통과 함께 깨어났다. 한쪽 눈이 실명된 채로 길을 걷다 발을 헛디뎌 고속도로로 굴러 떨어졌지만 운 좋게 지나가는 차량에 발견되어 병원으로 후송된 후 기적적으로 목숨을 건졌다. 그 후 몇 년이 지나 경찰관 한 명이 그를 찾아와서 납치한 용의자가 임종을 눈앞에 두고 있으니 한번 만나 보지 않겠느냐고 제안하였다. 보통 사람과는 달리 크리스는 용의자를 단순히 대면하는 것 이상의 일을 해내었다. 자신의 몸에 그토록 끔찍한 몹쓸 일을 저지른 용의자와 그의 생애 마지막 몇 주간을 함께 보낸 것이다. 더욱이 크리스는 놀랍게도 범죄자를 위로하고 용서하고 그와 화해하였다. 용서 못할 몹쓸 짓을 저지른 범법자를 용서하는 크리스의 행위가 일반 사람들에게는 이해 불가한 행동, 즉 지나친 자선 행위, 아니 어리석은 일처럼 보일지도 모른다. 실제로 일부 문화권에서는 용서가 약함이나 굴복의 행동인 것으로 인식되고 있다. 원수를 동정하고 용서하는 것보다 오히려 폄하하고 악인으로 낙인찍는 일이 우리에게 훨씬 더 쉬운 일이다. 철학자 프리드리히 니체는 "공격당한 후 용서받는 것보다는 먼저 공격하고 용서를 구하는 편이 훨씬 기분 좋은 일"이라고 말한 바 있다. 하지만 최근의 연구는 용서가 성직자나 순교자에게만 가능한 일이 아니며, 용서란 용서받는 자뿐만 아니라 용서하는 사람에게도 신체적 · 정신적 도움이 된다고 보고한다.

누군가를 용서하는 것은 물론 쉬운 일이 아니다. 부당하거나 억울한 일을 당하면 누구나 마음의 상처를 입고 화가 나며 분노하고 때로는 복수를 꿈꾼다. 하지만 화를 자주 내고 분노하면 우리의 분노가 몸의 면역력을 약화시킨다. 누구나 아는 의학 상식이다. 분노 시 심장마비의 확률이 높아지고, 두통, 복통, 만성 요통에 걸릴 위험도 높아진다. 용서하지 못하는 것은 괴로운 것을 잊지 못하는 자신에 대해 또 다른 징벌을 가하는 것과 같은 것이다. 용서하지 못할 때 우리는 과거에 집착하게 된다. 과거의 상처는 고장 난 축음기처럼 반복 재생되고, 그때마다 우리의 뇌는 과거의 일을 현실로 받아들인다. 그리하여 우리의 몸과 마음은 반복하여 지속적으로 스트레스를 받게 되는 것이다. 레드포드 윌리엄스(Redford Williams) 박사는 1988년 저서 《죽음에 이르는 분노(Anger Kills)》[24]에서 분노로 사람이 즉시 죽지는 않겠지만 "매일 매일 순간적으로 느끼는 분노는 소량의 독약을 매일 복용하는 일과 같다"라고 하였다. 실제로 분노는 우리의 마음뿐 아니라 몸도 망치는 독약과 같은 것이다. 이러한 분노의 감옥에서 빠져나오는 가장 효과적인 방법이 무엇일까? 바로 용서이다.

우리가 누군가를 용서하거나 용서하지 못할 때 우리 뇌에서는 어떤 일들이 일어나고 있는 것일까? 이탈리아 피사 대학교의 리치아르디(Ricciardi) 교수 팀[25]은 2013년 '용서할 때와 용서하지 못할 때의 뇌'에 대한 흥미로운 실험 결과를 발표하였다. 연구진은 건강한 남녀 실험 참가자 10명을 대상으로 부당한 장면에 처한 상황을 연상하게 하였다. 그 후, 부당한 행위자를 연민으로 용서하도록 할 때와 용서하지 못하고 복수를 계획할 때의 뇌 영상을 fMRI로 촬영하여 비교하였다. 그 결과 누군가를 용서하는 행위와 용서하지 못하는 행위는 뇌의 어느 특정 부위만 관여하는 것이 아니라 여러 부위가 함께 관여한다는 사실이 밝혀졌다. 불공정한 일을 당할 때에는 자연스럽게 적대감이 생기고, 후회와 복수의 감정이 유발되며, 억울해하면 할수록 과거 상처의 기억들이 재생된다. 이러한 반추 행위가 우리의 슬픔과 적대감을 지속시키므로 누군가를 용서하지 못하게 되는 것이다. 순간적으로 돌출되는 공격적 행위를 억제하기 위해서 그렇다면 어떻게 행동해야 하는 것일까? 우리에게 상처 입힌 행위에 대해 먼저 호의적인 평가가 선행되어야만 한다.[26] 우리에게 상처를 준 행위자에 대해 동정심을 가질 때 비로소 복수하고자 하는 마음이 사라지기 시작하는 것이다. 리치아르디 교수 팀의 연구는 용서하는 행위도 이와 비슷하게 작동된다는 사실을 보여 주고 있다. 용서 행위에 앞서 어떻게 가해자에 대해 동정심을 가질 수 있게 되는 것일까? 먼저 부당 행위를 행위자의 관점에서 바라보는 일이 선행되어야 한다. 리치아르디 교수 팀은 누군가를 또는 어떤 행위를 용서하고자 할 때, 뇌의 후방 대상피질(posterior cingulate cortex)이 활성화될 뿐 아니라 변연계의 감정 부위도 활성화된다는 사실을 발견하였다. 이와 더불어 뇌의 설전부(precuneus), 우측 두정엽 하위 부위(right inferior parietal regions), 배측 전전두엽 부위(dorsolateral prefrontal cortex)와 같은 일련의 뇌 부위가 함께 작동되어 동정심과 용서가 가능하게 된다는 사실이 밝혀졌다. 용서하지 못할 때와 마찬가지로 판단에 간여하는 전두엽의 전방 대상피질(anterior cingulate cortex) 부위 역시 활성화되었었다.

'기억의 천재'로 알려진 이스라엘의 에란 카츠(Eran Katz)는 2013년 저서 《뇌를 위한 다섯 가지 선물》[27]에서 좋은 기억을 위해서는 기억만큼 잊어버리는 일이 중요하다고 하였다. 뇌에 좋은 기억이 입력되기 위해서는 좋은 기억이 들어설 공간만큼 나쁜 기억을 없애 주어야만 하는 것이다. 좋은 기억이란 성공을 위한 좋은 자산임에 틀림없다. 하지만 '망각' 역시 건강한 삶을 위한 축복과 같은 선물이다. 에란 카츠는 뇌에서 나쁜 기억을 지우는 최고의 방법이 바로 '용서'라고 말하였다. "한두 번 용서할 때에는 너무 감정적이라 용서가 되지 않는다. 하지만 감정을 지우고 진정으로 용서할 때 나쁜 기억도 사라진다." 그렇다. 진정한 용서야말로 불필요하고 나쁜 기억들을 지우는 최고의 망각 선물인 것이다. 남아프리카의 넬슨 만델라(Nelson Mandela)와 투투(Tutu) 대주교는 망각의 선물을 활용하여 용서의 아름다운 효용을 행동으로 보여 준 세계적 인물들이다.

티베트의 영적 지도자 달라이 라마의 대화록인 2004년 저서 《용서》[28]에서는 "용서하면 행복해진다"라고 말한다. 중국에 의해 나라를 빼앗겼음에도 불구하고 상당수 티베트 사람들은 오체투지를 하며 복수나 증오 대신 용서를 이야기한다. 이방인들의 눈으로는 이러한 현실을 이해하기가 힘들다. 우리의 욕망과 집착은 언제 사라질 수 있는 것일까? 명상을 통해 자신과 모든 사물이 서로 연결되어 있음을 인식할 때, 모든 사물의 실체가 텅 비어 신기루처럼 존재하지 않는 것임을 인식할 때, 욕망과 집착이 사라지며 고통의 원인 역시 사라지는 것이다. 달라이 라마는 "미움을 통해 얻은 것은 결코 오래가지 못한다"라고 말한다. 진정한 행복과 평화는 용서를 통해서만 가능한 것이다.

비폭력주의자로 1964년 노벨평화상을 수상한 마틴 루터 킹 목사는 말한다. "어둠으로 어둠을 몰아낼 수는 없습니다. 단지 빛만이 어둠을 몰아낼 수 있습니다. 증오로 증오를 몰아낼 수 없습니다. 단지 사랑만이 증오를 몰아낼 수 있습니다.(Darkness cannot drive out darkness: only light can do that. Hate cannot drive out hate: only love can do that.)" 마음의 상처는 우리에게 상처를 준 누군가를 사랑으로 용서할 때 가장 치유가 잘되는 것이다. 그렇다. 용서야말로 가장 큰 마음 수행이자, 마음 상처에 가장 효율적인 마음치유제인 것이다. 이러한 진리를 깨달은 프로스페로는 자신의 죄를 뉘우친 알론소 왕은 물론이거니와 조금의 뉘우침도 없는 안토니오와 세바스티안마저 용서의 미덕으로 복수를 갚는다. "더 귀한 행동은 복수보다 용서의 미덕에 있는 법!(The rarer action is in virtue than in vengeance.)" 프로스페로가 진정 행복으로 가는 길, 용서의 미덕을 달라이 라마와 같이 직접 행동으로 보여 준 것이다.

5 새로운 인식과 뇌

오 멋진 신세계! O Brave New World!

〈템페스트〉는 마법과 요정이 등장하는 환상의 세계를 그리며, 복수로 시작하지만 용서로 막을 내린다. 동생 안토니오에 의해 작위를 빼앗기고 바다로 내몰린 프로스페로는 12년 후 마법으로 폭풍을 일으켜 안토니오가 타고 온 배를 난파시킨다. 하지만 프로스페로는 정령 아리엘에게 모두 구조되었는지 이들의 안전을 확인한다. 준수한 외모의 페르디난드 왕자만은 일행과 분리되어 딸 미란다와 단둘이 만나도록 인도된다. 알론소 왕을 위시하여 난파당한 사람들이 섬을 헤매다 프로스페로의 동굴에 모두 모이자, 프로스페로가 밀라노 공작의 모습으로 당당히 나타나 안토니오와 알론소 왕을 꾸짖는다. 나폴리의 알론소 왕은 프로스페로에게 잘못을 용서해 줄 것을 빌며, 자신의 잘못으로 사랑하는 아들을 잃게 되었다고 자책한다. 이때 프로스페로가 동굴 문을 열자, 체스를 두고 있는 미란다와 페르디난드 왕자가 다정한 모습으로 나타난다. 알론소 왕이 다음과 같이 말한다.

알론소
만약 이것이 섬의 환상이라면
사랑하는 내 아들을
두 번이나 잃는 셈이오.
Alonso
If this prove
A vision of the island, one dear son
Shall I twice lose.

세바스티안
최고의 놀라운 기적이구나!
Sebastian
A most high miracle!　(5막 1장)

알론소 왕이 페르디난드 왕자와 극적 재회의 기쁨을 나눈다. 아리따운 15세, '순수 자연의 여인' 미란다는 12년간 나이 많은 아버지와 야수 같은 노예 칼리반 외에 어느 누구와도 마주친 적이 없었다. 페르디난드 왕자 외에도 자신과 닮은 일단의 멋지고 아름다운 사람들을 보고, 미란다는 놀라워하며 "오 멋진 신세계!"[29]라고 외친다.

미란다

아, 놀랍구나!

여기 이렇게 많은 훌륭한 사람들이 와 있다니!

인간이란 어쩜 이렇게 아름다울까! 오 멋진 신세계!

Miranda

O, wonder!

How many goodly creatures are there here!

How beauteous mankind is! O brave new world.

프로스페로

네겐 새로운 것이로구나.

Prospero

'Tis new to thee. (5막 1장)

영국 작가 올더스 헉슬리(Aldous Huxley)가 1932년 공상과학소설 〈멋진 신세계(Brave New World)〉를 발표하였다. 인공수정으로 대량 생산된 인간이 유전자의 우열에 의해 인생이 결정된다는 디스토피아적 미래를 그린 소설이다.[30] '멋진 신세계'가 이 소설에서는 세상을 빈정대는 반어적 풍자의 의미로 쓰였다. 하지만 소설의 제목 "멋진 신세계"는 멋진 훌륭한 사람들을 보고 '오 멋진 신세계'라고 외치는 미란다의 말에서 가져온 것이다. 셰익스피어 시대는 영국 엘리자베스 여왕이 스페인의 무적함대를 무찌르고 대양을 지배하기 시작한 시대이다. 대영제국이 지평선을 확대해 세계로 뻗어 나가듯, 순진한 미란다의 눈앞에 세상의 시야가 갑자기 넓어진 것이다. '미란다'라는 말에 내포되어 있듯이, 놀라운(mirandus) '기적(miracle)의 신세계'가 미란다의 눈앞에 펼쳐진 것이다.

☞ **여기서 잠깐!**

소녀 미란다는 무려 12년간 연로한 아버지와 야수 같은 칼리반만 접하였다. 미란다의 눈에는 자신과 닮은 멋진 사람들의 등장이 "오 멋진 신세계"가 펼쳐진 것처럼 새롭게만 느껴진 것이다. 한순간 신세계가 펼쳐진 것처럼 무엇인가 새로운 것을 인식할 때, 우리 뇌에서는 어떤 일들이 일어나는 것일까?

셰익스피어와 함께 풀어 보는 뇌 과학 이야기

"오 멋진 신세계!"는 미란다의 인식 세계가 갑자기 확장되었음을 말해 준다. 15세 소녀 미란다는 12년간 섬 이외의 다른 세상에 대한 경험이 전무하였다. 인생 경험 면에서는 여전히 어린아이와 같은 모습인 것이다. 경험해 보지 못한 세계의 놀라운 반응은 셰익스피어가 그의 작품에 바탕을 둔 '뇌의 경이로움' 중 하나이다. 뇌의 주름진 대뇌 피질 부위가 바로 뇌 신경세포들이 포진한 곳이다. 이곳 대뇌 피질에서 학습과 함께 지적 성숙과 도덕적 성숙이 이루어진다. 비록 미란다가 신체적으로는 15세의 아리따운 소녀로 성장하였지만, 인간 세상에 대한 경험 부족으로 여러 면에서 어린아이와 같은 모습을 보이는 것이다.

인간의 두뇌는 다른 동물들의 두뇌 발달에 비하면 매우 느리게 성숙하는 편이다. 뇌의 크기는 태어나서부터 어른이 될 때까지 평균 4배 증가(성인 평균 1400cm^3)한다. 이때 뇌세포의 수가 늘어나는 것이 아니다. 신경세포의 가지 친 연결 부위가 만여 가지 이상의 연결을 수용할 수 있도록 확장되는 것이다. 신경세포 간 연결이 잘되도록 축삭(axons)을 둘러싼 특별한 막(myelin)의 발달로 생각과 행동이 더 빨리 전달된다. 하지만 미란다처럼 다양한 경험이 부족하면 어떻게 되는 것일까? 적절한 입력 부족으로 뇌가 충분히 발달하지 못한다. 성인임에도 불구하고 아이와 같은 면을 보이며, 많은 사람들을 보고 "오 멋진 신세계"라고 외칠 수밖에 없는 것이다. 이때 뇌의 전두엽과 두정엽(parietal lobe), 대뇌 운동피질(cerebral motor cortex) 영역 등이 모두 관련된다. 뇌의 전두엽 부위는 생각, 계획, 판단에 따른 몸의 움직임을 담당하고, 두정엽 부위는 시각, 청각 등 체감각을 모두 종합하여 알맞게 몸을 움직이도록 정보를 통합한다. 전두엽 부위는 뇌에서 가장 늦게 발달하는 부위로 청소년기에도 지속적으로 발달한다. 흔히 철이 들었다, 안 들었다고 하는 말은 전두엽 부위가 잘 발달하였는지 아닌지의 차이라고 한다. 초중등 교육기간 동안 두정엽 부위와 측두엽 부위를 단련하여 기초적인 상식과 능력을 함양시키고, 지속적으로 전두엽을 사용하는 훈련과 교육을 해야 하는 이유이다.

미란다의 경우에서 보는 것처럼, 입력이 없다면 당연히 출력이 있을 수 없다. 그렇다면 예전에 접해 본 적이 있는 어떤 사건 · 사물 · 사람을 구체적으로 떠올리는 기억(recollection memory)은 어디에서 나오는 것일까? 해마(seahorse)와 생김새가 비슷한 해마(hippocampus) 부위에서 기억이 재생된다. 그렇다면 방향을 읽고 길을 찾아가는 능력은 어디에서 나오는 것일까? 역시 해마 부위에서 이루어진다. 그러면 기억나지는 않지만 무엇인가 전에 접해 본 적이 있는 것 같은 친근감(familiarity)은 뇌의 어느 부위에서 일어나는 것일까?

펜실베니아 대학교의 맥스웰 머코(Maxwell Merkow) 교수 팀[31]은 2015년 '간질 환자의 해마'에 대한 흥미로운 연구 결과를 발표하였다. 연구진은 간질 때문에 해마 부위의 뇌파 기록 측정 경험이 있는 66명의 환자 사례를 분석하였다. 뇌파를 분석한 결과 해마가 크게 활성화될 때와 무엇을 인지할 때의 뇌파 활성이 일치하므로 해마가 인지와 밀접한 관계가 있음이 확인되었다. 연구진은 추가로 환자들에게 단어들을 보여 주고 기억하게 한 후 이미 본 단어와 새로운 단어로 구성된 또 다른 연쇄의 단어들을 보여 주었다. 환자들은 매 단어마다 처음에 배웠던 단어인지 아닌지를 답해야만 하였다.

연구진은 환자들이 답할 때 환자의 해마 부위의 뇌파를 측정하였다. 환자들이 이미 배운 단어라서 정확히 맞혔을 때에는 해마 부위의 뇌파 활동이 매우 활발하였다. 하지만 처음 배운 단어인지를 맞히지 못하였거나 새롭게 배운 단어를 인식하지 못하였을 때에는 해마 부위의 활동이 훨씬 저조했다. 무엇인가 정확히 떠올리는 회상 기억뿐 아니라 기억나진 않지만 어딘지 친근한 느낌도 모두 해마에서 일어나는 것이다.

"오 멋진 신세계!" 셰익스피어는 미란다의 이야기를 통해 어린 시절 경험의 중요성을 이야기하고 있다. 하지만 작품 〈템페스트〉는 어린 시절 배움과 경험의 중요성만을 이야기하는 것이 아니다. 셰익스피어는 프로스페로를 통해 성인이 되어서도 학습이 가능한 뇌의 놀라운 가소성(plasticity)을 이야기하고 있다. 프로스페로는 나이가 들었음에도 불구하고 강력한 마법을 배웠고, 익힌 마법으로 섬의 요정 아리엘과 칼리반을 마음대로 부렸다. 인간의 뇌는 나이가 들어도 정서적으로뿐 아니라 학습을 통해 지적으로 성숙할 수 있음을 주인공 프로스페로를 통해 보여 준 것이다.

〈템페스트〉는 요정의 세계를 그리며, 복수를 사랑과 용서로 끝맺는다. 마지막 5막 에필로그는 다음과 같은 프로스페로의 말로 마지막을 장식한다.

프로스페로

이제 저의 마술을 다 던져 버렸습니다.
제 자신의 힘만 남았을 뿐, 미약하기 짝이 없습니다:
이제 저를 이 섬에 유폐하든지, 저를 나폴리로 보내 주든지,
여러분 마음대로 해 주시기 바랍니다.

Prospero

Now my charms are all o'erthrown,
And what strength I have's mine own,

Which is most faint: now, 'tis true,
I must be here confined by you,
Or sent to Naples. (에필로그)

〈템페스트〉의 주인공 프로스페로는 마법의 지팡이와 책을 던져 버리고 더 이상 마법을 사용하지 않기로 작정한다. 프로스페로를 셰익스피어 자신의 형상화라고 본 비평가들은 "이제 저의 마술을 다 던져 버렸습니다"라는 프로스페로의 독백 부분을 두고 위대한 극작가 셰익스피어가 자신의 붓을 꺾고 낙향하여 전원생활 속에서 인생을 관조할 것을 암시한 것이라고 풀이하였다.[32] 언어의 마술사 셰익스피어는 프로스페로의 마법의 지팡이를 사용하여 태풍을 일으켜 배를 난파시키고, 로마의 신들을 데려와 페르디난드 왕자와 미란다에게 놀라운 환상을 보여 주며, 알론소 왕 일행을 동굴로 모이게 하여 복수를 용서로 갚는 놀라운 사랑의 미덕을 보여 주었다. 뇌 비밀의 황금 열쇠를 가진 셰익스피어가 '상상력'이란 요술 방망이로 자연과 인간 세계의 삼라만상을 어우르며 우리 인간 본성을 아름답게 환히 비추고 있는 것이다.

【마지막으로 쉬어 가기】

21세기, 새로운 패러다임의 시작: 싸이(Psy)의 '강남스타일'과 지구 종말론

2009년 개봉된 롤란트 에머리히(Roland Emmerich) 감독의 영화 〈2012〉는 2012년 지구 대재앙을 묘사한 일종의 공상과학 재난 모험영화이다. 심한 지각 변동으로 파괴되는 도시를 주인공들이 탈출하는 장면으로 영화는 시작된다. 2009년, 지질학자가 지구 중심부의 온도가 급격히 상승한다고 보고한다. 2010년, 인류 생존을 위한 비밀 프로젝트, 히말라야 산맥 티베트에 댐 건설로 위장된 '노아의 방주'가 건축되기 시작한다. 2012년, 진도 10.9의 강력한 지진이 발생한다. 미국 캘리포니아가 태평양 속으로 가라앉고, 수 억 명의 사람들이 지진과 쓰나미로 사망하며, 옐로스톤 미국 국립공원이 폭발한다. 영화 속 한 장면에 마야이즘(Mayanism)과 함께 2012년 종말론이 언급된다. 필자가 생뚱맞게 〈강남스타일〉과 '지구 종말론'을 이야기하려는 이유는 무엇일까? 미란다가 처음으로 마주하는 '신세계(New World)'처럼, 어쩌면 지금, 우리가 사는 현 시점이 '전 세계 패러다임이 바뀌는 전환기', 즉 신세계의 시작이 아닌가 하는 생각 때문이다.

다미선교회 이장림 목사는 1987년 저서 《다가올 미래를 준비하라》[33]에서 1992년 10월 28일 24시에 '휴거' 현상이 나타나고, 1999년 지구 종말이 온다고 예언하였다. 한국 기독교에 조그마한 파란을 일으킨 사건이었다. 필자도 궁금하여 책을 직접 구입해 읽어 보았다. 내용이 미심쩍었지만 마음 한구석 '예언처럼 휴거가 일어난다면 난 구원받을 수 있을까?'라는 의구심을 지우지 못하였다. 하지만 10여 년 뒤 막상 그날이 오자, 아무런 일도 일어나지 않았다. '세계 종말론' 이야기는 동서고금을 막론하고 이처럼 종종 있어 온 이야기이다. 2009년 재난 영화 〈2012〉가 개봉된 후, '2012년 12월 21일 지구 종말론'에 대한 수많은 기사들이 인터넷에서 떠돌기 시작하였다. 2010년쯤 필자가 읽었던 기사가 생각난다. 2012년 행성이 일렬로 정렬되어 커다란 쓰나미가 몰려오기에 10m 넘는 대형 쓰나미에도 끄떡없는 1~2억짜리 특수 보트가 북남미에서 매월 10여 척 이상 절찬리에 판매되고 있다는 기사였다.

태양과 지구에 의해 인류의 운명이 결정된다고 믿어 온 마야인들은 4번째 태양이 사라진 시기에 멸망하였다. 2012년 12월 21일은 마야 달력으로 6번째 태양이 사라지는 날이다. 흥미롭게도 마야 달력에는 7번째 태양이 더 이상 존재하지 않는다. 즉, 2012년 12월 21일이 '지구 종말의 날'인 셈이다. 5125년(13박툰)을 주기로 계산하는 마야 달력에 의하면 기원전 3114년 8월 14일에 시작된 마야 달력의 13번째 박툰이 끝나는 날이 2012년 12월 21일이다. 2012년 7월 9일, 종합편성채널에서 〈마야 달력의 종말 예언?! 이영돈 PD, 논리로 풀다〉가 방영된 적이 있었다. 2012년 11월 29일자 헤럴드경제 연예·스포츠난에 〈싸이 지구 종말론 "노스트라다무스의 싸이 예언"〉이라는 제목의 기사도 실렸다. "'고요한 아침으로부터 춤추는 말의 원의 수가 아홉 개가 될 때 종말이 올 것이다(From the calm morning, the end will come when of the dancing horse the number of circles will be 9)'라는 노스트라다무스의 예언이 해외 네티즌 사이에서 급속히 퍼지고 있다"라는 내용이었다. 함께 실린 "2012년 12월 21일, 강남스타일 유튜브 조회 수, 10억 회 돌파 예정!"이라는 제목의 기사도 있다. 고대하던 2012년 12월 21일, 종말론 신봉자들은 멕시코 유카탄 반도의 마야 유적에서 흰옷을 입고 지구의 종말과 함께 휴거를 기대하였다. 외계인의 존재를 믿는 뉴에이지 신봉자들이 지구 멸망을 피할 최적의 장소로 프랑스 피네네 산맥의 산골마을 부가라시를 지목하였기에 프랑스의 조그맣고 한적한 시골 마을에 무려 250여 명의 기자들이 몰려들어 지구 종말의 특종을 기대하였다. 하지만 아무 일도 일어나지 않은 해프닝으로 끝나고 말았다.

2012년 12월 21일! 세계적으로 놀라운 신기록이 수립되었다. 싸이(Psy)의 〈강남스타일〉 뮤직비디오가 2012년 7월 15일 처음 공개된 지, 단 158일 만에 유튜브 조회 수 10억 뷰를 돌파한 것이다(2018년 1월에는 '조회수 30억 뷰'를 돌파한다). 〈싸이 지구 종말론〉을 다시 한 번 검토해 보자. "고요한 아침으로부터 춤추는 말의 원의 수가 아홉 개가 될 때 종말이 올 것이다." '조용한 아침'은 무엇을 가리키나? '고요한 아침의 나라(the land of morning calm)', 대한민국이다. '춤추는 말'이 무슨 뜻인가? 'Psy'라 부르는 한 남자가 말 대신 말 춤을 추고 나타난 것이다. 그렇다면 원의 수 아홉 개는 무엇을 말하는가? '10'의 1승은 10이고, 2승은 100이다. 10의 3승은 1,000이고, 4승은 10,000이다. 그러면 10의 9승은? 10억이다. 2012년 12월 21일은 〈강남스타일〉 유튜브 조회수가 10억을 돌파한 날이다!

서울 삼성동 '강남스타일' 말춤 손목 동상

인터넷에서는 매일 수많은 정보가 엄청나게 쏟아져 나온다. 이 중에는 진실의 정보도 상당수 있겠지만 조심할 필요도 있다. 진실을 호도하기 위해 일부러 흘린 역정보가 있는가 하면 진실을 가장한 거짓 정보들도 많기 때문이다. '다미선교회 휴거 사건' 이후 2012년 지구 종말론 기사에 대해 필자는 조금도 신경을 쓰지 않았다. 하지만 필자가 종말 이야기를 생뚱맞게 꺼내는 이유는 무엇일까? 2012년 싸이 종말론 기사가 마음에 크게 다가왔기 때문이다. 2013년 봄, 지인과 이야기를 나누다 싸이가 미국에 빌딩을 구입하였다는 소식을 접하였다. 깜짝 놀랐다! 그렇게 짧은 시일에 큰돈을 벌어 벌써 미국에까지 재테크를 했다는 말인가? 하지만 재테크용이 아니었다. 싸이를 포함한 전속 멤버의 수가 수십 명을 넘어 마땅한 숙소를 구하는 일이 쉽지 않자, 전속 멤버들이 기거할 숙소와 연습실 용도로 싸이가 건물을 매입한 것이었다. 싸이가 국내에 들어올 때 대한항공 일등석을 타고 올 것인가 아니면 아시아나항공 일등석을 타고 올 것인가? 둘 다 아니다. 싸이는 개인 전용비행기를 타고 전 세계를 누비며 공연을 하고 있다. 〈강남스타일〉이 싸이를 세계적인 스타, 월드스타로 만든 것이다. 하지만 '강남스타일'이 10년 전에 발표되었더라면, 싸이가 월드스타가 될 수 있었을까? 싸이의 히트곡 〈챔피언〉. "소리 지르는 니가 (챔피언!) 음악에 미치는 니가 (챔피언!) 인생을 즐기는 니가 (챔피언!)" 〈챔피언〉 노래를 불렀던 싸이 박재상은 당시 한국 최고의 가수가 아니었다. 하지만 스마트폰과 유튜브의 등장으로 싸이가 세계적인 월드스타로 탄생한 것이다. 필자는 싸이의 〈강남스타일〉이 유튜브 10억 뷰를 돌파한 2012년 12월 21일이 지구가 망하는 '지구 종말의 날'은 아니었지만, 20세기까지의 기존 패러다임이 무너지고 새로운 패러다임이 시작된 역사적인 날로 생각한다. 홍미롭게도 최근 수년간 무려 8,000여 회의 《정법강의》를 유튜브에 올려놓은 진정(眞政) 스승이라는 분이 2012년 12월 21일 동지(冬至)를 끝으로 '선천 시대'가 막을 내렸다고 선언하였다. 2012년 동지 이후 '홍익인간', '미륵불'이 등장하는 '후천 개벽 시대'가 열렸다고 선언한 것이다.

인류 문화 역사상 '불의 발명'으로 인간의 문명은 한 단계 업그레이드가 되었다. '문자의 발명'으로 인류는 또 한 차례 업그레이드되었으며, '펜'의 등장 역시 인간의 문명을 한 단계 업그레이드시켰다. 중세 시기 '인쇄술'의 도입으로 많은 중산층들이 책을 저렴하게 구입할 수 있게 되자, 유럽 전역에서 '종교 개혁'과 함께 '르네상스'라는 문명의 놀라운 발전을 이루었다. 필자는 스티브 잡스의 '스마트폰'이 불이나 문자의 발명에 준하는, 아니 펜이나 인쇄술의 도입보다 몇십 배 더 큰 충격적인 변화를 인류 세계에 가져왔다고 판단한다. 조그마한 스마트폰 안에 시계 · 카메라 · TV · 내비게이터는 말할 것도 없거니와 성경 · 불경 · 사전 심지어 은행도 들어와 있다. 20세기 그 누구도 상상할 수 없었던 일들이 21세기 현재, 현실로 실제 이루어지고 있는 것이다.

2013년 5월, 월가의 전설적 투자가 짐 로저스(Jim Rogers)가 고려대학교 인촌기념관에서 "인생과 투자에 관한 13가지 레슨"이라는 제목으로 강연을 한 바 있었다. "남과 다르게 생각하기 위해 철학과 역사를 공부하라." '누구의 말을 따라가기 보다는 자신이 진정 좋아하는 일을 하라." "박사학위보다 열정이 더 중요하다." 누구나 공감하는 말이다. 하지만 나에게 엄청나게 큰 충격을 준 한 가지 레슨은 "부모와 선생의 말을 듣지 말라!"였다. 실로 충격적이었다. 부모와 선생님의 말을 듣지 말라니? 하지만 이 말은 '부모와 선생님을 존경하지 말라'는 뜻이 아니었다. 시대가 바뀌고 패러다임이 바뀌었음을 강조하는 말이었다. 오늘의 청년들이 부모와 선생의 구세대 패러다임을 그대로 따라한다면 성공은커녕 '백전백패' 실패할 것임을 강력하게 경고하는 말이었다. 그렇다! 싸이 〈강남스타일〉이 유튜브 조회 수 10억을 돌파한 2012년 12월 21일은 지구가 사라지는 '지구 종말의 날'이 아니었다. 20세기 기존 패러다임이 사라지고, 21세기 새로운 '신패러다임이 시작되었음'을 상징적으로 보여 준 날인 것이다! 부모와 선생님 세대의 기존 성공 방식들이 더 이상 작동되지 않는 새로운 패러다임의 신시대가 도래한 것이다!

한국과학종합대학원대학교 총장을 역임한 윤은기 교수는 2015년 저서《협업으로 창조하라》[34]에서 '무한 경쟁'의 '승자 독식'이라는 신자유주의 시대가 지나갔다고 선언하였다. '협업(collaboration)의 시대', 즉 상생과 동반성장을 강조하는 '융복합'의 신인류주의 시대가 도래하였다고 선언하였다. 승자 독식의 무한 경쟁인 20세기에 엄청난 부가 창출되었고, 기술의 혁신이 이루어졌으며, 보건이 향상되고 수명이 연장된 것은 부인할 수 없는 사실이다. 하지만 이러한 장점과 함께 여러 단점들도 동시에 부각되었다. 양극화 · 부의 극심한 편재 · 고용 없는 성장 · 분노 사회 · 사회적 갈등 · 노인 인구의 급격한 증가 등 부작용이 나타난 것이다. 그렇다. 무한 경쟁의 신자유시대로는 이러한 세계적인 문제들을 더 이상 해결할 수 없다. 이제 상생의 신인본주의 시대가 도래한 것이다. "재벌 딸 갑질로 시작된 '땅콩회항' 사건" · "'회장 갑질' △△식품 매출 반 토막 '최대 위기'" · "△△피자 갑질 ㅁㅁㅁ회장 사퇴". 이런 제목의 신문 기사를 20세기에 상상이나 할 수 있었겠는가? 이제 세상의 패러다임이 바뀌었다. 더 이상 '상 · 하의 관계', '갑 · 을의 관계'가 작동되지 않는 시대로 바뀌고 있으며, '수직의 시대'에서 '수평의 시대'로 우리의 시대가 바뀌고 있다. 그렇다! 경쟁보다는 협력이 중시되는 시대, 다시 말하여 경쟁의 능력보다는 협력의 능력이 중시되는 신패러다임의 새로운 신시대가 열리고 있는 것이다.

20세기의 키워드 중 하나는 "한 우물만 파라!"였다. 전문지식이 필요한 시기였기 때문이다. 하지만 21세기는 "한 우물만 파다가는 우물에 빠져 죽고 마는" 시대가 되고 말았다. 21세기는 스티브 잡스로 대표되는 '융복합시대'이다. 소주와 맥주를 섞어 '소맥 폭탄주'를 만들 수 있지만, 하이트와 카스를 섞어서는 여전히 맥주일 뿐이다. 이제는 '융복합 창조의 시대'이다! 서로 다른 이질적인 것들을 융복합하여 새로운 것을 창조하는 시대가 도래 한 것이다. 그렇다. 20세기 패러다임에 갇힌 부모와 선생의 말을 따라 해서는 로저스의 충고처럼 '백전백패' 실패하는 세상이 되고 만 것이다. 한국에서 최고가 아니었던 싸이 박재상은 〈강남스타일〉의 대박으로 월드스타가 되었다. 10여 년 전이라면 상상할 수 없었던 일이다.

툭 튀어나온 광대뼈에 45kg의 몸무게, 162cm의 작은 키로 스스로 "삐쩍 말라 못생겼다"라고 실토한 사람이 바로 세계적 기업 알리바바 그룹의 회장 마윈이다. 마윈 회장은 한때 사업 실패로 영어 강사와 관광 가이드로 생계를 꾸려야만 하였다. 대학 강사 시절에는 한 달 수입이 고작 12달러에 불과하였다. 1995년 인터넷 시대를 예상하고 인터넷 사업을 시작하지만 또 다시 실패하고 말았다. 그 후 잠시 취업한 대외무역부에서 마윈은 야후의 창업자 제리 양을 만리장성으로 안내하는 절호의 기회를 갖게 된다. 관광 안내원의 인연으로 제리 양과 친분을 쌓게 된 마윈은 그 후 야후로부터 무려 10억 달러의 투자를 받고 알리바바를 창업한다. 무일푼으로 시작하여 단 15년 만에 무려 160조여 원의 가치를 지닌 세계적 기업 알리바바의 회장이 된 것이다. 알리바바는 2015년 11월 11일, 중국 광군제 '독신의 날'을 맞아 중국판 'Black Friday' 온라인 할인 행사를 벌였다. 이날 알리바바의 하루 매출액은 900억 위안, 한화로 약 16조 3,000억 원이었다. 그리고 일 년 뒤 2016년 11월 11일, '독신의 날', 알리바바의 하루 매출액은 이보다 32% 증가한 1,207억 위안, 한화로 약 20조 6,723억 원이었다. 2017년 11월 11일, 중국 최대의 인터넷쇼핑몰 알리바바의 하루 매출액은 전년 대비 40% 증가한 1,682억 위안, 한화로 약 28조 원으로 광군제 매출 신기록을 또다시 경신하였다. 10여 년 전이라면 온라인 하루 매출액 28조원을 상상이라도 할 수 있었겠는가? 하지만 이제 더 이상 놀랄 일이 아니다. 이제 백만장자, 억만장자를 넘어, 경만장자의 시대가 도래 한 것이다. 그것도 단시간에 말이다.

인터넷과 스마트폰으로 지식은 이제 특정 집단만의 전유물이 아닌 누구나 공유하는 인류 모두의 지식이 되었다. 이제 지식(knowledge)이 아닌 지혜(wisdom)가 필요한 시대가 도래한 것이다. 더욱이 2016년 1월 스위스 다보스에서 개최된 세계경제포럼(WEF)에서, 증기기관으로 대표되는 제1차 산업혁명, 전기 동력의 대량 생산으로 대표되는 제2차 산업혁명, 그리고 컴퓨터 제어 자동화로 대표되는 제3차 산업혁명에 뒤이어, '제4차 산업혁명'의 도래를 예고하였다. 제4차 산업혁명은, 제3차 산업혁명의 연장선으로, 3차 산업을 기반으로 하는 디지털과 함께 정보통신이 물리학과 바이오산업 등 다양한 산업들과 융합하여 새로운 부가가치의 창출을 일컫는 말이다. 구글(Google) 딥마인드(deep mind)가 개발한 인공지능(AI: Artificial Intelligence) 바둑 프로그램인 알파고(AlphaGo)에게 세계 정상급 바둑기사, 이세돌 9단마저 충격적인 패배를 당하였다. 이제 인공지능을 기반으로 인간 세계의 물리적 세계가 사이버 세계들과 하나의 네트워크로 연결되어 하나의 사이버-물리 지능형 시스템(CPS: cyber-physical system)이 구축될 것이다. 다보스 포럼에서는 인공지능에 의해 사무 · 행정, 제조 · 생산, 건설 · 채굴, 디자인 · 스포츠 · 미디어, 법률 등의 일자리는 감소하는 반면, 비즈니스 · 금융, 경영, 컴퓨터 · 수학, 건축 · 엔지니어링, 영업 · 관리, 교육 · 훈련 등의 일자리는 늘어난다고 발표하였다. 이제 단순 '암기형의 인재'가 아닌 '창의성의 인재'가 필요한 시대, 즉 지식이 아닌 지혜가 필요한 시대가 도래 한 것이다.

대한민국 청년들이여, 대한민국이 '헬조선'인가? 금수저가 아닌 '흙

수저'라고 실망하고 있지는 않은가? 전혀 실망하지 마라. 지금의 환경에 불평하지 마라. 여러분은 마윈보다 월등히 뛰어난, 더 좋은 환경에 살고 있다. 문제는 패러다임 시프트(Paradigm Shift)! 짐 로저스의 말처럼 진정 여러분이 좋아하고 사랑하는 일을 찾도록 하라. 여러분이 20세기 말에 태어난 이유가 무엇인가? 챌린지, 도전이 없는 '인생 게임'이란 낮은 단계의 인생 게임으로 지루하고 재미가 없는 삶이다. 도전할 가치가 없는 게임이다! 21세기 대한민국의 청년들은 유사 이래 최고의 지적 엘리트들임을 잊지 말기 바란다. 여러분들은 어느 시대 어느 민족의 청년들보다 더 높은 지적 능력의 소유자임을 잊지 말기 바란다. 여러분은 챌린지 높은 단계의 '인생 게임'을 즐기기 위해, 20세기가 아닌 변화무쌍한 21세기를 택하여, 도전과 고난이 많은 이곳 대한민국에서 당당히 태어난 것이다! 청년 시대는 주역에서 춘·하·추·동 중 '봄'에 해당한다. 차디찬 땅을 뚫고 나오는 어린 새싹의 모습이 바로 여러분의 모습이다. 부드러운 싹으로 단단한 땅을 뚫고 올라온다는 것이 얼마나 어려운 일이겠는가! 하지만 일단 땅을 뚫고 나오면 싹은 얼마 지나지 않아 곧 풍성하게 자랄 것이다. "초년고생은 돈 주고 사라"라는 우리 말 속담이 있지 않은가? "고생 뒤에 낙이 온다"라는 속담도 있지 않은가? 젊었을 때 고생은 분명 뒷날에 큰 낙이 될 것이다. 대한민국의 한류(Korean wave)는 앞으로도 계속 세계로 뻗어 나갈 것이다. 이제 한류를 넘어 "Korean COOL!" 시대가 도래하였다. 새로운 신세계가 미란다에게 열린 것처럼 우리 대한민국 청년들 앞에 '새로운 패러다임'의 놀라운 신세계가 펼쳐져 있는 것이다. 21세기는 새로운 패러다임으로 무장한 대한민국 청년들이 전 세계를 무대로 자신만의 원대한 꿈을 활짝 펼쳐 나가는, 바로 여러분의 신세계인 것이다!

O Brave New World!

외워 두면 유용한 〈템페스트〉 명구들

The instant that I saw you, it was like a tidal wave, my heart flew to your service, and I became your slave.

당신을 보는 순간, 밀려오는 파도처럼, 내 심장은 그대 곁으로 날아가, 그대의 노예가 되고 말았지요. (3막 1장, 페르디난드)

I am your wife if you will marry me.
If not, I'll die your maid. To be your fellow
You may deny me, but I'll be your servant
Whether you will or no.
당신이 나와 결혼해 준다면, 저는 당신의 아내가 되지요,
당신이 결혼해 주지 않으신다면, 저는 당신의 하녀로 죽을 거예요.
당신의 사람이 되기 위해, 당신이 나를 거절할 수도 있겠죠.
하지만 저는 당신의 하녀가 될 거예요, 당신이 거절하든 안 하든 간에. (3막 1장, 미란다)

He that dies pays all debts.
죽는 자는 빚을 모두 청산한다. (3막 2장, 스테파노)

We are such stuff as dreams are made on, and our little life, is rounded with a sleep.

우리 인간은 꿈과 같은 존재이므로, 조그마한 우리의 인생은 잠으로 막을 내린다. (4막 1장, 프로스페로)

How beauteous mankind is! O brave new world.

인간이란 어쩜 이렇게 아름다울까! 오, 멋진 신세계!

(5막 1장, 미란다)

부록

신비스런 인간의 뇌

인간의 뇌 구조는 어떻게 생겼나?

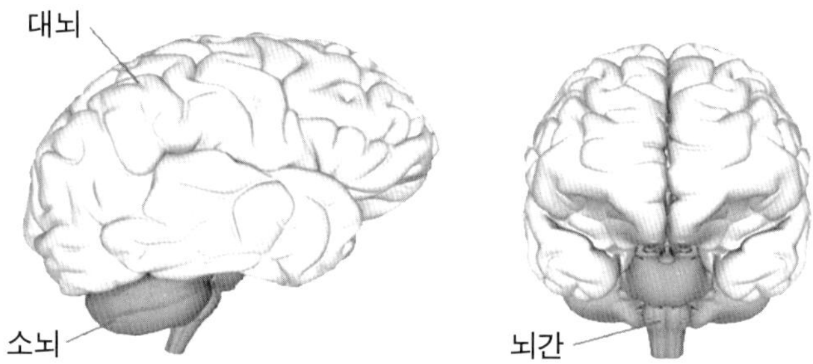

성인의 뇌는 겉에 많은 주름이 잡혀 있으며, 매우 부드러운 조직으로 구성되어 있다. 성인 남자의 경우 그 무게는 약 1.4kg(몸무게의 약 2%)이며, 대부분이 물(78%), 그리고 지방(10%)과 단백질(2%)로 구성되어 있다.[1] 무게가 우리 몸무게의 약 2%에 불과하지만, 인간의 가장 핵심적 기관이다. 우리가 사용하는 모든 에너지와 산소 사용량의 약 20~35%와 혈액의 약 15%를 뇌에서 사용한다. 뇌는 좌반구와 우반구로 완전한 대칭을 이루며, 크게 뇌간(brainstem), 소뇌(cerebellum), 대뇌(cerebrum)로 나뉜다.

뇌간(숨골)의 역할은 무엇인가?

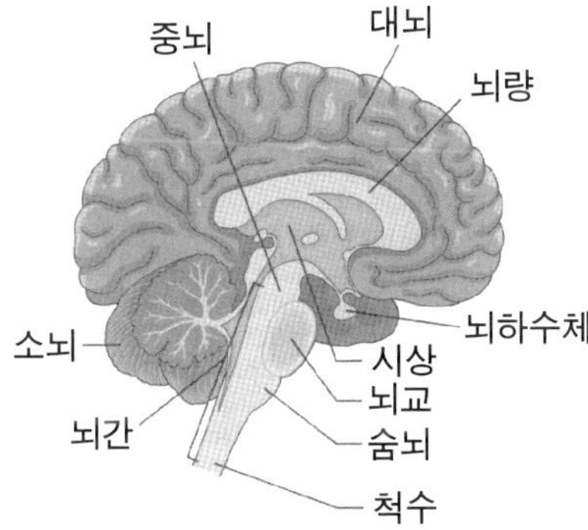

뇌에서 가장 먼저 만들어지고 뇌의 가장 안쪽에 위치한 뇌간은 모양과 크기가 사람의 엄지손가락과 비슷하다. 무게가 약 200g에 불과하지만 생명 유지에 있어서 매우 중추적 역할을 한다. 뇌간의 가장 아래에 위치한 숨뇌(medulla oblongata) 부위는 호흡과 혈압, 심장 박동을 관장한다. 숨뇌 위에 위치한 뇌교(pons)는 대뇌 피질(cerebral cortex)과 소뇌 사이의 정보를 교환한다. 중뇌(midbrain)는 안구의 움직임과 동공의 크기를 조절한다. 대뇌와 소뇌에 손상이 있더라도 죽음에 이르지는 않지만 뇌간의 손상은 즉각적 죽음을 초래한다. 소위 '뇌사 상태'란 뇌간이 죽은 것을 말한다. 우리가 말하는 '식물인간'은 대뇌와 소뇌의 기능이 완전히 마비되었지만, 뇌간의 기능, 즉 호흡과 심장 박동만은 정상적으로 유지되는 경우를 말한다.

소뇌의 역할은 무엇인가?

뇌의 뒤쪽에 위치한 소뇌는 약 200g에 불과하다. 몸의 평형을 유지하고 공간 운동을 조절할 뿐 아니라 조건 반사와 감각기관의 활동을 조절한다.

대뇌의 역할은 무엇인가?

우리 뇌의 약 80%의 비중을 차지하는 대뇌는 가장 늦게 발달하는 부위이다. 대뇌의 가장 바깥 부위는 넓은 표면적을 위해 많은 주름이 잡혀 있으며, 두께는 약 2~5mm 정도이다. 이 주름을 펼치면 크기가 신문지 한 장 정도에 불과하지만, 이 부위에 위치한 천억 개의 뉴런 신경세포로 인해 인간이 인간다운 행동을 할 수 있다. 인간의 기억·사고·언어 그리고 시각·청각·후각·촉각 등의 중추인 대뇌는 좌뇌와 우뇌로 나뉘어 있으며, 네 개의 주요 부위, 즉 전두엽(frontal lobe), 두정엽(parietal lobe), 측두엽(temporal lobe), 후두엽(occipital lobe) 부위와 대뇌 가장 안쪽에 위치한 변연계(limbic system)로 구성되어 있다.

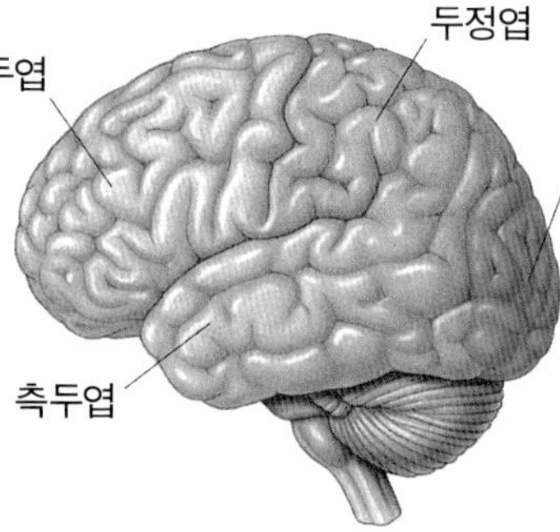

변연계는 시상(thalamus), 시상하부(hypothalamus) 등의 기관을 포함하는 부위로 뇌간과 직접 연결되어 있다. 시각·청각·촉각 등의 주요 감각계는 두 개의 작은 타원형 모양의 시상을 거쳐 대뇌 피질로 이어진다. 대뇌 아래, 시상과 중뇌의 교차점에 위치한 시상하부는 4g에 불과한 작은 조직이다. 하지만 자율신경의 중추가 모여 있어 뇌하수체 호르몬과 함께 온몸의 호르몬을 통제한다. 변연계 부위는 식욕과 성욕과 같은 기본 욕구에 관여하며,

체온 · 혈압 · 심장 박동 · 혈당 등의 자율 기능을 조절할 뿐 아니라, 공포와 쾌락, 분노와 같은 본능적 정서에도 관여한다. 우리가 공포를 느낄 때 순간적으로 심장이 쿵쾅거리며 식은땀이 흐르는 것이 바로 변연계의 역할 때문이다.

앞이마 쪽에 위치한 전두엽 부위는 판단이나 문제 해결, 창조성과 계획 등을 담당한다. 변연계에서 공포 · 쾌락 · 분노의 본능적 정서를 담당하는 데 반해, 기쁨 · 슬픔 · 동정심과 같은 이차적 정서는 전두엽에서 이루어진다. 머리 위쪽 뒷부분에 위치한 두정엽 부위는 인체에 운동 명령을 내리며, 촉각 · 압각 · 온도 · 통각과 같은 체성 감각 기능을 수행한다. 외부로부터 오는 정보를 조합할 뿐만 아니라 문장으로 조합하는 언어 기능도 담당한다. 머리 양 옆쪽 귀 주변에 위치한 측두엽 부위는 청각 · 기억 · 의미 · 언어 등을 담당하는 부위이다. 이 부위가 손상되면 기억장애나 환각 등의 증세가 나타난다. 머리 뒤쪽에 위치한 후두엽 부위는 주로 시각을 담당한다.

좌뇌와 우뇌는 기능상 어떠한 차이가 있는가?

대뇌의 좌반구와 우반구는 완전히 대칭을 이룬다. 하지만 기능에 있어서는 좌우 반구가 약간의 비대칭성을 보여 준다. 일반적으로 좌뇌는 분석적이며, 연쇄적인 정보를 처리하고, 시간적 순서와 수학적 계산, 그리고 객관적 · 논리적 추론과 함께 언어를 처리한다. 이에 반해 우뇌는 주관적이며, 미술과 음악과 같은 예술적 · 창조적 활동과 함께 공간적 이해와 종합적 해석을 주로 한다.

하지만 최근 fMRI와 PET 등의 연구 결과 이러한 양분법 해석이 절대적이 아닌 것으로 밝혀졌다. 좌뇌와 우뇌는 뇌량에 의해 연결되어 있어 좌뇌와 우뇌의 정보가 신경섬유 다발인 뇌량(corpus callosum)을 통해 서로 교환된다.[2] 일반적으로 분석과 계산 같은 수학은 좌뇌가 담당하며, 실제로 초보

수학자는 좌뇌를 많이 사용한다. 하지만 고단위 수학자나 고단수 체스 선수들은 좌뇌는 물론 우뇌를 함께 사용한다는 사실이 밝혀졌다. 미술과 음악과 같은 예술적 창작 활동은 주로 우뇌에서 일어나며, 실제로 초보 음악가는 우뇌를 많이 사용한다. 하지만 최고의 음악가와 작곡가는 우뇌뿐 아니라 좌뇌를 함께 사용한다는 사실이 밝혀졌다. 어느 분야이든 최고의 고수가 되면 좌뇌와 우뇌를 모두 잘 사용하는 것이다.

일반적으로 좌뇌와 우뇌는 신체의 반대쪽 부위와 연결되어 있다. 따라서 언어 기능이 위치한 좌뇌에 손상을 입게 되면 오른쪽 팔다리에 마비가 올 뿐 아니라 언어 기능도 현저히 저하하게 된다. 한편 우뇌에 손상을 입게 되면 왼쪽 팔다리에 마비가 온다. 흥미로운 사실은 좌뇌의 전전두엽 피질(prefrontal cortex)이 긍정적 감정과 관련되어 있고 행동 지향적이라는 것이다. 이에 반해 우뇌의 전전두엽 피질은 부정적 감정과 관련되어 있고 기권·수동 지향적이다. 이에 따라 좌뇌 부위에 뇌졸중을 겪은 환자들은 뇌졸중 이후 더 비관적이고 더 많은 낙심을 한다. 하지만 우뇌에 뇌출혈을 겪은 환자들은 상해를 입기 전보다 더 포용적이며 덜 낙심한다.[3] 우리의 뇌는 참으로 신비스러운 지혜의 보고이다.

주

영국의 대문호, 윌리엄 셰익스피어

1 Biograhy.com, William Shakespeare — Playwright, Poet (http://www.biography.com/people/william-shakespeare-9480323) 참조.

2 류창석. 2014. "셰익스피어, 심리치료사 역할 했다", 연합뉴스, 2014. 4. 30. 참조. "William Shakespeare was a 'therapist' for Elizabethan audiences," *The Independent* (29 April 2014) 참조.

3 Fergus Craik, Ellen Bialystok, & Morris Freedman. 2010. "Delaying the onset of Alzheimer disease: Bilingualism as a form of cognitive reserve," *Neurology* 75: 1726-29. 참조.

4 Suvarna Alladi, Thomas H. Bak, Vasanta Duggirala, Bapiraju Surampudi, Mekala Shailaja, Anuj Kumar Shukla, Jaydip Ray Chaudhuri, and Subhash Kaul. 2013. "Bilingualism delays age at onset of dementia, independent of education and immigration status," *Neurology* (November 6. online판). 참조.

5 Davis, Philip. 2006. "The Shakespeared Brain," *The Reader* no. 23: 39-43. thereaderonline.co.uk/.../the-shakespeared-brain/ 참조. 또한 Davis, Philip. 2007. *Shakespeare Thinking*. Continuum. 참조.

6 Julie Henry. 2016. "Shakespeare and Wordsworth boost the brain, new research reveals," *The Telegraph*, Science New. (03 March, 2016) 참조.

로미오와 줄리엣 – 5일간의 사랑 이야기

1 신정옥 역. 2012. 《로미오와 줄리엣》(*Romeo and Juliet*, by W. Shakespeare),

전예원. 세익스피어 전집2. 작품해설 pp. 195-198 참조. 또한 Gibbons, Brian. 1989. *Romeo and Juliet*. AwesomeBooks 참조.

2 이영순. 2012. “극적 아이러니로 구현된《로미오와 줄리엣》의 비극성,”《현대영어영문학》56.1: 181-200 참조.

3 김기호. 2014. “문학 작품 속에 숨겨진 뇌의 비밀,”《언어과학연구》68: 19-38 참조.

4 Smith, Jennifer. 2012. *The Statical Probability of Love at First Sight*. Little, Brown Books for Young Readers 참조.

5 정재승. 2007. “내 반쪽을 첫눈에 알아볼 수 있을까?” 한겨레21 칼럼 (2007. 6. 28) 참조.

6 얼 나우만. (김은우 역) 2002.《첫눈에 반한 사랑》(Laumann, Earl. 2002. *Love at First Sight: The Stories and Science Behind Instant Attraction*. Sourcebooks Casablanca.) 뿌리와이파리 참조.

7 오주연. 2013. “10명 중 8명 ‘첫눈에 반해본 경험 있다.’” 아시아 경제 뉴스. 2013. 6. 1. http://www.asiae.co.kr/news/view.htm?idxno=2013053114350758635 참조.

8 미스터 박. 2004. “첫눈에 반한 사랑,” 구미넷 칼럼: 음악이야기 참조.

9 Jeffrey Cooper, Simon Dunne, Teresa Frey, & John O'Doherty. 2012. “Dorsomedial prefrontal cortex mediates rapid evaluations predicting the outcome of romantic interactions,” *The Journal of Neuroscience* 32(45): 15647-15656 참조.

10 Fisher, Helen. 2004. *Why We Love: The Nature and Chemistry of Romantic Love*. Holt Paperbacks 참조.

11 모기 겐이치로. (박재현 역) 2010.《뇌는 0.1초 만에 사랑에 빠진다》브레인 월드 참조.

12 Carin Perilloux, Judith Easton, David Buss. 2012. “The misperception of sexual interest,” *Psychological Science February* 23: 146-151 참조.

13 David Wilkes. 2011. “The lovestruck male: Half of men know Miss Right after just one date... but women need at least six,” *MailOnline*. 2011. Aug. 17 참조.

14 데이비드 페렛. (박여진 역) 2014.《끌리는 얼굴은 무엇이 다른가: 과학으로 밝혀낸 매력의 비밀》엘도라도 참조.

15 Matthews & McQuain. 2003. “Seeing, smelling, feeling,” in *The Bard on the Brain*. pp. 41-46 참조.

16 김기호. 2014. "문학 작품 속에 숨겨진 뇌의 비밀,"《언어과학연구》 68: 19-38 참조.

17 Sacks, Oliver. 1985. *The Man Who Mistook His Wife for a Hat and Other Clinical Tales.* Touchstone Books 참조.

18 김성진. 2012. "시각피질과의 인터뷰,"《브레인미디어》 vol. 5. 브레인 탐험. (2012년 10월 4일) 참조.

19 Matthews & McQuain. 2003. "Seeing, smelling, feeling," in *The Bard on the Brain*. pp. 41-46 참조.

20 Meng M, Cherian T, Singal G, Sinha P. 2012. "Lateralization of face processing in the human brain," *Proceedings of Biol Sci*. 279(1735): 2052-61 참조.

21 Lorenz, Konrad. 1979. *The Year of the Greylag Goose*. Harcourt Brace Jovanovich 참조.

22 Mehrabian, Albert. 1972. *Silent Messages: Implicit Communication of Emotions and Attitudes*. Wadsworth Publishing Company 참조.

23 Matthews & McQuain. 2003. "Binding qualities in meaning," in *The Bard on the Brain*. pp. 111-116 참조.

24 Grabowski TJ, Damasio H, Damasio AR. 1996. "Premotor and prefrontal correlates of category-related lexical retrieval," *Neuroimage* 7(3): 232-43 참조. 또한 Matthews & McQuain. 2003. "Seeing, smelling, feeling," in *The Bard on the Brain*. pp. 41-46 참조.

25 Djordjevic, Jelena, et. al. 2008. "A rose by any other name: would it smell as sweet?", *Journal of Neurophysiology* Jan. 99.1: 386-93 참조.

26 Mitchell, Tom, et. al 2008. "Predicting human brain activity associated with noun meanings," *Science* 320: 1191-1195 참조. 또한 Shinkareva, Svetlana, et. al 2008 "Using fMRI brain activation to identify cognitive states associated with perception of tools and dwellings," *PLoS One*. 2008 Jan 2; 3(1):e1394 참조.

27 Raymond Moody. 2015. *Life After Life: The Bestselling Original Investigation That Revealed 'Near-Death Experiences'*. HarperOne 참조. 또한 김영우. 2012. 《빙의는 없다. 정신 증상의 양자물리학적 이해》 전나무숲 참조.

28 Ring, Kenneth 1980. *Life at Death: A Scientific Investigation of the Near-death Experience.* New York, NY: Coward, McCann & Geoghegan 참조. 또한 Sabom, Michael. 1982. Recollections of Death: A Medical Investigation. New

York, NY: Harper & Row 참조.

29 이븐 알렉산더. (고미라 역) 2013. 《나는 천국을 보았다》(Even Alexander. 2012. *The Proof of Heaven*) 김영사 참조.

30 Sam Parnia et al. 2014. "AWARE-AWAreness during REsuscitation-A prospective study," *Resuscitation Official Journal of ERC*. 85.12: 1799-1805. 참조. 또한 김현우. 2015. "영혼의 증거 vs 뇌의 오작동 · 임사체험, 과학으로 파헤치다," 《한국일보》[세계는 지금] (2014. 4. 1) 참조.

31 Borjigin, Jimo, et al. 2013. "Surge of neurophysiological coherence and connectivity in the dying brain," *Proceedings of the National Academy of Sciences of USA*. vol. 110.35: 14432-37 참조. 또한 오철우. "임상적 죽음 직후 30초간 뇌는 폭발적 의식활동," 《사이언스 온》(2013. 8. 22) 참조.

32 Hameroff, S. & R. Penrose. 2014. "Consciousness in the universe: a review of the 'Orch OR' theory," *Physics of Life Reviews* 11.1: 39-78. 참조. 또한 Lanza, Robert & Bob, Berman. 2010. *Biocentrism: How Life and Consciousness are the Keys to Understanding the True Nature of Universe*. BenBella Books. 참조. Leevice 2016. "학자들이 발견한 바에 의하면, 영혼은 죽지 않는다. 그것은 우주로 들어간다," *Mindful Journey* (2016. 11. 22) (Vanallen, David. "Scientists found that the soul doesn't die-It goes back to the universe," *Reflection of Mind* (2016, 11. 15)) 참조.

33 2007. "Scientists to save 5,000-year-old embrace," *Reuters Technology*. Wed Feb 14, 2007 1:12am EST 참조. http://www.reuters.com/article/us-italy-embrace-idUSL12831255020070214

34 대원사 티벳박물관. "티벳 장례(천장)," 티벳 문화 참조. www.tibetan-museum.org/ 참조.

35 Matthews & McQuain. 2003. "Miming death," in *The Bard on the Brain*. pp. 199-204. 참조.

36 Matthews & McQuain. 2003. "Miming death," in *The Bard on the Brain*. pp. 199-204. 참조.

37 Tracey, Irene. 2007. "The cerebral signature for pain perception and its modulation," *Neuron* 55.3: 377-391. 참조.

38 Tracey, Irene, et al. 2000. "Noxious hot and cold stimulation produces common patterns of brain activation in humans: A functional magnetic resonance imaging study," *Neuroscience Letters* 288.2: 159-162. 참조. 또한 Matthews & McQuain. 2003. "Miming death," in *The Bard on the Brain*. p.

203. 참조.

39 김영숙. 2004. 〈갈색 눈물방울〉. 《문학과 사회》 겨울호. 참조.

40 백영옥. 2012. 《실연당한 사람들을 위한 일곱 시 조찬 모임》 자음과 모음 참조.

41 Kross. E., M. Berman, W. Mischel, E. Smith, T. Wager. 2011. "Social rejection shares somatosensory representations with physical pain," *Proceedings of the National Academy of Sciences*. March. 28th. ed. 참조.

42 헬렌 피셔. (정명진 역) 2005. 《왜 우리는 사랑에 빠지는가》 (by Helen Fisher. 2004. *Why We Love?*) 생각의 나무. 참조.

43 H. Fisher, L. Brown, A. Aron, G. Strong, D. Mashek, . 2010. "Reward, addiction, and emotion regulation systems associated with rejection in love," *Journal of Neurophysiology* 104: 51-60 참조.

44 B. Moor, E. Crone, and M. van der Molen. 2010. "The heartbreak of social rejection: heart rate deceleration in response to unexpected peer rejection," *Psychological Science* 21(9): 1326-33 참조.

45 Kübler-Ross, Elisabeth. 1997. *On Death & Dying*. Scribner 참조.

46 Phillips, D. P. 1974. "The influence of suggestion on suicide: Substantive and theoretical implications of the Werther effect," *American Sociological Review* 39: 340-354 참조. 또한 김병수 · 윤대현. 2011. "'자살전염' 예방: 언론이 첨병 역학 맡아야," 《신문과 방송》 2011. 7: 22-26 참조.

47 David Fergusson, Joseph Boden, & John Horwood. 2009. "Tests of causal links between alcohol abuse or dependence and major depression," *JAMA Psychiatry* 66.3: 260-266 참조.

48 최호선 · 서중석 · 표주연 · 박윤희. 2013. 《법의부검으로 확인된 자살례에 있어서 음주와의 상관관계에 관한 연구》 참조.

49 고미라 역. 2013. 《나는 천국을 보았다》(*Proof of Heaven*, by Even Alexander. Large Print Press.) 김영사 참조.

줄리어스 시저 – 브루투스, 너마저도

1 신정옥 역. 2003 《줄리어스 시저》(W. Shakespeare, *Julius Casesar*) 전예원 세계문학선 305. 작품해설 143-147 참조.

2 Mattews, P. and J. McQuain. 2003. "The falling sickness," *The Bard on the Brain*. pp. 169-175 참조. 또한 Epilepsy Foundation. "What is Epilepsy?" http://www.epilepsy.com/learn/epilepsy-101/what-epilepsy 참조.

3 삼성서울병원. "간질이란 무엇인가?" 삼성서울병원 (메인화면) 의학정보. http://www.samsunghospital.com/medical/diseaseSub01.do?ds_code=D0000104&content_id=60&cPage=7&SW=%BA%CE%C1%A4%B8%C6 참조.

4 도스토예프스키. 2009. (김근식 역) 《백치》(상). 열린책들. 또한 권철근. 2006. "도스토예프스키 장편소설의 병리학: 살인과 간질," 《노어노문학》 18.3: 105-39 참조.

5 Sperry, R. 1968. "Hemisphere deconnection and unity in conscious awareness," *American Psychology* 23: 723-33 참조.

6 J. Levy, C. Trevarthen, R. W. Sperry. 1972. "Perception of bilateral chimeric figures following hemispheric deconnexion," *Brain* 95: 61-78 참조.

7 Aristotle, 2012. *Aristotle's Nicomachean Ethics: A New Translation* by Robert C. Bartler & Susan D. Collins. U of Chicago Press 참조.

8 Marina D. Ross, Michael J. Owren, & Elke Zimmermann. 2009. "Reconstructing the evolution of laughter in great apes and humans," *Current Biology* 19.13: 1106-1111 참조.

9 최원교. 2009. 《긍정의 결혼식》 아담북스 참조.

10 이임선. 2008. 《웃음 나를 치유하는 힘》 랜덤하우스코리아 참조.

11 김세진. 2015. "행복을 부르는 미소" *Economic Review* 747호. Healthcare. 김세진의 Happience '행복은 과학이다' 참조.

12 대릴 데이비스. (이선희 역) 2015. 《웃음으로 삶을 디자인하라》 (Darryl Davis, *How to Design a Life Worth Smiling*. McGraw Hill.) 시그마북스 참조.

13 Lewis, M. & P. Bowler. 2009. "Botulinum toxin cosmetic therapy correlates with a more positive mood," *Journal of Cosmetic Dermatology* 8.1: 24-26 참조. 대릴 데이비스. (이선희 역) 2015. 《웃음으로 삶을 디자인하라》(Darryl Davis, *How to Design a Life Worth Smiling*. McGraw Hill.) 시그마북스 참조.

14 Lewis, Michael. 2012. "Exploring the positive and negative implications of facial feedback," *Emotion* 12: 852-859 참조.

15 Fried, I., Wilson, C. L., MacDonald, K.A. and Behnke, E.J. 1998. "Electric current stimulates laughter," *Nature* 391: 650 참조.

16 Derks, Peter. 1997. "Laughter and electroencephalographic activity," *Humor:*

International Journal of Humor Research 10.3: 285-300 참조.

17 McGettigan, Carolyn. 2014. "Brain images reveal how we distinguish real and fake laughter," *The Conversation* 참조.

18 김호 · 정재승. 2011.《쿨하게 사과하라》어크로스 참조.

19 태브리스 · 애런슨. (박웅희 역) 2007.《거짓말의 진화: 자기정당화의 심리학》추수밭. (Tavris, Carol & Elliot Aronson. 2007. *Mistakes Were Made (But Not by Me): Why We Justify Foolish Beliefs, Bad Decisions, and Hurful Acts*. A Harvest Book Harcourt, Inc.) 참조.

20 어니 J. 젤린스키. (박주영 역) 1997.《모르고 사는 즐거움》중앙M&B 참조.

21 김기호. 2015. "세익스피어 작품의 언어 표현에서 본 뇌의 역할,"《언어과학연구》72: 21-40 참조.

22 김영균, 김태은. 2008.《탯줄코드》민속원 참조.

23 Mattews, P. and J. McQuain. 2003. "Numbers on the mind," *The Bard on the Brain*. pp. 122-127 참조.

24 Dehaene, Stanislas. 2011. *The Number Sense: How the Mind Creates Mathematics*. (Revised & Updated ed.) Oxford University Press 참조. 또한 Mattews, P. and J. McQuain. 2003. "Numbers on the mind," *The Bard on the Brain*. pp. 122-127 참조.

25 C. H. Kang & Ethel Nelson. (이강국 역) 1991.《한자에 담긴 창세기의 발견》미션하우스. (C. H. Kang & Ethel Nelson. 1979. *The Discovery of Genesis*. Concordia Publishing House.) 참조.

26 최재충. 1986.《천부경과 수의 세계》서울: 한민족 참조. 또한 윤홍식. 2012. 유튜브.《윤홍식의 천부경 강의 1, 2》참조. https://www.youtube.com/watch?v=nl8EOm5TU_A, 또한 정법강좌《천부경 차원수》www.jungbub.com 참조.

27 정법강좌.《천부경 차원수》www.jungbub.com 참조.

28 Lee 만나. 2014. "7일 주기의 생체리듬이 말하는 것,"《NEWSnBIBLE》컬쳐앤라이프. http://www.newsnbible.com/news/articleView.html?idxno=487 참조.

29 김기호. 2015. "세익스피어 작품의 언어 표현에서 본 뇌의 역할,"《언어과학연구》72: 21-40 참조.

30 Dimsdale, Joel. 2008. "Psychological stress and cardiovascular disease," *J. of American College of Cardiology* 51(13): 1237-1246 참조. 또한 조정진. 2013.

"직무스트레스와 심혈관계 질환,"《가정의학회지》 23.7: 841-852 참조.

31 김지현. 2015. "사회적 지위가 높을수록 더 건강하다," *Insight*. (2015. 5. 11) http://www.insight.co.kr/newsRead.php?ArtNo=20865 참조.

32 Caroline Zink, Y. Tong, Q. Chin, D. Bassett. J. Stein, A. Meyer-Lindenberg. 2008. "Know your place: neural processing of social hierarchy in humans," *Neuron* 58(2): 273-283 참조. 또한 Cell Press. 2008. "Reputation and money: New insights into how the brain processes social, economic reward," *ScienceDaily* April 24, 2008 참조.

33 NIH/National Institute of Mental Health. 2008. "Human brain appears 'hard-wired' for hierarchy," *ScienceDaily*. 24 April 2008 참조.

34 Izuma, K., D. Saito, Norihiro Sadato. 2008. "Processing of social and monetrary rewards in the human striatum," *Neuron* 58: 284-294 참조.

35 폴 우드러프. (이은진 역) 2013.《아이아스 딜레마》(Paul Woodruff. *The Ajax Dilemma: Justice, Fairness, & Rewards*. (2011) 원더박스 참조.

36 김기호. 2015. "세익스피어 작품의 언어 표현에서 본 뇌의 역할,"《언어과학연구》 72: 21-40 참조.

햄릿 – 권력·가족·사랑의 비극

1 Joseph, LeDoux. (최준식 역) 2006.《느끼는 뇌》(LeDoux, J.E. 1998. *The Emotional Brain*. NY: Simon & Schuster.) 학지사 참조.

2 Paul Matthews & J. McQuain. 2003. "Smell: a direct link to the emotional brain," *The Bard on the Brain*. pp. 47-52 참조. 또한 김기호. 2014. "문학 작품 속에 숨겨진 뇌의 비밀,"《언어과학연구》 68:19-38 참조.

3 케네스 뮤어 외. 2014.《4대 비극의 탄생과 숨겨진 의미》(*Shakespeare's Great Tragedies*) Woongjin ThinkBig 참조.

4 클라우디아 글리만. (유영미 역) 2016.《아빠의 마음에 감기가 걸렸어요》 책빛 참조.

5 이강준. 2015.《우울증과 자살》 좋은땅 참조.

6 김선희. 2013. "투명한 뇌, 우울증 신경을 찾다,"《과학동아》 2013년 7월 참조.

7 Son, Hyeon, et al. 2012. "Neuritin produces antidepressant actions and

blocks the neuronal and behavioral deficits caused by chronic stress," *Proceedings of the National Academy of Sciences of the United States of America* 109(28): 11378-11383 참조. 또한 교육과학기술부. 2012. "우울증 조절 유전자 기능 밝혀내다: 한양대 손현 교수 팀, 연구결과 PNAS 게재," 교과부 보도자료(2012. 6. 25) 참조.

8 김종환. 2010.《Hamlet 햄릿》(윌리엄 셰익스피어) 시식을 만드는 지식 고전선집. 207쪽 참조.

9 Paul Matthews & J. McQuain. 2003. "Treating depression," *The Bard on the Brain*. pp. 210-215 참조.

10 전중환. 2013. "복수는 달콤하다,"《한겨레》2013-07-15. [세상읽기]
http://www.hani.co.kr/arti/opinion/column/595772.html 참조.

11 황농문. 2007.《몰입: 인생을 바꾸는 자기 혁명》랜덤하우스코리아 참조.

12 석영중. 2011.《뇌를 훔친 소설가》예담 참조.

13 미하이 칙센트미하이. (최인수 역) 2004.《몰입, Flow: 미치도록 행복한 나를 만나다》(Mihaly Csikszentmihalyi. *Flow: The Psychology of Optimal Experience*. 1990. Harper Perennial.) 한울림 참조.

14 Dominique de Quervain, U. Fischbacher, V. Treyer, M. Schellhammer, U. Schnyder, A. Buck, Ernst Fehr. 2004. "The neural basis of altruistic punishment," *Science* 305: 1254-1258 참조. 또한 베르텔 바르데츠키.(두행숙 역) 2013.《너는 나에게 상처를 줄 수 없다》걷는 나무 참조.

15 Singer, B. Tania. et al. 2006. "Empathic neural responses are modulated by the perceived fairness of others," *Nature* 439: 466-469 참조.

16 샤론 샐즈버그.(장여경 역) 2011.《하루 20분 나를 멈추는 시간》(Sharon Salzberg. *Real Happiness: The Power of Meditation*. Workman Publishing Company, 2011) 북하이브 참조.

17 Antoine Lutz, L. Greischar, N. Rawlings, M. Ricard, & Richard Davidson. 2004. "Long-term meditators self-induce high-amplitude gamma synchrony during mental practice," *Proceedings of the National Academy of Sciences* 101(46): 16369-16373 참조. 또한 달라이 라마 · 빅터 챈. (진우기 역) 2014.《달라이 라마 행복의 지혜: 지치고 상처받은 이들이 마음의 평화를 키우는 법》반니 참조.

18 에리히 폴라트 · 알렉산더 융. (김태열 역) 2008.《자원전쟁》(*Der neue Kalte Krieg*) 영림카디널 참조.

19 Paul Matthews & J. McQuain. 2003. "Smell: a direct link to the emotional

brain," *The Bard on the Brain*. pp. 47-52 참조. 또한 김기호. 2014. "문학 작품 속에 숨겨진 뇌의 비밀,"《언어과학연구》68: 19-38 참조.

20 신동호. 2004. "냄새, 뇌를 속여 분위기 연출,"《한국교육신문》. (2004. 11. 01) http://www.hangyo.com/news/article.html?no=73610 참조.

21 김기호. 2014. "문학 작품 속에 숨겨진 뇌의 비밀,"《언어과학연구》68: 19-38 참조.

22 Rachel Herz & Jonathan Schooler. 2002. "A naturalistic study of autobiographical memories evoked by olfactory and visual cues: Test the Proustian hypothesis," *American Journal of Psychology* 115(1): 21-32 참조.

23 Rachel Herz. 2007. *The Scent of Desire: Discovering Our Enigmatic Sense of Smell*. William Morrow 참조.

24 Gottfried, J., Smith, A., Rugg, M., & Dolan, R. 2004. "Remembrance of odors past: human olfactory cortex in crossmodal recognition memory," *Neuron* 42: 687-695 참조.

25 Paul Matthews & J. McQuain. 2003. "Seeing the man through his brain," *The Bard on the Brain*. pp. 29-34 참조.

26 Simpson, D. 2005 "Phrenology and the neurosciences: Contributions of F. J. Gall and J. G. Spurzheim", *ANZ Journal of Surgery*. Oxford. Vol. 75.6: 475 참조.

27 승현준. (신상규 역) 2014.《커넥톰, 뇌의 지도》(Seung, Sebestian. 2012. *Connectome: How the Brain's Wiring Makes Us Who We Are*. Harcourt Publishing Company) 김영사 참조.

28 Paul Matthews & J. McQuain. 2003. "Heat and cold: as much in the mind as on the skin," *The Bard on the Brain*. pp. 53-58 참조.

29 Paul Matthews & J. McQuain. 2003. "Heat and cold: as much in the mind as on the skin," *The Bard on the Brain*. pp. 53-58 참조.

30 Tracey, Irene & Patrick Mantyh. 2007. "The cerebral signature for pain perception and its modulation," *Neuron* 55: 377-391 참조.

31 U. Bingel, V. Wanigasekera, K. Wiech, R. Mhuircheartaigh, Michael Lee, M. Ploner and Irene Tracey. 2011. "The effect of treatment expectation on drug efficacy: Imaging the analgesic benefit of the opioid remifentanil," *Science Translational Medicine* 3(70): 70 참조. 또한 이성규. 2011. "약물효과 믿는 만큼 효과 있어,"《The Science Times》〈과학기술: 보건 · 의학〉(2011. 3. 2) 참조.

1 이안 로버트슨. (이경식 역.) 2013. 《승자의 뇌: 뇌는 승리의 쾌감을 기억한다》(Ian Robertson, *Winner Effect: The Neuroscience of Success & Failure*, Thomas Dunne Books) 알에이치코리아 참조.

2 McDonald, A.L. & L.A. Kessel. 1967. "Relationship between social hierarchy and coloration in green sunfish," *Psychological Reports* 1967 Jun: 20.3: 748-750 참조.

3 강신주. 2013. 《강신주의 감정수업: 스피노자와 함께 배우는 인간의 48가지 얼굴》 민음사. 제5장 야심 참조.

4 황금꽃. 2013. "인체의 비밀: 동양에는 인간을 소우주라고 불러왔습니다," 《씨앤앰케이블방송》 동양과 서양의 사상과 철학편. 2013-09-23 참조.

5 권일찬. 2009. "《주역》의 음양론적 삶의 의미와 과학성," 《한국정신과학회 제30회 2009년도 춘계학술대회 논문집》 pp. 155-182 참조. 또한 권인찬. 2012. 《동양학 원론》 한국학술정보 참조.

6 황병일. 2015. "잠(수면)에 대한 긍정인식 변화," *Economic Review* 747호 77쪽. Healthcare. 황병일의 수면코칭 참조.

7 윤신영. "기억을 위한 시간, 잠," 《KISTI의 과학향기》 제2290호 참조.

8 Mander B.A. Rao V, Lu B, Saletin JM, Lindquist JR., Ancoli-Israle S. Jaqust W. Walker MP. 2013. "Prefrontal atrophy, disrupted NREM slow waves and impaired hippocampal-dependent memory in aging," *Nature Neuroscience* 16.3: 357-64 참조.

9 Daniel Bushey, Giulio Toroni & Chiara Cirelly. 2011."Sleep and synaptic homeostatis: Structural evidence in Drosophila," *Science* 332(6037): 1576-1581 참조.

10 Benedict C., Cedernaes J., Giedraitis V. et al. 2014. "Acute sleep deprivation increases serum levels of neuron-specific enolase (NSE) and S100 calcium-binding protein B (S-100B) in healthy young men," *Sleep* 37(01): 3336 참조.

11 Adam Spira. et. al. 2013. "Self-reported sleep and β-amyloid deposition in community-dwelling older adults," *JAMA Neurology* 2013 70(12): 1537-43 참조. 또한 최미라. 2013. "수면장애, 알츠하이머 치매와 관련," 《헬스포커스》 헬스라이프〉건강뉴스. (2013. 10. 29) 참조.

12 Goldberg, Joseph. 2015. "What are hallucination?" *WebMD*. Aug 26, 2015.

http://www.webmd.com/brain/what-are-hallucinations 참조.

13 Adam. 2015. "Anticipatory anxiety," *AnxietyUK*. https://www.anxietyuk.org.uk/get-help-now/anxiety-information/anxiety-disorders/anticipatory-anxiety/ 참조.

14 Alexander Ploghaus, Irene Tracey, J. Gati, S. Clare, R. Menon, P. Matthews, J. Nicholas, & P. Rawlins. 1999. "Dissociating pain from its anticipation in the human brain," *Science* 284: 1979-1981 참조. 또한 Mathews & MaQuain 2003. "A fearful anticipation," in *The Bard on the Brain*. pp. 152-156 참조.

15 김기호. 2015. "셰익스피어 작품의 언어 표현에서 본 뇌의 역할,"《언어과학연구》72: 21-40 참조.

16 이영완. 2012. "손 씻으면 죄의식도 씻긴다,"《시니어조선》[이영완의 사이언스 카페] (2012. 7. 18) 참조.

17 Zhong, Chen-Bo & Katie Liljenquist 2006. "Washing away your sins: Threatened morality and physical cleansing," *Science* 313 (5792): 1451-1452 참조. 또한 프란시스코 바렐라 외. (석봉래 역)《2013. 몸의 인지과학》김영사. (Francisco Varela, Evan Thompson, Eleanor Rosch, *The Embodied Mind: Cognitive Science & Human Experience*. 1991. MIT Press.) 참조.

18 Spike Lee & Norbert Schwarz. 2010. "Washing away postdecisional dissonance," *Science* 328(5979): 709 참조. 또한 박양명. 2010. "손 씻으면 의심-고집-분노 사라진다,"《코메디닷컴》(2010. 5. 9) 참조.

19 Chapman, H., Kim, D.A. Susskind J., & A. Anderson. 2009. "In bad taste: evidence for the oral origins of moral disgust," *Science* 323(5918): 1222-6 참조. 또한 신동아. 2009. "몸을 씻으면 마음이 깨끗해지는 이유,"《신동아》595호. 정보과학: 흥미로운 과학상식. (2009. 4. 1) 참조.

20 최원교. 2009.《긍정의 결혼식》아담북스 참조.

21 Carl Simonton, S. Matthews-Simonton, J. Creighton. 1978. *Getting Well Again*. Bantam Books 참조.

22 브레인 기자. 2014. "신경가소성 Neuro-Plasticity: 뇌는 변화한다."《브레인미디어》브레인 Vol. 45. 뇌과학 리포트. (2014. 4. 22) 참조.

23 Taylor, Jill. (장호연 역) 2010.《긍정의 뇌》(by Jill B. Taylor. 2009. *My Stroke of Insight: A Brain Scientist's Personal Journey*. Hodder & Stoghton.) 윌북 참조.

24 차동엽. 2008.《무지개 원리》위즈앤위즈 참조.

25 최원교. 2009.《긍정의 결혼식》 아담북스 참조.
26 http://article.joins.com/news/blognews/article.asp?listid=13272298 참조.
27 론다 번. (김우열 역) 2012.《시크릿》. 살림출판사(Rhonda Byrne. 2006. *The Secret*. Atria Books.) 참조.

헨리 5세 – 위대한 왕으로 변신한 해리 왕자

1 Matthews & McQuain. 2003. "A muse of fire," in *The Bard on the Brain*. pp. 95-100 참조.
2 김광희. 2010.《창의력에 미쳐라: 세상을 향한 유쾌한 반전》 넥서스 참조.
3 조나 레러. (김미선 역) 2014.《이매진: 초일류의 뇌 사용법》(Jonah Lehrer, *Imagine: How Cretivity Works*. 2012. Houghton Mifflin Harcourt.) 21세기북스 참조.
4 아놀드 루드비히. (김정휘 역) 2007.《천재인가 광인인가》 이화여자대학교 출판부 참조.
5 Örjan de Manzano, Simon Cervenka, Anke Karabanov, Lars Farde & Fredrik Ullén, 2010. "Thinking outside a less intact box; thalamic dopamine D2 receptor densities are negatively related to psychometric creativity in healthy individuals," *PLoS ONE*, online 17 May 2010 참조. 또한 임동욱. 2010. "천재와 정신병자… 연관성이 있을까?"《The Science Times.》 고학기술〉보건 · 의학. (2016. 2. 26) 참조.
6 Schlegel, Alexander, et al. 2013. "Network structure and dynamics of the mental workspace," *Proceedings of the National Academy of Science* 110(40): 16277-16282 참조. 또한 박영숙. 2012. "상상력 창의성은 인간의 뇌에서 어디쯤에 위치해 있을까?"《인데일리》 미래예측〉과학기술. (2012. 9. 23) 참조.
7 존 플라이슈만. (햇살과나뭇꾼 역) 2011.《쇠막대가 머리를 뚫고 간 사나이: 뇌 과학의 역사를 뒤흔든 피니어스 게이지 사건》 논장 참조.
8 Damasio, H., Grabowski, T., Frank, R., Galaburda, A., and Damasio A. 1994. "The return of Phineas Gage: clues about the brain from the skull of a famous patient," *Science* 264(5162): 1102-5 참조. 또한 조혜리. 2015. "바꾸기 힘든 성격, 고치고 싶다면?" DAUM 뉴스펀딩 〈내 맘대로 '뇌'맘대로〉 (2015. 3. 9) 참조.

9 제시 페인. (엄성수 역) 2015. 《왜 젊은 뇌는 충동적일까: 성장하는 뇌, 삶을 변화시키는 똑똑한 습관의 발견》(Jesse Payne, *Change Your Brain, Change Your Life.*) 21세기북스 참조.

10 마음의 정원. 2012. "헨리 5세 명연설, 아쟁쿠르 전투 대승 이끌다," 《삶의 지혜(2012): 손자병법으로 푸는 세상만사〈25〉 말의 힘》 http://blog.daum.net/windada11/8761459 참조.

11 Curry, Anne. 2000. *The Battle of Agincourt: Sources and Interpretation*. The Boydell Press 참조. 또한 Curry, Anne. 2005. *Agincourt: A New History*. Pub: Tempus UK 참조.

12 반기성. 2011. "헨리5세와 아쟁쿠르 전투: 날씨와 지형을 이용한 영국군의 완벽한 대승," 《The Science Times》(2011. 4. 6) 참조.

13 Mathews & McQuain 2003. "Movement begins in the mind," *The Bard on the Brain*. pp. 65-70 참조.

14 류현민. 2014. "이미지 트레이닝으로 실전을 연습처럼," 《세계일보》 2014-06-19. 스포츠/연예 [류현민의 힐링 스토리] http://www.segye.com/content/html/2014/06/19/20140619005192.html 참조.

15 김기호. 2014. "문학 작품 속에 숨겨진 뇌의 비밀," 《언어과학연구》 68: 30-33 참조.

16 Rizzolatti G. & L. Craighero. 2004. The Mirror-neuron System. Annu. Rev. *Neuroscience* 27, 169-92 참조.

17 최현석. 2011. 《인간의 모든 감정: 우리는 왜 슬프고 기쁘고 사랑하고 분노하는가》 서해문집 참조. 또한 최현석. 2011. "인간의 모든 감정: 거울신경의 기능," 《Naver 지식백과》 인간의 모든 감정 참조.

18 Fitzgibbon B., M. Giummarra, N. Georgiou-Karistianis, P. Enticott, & J. Bradshaw. 2010. "Shared pain: from empathy to synaesthesia," *Neuroscience & Biobehavioral Reviews* 34: 500-512 참조.

19 Cheng Y., et al. 2009. "Sex differences in the neuroanatomy of human mirror-neuron system: a voxel-based morphometric investigation," *Neuroscience* 158.2: 713-720 참조.

20 셸리 케이건. (박세연 역) 2012. 《죽음이란 무엇인가》(Kagan, *Death*. Yale.) 엘도라도 참조.

21 플라톤. (김경배 역) 2016. 《소크라테스의 변론》(Platon, *Apologia tou Sōkratikou*) 왓북 참조.

22 능행 스님. 2015. 《숨》 마음의 숲 참조.

23 이길우. 2015. 한겨레, 내 마음이 쉬어가는 곳 휴심정, 글마을〉이길우 글방〉기사보기. (2015. 11. 24.) "죽음은 누구나 서툰 항해 … 당하지 말고 맞이해야" http://well.hani.co.kr/652316 참조.

24 Rigler, David & Rigler, Marilyn. 1974. "The development of language in Genie: a case of language acquisition beyond the 'critical period'" *Brain and Language* 1 (1): 81-107 참조.

25 Mathews & McQuain 2003. "Putting an English tongue in a French brain," *The Bard on the Brain*. pp. 117-121 참조.

26 Bowers et al. "Preserved implicit knowledge of a forgotten childhood language." *Psychological Science*, 2009; 20 (9): 1064 참조.

27 Johan Mårtensson et al. 2012. "Growth of language-related brain areas after foreign language learning," *NeuroImage* 63.1: 240-244 참조. 또한 김효정. 2012. "새로운 외국어 배우면 뇌가 자란다,"《브레인미디어》[두뇌상식-73] (2012. 10. 12) 참조.

28 Kim, K., N. Relkin, K. Lee & J. Hirsch. 1997. "Distinct cortical areas associated with native and second languages," *Nature* 388: 171-74 참조.

29 존 그레이. (김경숙 역) 2000.《화성에서 온 남자, 금성에서 온 여자》동녘라이프 참조.

30 앤 무어 · 데이비드 제슬. (곽윤정 역) 2009.《브레인 섹스: 일하는 뇌와 사랑하는 뇌의 남녀차이》북스넛 참조.

31 Ingalhalikar, M.,...... & Ragini Verma. 2014 "Sex differences in the structural connectome of the human brain," *Proceedings of the National Academy of Sciences of the USA* 111.2: 823-828 참조. 또한 오철우. 2012. "뇌 연결망 구조, 남녀 차이 있다,"《사이언스온》(2013. 12. 4) 참조.

베니스의 상인 – 사랑과 우정의 엇갈린 운명

1 사이토 다카시. (양수현 역) 2016.《성공과 실패를 결정짓는 사소한 말 한마디의 힘》걷는나무 참조.

2 조성기. 2012.《미움 극복》중앙 북스 참조.

3 Zeki, S. & John P. Romaya. 2008. "Neural correlates of hate," *PloS ONE* 3(10): e3556 참조. 또한 이령후. 2011.《라임피클》제1편. "여자들이여, 특권

을 누려라. '사랑과 미움은 한 끗 차이' 뇌과학이 증명," 에피루스 참조.

4 달라이 라마 · 빅터 챈 공저. (류시화 역) 2004. 《용서》(*The Wisdom of Forgiveness*. 2004.) 오래된미래 참조.

5 필립 얀시. (송준인 역) 2010. 《고통이라는 선물》(개정판). (Philip Yancey, *The Gift of Pain*) 두란노 참조.

6 https://story.kakao.com/ch/woobin1904/dDOvE4fSSZ9 참조.

7 정법강의. www.jungbub.com 참조.

8 김기호. 2014. "문학 작품 속에 숨겨진 뇌의 비밀," 《언어과학연구》 68: 19-38 참조.

9 Swami V., S. Stieger, T. Haubner, & M. Voracek. 2009. "Evaluating the physical attractiveness of oneself and one's romantic partner: Individual and relationship correlates of the love-is-blind bias," *Journal of Individual Differences* 30(1): 35-43 참조.

10 Helen Fisher, A. Aron, & Lucy Brown. 2006. "Romantic love: a mammalian brain system for mate choice," *Biological Sciences* 361(1476): 2173-2186 참조.

11 Y. Aron, Parke S. Shatterjee N. Sean Mackey. 2010. "Viewing pictures of a romantic partner reduces experimental pain: Involvement of neural reward systems," *PLoS ONE* 5(10): e13309 참조.

12 모기 겐이치로. (박재현 역) 2010. 《뇌는 0.1초 만에 사랑에 빠지다》 브레인 월드 참조.

13 Zeki, S. 2007. "The neurobiology of love," *FEBS Letters* 581(14): 2575-2579 참조.

14 Daniel Simons & Christopher Chabris. 1999. "Gorillas in our midst: sustained inattentional blindness for dynamic events," *Perception* 28: 1059-1074 참조. 또한 크리스토퍼 차브리스 · 대니얼 사이먼스. (김명철 역) 2011. 《보이지 않는 고릴라: 우리의 일상과 인생을 바꾸는 비밀의 실체》 (Christopher Chabris & Daniel Simons, *The Invisible Gorilla*) 김영사 참조.

15 프레트헬름 슈바르츠. (김희상 역.) 2011. 《착각의 과학: 뇌에서 벌어지는 생각의 시소게임》(Schwartz, Freidhelm. *Verstehen sie ihren verstand?: gehirnforschung fur den alltag.*) 북스넛 참조.

16 데이비드 맥레이니. (박인균 역) 2012. 《당신의 감정, 판단, 행동을 지배하는 착각의 심리학》(David McRaney, *You Are Not So Smart.*) 추수밭 참조.

17 Mathews & MaQuain 2003. "We share a common humanity," *The Bard on the Brain*. pp. 35-40 참조.

18 Oh, Seung Wook, et al. 2014. "A mesoscale connectome of the mouse brain," *Nature* 508: 207-214 참조. 또한 원호섭. 2014. "뇌 신경망 지도 완성됐다,"《매경이코노미》(2014. 3. 4) 참조.

19 승현준. (신상규 역) 2014.《커넥톰, 뇌의 지도》(Seung, Sebestian. 2012. *Connectome: How the Brain's Wiring Makes Us Who We Are*. Harcourt Publishing Company.) 김영사 참조.

20 Mathews & MaQuain 2003. "A subtle voice," *The Bard on the Brain*. pp. 101-105 참조.

21 조나 레러. (김미선 역) 2013.《이매진: 초일류의 뇌 사용법》(Jonah Lehrer, *Imagine*.) 21세기북스 참조.

22 Simon Lacey, R. Stilla, & Krish Sathian. 2013. "Metaphorically feeling: comprehending textual metaphors activates somatosensory cortex," *Brain Language* 120(3): 416-421 참조.

23 Francesca Citron & Adele Goldberg. 2014. "Metaphorical sentences are more emotionally engaging than their literal counterparts," *Journal of Cognitive Neuroscience*. 26.11: 2585-2595 참조.

24 Benjamin Bergen. 2012. *Louder Than Words: The New Science of How the Mind Makes Meaning*. Basic Books Publication 참조.

25 루안 브리젠딘. (임옥희 역) 2007.《여자의 뇌, 여자의 발견》리더스북 참조.

26 루안 브리젠딘. (황혜숙 역) 2010.《남자의 뇌, 남자의 발견》리더스북 참조.

27 지식탐험가. (이천우성 역) 2011.《브레인 시크릿: 남녀 뇌과학의 비밀을 여는 열쇠》꿈의열쇠 참조.

28 채드 이스텀, 빌 & 팸 파렐. (장택수 역) 2010.《아담과 하와의 연애 뇌구조: 술술 풀리는 연애를 위한 남녀 창조 구조 설명서》(Chad Eastham, Bill Farrel & Pam Farrel. 2009. *Guys Are Waffles, Girls Are Spaghetti*.) 생명의 말씀사 참조.

29 모기 겐이치로(茂木健一郎) (박재현 역) 2010.《뇌는 0.1초 만에 사랑에 빠지다》브레인 월드 참조.

템페스트 – 복수로 시작하여 사랑과 용서로 막 내리는 템페스트

1 Isadora. 2008. "명화 속 셰익스피어 읽기: 희극편(Comedies)/템페스트(The Tempest)," Isadora의 미술사 이야기. http://m.cafe.daum.net/ivoworld/3Eng/172?q=D_S8XRjnhUrwk0 참조.

2 셰익스피어. (신정옥 역) 《태풍》(Shakespeare, *Tempest*) 전예원 세계문학선 317. 작품해설 131-138 참조.

3 Mathews & McQuain 2003. "Development and memory," *The Bard on the Brain*. p. 131 참조.

4 승현준. (신상규 역) 2014. 《커넥톰, 뇌의 지도》 김영사 참조.

5 Mathews & McQuain. 2003. "Development and memory," *The Bard on the Brain*. pp. 129-136 참조.

6 에릭 캔들 · 래리 스콰이어. (전대호 역) 2016. 《기억의 비밀: 정신부터 분자까지》 (Eric Kandel & Larry Squire, *Memory: From Mind to Molecules*. 2000. Henry Holt & Company.) 북하우스 참조.

7 Tulving, E. 1972. "Episodic and semantic memory," in E. Tulving and W. Donaldson (eds.), *Organization of Memory* (pp. 381-402). New York: Academic Press 참조.

8 Mathews & McQuain 2003. "Learning and growing," *The Bard on the Brain*. pp. 80-81 참조.

9 김기호. 2015. "셰익스피어 작품의 언어 표현에서 본 뇌의 역할," 《언어과학연구》 72: 21-40 참조.

10 American Music Therapy Association. "What is Music Therapy." http://www.musictherapy.org/about/musictherapy/ 참조.

11 Daniel Levitin. 2006. *This is Your Brain on Music: The Science of a Human Obsession*. Dutton Books 참조.

12 Salimpoor V.N., Benovoy M., Larcher K., Dagher A., Zatorre R.J.. 2011. "Anatomically distinct dopamine release during anticipation and experience of peak emotion to music," *Nature Neuroscience* 14(2): 257-62 참조. 또한 조재형. 2011. "음악, 그 신비로운 자극," 《The Science Times》 과학기술〉기초과학. (2011. 1. 21) 참조.

13 Anne Blood & Robert Zatorre, 2001, "Intensely pleasurable responses to music correlate with activity in brain regions implicated in reward and emotion," *Proc Natl Acad Sci USA* 98(20): 11818-11823 참조.

14 Mathews & McQuain. 2003. "What makes music sweet?," *The Bard on the Brain*. pp. 142-146 참조.

15 Rauscher, F. G. Shaw & K. Ky. 1993. "Music and spatial task performance," *Nature* (14 October) 365: 611 참조. 또한 신동호. 2006. "모짜르트 효과는 정말 있을까?"《The Science Times》(2006. 6. 21) 참조.

16 올리버 색스 (조석현 역) 2006.《아내를 모자로 착각한 남자》(Oliver Saks. *The Man Who Mistook His Wife for a Hat*. 1985). 이마고 참조.

17 올리버 색스 (장호연 역) 2012《뮤지코필리아: 뇌와 음악에 관한 이야기》(*Musicophilia: Tales of Music and the Brain*. 2008. Picador). 알마 참조.

18 Mathews & McQuain 2003. "Building a world in the mind," *The Bard on the Brain*. p. 157 참조.

19 W. Chen, T. Kato, XH Zhu, S. Ogawa, DW Tank, & Ugurbil Karmil. 1998. "Human primary visual cortex and lateral geniculate nucleus activation during visual imagery," *NeuroReport* 9(16): 3669-3674 참조. 또한 Mathews & McQuain 2003. "Building a world in the mind," *The Bard on the Brain*. p. 161 참조.

20 Stokes, M., Thompson R., Cusack R., & J. Duncan. 2009. "Top-down activation of shape-specific population codes in visual cortex during mental imagery," *Journal Neuroscience* 29(5): 1565-72 참조.

21 Thompson, W. L., Hsiao, Y., & Kosslyn, S. M. 2011. "Dissociation between visual attention and visual mental imagery," *Journal of Cognitive Psychology* 23 (2), 256-263 참조.

22 켄지 요시노. (김수림 역) 2012.《셰익스피어, 정의를 말하다》 지식의 날개. 410쪽, 참조.

23 Worthington Everett, Jr. 2004. "The new science of forgiveness," *Greater Good: The Science of a Meaningful Life*. (September 1, 2004) 참조.

24 Redford Williams. 1998. *Anger Kills: Seventeen Strategies for Controlling the Hostility That Can Harm Your Health*. Harper Paperbacks 참조.

25 E. Ricciardi, G. Rota, L. Sani, C. Gentili, A. Gaglianese, M. Guazzelli, & P. Pietrini, 2013. "How the brain heals emotional wounds: the functional neuroanatomy of forgiveness," *Frontiers in Human Neuroscience* 2013.7: 839 참조.

26 이송미. 2010. "분노와 마음의 상처, 이렇게 치유하라,"《Ohmy News》(2010. 10. 1) 참조.

27 에란 카츠. (김현정 역) 2013.《뇌를 위한 다섯 가지 선물》(*Five Gifts for The Mind* by Eran Katz. Smart Memory Press.) 민음인 참조.

28 달라이 라마 · 빅터 챈. (류시화 역) 2004.《용서》 오래된 미래 참조.

29 Mathews & McQuain 2003. "The wonder of the human brain," *The Bard on the Brain*. p. 25 참조.

30 Sparknotes 〉 Literature Study Guides 〉 Brave New World (Aldous Huxley) http://www.sparknotes.com/lit/bravenew/ 참조.

31 Maxwell B. Merkow, John F. Burke, Michael J. Kahana. 2015. "An hippocampus contributes to both the recollection and familiarity components of recognition memory," *Proceedings of the National Academy of Sciences* 112.46: 14378-14383 참조.

32 세익스피어. (신정옥 역)《태풍》(Shakespeare, *Tempest*) 전예원 세계문학선 317. 작품해설 131-138 참조.

33 이장림. 1987.《다가올 미래를 준비하라》 그루터기 참조.

34 윤은기. 2015.《협업으로 창조하라: 융복합 창조시대, 대한민국이 사는 길》 올림 참조.

〈부록〉 신비스런 인간의 뇌

1 김기호. 2014. "문학 작품 속에 숨겨진 뇌의 비밀,"《언어과학연구》 68:19-38. 참조. 또한 고도홍. 2009.《언어기관의 해부와 생리》 도서출판 소화 참조.

2 Toga, Arthur & Paul Tompson. 2003. "Mapping Brain Asymmetry, " *Nature Reviews Neuroscience* 4, 37-48. 참조. 또한 Nielsen, Jared, Bradon Zielinski, Michael Ferguson, Janet Lainhart & Jeffrey Anderson. 2013. "An Evaluation of the Left-brain vs. Right-brain Hypothesis with Resting State Functional Connectivity Magnetic Resonance Imaging," *PLoS ONE*. 14. Aug. 2013. Web. 30. 참조.

3 Hecht, D. 2010. "Depression and the hyperactive right-hemisphere," *Neuroscience Res*. 68(2): 77-87. 참조.

참고 문헌

Adam. 2015. "Anticipatory anxiety," *AnxietyUK*. https://www.anxietyuk.org.uk/get-help-now/anxiety-information/anxiety-disorders/anticipatory-anxiety/.

Alladi, S., Thomas H. Bak, Vasanta Duggirala, Bapiraju Surampudi, Mekala Shailaja, Anuj Kumar Shukla, Jaydip Ray Chaudhuri, and Subhash Kaul. 2013. "Bilingualism delays age at onset of dementia, independent of education and immigration status," *Neurology* (November 6. online).

American Music Therapy Association. "What is Music Therapy." http://www.musictherapy.org/about/musictherapy/.

Aron, Y., Parke S. Shatterjee N. Sean Mackey. 2010. "Viewing pictures of a romantic partner reduces experimental pain: Involvement of neural reward systems," *PLoS ONE* 5(10): e13309.

Aristotle. 2012. *Aristotle's Nicomachean Ethics: A New Translation* by Robert C. Bartler & Susan D. Collins. U of Chicago Press.

Benedict, C., Cedernaes, J., Giedraitis, V. et al. 2014. "Acute sleep deprivation increases serum levels of neuron-specific enolase (NSE) and S100 calcium-binding protein B (S-100B) in healthy young men," *Sleep* 37(01): 3336.

Bergen, Benjamin. 2012. *Louder Than Words: The New Science of How the Mind Makes Meaning*. Basic Books Publication.

Bingel, U., V. Wanigasekera, K. Wiech, R. Mhuircheartaigh, Michael Lee, M. Ploner and Irene Tracey. 2011. "The effect of treatment expectation on drug efficacy: Imaging the analgesic benefit of the opioid remifentanil," *Science Translational Medicine* 3(70): 70.

Biograhy.com. William Shakespeare — Playwright, Poet (http://www.biography.com/people/william-shakespeare-9480323).

Blood, A.J. & Robert Zatorre, 2001, "Intensely pleasurable responses to music correlate with activity in brain regions implicated in reward and emotion," *Proc Natl Acad Sci USA* 98(20): 11818-11823.

Borjigin, Jimo, et al. 2013. "Surge of neurophysiological coherence and connectivity in the dying brain," *Proceedings of the National Academy of Sciences of USA*. vol. 110.35: 14432-37.

Bowers, et al. "Preserved implicit knowledge of a forgotten childhood language." *Psychological Science*, 2009; 20 (9): 1064.

Bushey, D., Giulio Toroni & Chiara Cirelly. 2011."Sleep and synaptic homeostasis: Structural evidence in Drosophila," *Science* 332(6037): 1576-1581.

Cell Press. 2008. "Reputation and money: New insights into how the brain processes social, economic reward," *ScienceDaily* April 24, 2008.

Chapman, H., Kim, D.A., Susskind J., & A. Anderson. 2009. "In bad taste: evidence for the oral origins of moral disgust," *Science* 323(5918): 1222-6.

Chen, W., T. Kato, XH Zhu, S. Ogawa, DW Tank, & Ugurbil Karmil. 1998. "Human primary visual cortex and lateral geniculate nucleus activation during visual imagery," *NeuroReport* 9(16): 3669-3674.

Cheng, Y., et al. 2009. "Sex differences in the neuroanatomy of human mirror-neuron system: a voxel-based morphometric investigation," *Neuroscience* 158.2: 713-720.

Citron, Francesca & Adele Goldberg. 2014. "Metaphorical sentences are more emotionally engaging than their literal counterparts," *Journal of Cognitive Neuroscience*. 26.11: 2585-2595.

Cooper, J., Simon Dunne, Teresa Frey, & John O'Doherty. 2012. "Dorsomedial prefrontal cortex mediates rapid evaluations predicting the outcome of romantic interactions," *The Journal of Neuroscience* 32(45): 15647-15656.

Craik, F., Ellen Bialystok, & Morris Freedman. 2010. "Delaying the onset of Alzheimer disease: Bilingualism as a form of cognitive reserve," *Neurology* 75: 1726-29.

Curry, Anne. 2000. *The Battle of Agincourt: Sources and Interpretation*. The Boydell Press.

Curry, Anne. 2005. *Agincourt: A New History*. Tempus UK.

Damasio, H., Grabowski, T., Frank, R., Galaburda, A., and Damasio A. 1994. "The return of Phineas Gage: clues about the brain from the skull of a famous patient," *Science* 264(5162): 1102-5.

Davis, Philip. 2006. "The Shakespeared Brain," *The Reader* no. 23: 39-43. thereaderonline.co.uk/.../the-shakespeared-brain/.

Davis, Philip. 2007. *Shakespeare Thinking*. Continuum.

Dehaene, Stanislas. 2011. *The Number Sense: How the Mind Creates Mathematics*. (Revised & Updated ed.) Oxford University Press.

de Quervain, D., U. Fischbacher, V. Treyer, M. Schellhammer, U. Schnyder, A. Buck, Ernst Fehr. 2004. "The neural basis of altruistic punishment," *Science* 305: 1254-1258.

Derks, Peter. 1997. "Laughter and electroencephalographic activity," *Humor: International Journal of Humor Research* 10.3: 285-300.

Dimsdale, Joel. 2008. "Psychological stress and cardiovascular disease," *J. of American College of Cardiology* 51(13): 1237-1246.

Djordjevic, Jelena, et. al. 2008. "A rose by any other name: would it smell as sweet?", *Journal of Neurophysiology* Jan. 99.1: 386-93.

Epilepsy Foundation. "What is Epilepsy?" http://www.epilepsy.com/learn/epilepsy-101/what-epilepsy.

Fisher, Helen. 2004. *Why We Love: The Nature and Chemistry of Romantic Love*. Holt Paperbacks.

Fisher, H., A. Aron, & Lucy Brown. 2006. "Romantic love: a mammalian brain system for mate choice," *Biological Sciences* 361(1476): 2173-2186.

Fisher, H., L. Brown, A. Aron, G. Strong, D. Mashek. 2010. "Reward, addiction, and emotion regulation systems associated with rejection in love," *Journal of Neurophysiology* 104: 51-60.

Fitzgibbon, B., M. Giummarra, N. Georgiou-Karistianis, P. Enticott, & J. Bradshaw. 2010. "Shared pain: from empathy to synaesthesia," *Neuroscience & Biobehavioral Reviews* 34: 500-512.

Fried, I., Wilson, C. L., MacDonald, K.A. and Behnke, E.J. 1998. "Electric current stimulates laughter," *Nature* 391: 650.

Fergusson, D., Joseph Boden, & John Horwood. 2009. "Tests of causal links between alcohol abuse or dependence and major depression," *JAMA Psychiatry* 66.3: 260-266.

Gibbons, Brian. 1989. *Romeo and Juliet*. AwesomeBooks.

Goldberg, Joseph. 2015. "What are hallucination?" *WebMD*. Aug 26, 2015.

http://www.webmd.com/brain/what-are-hallucinations.

Gottfried, J., Smith, A., Rugg, M., & Dolan, R. 2004. "Remembrance of odors past: human olfactory cortex in crossmodal recognition memory," *Neuron* 42: 687-695.

Grabowski, T.J., Damasio, H., Damasio, A.R. 1996. "Premotor and prefrontal correlates of category-related lexical retrieval," *Neuroimage* 7(3): 232-43.

Hameroff, S. & R. Penrose. 2014. "Consciousness in the universe: a review of the 'Orch OR' theory," *Physics of Life Reviews* 11.1: 39-78.

Hecht, D. 2010. "Depression and the hyperactive right-hemisphere," *Neuroscience Res.* 68(2): 77-87.

Henry, Julie. 2016. "Shakespeare and Wordsworth boost the brain, new research reveals," *The Telegraph, Science New.* (03 March, 2016).

Herz, Rachel & Jonathan Schooler. 2002. "A naturalistic study of autobiographical memories evoked by olfactory and visual cues: Test the Proustian hypothesis," *American Journal of Psychology* 115(1): 21-32.

Herz, Rachel. 2007. *The Scent of Desire: Discovering Our Enigmatic Sense of Smell.* William Morrow.

Ingalhalikar, M., ... & Ragini Verma. 2014 "Sex differences in the structural connectome of the human brain," *Proceedings of the National Academy of Sciences of the USA* 111.2: 823-828.

Izuma, K., D. Saito, Norihiro Sadato. 2008. "Processing of social and monetary rewards in the human striatum," *Neuron* 58: 284-294.

Kim, K., N. Relkin, K. Lee & J. Hirsch. 1997. "Distinct cortical areas associated with native and second languages," *Nature* 388: 171-74.

Kross. E., M. Berman, W. Mischel, E. Smith, T. Wager. 2011. "Social rejection shares somatosensory representations with physical pain," *Proceedings of the National Academy of Sciences*. March. 28th. ed.

Kübler-Ross, Elisabeth. 1997. *On Death & Dying*. Scribner.

Lacey, S., R. Stilla, & Krish Sathian. 2013. "Metaphorically feeling: comprehending textual metaphors activates somatosensory cortex," *Brain Language* 120(3): 416-421.

Lanza, Robert & Bob, Berman. 2010. *Biocentrism: How Life and Consciousness are the Keys to Understanding the True Nature of Universe*. BenBella Books..

Lee, Spike & Norbert Schwarz. 2010. "Washing away postdecisional dissonance,"

Science 328(5979): 709.

Levitin, Daniel. 2006. *This is Your Brain on Music: The Science of a Human Obsession*. Dutton Books.

Levy, J., C. Trevarthen, R. W. Sperry. 1972. "Perception of bilateral chimeric figures following hemispheric deconnexion," *Brain* 95: 61-78.

Lewis, M. & P. Bowler. 2009. "Botulinum toxin cosmetic therapy correlates with a more positive mood," *Journal of Cosmetic Dermatology* 8.1: 24-26.

Lewis, Michael. 2012. "Exploring the positive and negative implications of facial feedback," *Emotion* 12: 852-859.

Lorenz, Konrad. 1979. *The Year of the Greylag Goose*. Harcourt Brace Jovanovich.

Lutz, A., L. Greischar, N. Rawlings, M. Ricard, & Richard Davidson. 2004. "Long-term meditators self-induce high-amplitude gamma synchrony during mental practice," *Proceedings of the National Academy of Sciences* 101(46): 16369-16373.

Mander, B.A., Rao V, Lu B, Saletin JM, Lindquist JR., Ancoli-Israle S. Jaqust W. Walker MP. 2013. "Prefrontal atrophy, disrupted NREM slow waves and impaired hippocampal-dependent memory in aging," *Nature Neuroscience* 16.3: 357-64.

Mårtensson, Johan, et al. 2012. "Growth of language-related brain areas after foreign language learning," *NeuroImage* 63.1: 240-244.

Mattews, Paul. and Jeffrey McQuain. 2003. *The Bard on the Brain: Understanding the Mind through The Art of Shakespeare and the Science of Brain Imaging*. New York: The Dana Press.

McDonald, A.L. & L.A. Kessel. 1967. "Relationship between social hierarchy and coloration in green sunfish," *Psychological Reports* 1967 Jun: 20.3: 748-750.

McGettigan, Carolyn. 2014. "Brain images reveal how we distinguish real and fake laughter," *The Conversation*.

Mehrabian, Albert. 1972. *Silent Messages: Implicit Communication of Emotions and Attitudes*. Wadsworth Publishing Company.

Meng, M., T. Cherian, G. Singal, P. Sinha. 2012. "Lateralization of face processing in the human brain," *Proceedings of Biol Sci.* 279(1735): 2052-61.

Merkow, M. B., John F. Burke, Michael J. Kahana. 2015. "An human hippocampus contributes to both the recollection and familiarity components of recognition memory," *Proceedings of the National Academy of Sciences*

112.46: 14378-14383.

Mitchell, Tom, et. al 2008. "Predicting human brain activity associated with noun meanings," *Science* 320: 1191-1195.

Moody, Raymond. 2015. *Life After Life: The Bestselling Original Investigation That Revealed 'Near-Death Experiences'.* HarperOne.

Nielsen, Jared, Bradon Zielinski, Michael Ferguson, Janet Lainhart & Jeffrey Anderson. 2013. "An Evaluation of the Left-brain vs. Right-brain Hypothesis with Resting State Functional Connectivity Magnetic Resonance Imaging," *PLoS ONE.* 14. Aug. 2013. Web. 30.

NIH/National Institute of Mental Health. 2008. "Human brain appears 'hard-wired' for hierarchy," *ScienceDaily.* 24 April 2008.

Moor, B., E. Crone, and M. van der Molen. 2010. "The heartbreak of social rejection: heart rate deceleration in response to unexpected peer rejection," *Psychological Science* 21(9): 1326-33.

Oh, Seung Wook, et al. 2014. "A mesoscale connectome of the mouse brain," *Nature* 508: 207-214.

Örjan de Manzano, Simon Cervenka, Anke Karabanov, Lars Farde & Fredrik Ullén, 2010. "Thinking outside a less intact box; thalamic dopamine D2 receptor densities are negatively related to psychometric creativity in healthy individuals," *PLoS ONE*, online 17 May 2010.

Parnia, Sam, et al. 2014. "AWARE-AWAreness during REsuscitation-A prospective study," *Resuscitation Official Journal of ERC.* 85.12: 1799-1805.

Perilloux, C., Judith Easton, David Buss. 2012. "The misperception of sexual interest," *Psychological Science February* 23: 146-151.

Phillips, D. P. 1974. "The influence of suggestion on suicide: Substantive and theoretical implications of the Werther effect," *American Sociological Review* 39: 340-354.

Ploghaus, A., Irene Tracey, J. Gati, S. Clare, R. Menon, P. Matthews, J. Nicholas, & P. Rawlins. 1999. "Dissociating pain from its anticipation in the human brain," *Science* 284: 1979-1981.

Rauscher, F. G. Shaw & K. Ky. 1993. "Music and spatial task performance," *Nature* 365 (14 October) : 611.

Redford, W. & V. Williams. 1993. *Anger Kills: Seventeen Strategies for Controlling the Hostility That Can Harm Your Health.* Harper Paperbacks.

Ricciardi, E., G. Rota, L. Sani, C. Gentili, A. Gaglianese, M. Guazzelli, & P. Pietrini, 2013. "How the brain heals emotional wounds: the functional neuroanatomy of forgiveness," *Frontiers in Human Neuroscience* 2013.7: 839.

Rigler, David & Rigler, Marilyn. 1974. "The development of language in Genie: a case of language acquisition beyond the 'critical period'" *Brain and Language* 1 (1): 81-107.

Ring, Kenneth. 1980. *Life at Death: A Scientific Investigation of the Near-death Experience*. New York, NY: Coward, McCann & Geoghegan.

Rizzolatti, G. & L. Craighero. 2004. The Mirror-neuron System. Annu. Rev. *Neuroscience* 27, 169-92.

Ross, M.D., Michael J. Owren, & Elke Zimmermann. 2009. "Reconstructing the evolution of laughter in great apes and humans," *Current Biology* 19.13: 1106-1111.

Sabom, Michael. 1982. *Recollections of Death: A Medical Investigation*. New York, NY: Harper & Row.

Sacks, Oliver. 1985. *The Man Who Mistook His Wife for a Hat and Other Clinical Tales*. Touchstone Books.

Salimpoor, V.N., Benovoy, M., Larcher, K., Dagher, A., Zatorre, R.J.. 2011. "Anatomically distinct dopamine release during anticipation and experience of peak emotion to music," *Nature Neuroscience* 14(2): 257-62.

Schlegel, Alexander, et al. 2013. "Network structure and dynamics of the mental workspace," *Proceedings of the National Academy of Science* 110(40): 16277-16282.

Shinkareva, Svetlana, et. al 2008 "Using fMRI brain activation to identify cognitive states associated with perception of tools and dwellings," *PLoS One*. 2008 Jan 2; 3(1):e1394.

Simons, Daniel & Christopher Chabris. 1999. "Gorillas in our midst: sustained inattentional blindness for dynamic events," *Perception* 28: 1059-1074.

Simonton, C., S. Matthews-Simonton, J. Creighton. 1978. *Getting Well Again*. Bantam Books.

Simpson, D. 2005 "Phrenology and the neurosciences: Contributions of F. J. Gall and J. G. Spurzheim", *ANZ Journal of Surgery*. Oxford. Vol. 75.6: 475.

Singer, B. Tania. et al. 2006. "Empathic neural responses are modulated by the perceived fairness of others," *Nature* 439: 466-469.

Smith, Jennifer. 2012. *The Statical Probability of Love at First Sight*. Little, Brown Books for Young Readers.

Son, Hyeon, et al. 2012. "Neuritin produces antidepressant actions and blocks the neuronal and behavioral deficits caused by chronic stress," *Proceedings of the National Academy of Sciences of the United States of America* 109(28): 11378-11383.

Sperry, R. 1968. "Hemisphere deconnection and unity in conscious awareness," *American Psychology* 23: 723-33.

Spira, Adam. et. al. 2013. "Self-reported sleep and β-amyloid deposition in community-dwelling older adults," *JAMA Neurology* 2013 70(12): 1537-43.

Stewart, Phil.. 2007. "Scientists to save 5,000-year-old embrace," *Reuters Technology*. Wed Feb 14, 2007 1:12am EST. http://www.reuters.com/article/us-italy-embrace-idUSL1283125502007O214

Stokes, M., Thompson R., Cusack R., & J. Duncan. 2009. "Top-down activation of shape-specific population codes in visual cortex during mental imagery," *Journal Neuroscience* 29(5): 1565-72.

Swami, V., S. Stieger, T. Haubner, & M. Voracek. 2009. "Evaluating the physical attractiveness of oneself and one's romantic partner: Individual and relationship correlates of the love-is-blind bias," *Journal of Individual Differences* 30(1): 35-43.

The Independent. "William Shakespeare was a 'therapist' for Elizabethan audiences," *The Independent* (29 April 2014).

Thompson, W. L., Hsiao, Y., & Kosslyn, S. M. 2011. "Dissociation between visual attention and visual mental imagery," *Journal of Cognitive Psychology* 23 (2), 256-263.

Toga, Arthur & Paul Tompson. 2003. "Mapping Brain Asymmetry, " *Nature Reviews Neuroscience* 4, 37-48.

Tracey, Irene. 2007. "The cerebral signature for pain perception and its modulation," *Neuron* 55.3: 377-391.

Tracey, Irene & Patrick Mantyh. 2007. "The cerebral signature for pain perception and its modulation," *Neuron* 55: 377-391.

Tracey, Irene, et al. 2000. "Noxious hot and cold stimulation produces common patterns of brain activation in humans: A functional magnetic resonance imaging study," *Neuroscience Letters* 288.2: 159-162.

Tulving, E. 1972. "Episodic and semantic memory," in E. Tulving and W. Donaldson (eds.), *Organization of Memory* (pp. 381-402). New York: Academic Press.

Vanallen, David. 2016. "Scientists found that the soul doesn't die-It goes back to the universe," *Reflection of Mind* (2016, 11. 15).

Wilkes, David. 2011. "The lovestruck male: Half of men know Miss Right after just one date... but women need at least six," *MailOnline*. 2011. Aug. 17.

Worthington Everett, Jr. 2004. "The new science of forgiveness," *Greater Good: The Science of a Meaningful Life*. (September 1, 2004).

Zeki, S. 2007. "The neurobiology of love," *FEBS Letters* 581(14): 2575-2579.

Zeki, S. & John P. Romaya. 2008. "Neural correlates of hate," *PloS ONE* 3(10): e3556.

Zhong, Chen-Bo & Katie Liljenquist 2006. "Washing away your sins: Threatened morality and physical cleansing," *Science* 313 (5792): 1451-1452.

Zink, C., Y. Tong, Q. Chin, D. Bassett. J. Stein, A. Meyer-Lindenberg. 2008. "Know your place: neural processing of social hierarchy in humans," *Neuron* 58(2): 273-283.

강신주. 2013.《강신주의 감정수업: 스피노자와 함께 배우는 인간의 48가지 얼굴》. 민음사.

고도흥. 2009.《언어기관의 해부와 생리》. 도서출판 소화.

고미라 역. 2013.《나는 천국을 보았다》. 김영사. (*Proof of Heaven*, by Even Alexander. Large Print Press)

교육과학기술부. 2012. "우울증 조절 유전자 기능 밝혀내다: 한양대 손현 교수 팀, 연구결과 PNAS 게재," 교과부 보도자료(2012. 6. 25).

권일찬. 2009. "《주역》의 음양론적 삶의 의미와 과학성,"《한국정신과학회 제30회 2009년도 춘계학술대회 논문집》, 155-182쪽 참조.

권인찬. 2012.《동양학 원론》. 한국학술정보.

권철근. 2006. "도스토예프스키 장편소설의 병리학: 살인과 간질,"《노어노문학》18.3: 105-139.

김광희. 2010.《창의력에 미쳐라: 세상을 향한 유쾌한 반전》. 넥서스.

김기호. 2014. "문학 작품 속에 숨겨진 뇌의 비밀,"《언어과학연구》68:19-38.

김기호. 2015. "셰익스피어 작품의 언어 표현에서 본 뇌의 역할," 《언어과학연구》 72: 21-40.

김기호. 2016. "셰익스피어 희극 작품 속 언어 표현에 나타난 뇌의 역할: 템페스트, 사랑의 헛수고, 당신 좋으실대로, 베니스의 상인, 겨울이야기 작품을 중심으로," 《언어과학연구》 76: 23-43.

김병수 · 윤대현. 2011. "'자살전염' 예방: 언론이 첨병 역할 맡아야," 《신문과 방송》 2011. 7: 22-26.

김선희. 2013. "투명한 뇌, 우울증 신경을 찾다," 《과학동아》. 2013년 7월.

김성진. 2012. "시각피질과의 인터뷰," 《브레인미디어》, vol. 5. 브레인 탐험 (2012년 10월 4일).

김세진. 2015. "행복을 부르는 미소" *Economic Review* 747호. Healthcare. 김세진의 Happience '행복은 과학이다'.

김영균 · 김태은. 2008. 《탯줄코드》. 민속원.

김영숙. 2004. 〈갈색 눈물방울〉. 《문학과 사회》 겨울호.

김영우. 2012. 《빙의는 없다. 정신 증상의 양자물리학적 이해》. 전나무숲.

김종환. 2010. 《Hamlet 햄릿》(윌리엄 셰익스피어). 지식을 만드는 지식 고전선집.

김지현. 2015. "사회적 지위가 높을수록 더 건강하다," *Insight*. (2015. 5. 11) http://www.insight.co.kr/newsRead.php?ArtNo=20865.

김현우. 2015. "영혼의 증거 vs 뇌의 오작동 · 임사체험, 과학으로 파헤치다," 《한국일보》〔세계는 지금〕(2014. 4. 1).

김호 · 정재승. 2011. 《쿨하게 사과하라》. 어크로스.

김효정. 2012. "새로운 외국어 배우면 뇌가 자란다," 《브레인미디어》〔두뇌상식-73〕(2012. 10. 12).

능행 스님. 2015. 《숨》. 마음의 숲.

달라이 라마 · 빅터 챈. (류시화 역) 2004. 《용서》. 오래된미래. (*The Wisdom of Forgiveness*. 2004.)

달라이 라마 · 빅터 챈. (진우기 역) 2014. 《달라이 라마 행복의 지혜: 지치고 상처받은 이들이 마음의 평화를 키우는 법》. 반니.

대릴 데이비스. (이선희 역) 2015. 《웃음으로 삶을 디자인하라》. 시그마북스. (Darryl Davis, *How to Design a Life Worth Smiling*. McGraw Hill.)

대원사 티벳박물관. "티벳 장례(천장)," 티벳 문화 참조. www.tibetan-museum.org/.

데이비드 맥레이니. (박인균 역) 2012. 《당신의 감정, 판단, 행동을 지배하는 착각의 심리학》. 추수밭. (David McRaney, *You Are Not So Smart*.)
데이비드 페렛. (박여진 역) 2014.《끌리는 얼굴은 무엇이 다른가: 과학으로 밝혀낸 매력의 비밀》 엘도라도.
도스토예프스키. (김근식 역) 2009.《백치》(상). 열린책들.
론다 번. (김우열 역) 2012.《시크릿》. 살림출판사. (Rhonda Byrne. 2006. *The Secret*. Atria Books.).
루안 브리젠딘. (임옥희 역) 2007.《여자의 뇌, 여자의 발견》. 리더스북.
루안 브리젠딘. (황혜숙 역) 2010.《남자의 뇌, 남자의 발견》. 리더스북.
류창석. 2014. "셰익스피어, 심리치료사 역할 했다", 연합뉴스, 2014. 4. 30.
류현민. 2014. "이미지 트레이닝으로 실전을 연습처럼,"《세계일보》 2014-06-19. 스포츠/연예 〔류현민의 힐링 스토리〕 http://www.segye.com/content/html/2014/06/19/20140619005192.html.
마음의 정원. 2012. "헨리 5세 명연설, 아쟁쿠르 전투 대승 이끌다,"《삶의 지혜(2012): 손자병법으로 푸는 세상만사〈25〉 말의 힘》 http://blog.daum.net/windada11/8761459.
모기 겐이치로(茂木健一郞). (박재현 역) 2010.《뇌는 0.1초 만에 사랑에 빠지다》. 브레인 월드.
미스터 박. 2004. "첫눈에 반한 사랑," 구미넷 칼럼: 음악이야기.
미하이 칙센트미하이. (최인수 역) 2004.《몰입, Flow: 미치도록 행복한 나를 만나다》. 한울림. (Mihaly Csikszentmihalyi. *Flow: The Psychology of Optimal Experience*. 1990. Harper Perennial.)
박양명. 2010. "손 씻으면 의심-고집-분노 사라진다,"《코메디닷컴》(2010. 5. 9).
박영숙. 2012. "상상력 창의성은 인간의 뇌에서 어디쯤에 위치해 있을까?"《인데일리》 미래예측〉과학기술. (2012. 9. 23).
반기성. 2011. "헨리5세와 아쟁쿠르 전투: 날씨와 지형을 이용한 영국군의 완벽한 대승,"《The Science Times》(2011. 4. 6).
배르텔 바르데츠키. (두행숙 역) 2013.《너는 나에게 상처를 줄 수 없다》. 걷는 나무.
백영옥. 2012.《실연당한 사람들을 위한 일곱 시 조찬 모임》. 자음과 모음.
브레인 기자. 2014. "신경가소성 Neuro-Plasticity: 뇌는 변화한다."《브레인미디어》 브레인 Vol. 45. 뇌과학 리포트. (2014. 4. 22).
사이토 다카시. (양수현 역) 2016.《성공과 실패를 결정짓는 사소한 말 한마디의 힘》. 걷는나무.

샤론 샐즈버그. (장여경 역) 2011.《하루 20분 나를 멈추는 시간》. 북하이브. (Sharon Salzberg. *Real Happiness: The Power of Meditation*. Workman Publishing Company, 2011)

석영중. 2011.《뇌를 훔친 소설가》. 예담.

셰익스피어. (신정옥 역)《태풍》. 전예원 세계문학선 317. (Shakespeare, *Tempest*)

셸리 케이건. (박세연 역) 2012.《죽음이란 무엇인가》. 엘도라도. (Kagan, *Death*. Yale.)

승현준. (신상규 역) 2014.《커넥톰, 뇌의 지도》. 김영사. (Seung, Sebestian. 2012. *Connectome: How the Brain's Wiring Makes Us Who We Are*. Harcourt Publishing Company)

신동아. 2009. "몸을 씻으면 마음이 깨끗해지는 이유."《신동아》595호. 정보과학: 흥미로운 과학상식. (2009. 4. 1).

신동호. 2004. "냄새, 뇌를 속여 분위기 연출."《한국교육신문》. (2004. 11. 01) http://www.hangyo.com/news/article.html?no=73610.

신동호. 2006. "모짜르트 효과는 정말 있을까?"《The Science Times》(2006. 6. 21).

신정옥 역. 2003.《줄리어스 시저》. 전예원 세계문학선 305. (W. Shakespeare, *Julius Casesar*)

신정옥 역. 2012.《로미오와 줄리엣》. 전예원. 셰익스피어 전집2. (*Romeo and Juliet*, by W. Shakespeare)

아놀드 루드비히. (김정휘 역) 2007.《천재인가 광인인가》. 이화여자대학교 출판부.

앤 무어 · 데이비드 제슬. (곽윤정 역) 2009.《브레인 섹스: 일하는 뇌와 사랑하는 뇌의 남녀차이》. 북스넛.

어니 J. 젤린스키. (박주영 역) 1997.《모르고 사는 즐거움》. 중앙M&B.

얼 나우만. (김은우 역) 2002.《첫눈에 반한 사랑》. 뿌리와이파리. (Laumann, Earl. 2002. *Love at First Sight: The Stories and Science Behind Instant Attraction*. Sourcebooks Casablanca.)

에란 카츠. (김현정 역) 2013.《뇌를 위한 다섯 가지 선물》. 민음인. (*Five Gifts for The Mind*, by Eran Katz. Smart Memory Press.)

에리히 폴라트 · 알렉산더 융. (김태열 역) 2008.《자원전쟁》. 영림카디널. (*Der neue Kalte Krieg*)

에릭 캔들 · 래리 스콰이어. (전대호 역) 2016.《기억의 비밀: 정신부터 분자까지》. 북하우스. (Eric Kandel & Larry Squire, *Memory: From Mind to Molecules*. 2000. Henry Holt & Company.)

오주연. 2013. "10명 중 8명 '첫눈에 반해본 경험 있다.'" 아시아 경제 뉴스. 2013. 6. 1. http://www.asiae.co.kr/news/view.htm?idxno=2013053114350758635.

오철우. "임상적 죽음 직후 30초간 뇌는 폭발적 의식활동," 《사이언스온》(2013. 8. 22).

오철우. 2012. "뇌 연결망 구조, 남녀 차이 있다," 《사이언스온》(2013. 12. 4).

올리버 색스. (장호연 역) 2012. 《뮤지코필리아: 뇌와 음악에 관한 이야기》. 알마. (*Musicophilia: Tales of Music and the Brain*. 2008. Picador)

올리버 색스. (조석현 역) 2006. 《아내를 모자로 착각한 남자》. 이마고. (Oliver Saks. *The Man Who Mistook His Wife for a Hat*. 1985)

원호섭. 2014. "뇌 신경망 지도 완성됐다," 《매경이코노미》(2014. 3. 4).

윤신영. "기억을 위한 시간, 잠," 《KISTI의 과학향기》, 제2290호.

윤은기. 2015. 《협업으로 창조하라: 융복합 창조시대, 대한민국이 사는 길》. 올림.

윤홍식. 2012. 유튜브. 《윤홍식의 천부경 강의 1, 2》 참조. https://www.youtube.com/watch?v=nl8EOm5TU_A

이강국 역. 1991. 《한자에 담긴 창세기의 발견》. 미션하우스. (C. H. Kang & Ethel Nelson. 1979. *The Discovery of Genesis*. Concordia Publishing House.)

이강준. 2015. 《우울증과 자살》. 좋은땅.

이길우. 2015. 한겨레, 내 마음이 쉬어가는 곳 휴심정, 글마을〉이길우 글방〉기사보기. (2015. 11. 24.) "죽음은 누구나 서툰 항해 … 당하지 말고 맞이해야" http://well.hani.co.kr/652316.

이령후. 2011. 《라임피클》 제1편. "여자들이여, 특권을 누려라. '사랑과 미움은 한 끗 차이' 뇌과학이 증명," 에피루스.

이보세상. 2008. "명화 속 셰익스피어 읽기: 희극편(Comedies)/템페스트(The Tempest)," Isadora의 미술사 이야기. http://m.cafe.daum.net/ivoworld/3Eng/172?q=D_S8XRjnhUrwk0.

이븐 알렉산더. (고미라 역) 2013. 《나는 천국을 보았다》. 김영사. (Even Alexander. 2012. *The Proof of Heaven*)

이성규. 2011. "약물효과 믿는 만큼 효과 있어," 《The Science Times》 〈과학기술: 보건 · 의학〉(2011. 3. 2).

이송미. 2010. "분노와 마음의 상처, 이렇게 치유하라,"《OhmyNews》(2010. 10. 1).
이안 로버트슨. (이경식 역.) 2013.《승자의 뇌: 뇌는 승리의 쾌감을 기억한다》. 알에이치코리아. (Ian Robertson, *Winner Effect: The Neuroscience of Success & Failure*, Thomas Dunne Books)
이영순. 2012. "극적 아이러니로 구현된《로미오와 줄리엣》의 비극성,"《현대영어영문학》56.1: 181-200.
이영완. 2012. "손 씻으면 죄의식도 씻긴다,"《시니어조선》[이영완의 사이언스 카페](2012. 7. 18).
이임선. 2008.《웃음 나를 치유하는 힘》. 랜덤하우스코리아.
이장림. 1987.《다가올 미래를 준비하라》. 그루터기.
임동욱. 2010. "천재와 정신병자… 연관성이 있을까?"《The Science Times》 고학기술〉보건 · 의학.(2016. 2. 26).
장호연 역. 2010.《긍정의 뇌》. 윌북. (Jill B. Taylor. 2009. *My Stroke of Insight: A Brain Scientist's Personal Journey*. Hodder & Stoghton.)
전중환. 2013. "복수는 달콤하다,"《한겨레》, 2013. 7. 5.
정법강의. www.jungbub.com.
정법강좌.《천부경 차원수》www.jungbub.com.
정재승. 2007. "내 반쪽을 첫눈에 알아볼 수 있을까?"《한겨레21》, 2007. 6. 28.
제시 페인. (엄성수 역) 2015.《왜 젊은 뇌는 충동적일까: 성장하는 뇌, 삶을 변화시키는 똑똑한 습관의 발견》. 21세기북스. (Jesse Payne, *Change Your Brain, Change Your Life*.)
조나 레러. (김미선 역) 2014.《이매진: 초일류의 뇌 사용법》. 21세기북스. (Jonah Lehrer, *Imagine: How Cretivity Works*. 2012. Houghton Mifflin Harcourt.)
조성기. 2012.《미움 극복》중앙 북스.
조재형. 2011. "음악, 그 신비로운 자극,"《The Science Times》, 2011. 1. 21.
조정진. 2013. "직무스트레스와 심혈관계 질환,"《가정의학회지》23.7: 841-852.
조혜리. 2015. "바꾸기 힘든 성격, 고치고 싶다면?" DAUM 뉴스펀딩〈내 맘대로 '뇌'맘대로〉(2015. 3. 9).
존 그레이. (김경숙 역) 2000.《화성에서 온 남자, 금성에서 온 여자》. 동녘라이프.

존 플라이슈만. (햇살과나뭇꾼 역) 2011.《쇠막대가 머리를 뚫고 간 사나이: 뇌 과학의 역사를 뒤흔든 피니어스 게이지 사건》. 논장.
지식탐험가. (이천우성 역) 2011.《브레인 시크릿: 남녀 뇌과학의 비밀을 여는 열쇠》. 꿈의열쇠.
차동엽. 2008.《무지개 원리》 위즈앤위즈.
채드 이스텀, 빌 & 팸 파렐. (장택수 역) 2010.《아담과 하와의 연애 뇌구조: 술술 풀리는 연애를 위한 남녀 창조 구조 설명서》. 생명의 말씀사. (Chad Eastham, Bill Farrel & Pam Farrel. 2009. *Guys Are Waffles, Girls Are Spaghetti.*)
최미라. 2013. "수면장애, 알츠하이머 치매와 관련,"《헬스포커스》, 2013. 10. 29.
최원교. 2009.《긍정의 결혼식》. 아담북스.
최재충. 1986.《천부경과 수의 세계》. 한민족.
최준식 역. 2006.《느끼는 뇌》. 학지사. (LeDoux, J. E. 1998. *The Emotional Brain.* NY: Simon & Schuster)
최현석. 2011. "인간의 모든 감정: 거울신경의 기능,"《Naver 지식백과》 인간의 모든 감정.
최현석. 2011.《인간의 모든 감정: 우리는 왜 슬프고 기쁘고 사랑하고 분노하는가》, 서해문집.
최호선 · 서중석 · 표주연 · 박윤희. 2013.《법의부검으로 확인된 자살례에 있어서 음주와의 상관관계에 관한 연구》.
케네스 뮤어 외. 2014.《4대 비극의 탄생과 숨겨진 의미》. Woongjin ThinkBig. (*Shakespeare's Great Tragedies*)
켄지 요시노. (김수림 역) 2012.《셰익스피어, 정의를 말하다》. 지식의 날개.
크리스토퍼 차브리스 · 대니얼 사이먼스. (김명철 역) 2011.《보이지 않는 고릴라: 우리의 일상과 인생을 바꾸는 비밀의 실체》. 김영사. (Christopher Chabris & Daniel Simons, *The Invisible Gorilla*)
클라우디아 글리만. (유영미 역) 2016.《아빠의 마음에 감기가 걸렸어요》. 책빛.
태브리스 · 애런슨. (박웅희 역) 2007.《거짓말의 진화: 자기정당화의 심리학》. 추수밭. (Tavris, Carol & Elliot Aronson. 2007. *Mistakes Were Made (But Not by Me): Why We Justify Foolish Beliefs, Bad Decisions, and Hurful Acts.* A Harvest Book Harcourt, Inc.).
폴 우드러프. (이은진 역) 2013.《아이아스 딜레마》. 원더박스. (Paul

Woodruff. *The Ajax Dilemma: Justice, Fairness, & Rewards*. 2011)
프란시스코 바렐라 외. (석봉래 역)《2013. 몸의 인지과학》 김영사. (Francisco Varela, Evan Thompson, Eleanor Rosch, *The Embodied Mind: Cognitive Science & Human Experience*. 1991. MIT Press.).
프레트헬름 슈바르츠. (김희상 역.) 2011.《착각의 과학: 뇌에서 벌어지는 생각의 시소게임》. 북스넛. (Schwartz, Freidhelm. *Verstehen sie ihren verstand?: gehirnforschung fur den alltag*.)
플라톤. (김경배 역) 2016.《소크라테스의 변론》. 왓북. (Platon, *Apologia tou Sōkratikou*)
필립 얀시. (송준인 역) 2010.《고통이라는 선물》(개정판). 두란노. (Philip Yancey, *The Gift of Pain*)
헬렌 피셔. (정명진 역) 2005.《왜 우리는 사랑에 빠지는가》. 생각의 나무. (Helen Fisher. 2004. *Why We Love?*)
황금꽃. 2013. "인체의 비밀: 동양에는 인간을 소우주라고 불러왔습니다," 《씨앤앰케이블방송》 동양과 서양의 사상과 철학편. 2013. 9. 23.
황농문. 2007.《몰입: 인생을 바꾸는 자기 혁명》 랜덤하우스코리아.
황병일. 2015. "잠(수면)에 대한 긍정인식 변화," *Economic Review* 747호.

http://article.joins.com/news/blognews/article.asp?listid=13272298.
http://www.hani.co.kr/arti/opinion/column/595772.html.
https://story.kakao.com/ch/woobin1904/dDOvE4fSSZ9.

눈먼 사랑과 뇌
셰익스피어와 함께하는 뇌 과학 이야기

초판 발행 2020년 2월 20일
초판 2쇄 2020년 9월 18일

지은이 김기호
펴낸곳 고려대학교출판문화원
www.kupress.com
kupress@korea.ac.kr
(02841) 서울특별시 성북구 안암로 145
Tel 02-3290-4230, 4232
Fax 02-923-6311
찍은곳 네오프린텍(주)

ISBN 978-89-7641-999-6 03840

값 22,000원
※ 잘못 만들어진 책은 바꿔 드립니다.